CONTENTS | 目

录

小荷才露

古史新探

学术龙门阵

嘉陵书评

实地调研

CONTENTS

Tours and Research

内 容 提 示

本辑收录了 23 篇文章。

"历史与哲学"栏目共有 4 篇文章。董晓佳梳理了《塞奥多西法典》编纂、整理的学术史,该法典作为罗马帝国统一的最后象征之一,在法律领域深刻影响了 6 至 11 世纪的世俗与教会学者,自文艺复兴以来欧洲各地学者就致力于收集整理该法典,而最终德国世家特奥多尔·蒙森整理的拉丁文本成为该法典的权威版本。陈斯一在《爱欲与血气:古希腊男童恋的政治意义》关注古希腊社会作为政治等级制度的"男童恋"行为,指出男童恋的风尚体现了"城邦社会试图在和平生活中保持战争的维度、在爱欲关系中融入血气的征服色彩"。朱毅璋则从"命运"的角度切入荷马社会的法制特征,他认为荷马史诗中的"命运"体现了一种准则与秩序,是神明作用于凡人之物,这种对立的关系与古风时代早期贵族与平民对立的情况基本一致,荷马史诗的"命运"事实上反映了贵族把持着法律话语权并维护自身地位以统治平民的社会现实。王希佳力图梳理柏拉图在《理想国》对应文本中的论证思路,精览现代中西学者对《理想国》中"灵魂观"内容的讨论,从"'灵魂三分'理论的争议及其对现代心理学、心灵哲学的范导作用"和"'灵魂不朽'理论的争议及对其古代文化背景的关注"两个层面进行归纳,展现现代学者的理论视角。

"论著选译"栏目共有 7 篇文章。刘峰翻译了安卡·丹题为"常识地理学与古代地理学文本"的文章,丹将"常识性地理学"这一概念置于古代地理学文本的语境之中,首次从历史学角度提出了对希腊罗马地理学文本进行整理分类的新模型,这有利于更加深入地理解古代与地理学相关的文本,了解古代世界地理学文本的纵向发展历程,加深对古代世界的认知。刘鹏翻译了美国学者雨宫健题为"古代希腊与古代中国的货币经济和经济思想"的中西古代比较研究的文章。作者认为在公元前5世纪左右的中国和希腊都形成了成熟的以工商业和贸易为代表的发达的货币经济,并力图通过对比收入差距、古代思想家的劳动观等思想理论佐证这一"大胆的假说"。孙仁朋翻译了兰伯特一篇研究雅典表彰法令的文章,该文在解释铭文性质与功用的论证中跳出了传统上强调铭刻实践与雅典民主制同步发展的解读模式,具有启发性。龙沛的译文《在罗马与泰西封之间:亚美尼亚问题与早期帝国时代罗马—帕提亚关系》以早期罗马帝国时期的主要古典文献为依据,系统回顾了从提格兰二世至图拉真东征的二百年间罗马和帕提亚双方围绕亚美尼亚进行的战略较量。杨之涵选译了古代犹太史家约瑟夫斯《犹太战争》第三卷的部分内容,该文献是公元1世纪关于古罗马军队最为重要的史料。肖馨瑶选译了古代作家奥维德《爱的艺术》第二卷的部分内容,奥维德将爱情看作可以学习掌握的技能,并教导人们如何获得、维系爱情。毛兴贵、金琦的译文《苏格拉底论不服从法律》理清了苏格拉底是否服从法律的矛盾,作者认为苏格拉底的观点是一以贯之的,即如果不服从法律,就尽力去说服,如果说不服,就甘愿接受法律的惩罚,但绝不能去破坏法律。

"小荷才露"栏目有3篇文章。黄方焜、徐海涛的译文《色诺芬与希腊政治思想》从四个方面解读了色诺芬的政治思想。色诺芬思索优秀领袖与城邦分子的培养方式与标准,重视大群体内部人际之间的相处、生活方式,探求共同体和希腊世界的出路。柳叶儿、徐海涛的译文《雅典的野心与提洛同盟》指出雅典在提洛同盟成立初期并没有要建立帝国统治盟邦的野心,但是形势的发展迫使他们扩张帝国,而一旦迈出了第一步,雅典便无法回头。李天舒翻译了英国著名古史家芬利的论文,芬利在《希腊文明是以奴隶劳动为基础的吗?》一文中证明了奴隶是希腊自由民的动产,是维持城邦正常生产活动必不可少的存在,古希腊城邦历史是在自由民与奴隶的共同推动下发展的。

"古史新探"栏目有2篇文章。刘建波的《塞种人、萨卡和斯基泰人关系辨析》一文梳理了塞种、萨卡和斯基泰人的关系,认为萨卡人和塞种人或同属于一个民族,但不是同一个部族。李旭阳的《事实抑或谣言——再议尼卡暴动中查士丁尼之逃亡》一文指出皇帝并无逃亡的理由,"逃亡谣言"的流传很大程度上与暴动后的"政治宣传"关系密切,其本质是为皇帝践行的非洲战略奠定政治基础。

"学术龙门阵"栏目有2篇文章。梁中和精读《论语·学而》,通过文本互释以期探寻一条解释经典的可能路径。李铃儿通过画像石分析汉代人的生死观，人们将现实生活理想化并通过画像石具象化，其生活化、世俗化、人情化的部分，或曰私人化的内容，反映了民众的真实意愿与心理。

"嘉陵书评"栏目收录了庞国庆、齐小艳、杨梦宇三位学者的书评。他们分别评介了陈莹雪的《修昔底德的苏醒：古史写作与希腊民族认同转型》，罗杰·巴格诺尔的《阅读纸草：书写历史》和张晓校的《戴克里先研究》。

"实地考察"栏目有两篇文章。陈方圆的《罗得岛求学见闻》，扼要介绍了作者在希腊罗得岛爱琴海大学求学期间所见所闻，以及当地风土人情和历史遗迹。刘豪的《希腊游学杂记》记录了作者在雅典大学交换学习的心得，也提及若干博物馆及遗址的信息和参观体会。

历史和哲学

《塞奥多西法典》的编纂、流布
与拉丁文本的整理①

董晓佳

摘要： 晚期罗马帝国皇帝塞奥多西二世下令编纂了罗马帝国第一部官方法典，称为《塞奥多西法典》。该法典收录了自君士坦丁一世至塞奥多西二世统治时期大量皇帝诏谕，是罗马帝国统一的最后象征之一。《查士丁尼法典》颁布后，《塞奥多西法典》在拜占廷帝国不再发挥作用，但在地中海世界的西部地区，《塞奥多西法典》仍然在法律领域中深刻影响着 6 至 11 世纪的世俗与教会学者。自文艺复兴时期以来，欧洲学者努力利用欧洲各地的抄本编辑与整理法典文本，最终由著名德国历史学家特奥多尔·蒙森负责整理的拉丁文本成为迄今最为权威的版本。

关键词： 晚期罗马帝国 《塞奥多西法典》 特奥多尔·蒙森

塞奥多西二世(Theodosius II，408—450 年在位)是晚期罗马帝国塞奥多西王朝在帝国东部地区的第三位统治者，其父为阿尔卡迪乌斯(Arcadius，395—408 年在位)，祖父便是著名的塞奥多西一世(Theodosius I，379—408 年在位)，他也是首位出生、死亡以及统治的大部分时间均在君士坦丁堡的皇帝。

在塞奥多西二世统治以君士坦丁堡为都的帝国东部地区的 42 年中，一方

① 本文系 2019 年度国家社科基金重点项目"晚期罗马帝国与周边'蛮族'关系研究"(项目号 19ASS002)阶段性成果。

面外患不断,位于帝国西部的罗马于 410 年为阿拉里克(Alaric)所攻陷、蛮族王国逐渐兴起于地中海世界西部地区①,同时多瑙河流域的匈人(the Huns)在阿提拉(Attila,434—453 年在位)率领下长期成为帝国的危险敌人,帝国被迫向其大量纳贡,直至塞奥多西二世去世后,匈人才将进攻的矛头转向西部②;另一方面,也正是在他在位期间,君士坦丁堡大学于公元 425 年建立,并发展成为帝国最重要的学术中心③;而当代学者认为其统治时期属于基督教文学的"黄金时代"④。

正是在塞奥多西二世治下,经过专门机构编纂,于公元 438 年正式颁布了《塞奥多西法典》(*Codex Theodosianus*),成为查士丁尼时代编纂法典的蓝本⑤,被称为"查士丁尼的《民法大全》出现以前最重要的法律典籍"⑥。《塞奥多西法典》作为研究 4 至 5 世纪的晚期罗马帝国或早期拜占廷帝国发展的基本文献之一,其史料价值是毋庸置疑的,因为其中所收集的法律的涵盖范围是从君士坦丁一世(Constantine I,306—337 年在位)统治时期开始直至塞奥多西二世时代(至法典编纂完毕时),体现在学术上,其重要性首先在于它保存了大量古代晚期地中海世界的法律条文,其中囊括了行政、司法、经济、军事、宗教、婚姻、家庭、社会生活等各个方面,从而为打通晚期罗马帝国、早期拜占廷、古代晚期、早期中世纪、教会史、法律史等诸多研究领域提供了载体。本文的目的在于梳理这部曾经散佚的重要法律典籍在 5 世纪的编纂过程、探讨其在中世纪的流布状况以及近现代学者对拉丁文本的整理与重构情况,希望能引起学界对它的更多关注。

---

① 412 年,西哥特人(the Visgoths)进入高卢,415 年征服西班牙,并于 419 年建立西哥特王国;429 年汪达尔人(the Vandals)进入北非,435 年北非的汪达尔王国得到承认,439 年攻陷迦太基,参见[美]威廉·兰格主编:《世界史编年手册(古代和中世纪部分)》,刘绪贻、李崇淮、施子愉译,吴于廑校,北京:生活·读书·新知三联书店,1981 年,第 254—255 页,第 298—300 页。

② [英]迈克尔·格兰特:《罗马史》,王乃新、郝际陶译,上海:上海人民出版社,2008 年,第 324 页,第 350 页。

③ [南斯拉夫]乔治·奥斯特洛格尔斯基:《拜占廷帝国》,陈志强译,西宁:青海人民出版社,2006 年,第 41 页。

④ Averil Cameron, Peter Garnsey eds., *The Cambridge Ancient History*, *Volume XIII*, *The Late Empire*, A. D. 337 - 425, Cambridge: Cambridge University Press, 1998, p. 666.

⑤ 陈志强:《拜占廷帝国史》,北京:商务印书馆,2003 年,第 111—112 页。

⑥ [南斯拉夫]乔治·奥斯特洛格尔斯基:《拜占廷帝国》,第 41 页。

一、《塞奥多西法典》的编纂

《塞奥多西法典》的编纂起于塞奥多西二世的意愿,在现存的法典中,保存有两条与此有关的诏谕,分别于429年3月26日与435年12月20日由塞奥多西二世在君士坦丁堡发布,以下为相关诏谕全文:

(诏谕一:429年3月26日)

我们命令,以《格雷哥里安法典》与《赫尔莫杰尼安法典》①为范本,编辑一部由著名的君士坦丁及其之后的神圣的皇帝们以及我们所颁布的立法的合集,这些立法应当是有效的诏谕或神圣的具有普遍效力的皇帝的法律。首先,主题应是其内容的精确定义,它们应当根据所表达的不同的标题被分类,如果一项立法关系到若干主题,材料应当被集中于每份材料所适合的无论何处。第二,如果任何差异导致了任何以两种方式的陈述,应当根据文本的顺序进行检查,不仅要考虑法令颁布的执政官年度以及统治时期,而且要考虑法典自身的排序,越是排在后面的法律越是有效。此外,应该保留立法中与基本事实相关的所有文字,但是应当删去那些不是极为必要的用于支持法律的添加上的文字。虽然只列出那些必定有效的立法而删去那些由于之后的立法而无效的法令会更为简单而合乎法律,但是让我们承认这部以及从前的法典是为更为勤谨注意的人而编纂的,为了他们的学术目的,应当让他们了解那些命定只在其自身所处时代发生效力、如今已经废弃无效的法律。另外,从这三部法典以及法学家们附属于其中每个主题的评论与解答出发,经由编纂第三部法典的同一批人的工作,将制订出我们的另一部法典。这部法典将不允许任何错误与歧义存在;它将以我们的名字命名,并指出所有人必须遵循与应当回避之处。为了如此伟大的作品以及这两部法典编纂工作——第一部法典应该收集所有一般性立法的差异,对于在法典之外这些条文如今在法庭上无人被允许引用的情况应当予以忽略,同时应当避免滔滔空谈;另一部法典则要排除法律中所有自相矛盾之处并成为生活的指导——的圆满完成,必须选择极为值得信任且最具杰出天赋的人。在他们向智慧的我们与公

---

① 3世纪后期由私人编纂的两部法典。

共权威呈交第一部法典之后,他们应当进行另一部法典的编纂,而这部法典将得到彻底的检查直至达到颁布水准为止。请高贵的众位向这些被选出的人致谢吧,我们选择了杰出者、前司法官与前长官安条克乌斯(Antiochus);宫廷司法大臣、杰出者安条克乌斯(Antiochus);伯爵与记录处长官、显赫者塞奥多鲁斯(Theodorus);宫廷书记处长官、显赫者尤迪西乌斯与尤西比乌斯;我们的神圣记忆中的前伯爵、显赫者约哈尼斯(Johannes);前宫廷书记处长官、显赫者科马宗(Comazon)和尤布努斯(Eubulus);以及最优秀的法学家阿佩勒斯(Apelles)。我们相信,永恒的我们所选择的这些人会雇用任何一个卓越学者以便通过他们的共同研究达成合理的计划并清除荒谬的法律。此外,在将来如果在这极为紧密统一的帝国内的一个部分公布了任何法律的话,它在另一个部分将同样有效,有效的前提不是依靠可疑的信义或私人的声请,而是要依靠在将要实行这些法律的帝国的那个部分内,法律由神圣的皇帝信件所传递,它也将由帝国另一部分的政府官员接收,并以诏谕的恰当形式加以公布,这将是令我们愉悦的。因为一项发布的法律必须被接受并且必须具有毋庸置疑的效力;修订或取消法律的权力应当由仁慈的我们所保留。另外,法律必须在两个部分①宣布,否则它们一定不得被承认。②

(诏谕二: 435 年 12 月 20 日)

所有有效的或是在确定的行省或地区公布以及由神圣的君士坦丁及其之后的皇帝和我们所颁布的诏谕与通律,应当由表明其内容的主题加以区分。此外,明显的是,判别那些最近的立法,不仅要从颁布的执政官年度与日期推算,也要从其排序判断。如果任何立法要被分割在几个标题下,每个标题的内容要与其他的分开并置于适当的主题之下,应当从所有谕令中删除与裁决效力无关的文字,只留下法律。

1. 为了让法律简明扼要,我们授权给那些将要从事这一工作的人,他们可以删除冗文、添加必要的文字、改正引起歧义的文字并修订乖讹之处。当然,通过这些方法,每条立法都将得以明晰。

---

① 指帝国的东部与西部地区。
② Clyde Pharr translated, *The Theodosian Code and Novels and the Sirmondian Constitutions*, Princeton: Princeton University Press, 1952, 1.1.5, pp. 11 - 12.

2.《塞奥多西法典》的编纂者将是最神圣与最荣耀的前长官与执政官等级的安条克乌斯；高贵的伯爵与司法官与杰出者尤布努斯；拥有司法官尊荣的装饰标志的杰出者马克西莫斯(Maximus)；枢密会议伯爵、显赫者苏佩拉恩提乌斯(Superantius)、马尔提里乌斯(Martyrius)、阿尔匹乌斯(Alypius)、塞巴斯提亚努斯(Sebastianus)、阿波罗多努斯(Apollodorus)、塞奥多努斯(Theodorus)和埃龙(Eron)；神圣的书记处伯爵与长官、显赫者马克西米努斯(Maximinus)、埃庇根内斯(Epigenes)、迪奥多努斯(Diodorus)与普罗柯匹乌斯(Procopius)；身为前行政区长官、法学家的显赫者埃罗提乌斯(Erotius)；显赫者内奥特里乌斯(Neoterius)，前……

3. 若上述人员中任何一位由于命运的原因或是由于其他公共事务所困而退出了这项被赋予了他们的事务的话，另一个人应当根据我们的裁断代替他的位置，如果这看来是最佳选择的话。因此将没有任何障碍能阻止这部法典的完成，它将在所有案件中和所有法庭上有效，除了那些将在它公布之后颁布的立法外，不会给在它之外的任何新立法留下位置。①

后世史家以上述两条诏谕为基础，对法典的编纂过程提出了不同的推论。德国著名历史学家特奥多尔·蒙森(Theodor Mommsen)认为 435 年诏谕表明放弃了之前未能成功的计划，高德梅(J. Gaudemet)、杰洛维茨(H. F. Jolowicz)均持相同观点；沃尔夫冈·孔克尔(Wolfgang Kunkel)认为皇帝在 429 年制定的编纂委员会一无所成，因此在 6 年后又召集了一个委员会并在两年内完成了修正后的版本。② 英国著名罗马史家琼斯的观点与孔克尔类似，认为 429 年设立的编纂委员会未能完成其任务，于是在 435 年成立了一个新的编纂委员会。③ 马修斯则认为，从蒙森直至琼斯的解释是对证据的误读，

---

① Clyde Pharr translated, *The Theodosian Code and Novels and the Sirmondian Constitutions*, 1. 1. 6, p. 12.

② John Matthews, "The Making of the Text", in Jill Harries & Ian Wood eds. , *The Theodosian Code: Studies in the Imperial Law of Late Antiquity*, London: Duckworth, 1993, p. 24.

③ A. H. M. Jones, *The Later Roman Empire*, 284 - 602: *A Social, Economic, and Administrative Survey*, Vol. I , p. 475.

435 年诏谕只是对 429 年诏谕的延续与补充,是对其中的未曾说明之处做了进一步说明,是对既定原则的更为精确的表述;同时也不应当为 429 年的计划在从 425 年 3 月至 435 年 12 月的 6 年多的时间中未能完成而惊讶;反之,令人难以相信的是,这一计划在从 435 年 12 月至法典于 437 年 10 月以完整文本公布的不到两年中从失败中得到拯救与完成,并且还是以一种修订后的形式完成的。① 瑟克斯认为 435 年诏谕是用于回应编纂者在编纂工作中所出现的问题的,不是为了废弃 429 年的编纂计划而出现,而是为了对其进行详尽说明。② 莫索拉奇斯对这一问题的看法则是 429 年编纂委员会在计划的执行中遇到了难以克服的困难,于是在 435 年设立了一个新的编纂委员会并在三年内(至 438 年)完成了任务。③

总体而言,马修斯的观点看来似乎更为合理,毕竟当法斯图斯在罗马元老院中公布法典的问世时,所宣读的确实正是 429 年诏谕;④同时,将编纂委员会由 429 年的 9 人扩大至 435 年的 16 人也可以被视为是根据这一重要任务的未曾预料到的繁重程度做出的调整;更换编纂委员会部分人员的原因,除了可能在于 429 年委员会由于未能完成任务而被撤销之外,也可能是由于在 6 年多的时间中之前的编纂委员会的一些成员或是正常退休或死亡、或被授予了其他任务而不能再参与编纂、或由于各种原因而被免职等类似原因,从 435 年诏谕中特别提及"若上述人员中任何一位由于命运的原因或是由于其他公共事务所困而退出了这项被赋予了他们的事务的话,另一个人应当根据我们的裁断代替他的位置"来看,在 435 年调整编纂委员会成员时,后一种可能性所导致的影响也许是应当被纳入考虑范围的:这一表述并未出现在 429 年诏谕中,而在 429 年至 435 年中或许正是陆续出现了 435 年诏谕中所提及的这一情况,从而导致必须重新任命编纂委员会成员,并且为此补充规定了此后再出现类似情况的应对方法——一方面即使是皇帝的任命也是不能对抗生老病死的客观规律的,另一方面,也无法百分之百保证得到任命后的官员在完成任务

---

① John Matthews, "The Making of the Text", pp. 24 - 25.

② Boudewijn Sirks, "The Sources of the Code", in Jill Harries & Ian Wood eds. , *The Theodosian Code: Studies in the Imperial Law of Late Antiquity*, pp. 56 - 57.

③ George Mousourakis, *A Legal History of Rome*, London and New York: Routledge, 2007, p. 181.

④ Clyde Pharr trans. , *The Theodosian Code and Novels and the Sirmondian Constitutions*, Gesta Senatus Urbis Romae, pp. 4 - 5.

前能够始终安于其位或是有足够的精力工作至法典编纂完成。无论如何,关于法典的编纂过程,仍是一个有待进一步探讨的问题。唯一确定的是,编纂委员会完成了共有 16 卷①的《塞奥多西法典》,并于 438 年先后在东部帝国与西部帝国生效,其中按照 429 年诏谕与 435 年诏谕的规定,收集了从君士坦丁时代至塞奥多西二世时代(至法典编纂完成时为止)的有效谕令;所有谕令中的内容根据其所体现的不同主题得到分类,每个主题下的谕令的段落则是按照编年顺序排列。② 不过,429 年诏谕中提及的编纂另一部"不允许任何错误与歧义存在"、"指出所有人必须遵循与应当回避之处",从而成为"排除法律中所有自相矛盾之处并成为生活的指导"的法典的目标显然未能完成或是被放弃了。

关于法典编纂者所使用的资料,学界也存在不同的观点。蒙森认为东部地区的谕令主要来自君士坦丁堡的档案馆,另有一些来自贝鲁图斯(Berytus)的法学教师的收藏;西部地区的谕令则收集自它们的颁布地点以及迦太基(Carthage)的一位律师的私人收藏。③ 德国史家奥托·塞克(Otto Seeck)在其 1899 年出版的《君士坦丁的法律的时序》(*Die Zeitfolge der Gesetze Constantins*)以及 1919 年出版的《皇帝与教皇大事记》(*Regesten der Kaiser und Päpste*)中对该问题进行了探讨,认为接受皇帝所发出的谕令的行政长官们的档案馆中的信件是法典编纂者所使用的主要材料,而君士坦丁堡的皇家档案馆则提供了在西部发布并被送往东部的法律文本。④ 总体而言,关于编纂者的行动存在着两种观点,一种观点是他们周游帝国各地,寻找官员档案以及私人收藏,以尽可能地收集材料,而这一行动不仅包括了对例如罗马、拉文纳与迦太基等其他北非城镇的拜访,也包括在君士坦丁堡档案馆中的研究;另一种观点则认为编纂者大部分时间待在君士坦丁堡,只有相当少的谕令是来自中央档案馆之外的私人收藏。⑤ 马修斯代表第一种观点,他认为如果皇家与行省档案馆存在的话,在原则上否认法典编纂中对它们的使用将是荒谬的,

① 关于各卷主题与诏谕的数量统计,见黄美玲:"《狄奥多西法典》:技术要素与政治意义",《华东政法大学学报》2017 年第 6 期,第 143 页。

② George Mousourakis, *A Legal History of Rome*, p. 181.

③ Boudewijn Sirks, "The Sources of the Code", p. 49, note 35.

④ Boudewijn Sirks, "The Sources of the Code", pp. 45 – 47.

⑤ Jill Harries, *Law and Empire in Late Antiquity*, Cambridge: Cambridge University Press, 1999, p. 23.

但是认为法典的编纂者以中央档案馆中的文本为主要或基本材料的理论又难以解释法律之间、同一条法律的不同版本之间的歧异；①法典的编纂者不可能在中央档案馆中从事系统工作，否则就会有更少的歧异、更少的法律在公共地点得到接受、宣读与张贴的标示；②在中央档案馆与晚期罗马帝国的城市公告板之间，还存在着如法律学校、律师工作地点、对法律有兴趣而制作抄本的个人或群体、个人的家庭文件等可以保存法律的中间途径③。瑟克斯则代表第二种观点，认为编纂者基本上是利用了君士坦丁堡、罗马或拉文纳的皇家抄本以及一些可靠的私人收藏。④ 这一问题与法典编纂过程紧密相连，因为这涉及编纂的难易程度及其可能花费的时间，但是，与关于法典编纂过程的争论一样，仍然尚无定论。对于研究者而言，值得欣慰的是，无论法典编纂者是从何处收集的资料，通过他们的工作，确实保存了大量的谕令⑤，为我们了解那个时代提供了第一手资料。

编纂完成《塞奥多西法典》⑥的意义不仅在于对自君士坦丁一世至塞奥多西二世时代的法律的整理与规范，它在东部与西部的颁布与生效也服务于对帝国政治统一的确认。⑦ 正如马修斯所言，法典的公布，与西部皇帝瓦伦提尼安三世（Valentinian III，425—455 年在位）与塞奥多西二世之女尤多西娅（Eudoxia）的婚姻一样，是政治统一的象征；而随着西部地区蛮族王国的兴起，《塞奥多西法典》作为自《十二表法》（Twelve Tables）的公布以来，罗马政府收集其自身立法的首次彻底的官方尝试，是罗马帝国统一的最后表达与最后象征之一。⑧

---

① John Matthews, "The Making of the Text", p. 31.

② John Matthews, "The Making of the Text", p. 41.

③ John Matthews, "The Making of the Text", p. 43.

④ Boudewijn Sirks, "The Sources of the Code", p. 56.

⑤ 根据瑟克斯的计算，法典编纂者是以约 2700 条原始谕令为基础进行编纂工作的，其中有约 350 条涉及多个主题（Boudewijn Sirks, "The Sources of the Code", p. 65.）；莫索拉奇斯认为《塞奥多西法典》体现了超过 3000 条谕令（George Mousourakis, A Legal History of Rome, p. 181.）。

⑥ 关于对《塞奥多西法典》编纂的背景、动机、编纂计划与编辑政策、法典的结构与法律的效力、诏谕的风格与语言、编纂者的工作情况等的详尽分析，也可参见瑟克斯的《塞奥多西法典研究》（A. J. B. Sirks, The Theodosian Code：A Study, Friedrichsdorf：Éditions Tortuga, 2007.）

⑦ A. D. Lee, From Rome to Byzantium AD 363 - 565：The Transformation of Ancient Rome, Edinburgh：Edinburgh University Press, 2013, p. 109.

⑧ John Matthews, "The Making of the Text", p. 44.

二、《塞奥多西法典》的流布

自《塞奥多西法典》于 438 年公布后,在东部帝国,查士丁尼(Justinian I, 527—565 年在位)在位期间颁布的《查士丁尼法典》导致了《塞奥多西法典》的废弃;而在西部地区,帝国统治的崩溃以及继承国家的建立本可能带来同样的后果,但事实却并未如此:506 年,西哥特国王阿拉里克二世(Alaric II, 484—507 年在位)批准了大量内容以《塞奥多西法典》为基础的《西哥特罗马法》(*Lex Romana Visigothorum*)——也就是一般所称的《阿拉里克法典》(*Breviarium Alaricianum*)[1]的颁布,并且禁止任何其他罗马法的使用。[2] 在 5 世纪末与 6 世纪初出现的蛮族罗马法的三部主要作品——除《西哥特罗马法》外,还有东哥特国王塞奥多里克(Theodoric, 475—526 年在位)颁布的《塞奥多里克法令集》(*Edictum Theodorici*)以及勃艮第国王贡多巴德(Gundobad, 473—516 年在位)颁布的《勃艮第罗马法》(*Lex Romana Burgundionum*)。其中,以《西哥特罗马法》最具影响力,正如维诺格拉多夫所指出的,"当东哥特国王的告示在其王国被拜占庭人覆灭而失去意义,当勃艮第的罗马法只适用于当地,西哥特人的汇编就成为罗马法在中世纪前半叶在整个西欧的标准渊源"。[3]

虽然《西哥特罗马法》已经被证明对《塞奥多西法典》的内容在中世纪乃至之后的传承极为重要,但并非西哥特人确保了《塞奥多西法典》或《西哥特罗马法》的最终留存,后来的西哥特人的法典,虽然也受到罗马法的巨大影响,但是禁止了之前的法律汇编的使用。事实上,正是在通常被认为法律的罗马化最少的继承国家,也就是法兰克王国,《塞奥多西法典》与《西哥特罗马法》还得以存留。[4] 正如学者所言,罗马世界的延续在法律文本及其相关事务与成文法的使用中最为明显。[5] 文献也揭示了墨洛温王朝的官员在其教育中学习《塞

---

① 或译为《阿拉里克法律简编》《阿拉里克法律辑要》《阿拉里克法律要略》。

② Ian Wood, "Nachleben: the Code in the Middle Ages: Introductory Note", in Jill Harries & Ian Wood eds., *The Theodosian Code: Studies in the Imperial Law of Late Antiquity*, p. 159.

③ [英]保罗·维诺格拉多夫:《中世纪欧洲的罗马法》,钟云龙译,北京:中国政法大学出版社,2010 年,第 7 页。

④ Ian Wood, "Nachleben: the Code in the Middle Ages: Introductory Note", p. 159.

⑤ Rosamond McKitterick, *The Early Middle Ages: Europe* 400 – 1000, Oxford: Oxford University Press, reprinted 2013, p. 44.

奥多西法典》,也可能学习《阿拉里克法典》,而抄本证据也显示在 6 至 8 世纪,
《塞奥多西法典》至少与《阿拉里克法典》同样重要。①

　　根据学者研究,法兰克人及其邻人均清楚塞奥多西作为制定法律者的重
要性。在 7 世纪中期写作的弗莱德加(Fredegar)②将法律的增删归功于塞奥
多西一世,他必定指的是塞奥多西二世;一个世纪后,《巴伐利亚法典》(*Lex
Baiwariorum*)的编纂者,在其前言中列出了一份源于伊西多尔(Isidore)③的
伟大立法者的清单,其中包括塞奥多西。④ 就对《塞奥多西法典》的使用而言,
情况较为复杂。《塞奥多西法典》并不包括所有的皇帝立法,也不包括在行省
法庭中运用的习惯法,因此当法兰克人与勃艮第人材料在言及"罗马人的法
律"(leges Romanae)时,所谈的可能并不总是《塞奥多西法典》中的法律,可能
说的是不属于皇帝立法的罗马人的行省法律;此外,即使存在直接诉诸于《塞
奥多西法典》的情况,可能也并非直接求助于该法典本身,而是求助于《西哥特
罗马法》,对《塞奥多西法典》之引用,并不一定指对原始版本的引用,同样可以
指对《西哥特罗马法》的引用。⑤《阿拉里克法典》也并非 6 世纪高卢唯一可被
引用以代替《塞奥多西法典》的罗马法汇编,在萨里斯(Salis)编辑的《勃艮第罗
马法》的版本⑥中,注意到有 64 处参考了《塞奥多西法典》。⑦ 实际上,法兰克
王国所属或邻近地区在法典早期抄本保存与传承中扮演着重要角色,在美国
古文书学家洛伊(E. A. Lowe)发起与主持编纂的《古典拉丁抄本》(*Codices
Latinae Antiquiores*,简称 CLA)中收录了《塞奥多西法典》或其部分内容的 9
份抄本以及 1 份法典摘要的抄本,其中有 4 份法典抄本来自法国,一份来自意
大利,另有两份是在意大利或法国抄写的,这些抄本的定年自 6 世纪延续至 8
至 9 世纪。⑧ 除上述《塞奥多西法典》之外,唯一在留存的 9 世纪前的抄本数量
上相似的拉丁法律文献抄本是大量引用《塞奥多西法典》的《阿拉里克法典》的

---

① Ian Wood, "Nachleben: the Code in the Middle Ages: Introductory Note", p. 159.
② 关于"弗莱德加"一名,参见陈文海:《译者导论:"弗莱德加"与百年学论》,载于陈文海译注:《弗
莱德加编年史(第 4 卷及续编)》,北京:人民出版社,2017 年,第 5—10 页。
③ 即塞维利亚的伊西多尔(Isidore of Seville),著有百科全书式作品《词源》(Etymologiae)。
④ Ian Wood, "The Code in Merovingian Gaul", in Jill Harries & Ian Wood eds., *The Theodosian
Code: Studies in the Imperial Law of Late Antiquity*, p. 161.
⑤ Ian Wood, "The Code in Merovingian Gaul", pp. 161 – 162.
⑥ 1892 年于汉诺威(Hannover)出版。
⑦ Ian Wood, "The Code in Merovingian Gaul", pp. 162 – 163.
⑧ Ian Wood, "The Code in Merovingian Gaul", pp. 164 – 165.

抄本,现存 14 份抄本中有 13 份来自法兰克王国,这显示了对法典的兴趣在整个墨洛温王朝统治时期一直存在。①

根据伍德的分析,有理由认为,7 世纪后期不仅是一个《塞奥多西法典》或是《阿拉里克法典》中的法律在法兰克王国的诉讼中得到应用的时期,也作为法律来源用于解释法律,因为在图尔的格里高利(Gregory of Tours)的《法兰克人史》中,曾经提及"塞奥多西的法律书卷"(legis Theodosianae libri);在 7 世纪后期的契尔德里克二世(Childeric II,662—675 年在位)的宫廷中,《塞奥多西法典》或《阿拉里克法典》具有特别重要的地位;7 世纪克莱蒙主教波尼图斯(Bonitus)据说也了解《塞奥多西法典》;法兰克人最早的法典《萨利克法律公约》(Pactus Legis Salicae)可能也受到了相关影响;同时蛮族法典——例如勃艮第人的《诏谕集》(Liber Constitutionum)与法兰克人的《萨利克法律公约》《利普里亚法》(Lex Ribvaria)中也保留了《塞奥多西法典》中的相当数量的法律。②

除此之外,两部 5 世纪地中海世界的法律作品中也收集了《塞奥多西法典》的大量片段,分别是在西部地区编纂的《某些早期法学家的见解》(Consultatio veteris cuiusdam iurisconsulti)与在帝国东部地区编纂的《西奈学说》(Scholia Sinaitica)。③ 前者是库雅乔(Cuiacio,1577 年该书手抄本的第一位出版者,该手抄本后遗失)为普罗旺斯的一位法学家的长篇意见书确定的书名,这位法学家在答复一起律师的询问时运用了《塞奥多西法典》中的谕令论证自己的答复;④后者则发现于西奈(Sinai)的修道院⑤。

教会在《塞奥多西法典》的传承中也扮演着重要角色,西部地区的教会成员自 6 至 11 世纪经常引用该法典,直至主教叙任权之争(Investiture dispute)时,查士丁尼的法律汇编在西部才超过了《塞奥多西法典》而占据优势。⑥ 沃尔特斯统计了这一时期曾引用《塞奥多西法典》或受其影响的教会人士的作品,现简介如下:

---

① Ian Wood, "The Code in Merovingian Gaul", pp. 165 - 166.
② Ian Wood, "The Code in Merovingian Gaul", pp. 167 - 169.
③ 黄美玲:"《狄奥多西法典》:技术要素与政治意义",第 147 页。
④ [意]朱塞佩·格罗索:《罗马法史(2009 年校订本)》,黄风译,北京:中国政法大学出版社,2009 年,第 306 页。
⑤ [意]朱塞佩·格罗索:《罗马法史(2009 年校订本)》,第 307 页。
⑥ Ian Wood, "Nachleben: the Code in the Middle Ages: Introductory Note", p. 160.

1. 由圣本笃(St. Benedict,约 480—543 或 547 年)制订的《本笃会规》(*The Rule of St. Benedict*)。在第 59 章①中他规定了父母将其年幼的子女奉献给修道院时的法律形式,这些规定遵循的是《塞奥多西法典》第 4 卷的主题 21 至 23(CTh 4. 21 - 23)与第 5 卷的主题 1(CTh 5. 1)中的法律。

2. 塞维利亚的伊西多尔的《词源》是中世纪早期知名的百科全书。在该书卷 2 与卷 5 中,伊西多尔两次提出一份关于 27 种法律门类的清单,其中可能有大量来自《塞奥多西法典》的材料;而沙特尔主教伊沃(Ivo of Chartres,约 1040—1116 年)②在其《教会法规汇要》(*Decretum*)与《法律大全》(*Panormita*)等作品中曾抄写之,12 世纪中期的教会法学家格拉提安(Gratian)也在自己的作品中予以抄写。伊西多尔熟知《塞奥多西法典》的更直接证据来自 619 年第二次塞维利亚宗教会议中的一条教令,该教令以法典中的一条法律(CTh. 2. 26. 4,发布于 385 年)中的语句结尾。

3. 墨洛温王朝的《规例集》(Merovingian formulae)源于法兰克王国墨洛温王朝时期,其中记录了对教会的赠礼以及其他教会感兴趣的司法活动,沃尔特斯对 6 世纪中期至 7 世纪后半叶的四部《规例集》作了考察,发现其中不仅引用了《塞奥多西法典》《西哥特罗马法》,偶尔也引用查士丁尼的法律。

4. 加洛林时代(Carolingian era)的各类教令集(decretals)与法令集(capitularies),在其中可以找到许多《塞奥多西法典》的影响。

5. 普鲁姆的雷吉诺(Regino of Prüm)的作品。此人曾于 892 年至 899 年在普鲁姆③的本笃会修道院任院长,于 915 年去世。在他为执行巡视职责的高级教士编写的手册中包含有大量世俗法律,其中有 26 条引用自《塞奥多西法典》。

6. 1000 年时出任沃尔姆斯主教的沃尔姆斯的伯查德(Burchard of Worms,约 960—1025 年)编纂的《教令集》(*Decreta*)被认为也有引用《塞奥多西法典》之处。

7. 教会法学家沙特尔的伊沃的作品。此人于 1090 年成为沙特尔主教,

---

① 该章的中文译文参见[奥]米歇尔·普契卡评注:《本笃会规评注(下)》,杜海龙译,上海:上海三联书店,2015 年,第 687—694 页。

② 关于他及其作品的简要介绍,参见[英]保罗·维诺格拉多夫:《中世纪欧洲的罗马法》,第 52—53 页。

③ 位于今德国的普鲁姆。

虽然是格里高利七世(Gregory VII,1073—1085 年在位)的支持者,但在叙任权争端中属于温和派,其《法律大全》与《教令集》中均引用了《塞奥多西法典》。

8. 约 1140 年出版的格拉提安的《教令集》虽然表现出了对查士丁尼的《民法大全》(*Corpus Iuris Civilis*)的几近彻底的接受,但是也并未完全放弃对《塞奥多西法典》的引用。①

总体而言,当《塞奥多西法典》在拜占廷帝国受到忽视时,在 6 至 11 世纪的西部地区,该法典或是以它为蓝本的《阿拉里克法典》却得到相当广泛的转抄与引用,正是西部的律师与教职人员为后世保留下了关于塞奥多西二世的法律成就的知识。②

三、近现代学者对《塞奥多西法典》拉丁文本的整理

《塞奥多西法典》并未留下完整文本。③　根据统计,目前发现的存有其文本的抄本共有 17 份,现在分别保存于柏林、巴黎、蒙彼利埃、梵蒂冈、都灵、蒙特卡西诺、苏黎世、日内瓦以及德国的哈尔伯施塔特(Halberstadt)与沃尔芬比特尔(Wolfenbüttel)等地的图书馆或档案馆中。④　近现代学者在整理《塞奥多西法典》的拉丁文本时,除这些抄本之外,也使用了包括前述各种受到《塞奥多西法典》影响的教俗法律文本以及《查士丁尼法典》在内的其他资料。

除了上述可供利用的抄本外,另有一份收录有 18 份诏谕的合集自 7 至 8 世纪的一份高卢抄本中存留至近代,该抄本出于里昂,于 1631 年由法国耶稣会士雅克·西尔蒙德(Jacques Sirmond,1559—1651 年)将上述 18 条诏谕首次出版,此后被称为《西尔蒙德诏谕集》(*Constitutiones Sirmondianae*)。⑤　这

---

① Dafydd Walters, "From Benedict fo Gratian: the Code in medieval ecclesiastical authors", in Jill Harries & Ian Wood eds. , *The Theodosian Code: Studies in the Imperial Law of Late Antiquity*, pp. 201 – 211.

② Ian Wood, "Nachleben: the Code in the Middle Ages: Introductory Note", p. 160.

③ [意]朱塞佩·格罗索:《罗马法史(2009 年校订本)》,第 304 页。

④ 所述现存法典相关抄本的具体数量及存放地参见"法律图书馆网站"相关网页提供的数据与信息: http://www. leges. uni-koeln. de/en/lex/codex-theodosianus/,2018 年 1 月 10 日。

⑤ 西尔蒙德所依据的材料来自一份里昂的教会法(Codex Lugdunensis ecclesiae)抄本及其勒皮(Le Puy)誊本。里昂抄本原先属于里昂大教堂的图书馆,保存于迪奥尼修斯文库(Collectio Dionysiana)——6 世纪教会法学家迪奥尼修斯(Dionysius Exiguus)的藏书——中(Mark Vessey, "The Origins of the Collectio Sirmondiana", in Jill Harries & Ian Wood eds. , *The Theodosian Code: Studies in the Imperial Law of Late Antiquity*, pp. 181 – 184.)。(转下页)

一"诏谕集"中的诏谕主要处理的是宗教事务,诏谕发布的时间在 333 年至 425 年之间,前 16 条诏谕以完本形式存在,因此不可能摘自《塞奥多西法典》,而是另有源头;后两条诏谕则是法典中诏谕的缩略版本,蒙森将之插入他所编辑的法典版本之中(分别为 CTh 1.27.1 与 2),而前 16 条诏谕中的 11 条也以经过编辑的形式存在于《塞奥多西法典》之中。① 《西尔蒙德诏谕集》中所收录的前

(接上页)西尔蒙德从未向里昂大教堂图书馆归还抄本(John F. Matthews, *Laying Down the Law: A Study of the Theodosian Code*, New Haven & London: Yale University Press, 2000, p. 122.)。在西尔蒙德使用之后,里昂抄本进入了巴黎克勒蒙耶稣会学院(Jesuit Collège de Clermont in Paris,西尔蒙德于 1608 年至其去世均居住于此)的图书馆;1764 年耶稣会受到镇压,图书馆中的图书也被拍卖,里昂抄本——《鲁格敦法典》(*Codex Lugdunensis*)在此时显然被分成了三个部分,其中第一与第二部分(克勒蒙耶稣会学院图书馆编目分别为 563 与 564 号)可能先进入圣日耳曼德佩本笃会修道院(Benedictine Abbey of Saint Germain des Prés)的藏品,后落入时任俄国驻法大使秘书、收藏家彼得·杜布罗斯基(Peter Dubrosky)之手,他又将其赠送给圣彼得堡的皇家图书馆(Mark Vessey, "The Origins of the Collectio Sirmondiana", p. 184.)。前两个部分共包括对开本 186 页;第 3 个部分则有对开本 120 页,其中包含有《西尔蒙德诏谕集》中谕令的文本(John F. Matthews, *Laying Down the Law: A Study of the Theodosian Code*, p. 122.)。里昂抄本的第 3 部分在耶稣会学院图书馆中的编号原为 569 号(Clermont 569),在 1764 年被出售给荷兰收藏家杰拉尔德·米尔曼(Gerard Meerman),在其图书馆中编号为 578 号;1824 年,在拍卖米尔曼文库(Bibliotheca Meermanniana)时,第 3 部分被出售给了英国收藏家托马斯·菲利普斯爵士(Sir Thomas Phillipps),在其位于伍斯特郡(Worcestershire)的米德希尔(Middlehill)的图书馆中编为 1745 号;1887 年,当菲利普斯去世后,包括这一抄本在内的米尔曼藏品全部被柏林王家图书馆(Royal Library,即 Königliche Bibliothek)所购得(Mark Vessey, "The Origins of the Collectio Sirmondiana", pp. 185 - 186.),蒙森在编辑《塞奥多西法典》时曾加以利用(John F. Matthews, *Laying Down the Law: A Study of the Theodosian Code*, p. 122.)。《鲁格敦法典》的重构只是在 1879 年卡尔·基勒特(Karl Gillert)出版了圣彼得堡皇家图书馆的拉丁抄本清单后才成为可能,1890 年牛津大学莫德林学院(Magdalen College)的学者卡斯伯特·汉密尔顿·特纳(Cuthbert Hamilton Turner)企图编辑早期教会法拉丁文献,他利用基勒特的清单与柏林目录(Berlin catalogue)重建了《鲁格敦法典》的全貌,并于 1900 年在《神学研究杂志》(*Journal of Theological Studies*)的第一卷中撰文公布了其发现(Mark Vessey, "The Origins of the Collectio Sirmondiana", p. 187.)。古文书学研究显示,里昂抄本由两名协同工作的抄工合作完成,同时得到第 3 名——可能还有第 4 名——抄工的协助,完成时间约为 7 世纪下半叶,其中最后提及的是 581 至 583 年间举行的第一次马孔(Mâcon,位于今法国)会议(John F. Matthews, *Laying Down the Law: A Study of the Theodosian Code*, p. 122.)。《西尔蒙德诏谕集》保存了一些出现于法典中的诏谕的原始形式或是极为接近原始形式的诏谕,由此有助于借助它分析法典的编纂过程(John F. Matthews, *Laying Down the Law: A Study of the Theodosian Code*, p. 127.)。在巴黎、牛津、柏林与意大利的伊夫雷亚(Ivrea)也存有与《西尔蒙德诏谕集》相关的多份抄本(John F. Matthews, *Laying Down the Law: A Study of the Theodosian Code*, pp. 123 - 124.)。

① A. J. B. Sirks, *The Theodosian Code: A Study*, pp. 238 - 239. 关于这 11 条诏谕与《塞奥多西法典》中所收录法律的对应关系,参见该书第 239 页注释 701。

7 条诏谕也被《阿拉里克法典》所收录,至于两者是否来自相同的原始材料则尚属未知。[①]

自 16 世纪以来,学者们努力重建《塞奥多西法典》文本。[②] 其中,法国的罗马法学者对《塞奥多西法典》具有特殊兴趣,法典的第一部重要版本由被称为"最杰出的人文主义文本批评家"[③]的法国法学家雅克·居亚斯(Jacques Cujas,1522—1590 年)[④]编纂,并在 1566 年出版;居亚斯的长处在于发现法典文本中的错误与添加,并为难以理解的文本提供基于推测的校订。[⑤] 居亚斯所开创的"添加研究"(Interpolationenforschung)一直影响至 20 世纪初。[⑥] 居亚斯的版本后来又由法国学者皮埃尔·皮图(Pierre Pithou,1539—1596 年)和弗朗索瓦·皮图(François Pithou,1543—1621 年)[⑦]兄弟增补。[⑧] 此外,法国法学家与历史学家梯莱特(Tillet,? —1570 年)在 1550—1551 年间也曾编辑出版《塞奥多西法典》。[⑨] 早期最为重要的《塞奥多西法典》文本是由戈特弗雷都斯(Gothofredus)[⑩]所编辑的版本,1665 年于法国里昂(Lyons)出版。[⑪] 雅克·戈弗雷本人为编纂《塞奥多西法典》花费了 30 年光阴,其成就得到美国著名史家汤普森的高度评价,称"这部巨著的成就赢得从当时直到现在一切罗马

---

① A. J. B. Sirks, *The Theodosian Code:A Study*, p. 239.

② George Mousourakis, *A Legal History of Rome*, p. 257, note 8.

③ 舒国滢:《欧洲人文主义法学的方法论与知识谱系》,《清华法学》2014 年第 1 期,第 138 页。

④ 拉丁文名字为丘哲细阿斯(Cujacius),曾指导"十六世纪法国最伟大的历史学家"得·图学习法律(〔美〕J. W. 汤普森:《历史著作史》,上卷,第二分册,谢德风译,李活校,北京:商务印书馆,2013 年,第 945—946 页。)

⑤ Brian Croke, "Mommsen's Encounter with the Code", Jill Harries & Ian Wood eds., *The Theodosian Code:Studies in the Imperial Law of Late Antiquity*, p. 220.

⑥ 舒国滢:《欧洲人文主义法学的方法论与知识谱系》,第 139 页。

⑦ 居亚斯的弟子(舒国滢:《欧洲人文主义法学的方法论与知识谱系》,第 138 页。)。

⑧ Brian Croke, "Mommsen's Encounter with the Code", p. 220.

⑨ 舒国滢:《欧洲人文主义法学的方法论与知识谱系》,第 142 页。

⑩ 即雅克·戈弗雷(Jacques Godefroy,1587—1652 年),出生于日内瓦(Geneva)的学者,曾在巴黎学习。其父法国法学家迪奥尼修斯·戈特弗雷都斯(Dionysius Gothofredus,1549—1622 年)于 1583 年整理出版查士丁尼的《民法大全》的无注释本,在欧洲通行达两百年之久,被视为"新人文主义的流行本"与"欧洲大陆共同法的重要法律渊源",其编辑体例与结构安排沿用至今,在他出版的《民法大全》版本的基础上,欧洲法学才在很大程度上达成统一(舒国滢:《欧洲人文主义法学的方法论与知识谱系》,第 133 页。)。

⑪ George Mousourakis, *A Legal History of Rome*, p. 257, note 8.

史家的赞誉"①,他对《塞奥多西法典》的评注至今仍然有用②,被认为是不可替代的③。19 世纪德意志的历史法学派奠基者弗雷德里希·卡尔·冯·萨维尼(Friedrich Carl von Savigny, 1779—1861 年)④在追踪蛮族法典中的罗马法根源时,也注意到了《塞奥多西法典》。⑤ 受到萨维尼的《中世纪罗马法史》的影响,德国学者古斯塔夫·汉内(Gustav Haenel, 1792—1878 年)一生大部分时间致力于查士丁尼之前以及日耳曼人后继者的法律文献的研究与编辑工作,自 1821 年起,他以 7 年时间遍访全欧能够进入的档案馆,为之后半个世纪就法律源泉及其传承的细致研究工作奠定了基础:1837 年出版了《格雷哥里安法典》与《赫尔莫杰尼安法典》;1837 至 1842 年出版了《塞奥多西法典》;1844年出版了《西尔蒙德诏谕集》;1849 年出版了《西哥特罗马法》;此外,在 1857年,汉内出版了《法律大全》(*Corpus Legum*),其中以编年形式列举了来自所有非法律文献的罗马帝国法律。⑥ 直到 60 年后蒙森的版本出现之前,汉内所编辑的《塞奥多西法典》成为标准版本。⑦

　　1898 年 12 月,柏林科学院(Belin Academy)⑧邀请年逾八十的德国著名历史学家特奥多尔·蒙森着手编辑《塞奥多西法典》的新版本。⑨ 实际上,在此之前,其名与罗马法史,尤其是与 19 世纪最后 10 年与 20 世纪初期的文本科学编辑的时代紧密相联的德国法学家保罗·克鲁格(Paul Krüger, 1840—1926 年)已在从事这一工作,他在 1877 年编辑出版了《查士丁尼法典》(*Codex*

---

① [美]J. W. 汤普森:《历史著作史》,下卷,第三分册,孙秉莹、谢德风译,李活校,北京:商务印书馆,2013 年,第 8 页。

② Aikaterina Christophilopoulou, *Byzantine History I.*, 324 - 610, p. 30.

③ Stefan Rebenich, "Late Antiquity in Modern Eyes", in Philip Rousseau ed., *A Companion to Late Antiquity*, Oxford: Wiley-Blackwell, 2012, p. 79.

④ 或译为萨焚宜,其成名作为 1803 年出版的《论占有权》(*Das Recht des Besitzes*),被认为是近代法理学的开端;他在 1815 年开始出版的巨著《中世纪罗马法史》(*Geschichte des römischen Rechts im Mittelalter*)中强调,从最早时期到 16 世纪近代国家建立这段时期罗马法律史的连续性([美]J. W. 汤普森:《历史著作史》,下卷,第三分册,第 253—254 页。)。他认为,罗马法在西罗马帝国覆亡后,仍然残存了下来,"整个著作,由于它强调连续性,可以说是吉本《罗马帝国衰亡史》的庞大附篇"([英]乔治·皮博迪·古奇:《十九世纪历史学与历史学家》,上册,耿淡如译,卢继祖、高健校,谭英华校注,北京:商务印书馆,2014 年,第 140—142 页。)。

⑤ Brian Croke, "Mommsen's Encounter with the Code", p. 220.

⑥ Brian Croke, "Mommsen's Encounter with the Code", p. 221.

⑦ Brian Croke, "Mommsen's Encounter with the Code", p. 221.

⑧ 即普鲁士王家科学院(Königlich-Preußische Akademie der Wissenschaften)。

⑨ Brian Croke, "Mommsen's Encounter with the Code", p. 217.

Justinianus)拉丁文本(该版本不断得到重印,至今仍为学者所使用),当蒙森宣布他打算以一部《塞奥多西法典》的新版本替代 1842 年的汉内版时,克鲁格也正在希望以新版《塞奥多西法典》作为他在 20 年前出版的《查士丁尼法典》的补充;克鲁格为此致信蒙森抱怨,而蒙森则要求他寄去所有已经收集的材料,克鲁格虽然予以合作,但仍保留了自己的不满;当蒙森的版本在他于 1903 年去世之后终于在 1905 年最后出版时,克鲁格的名字在扉页上以合作者的身份出现;自此之后直至去世之前,克鲁格一直在准备自己的版本,并于 1923 年出版了第 1 卷至第 6 卷,1926 年出版了第 7 卷至第 8 卷,第 9 卷至第 19 卷从未出版[1],已出版的也从未得到重印。[2]

在 1898 年开始编辑《塞奥多西法典》之前,蒙森就已经关注到《塞奥多西法典》,1859 年他发表了一篇题目为《塞奥多西法典中法兰克人的添加》(Fränkische Interpolation im Theodosisichen Codex)的论文,并在 1863 年一篇讨论两份未经确认的纸草文书中的皇帝批复的论文中显示出他对《塞奥多西法典》极为了解;此后在 1881 至 1887 年相继出版的"可能是近代史学中最伟大的描述性著作"[3]的《罗马公法》(Römisches Staatsrecht)以及他在接受承担法典编辑任务后不久出版(1899 年)的《罗马刑法》(Römisches Strafrecht)中也大量引用了《塞奥多西法典》。[4] 因此,可以说,在其着手编纂之前,蒙森就对《塞奥多西法典》知之甚稔。

从 1899 年 2 月 9 日至 1900 年 6 月 21 日,为了资助蒙森的研究工作,柏林科学院分三次先后预先拨付了 1 200 马克、2 400 马克与 4 000 马克的资金以支持,蒙森也找到了保罗·梅耶(Paul Meyer)为合作者;当时蒙森已经几近失明,他以不亚于年轻人的热忱推进这一工作,并在两年中完成了大部分编辑工作。[5]

在编辑《塞奥多西法典》时,蒙森以三种方式为此做准备。首先,他本人亲自检视抄本,因此他于 1899 年前往巴黎收集资料,这也是他唯一一次为了完

① 克鲁格实际上已经完成了第 9 至 16 卷的编辑工作,稿件在二战中被轰炸所毁灭之前一直保存在出版商手中(Brian Croke, "Mommsen's Encounter with the Code", p. 238, note 101.)。

② John F. Matthews, *Laying Down the Law: A Study of the Theodosian Code*, pp. 97 - 99.

③ [意]阿纳尔多·莫米利亚诺:《论古代与近代的历史学》,[美]安东尼·格拉夫敦导读,晏绍祥译,黄洋校,北京:北京大学出版社,2015 年,第 305 页。

④ Brian Croke, "Mommsen's Encounter with the Code", pp. 223 - 225.

⑤ Brian Croke, "Mommsen's Encounter with the Code", p. 227.

成法典的编纂工作而做的旅行。其次,他尽力安排将抄本运至柏林,以便在那里工作。最后,蒙森要求他的所有友人与同事为他核对抄本并检查细节。他并未亲自检视6世纪的都灵抄本,而是依靠克鲁格的相关工作;对于6世纪高卢抄本(Vat. Reg. 886),他依靠鲁道夫·舍勒(Rudolf Schoell,1844—1893年)对其中第9卷至第15卷的校核,而第16卷的校核他则依靠克鲁格的研究以及保罗·梅耶1901年在罗马对该抄本的校核;关于《阿拉里克法典》的伊夫雷亚抄本,他请都灵友人杰尔科萨(Giacosa)为他影印;除此以外,蒙森在为《塞奥多西法典》所作的序言中还提及其他大量提供了协助的学者,均是罗马法与中世纪法律与法律文本的值得尊重的研究者,也几乎均与蒙森熟识。[1]此外,蒙森在收集藏于牛津大学博德利图书馆(Bodleian Library)的抄本时,得到了牛津大学教授弗朗西斯·哈弗菲尔德(Francis Haverfield,1860—1919年)的帮助。[2] 至1902年末,新版《塞奥多西法典》已经基本完成,1903年11月1日蒙森去世,1905年11月,蒙森的这部遗作终于出版。[3]

关于蒙森在从事这一工作时所使用的材料,情况较为复杂。在蒙森编辑的《塞奥多西法典》中,只有第6卷至第16卷有良好的抄本支持,之前的5卷则基于两种极不完整的抄本,必须经由多种其他材料才能得以重构。[4] 第6卷至第16卷主要依靠两部问题较少的高卢抄本:第6卷至第8卷主要来源于保存于巴黎的国家图书馆(Bibliothèque Nationale)的R抄本(Parisinus 9643),这是一份6世纪的优良抄本,在1559年时属于里昂神父艾蒂安·查平(Etienne Charpin),后为弗朗索瓦·皮图所有,后者在1620年将它交给了自己的侄子彼得·皮图(Peterus Pithoeus),这一抄本曾被居亚斯与戈特弗雷都斯用于他们编辑的《塞奥多西法典》中;第9卷至第16卷所依据的主要材料是一份源于中世纪早期的法国、现存于梵蒂冈图书馆的抄本,即V抄本(Vat. Reg. 886),其中包括从第9卷开始直至第16卷结束的完整文本,在蒙森版《塞奥多西法典》中,从第16卷第10个主题的第12条法律(16.10.12)直至同卷第11个主题第13条法律(16.11.13)由蒙森以其他资料加以补充。[5]

---

① Brian Croke, "Mommsen's Encounter with the Code", pp. 226 - 227.

② Brian Croke, "Mommsen's Encounter with the Code", pp. 228 - 231.

③ Brian Croke, "Mommsen's Encounter with the Code", pp. 231 - 232.

④ John F. Matthews, *Laying Down the Law: A Study of the Theodosian Code*, p. 85.

⑤ John F. Matthews, *Laying Down the Law: A Study of the Theodosian Code*, p. 86.

　　关于第 1 卷至第 5 卷，蒙森估计只有约三分之一留存了下来，这一部分的文本重构需要依靠大量其他资料与方法，由此引起了许多至今仍有争议的问题。① 关于 1 至 5 卷，有两份抄本尤其重要，一是都灵抄本（T 抄本），在 43 页对开本中保存了 16 卷内除两卷之外的不连续的法律，其中前 16 页对开本中保存有第 1 至 5 卷的部分内容；二是存于米兰的安布罗斯图书馆（Biblioteca Ambrosiana）的一部《阿拉里克法典》（也就是《西哥特罗马法》）的抄本（A 抄本），《塞奥多西法典》的第 1 卷大部分保存于其中（蒙森版法典的 1.4.1 - 1.16.4），也正是在 A 抄本中，保存着《塞奥多西法典》在西部颁布时的《元老院会议记录》（Gesta Senatus）。② 另外，藏于牛津大学博德利图书馆的《阿拉里克法典》的抄本（即 O 抄本）也很重要。③ 此外，现存于巴黎的国家图书馆中的一份抄本（Cod. Par. 4413 号）保存了《阿拉里克法典》的节写本，其中有《塞奥多西法典》的第 1 卷的 16 个主题的名称。④ 再有，《阿拉里克法典》的现存抄本中也有与《西尔蒙德诏谕集》中的诏谕相关的法律条文。⑤

　　《阿拉里克法典》中不仅包含来自《格雷哥里安法典》《赫尔莫杰尼安法典》与《塞奥多西法典》的选段，也包括《塞奥多西法典》颁布后由塞奥多西二世等皇帝发布的新律，还包括了一些法学家的著作选段，附于法律条文之后的则是由《阿拉里克法典》的编辑者所加的"解释"（interpretatio）⑥；自《塞奥多西法典》中选入《阿拉里克法典》的文本比例根据法典中的法律与 6 世纪环境的相关性而有不同。⑦ 对于后人而言，幸运的是，《阿拉里克法典》的编者对《塞奥

① John F. Matthews, *Laying Down the Law：A Study of the Theodosian Code*, pp. 86 - 87.
② John F. Matthews, *Laying Down the Law：A Study of the Theodosian Code*, p. 87.
③ Brian Croke, "Mommsen's Encounter with the Code", p. 226.
④ John F. Matthews, *Laying Down the Law：A Study of the Theodosian Code*, p. 87.
⑤ A. J. B. Sirks, *The Theodosian Code：A Study*, pp. 240 - 242.
⑥ 需要注意的是，这些"解释"（interpretatio，复数 interpretationes）本身并非法典发布时的组成部分，而是后世法学家对法典条文的重新阐述，同时也不可将其与另一罗马法术语"解答"（responsum）相混淆，虽然两个词汇的中文意义似乎相近，但是两者所由来的拉丁语词汇与所指却是不一样的。一般认为，"解答"指法学家针对向其提出的、涉及具体案件的法律问题所提供的答复；这种答复对于当事人或者审判员一般只具有参考意义，但享有公开解答权（ius publice respondendi）的法学家的解答则被认为具有法律上的约束力（参见黄风编著：《罗马法词典》，北京：法律出版社，2001 年，第 219—220 页）。而"解释"一般是指对法律规范的词语、含义或精神的技术性说明。在罗马法初期，对法律的解释由宗教僧侣所垄断；随着法律科学的发展和独立，法学家成为法律的主要解释者，并且他们的解释得到国家权力机构的确认（参见黄风编著：《罗马法词典》，第 134 页。）。
⑦ John F. Matthews, *Laying Down the Law：A Study of the Theodosian Code*, p. 88.

多西法典》的前 5 卷有特别的兴趣,这是因为他们对 4 至 5 世纪罗马帝国的日常现实与政治制度的细节不感兴趣。他们在第 1 卷中忽略了与帝国官员职责有关的主题,而选择了与立法与司法相关的主题;他们也不关心元老阶层与宫廷官员的特权(第 6 卷)、不关心军事事务与行政事务(第 7 至 8 卷)、不关心关于船主(navicularii)的立法以及税收立法(第 10 卷与第 13 卷)、不关心罗马、亚历山大里亚或其他大城市的行政管理(第 14 卷),他们主要关心是罗马人的私法,而这些主要保存在《塞奥多西法典》的前 5 卷中。① 除了《阿拉里克法典》之外,关于第 1 至 5 卷的资料也来自其他 5 至 6 世纪的作家、法学家与接触过法典者的作品,他们会引用《塞奥多西法典》的条文,有时包括了一些散佚法律的文本;《阿拉里克法典》也得到增补,最著名的是引用了不少于 14 条出自《塞奥多西法典》的诏谕的《西哥特罗马法附录》(Appendix Legis Romanae Wisigothorum),这份附录是其中一些诏谕的唯一来源。②

《塞奥多西法典》前 5 卷的最后一种也是最为重要的补充是《查士丁尼法典》,无疑前者是《查士丁尼法典》中 312 至 437 年法律的来源;从对克鲁格编辑的《查士丁尼法典》的研究可以确认,凡是拥有《塞奥多西法典》完整文本的部分,会在《查士丁尼法典》中发现这一时期的相应法律,因此《查士丁尼法典》可用于《塞奥多西法典》中不完整部分的散佚法律的来源,若在前者之中发现一条未出现于后者的法律,就有可能认为后者是前者的来源,并可将其恢复至《塞奥多西法典》的合适主题之中。③ 尽管蒙森在总体上接受这一原则,但对通过《查士丁尼法典》中的文本补充他所编辑的《塞奥多西法典》的文本持谨慎态度,对收入其中的法律采取了极为严格的标准,在补充文本时避免以推论为基础,而要求确切的证据。④ 根据瑟克斯的统计,蒙森从《塞奥多西法典》自身的抄本以及《阿拉里克法典》中抽取的片段总数为 2 509 条诏谕,其中包括几乎完整的第 7 至 16 卷、第 6 卷的大部分以及第 1 至 5 卷的部分;缺失之处部分经由《查士丁尼法典》得到了弥补,其中有 261 条片段被认为是出自《塞奥多西法典》的(蒙森认为有 260 条片段,他认为《查士丁尼法典》第 6 卷第 3 个主题第 1 条法律出自《赫尔莫杰尼安法典》,塞克认为这一法律与《塞奥多西法典》

---

① John F. Matthews, *Laying Down the Law: A Study of the Theodosian Code*, pp. 88 - 89.
② John F. Matthews, *Laying Down the Law: A Study of the Theodosian Code*, pp. 89 - 90.
③ John F. Matthews, *Laying Down the Law: A Study of the Theodosian Code*, p. 90.
④ John F. Matthews, *Laying Down the Law: A Study of the Theodosian Code*, pp. 90 - 91.

第 4 卷第 12 个主题第 4 条法律相联系)。①

蒙森主编的《塞奥多西法典》成为他毕生工作的顶点②,至今仍是被最为广泛使用的版本③,并被认为是他对晚期罗马研究的无价贡献④。蒙森版《塞奥多西法典》,正如之前所见到的,不仅是这位著名史家个人的收官之作与毕生工作的总结,也是 19 世纪末 20 世纪初欧洲学术界通力合作的成果;蒙森版的《塞奥多西法典》之所以能够迅速出版并成为最权威的版本,最根本的原因当然在于蒙森本人的学识、热情、组织能力以及他在学界的崇高威望,但是其他学者的无私奉献与合作精神也是不容忽视的。

作者简介:董晓佳,湖北大学历史文化学院教授,历史学博士,研究方向为世界古代中世纪史、拜占庭史、晚期罗马帝国史、基督教史。

---

① Boudewijn Sirks, "The Sources of the Code", p. 65.

② Brian Croke, "Mommsen's Encounter with the Code", p. 219.

③ George Mousourakis, *A Legal History of Rome*, p. 257, note 8.

④ Brian Croke, "Mommsen's Encounter with the Code", p. 239.

爱欲与血气：古希腊男童恋的政治意义①

陈斯一

摘要：男童恋是古希腊社会的一项独特风尚，它不同于现代平等的男同性恋，而是年长爱者和未成年被爱者之间的一种不对等的爱欲关系，其实质是一种政治等级制。本文试图在政治与人性之关系的层面挖掘古希腊男童恋的根源与意义，尤其考察雅典城邦的相关法律和社会规范所赋予男童恋的政治文化功能。与严格区分战争与和平、血气与爱欲的荷马社会不同，城邦社会试图在和平生活中保持战争的维度、在爱欲关系中融入血气的征服色彩，这是男童恋成为一项制度化风尚的根源，也是制度化的男童恋之于古希腊社会（尤其是雅典）的政治意义之所在。

关键词：爱欲　血气　男童恋　雅典　政治

引言

男童恋(pederasty)是古希腊社会的一项独特风尚，它不同于我们今天理解的男同性恋(male homosexuality)。典型的男童恋关系指的是一个成年的"爱者"(ἐραστής)与一个未成年的"被爱者"(ἐρώμενος)之间的一种不对等的亲密关系。爱者对被爱者的感情首先是情欲，而被爱者对爱者则是没有(至少是不应该有)情欲的。由于在古希腊语的日常用法中，爱欲(ἔρως)指的往往就是情欲，因此，在一般人的观念中，男童恋爱欲是属于男童恋者(pederast)即爱者的，被爱者没有爱欲，他对爱者的情感应该是友爱(φιλία)，尽管双方可能是"相

---

① 本文为北京市社会科学基金项目(编号：17ZXC010)中期研究成果。

爱"的,但是他们对彼此的爱具有完全不同的性质。在全部古希腊文学中,柏拉图在他的《会饮篇》中借阿里斯托芬之口对男童恋的描述,最为接近现代意义上基于天生的性取向而对等地彼此相爱的男同性恋,但即便在这里,柏拉图也保留了爱者和被爱者的年龄差异以及传统语汇对于双方的不对等表述:"这样的男人是男童的爱者(παιδεραστής),而这样的男孩是对爱者友善的(φιλεραστής)"。①

关于男童恋风尚在古希腊社会的起源,学者们提出了多种解释。有人认为它起源于多利安城邦的军事组织②,有人认为它是印欧成人礼的演变③,有人认为它最初仅仅是为了控制城邦人口。④ 前两种解释或者二者不同方式的混合在现代学术界占据主流。⑤ 同时,学者们公认男童恋风尚的意义主要在于塑造、维持和传递一种独特的政治文化。在古风和古典时代的希腊社会,男童恋风尚在不同的城邦具有不同的形式,反映了不同的政治文化。以克里特和斯巴达为代表的多利安城邦将男童恋制度化为公共教育体系的一部分⑥;

---

① 柏拉图:《会饮篇》,192b4,笔者的翻译。
② K. J. Dover, *Greek Homosexuality*, Cambridge, MA: Harvard University Press, 1989, pp. 185,201 - 202.
③ J. N. Bremmer, "An Enigmatic Indo-European Rite: Pederasty", *Arethusa* 13(1980), pp. 279 - 298.
④ William Armstrong Percy, *Pederasty and Pedagogy in Archaic Greece*, Champaign: University of Illinois Press, 1996, pp. 10 - 11.
⑤ 相关材料与解释,参考黄洋:《从同性恋透视古代希腊社会——一项历史学的分析》,《世界历史》1998 年第 5 期,第 74—82 页。黄洋的解释是:"妇女社会地位的低下以及两性在社会生活中的隔离,使得男女之间不可能产生以感情为基础的爱情。爱情的双方在地位上必须是平等的,但在古代希腊,无论是在社会权利上,还是在人们的观念中,男性和女性都是不平等的。因此,以感情为基础的爱即浪漫之爱只能是在同性之间"(第 80 页)。问题在于,一方面,古希腊男童恋并非平等的浪漫之爱,另一方面,古希腊文学也并不缺乏对异性爱情的描绘,例如奥德修斯和佩涅罗佩的爱、海蒙对安提戈涅的爱。在现实中,尽管大多数家庭内部的夫妇关系具有很强的功能性,但是男人与情妇之间的感情往往带着很强的浪漫色彩,例如伯利克里和阿斯帕西亚、阿尔西比亚德和提曼德拉。
⑥ 关于克里特的成人礼制度,参考 Bremmer, "An Enigmatic Indo-European Rite", pp. 284 - 287。荷马在《伊利亚特》,20.231 - 235 讲述了诸神劫持一个美少年让他为宙斯斟酒的故事,克里特的抢婚仪式或与此有关(cf. R. F. Willetts, *Ancient Crete: A Social History from Early Times until the Roman Occupation*, London: Routledge and Kegan Paul; Toronto: Toronto University Press, 1965, pp. 116 - 117);后来有一位克里特史家改编了这个故事,将美少年的劫持者换成克里特先王米诺斯(Dover, *Greek Homosexuality*, p. 186; Percy, *Pederasty and Pedagogy in Archaic Greece*, p. 56)。然而,荷马的原始叙述并无男童恋色彩。关于斯巴达男童恋的制度化及其政治意义,参考 Paul Cartledge, "The Politics of Spartan Pederasty", *Proceedings of the Cambridge Philological Society*, NEW SERIES, No. 27(207)(1981), pp. 17 - 36。

与之相反,伊奥尼亚的文化中心萨摩斯将男童恋私人化、浪漫化,且为僭主所垄断①;而在同时具备多利安与伊奥尼亚因素的雅典,男童恋风尚最为复杂,它既是上层公民的自由选择,而非城邦主导的公共制度,同时又具有强烈的政治和教育意义,而不仅仅是私人的情感和享乐。那么,在雅典,什么样的政治文化需要男童恋作为其内在组成部分呢?

一、爱欲与血气:从荷马社会到城邦社会

首先需要注意的事实是:尽管荷马描述的社会在政治文化和精神气质方面非常接近古风和古典时代的雅典,但是荷马史诗并无对男童恋的记载。②有学者指出,荷马社会巩固自身的渠道主要是战士宴会,这种宴会本身就是古典时代会饮风俗的前身。③ 荷马用以描述宴会的典型程式语是:"他们血气(θυμός)不觉得缺少相等的一份,在他们满足了饮酒吃肉的欲望(ἔρον)之后,年轻人(κοῦροι)将调缸盛满酒"。④ 对于前两行诗,路德维格(Paul W. Ludwig)这样评论道:"此处爱欲是关于物质营养的,而血气(至少在这个程式中)则反映了一种在团体人际关系中实现公平与相称的意识"。⑤ 换言之,战士宴会不仅是英雄们用餐的场合,其更重要的意义在于维持政治秩序和部族团结。在荷马的语汇中,"爱欲"只是用来描述吃喝的,"心"或"血气"才构成了部族秩序。宴会的另一个功能是教育:上述程式语的第三行提到的"年轻人"指的是未成年的贵族子弟,他们参与宴会的主要任务是为父辈们斟酒,例如,在《奥德

① Percy, *Pederasty and Pedagogy in Archaic Greece*, pp. 154 – 160; cf. Barbara Breitenberger, *Aphrodite and Eros: The Development of Greek Erotic Mythology*, London and New York: Routledge, pp. 182 – 192.

② 古代希腊人常常把荷马史诗的某些情节和细节解读为男童恋的证据,但是都属误解和曲解。

③ Richard Hunter, *Plato's Symposium*, Oxford: Oxford University Press, 2004, p. 8; cf. Marek Wecowski, "Homer and the Origins of the Symposion", in *Omero tremila anni dopo: Atti del congresso di Genova* 6 – 8 *luglio* 2000, ed. Franco Montanari, Rome, 2002, pp. 625 – 637; Oswyn Murray, "The Greek Symposion in History", in *Tria Corda: Scritti in Onore di A. Momigliano*, Emilio Gabba, ed. Come: New Press. 1983, pp. 257 – 272.

④ 荷马:《伊利亚特》,1.468—470。荷马史诗的中文翻译参考荷马:《荷马史诗·伊利亚特》《荷马史诗·奥德赛》,罗念生、王焕生译,北京:人民文学出版社,2015年。此处"心里"的原文是θυμός,笔者一般译为"血气",而"欲望"的原文是ἔρον,笔者译为"爱欲"。

⑤ Paul W. Ludwig, *Eros and Polis: Desire and Community in Greek Political Theory*, Cambridge: Cambridge University Press, 2002, p. 195.

赛》第十五卷,负责斟酒就是墨涅拉奥斯的儿子。① 斟酒是一种服侍性礼仪,有利于培养年轻人的纪律感、强化家族的等级制,同时,年轻人也能观察成年战士如何公平地分配饮食,聆听他们歌颂神明或讲述过往的英雄事迹。然而,与城邦时代的共餐和会饮不同,荷马史诗中的宴会丝毫不具有男童恋色彩,宴会上的年轻人并非成年人的爱欲对象,而是英雄之"心"与部族"血气秩序"的传承者。

从"时代"的角度看,荷马史诗缺乏对男童恋的指涉似乎是很自然的,因为风尚化从而具备政治文化意义的男童恋在很大程度上是城邦的产物,而荷马史诗描述的是城邦兴起之前的晚期迈锡尼社会。然而,尽管荷马史诗的主题是远古战争和英雄事迹,但是它的创作和成型却是与城邦的兴起同时代的。② 荷马史诗最终的编订者对男童恋风尚一无所知的可能性是极低的,这意味着,荷马史诗之所以缺乏男童恋因素,是因为其创作者有意识地排斥男童恋风尚。由此可见,在荷马史诗试图追忆的社会与古风和古典时代的城邦社会之间存在某种关键的差异,正是这种差异导致前者对男童恋的排斥和后者对男童恋的推崇。

在他的经典研究《希腊同性恋》(*Greek Homosexuality*)的末尾,在梳理了研究界对于古希腊男童恋的各种现存解释之后,多弗(K. J. Dover)总结道:"希腊同性恋满足了某种需要,这种需要在希腊社会难以通过其他方式获得满足","爱者和被爱者显然在彼此身上发现了某种他们在别处找不到的东西"。③ 至于这种独特的需要究竟是什么,多弗自己给出的解释仍然是传统的:城邦的军事化压力、男性的绝对主导地位、对年轻人的教育。但是问题在于,所有这些既是城邦社会的特征,也是荷马社会的特征,它们无法解释,为什么在荷马史诗中,那远比任何城邦都好战、极端男权主义、同样重视教育下一代的阿开奥斯部族并未将男童恋风尚化? 我们认为,多弗在他的另一篇文章中给出了更加准确的答案:"狩猎若是出于消遣而非为了生存,猎人就会看不上那些坐以待毙的猎物;正因为引诱男孩比追求女孩更加困难,它才满足了希腊人对于竞争的胃口、增强了胜利的荣光"。④ 换言之,古希腊男童恋不只是

---

① 荷马:《奥德赛》,15.141;另见 1.148,3.339,21.271 以及荷马:《伊利亚特》,9.175。

② 陈斯一:《荷马道德与荷马社会》,载于《古典学评论》,第 6 辑,徐松岩主编,上海:上海三联书店,2020 年,第 28—46 页。

③ Dover, *Greek Homosexuality*, pp. 201-202.

④ Dover, "Eros and Nomos", *Bulletin of the Institute of Classical Studies*, No. 11(1964), p. 38.
"狩猎"是柏拉图笔下的苏格拉底常用的比喻之一。参阅柏拉图:《吕西斯篇》,205d- (转下页)

一种爱欲关系,还是一种血气关系;爱者们争相追逐被爱者,不仅是为了获取情欲的满足,更是为了赢得胜利的荣耀。① 生理上的同性恋者在任何时代与社会都是少数(该判断不涉及对性取向的歧视,仅仅是基于统计数据;笔者认为,从事某种活动的人数多少和该活动的价值高低没有直接关系),但是在古希腊社会,尤其是在雅典,崇尚争强好胜的血气文化是城邦的主流文化。② 进一步讲,虽然荷马社会和城邦社会都是高度强调竞赛的血气社会,但是二者有一个关键区别:荷马社会主要通过战争来满足血气,而城邦社会即便在和平的政治生活中也依然充满血气。在某种意义上,多弗提到的那种唯有男童恋风尚才能满足的独特需要,就是城邦试图在和平生活中持续保持争强好胜的政治文化,从而源源不断地滋养和宣泄血气之欲的需要。

在荷马的世界中,生活分为战争与和平。在《伊利亚特》中,海岸与特洛伊城之间的区域是旷日持久的战场,阿开奥斯人船边的营帐与特洛伊城墙之内是和平的空间。战场完全是血气的舞台,男性相互杀戮、争夺荣誉;营帐与城邦则是爱欲的世界:英雄带回女俘、丈夫同妻子告别。第三卷末尾的一幕,尤能展现战争与和平、血气与爱欲的泾渭之别:帕里斯在战场上不敌墨涅拉奥斯,眼看要被杀死之际,阿芙洛狄忒用神力将他救回寝宫。海伦嫌弃帕里斯比不上自己的前夫,帕里斯却对她说:"你过来,我们上去睡觉,享受爱情;欲念从没有这样笼罩着我的心灵"。③ 在荷马的世界中,每个英雄都生活在这两个世界之间。阿基琉斯心爱的女俘被夺,差点暴怒杀死阿伽门农;赫克托尔最后一次离开特洛伊,再也没能回去享用安德洛玛克为他准备的热水澡④;奥德修斯

(接上页)206e:"荒唐的希波泰勒斯啊,你是否在胜利之前就在创作和吟唱对自己的赞歌啊?……如果你捕获了这样一位少年,那么你所说的和唱的就会是你的荣光,它们就如同给胜利者的赞歌,因为你得到了这样一位少年;但是如果他逃开了你,那么你现在把少年捧得越高,你将来要失去的美好事物就会越多,你也就会显得越可笑……你认为一个惊动了猎物导致它更难捕获的猎人是个怎样的猎人呢?"(笔者的翻译)

① 关于古希腊的"血气"观念,参考陈斯一:《从政治到哲学的运动:〈尼各马可伦理学〉解读》,上海:上海三联书店,2019年,第49—51页;《荷马史诗与英雄悲剧》,上海:华东师范大学出版社,2021年,第109—111页。

② 尼采(Friedrich Wilhelm Nietzsche):《荷马的竞赛》,载于[德]尼采:《荷马的竞赛》,韩王韦译,上海:上海人民出版社,2018年。

③ 荷马:《伊利亚特》,3.441—442。

④ 荷马:《伊利亚特》,22.442—446:"她刚才还吩咐那些美发的侍女们进屋,把大三脚鼎架上旺火,从战场回来的赫克托尔可以痛痛快快地洗个热水澡。她绝没想到丈夫不可能再回来把澡洗,雅典娜已通过阿基琉斯之手把他杀死"。

用木马计攻下特洛伊,最终返回家乡、与佩涅罗佩重聚。在荷马史诗中,男人和男人的战斗是血气的展现,男人和女人的交合是爱欲的展现。相比之下,虽然城邦时代的男童恋关系也是和平生活的一部分,但是它同时又奇异地包含着战争的要素,带着征服的色彩,是爱欲与血气的混合。① 最能够满足血气之欲的征服有两种:要么通过战争,男人与男人形成不平衡的政治关系(奴隶制是其极端形式);要么以和平的方式,男人与男人形成不平衡的爱欲关系。这是因为,血气的满足需要征服者和被征服者在形式平等的前提下分化出实质的等级,在一个城邦内部,这种关系只能存在于两个同样自由的男人之间,并且只能表现为成年公民与未成年的准公民之间的等级制,而男童恋就是这种等级制的爱欲化。② 古希腊男童恋风尚取决于这样一个事实:在城邦公民所有可能的爱欲对象中,女人、奴隶、外邦人都无法做到在满足爱欲享受的同时获得血气的征服感;而当血气的征服欲旺盛到一定程度,它就将入侵和渗透爱欲的领域,在公民群体中间形成充满征服色彩、高度等级制的男童恋关系。③ 从这个角度看,荷马史诗排斥男童恋的根本原因在于它坚持血气与爱欲、战争与和平的严格区分,而城邦社会推崇男童恋的根本原因在于它追求血气与爱欲的融合,以期在精神的意义上消解战争与和平的界限。

男童恋的人性根据在于古希腊城邦时代强烈的"血气爱欲"。克里特和斯巴达以制度化的方式疏导和安顿这种欲望,萨摩斯僭主试图独享这种欲望,相比之下,雅典的男童恋风尚最符合"血气爱欲"的政治逻辑,正因为如此,雅典男童恋以最鲜明的方式揭示出城邦政治的文化特性与内在张力。我们已经指出,在雅典,男童恋既是上层公民的自由选择,又具有强烈的政治和教育意义。

---

① Ludwig, *Eros and Polis*, pp. 192–212.

② "等级制的爱欲化"(eroticization of hierarchy)是路德维格的提法(Ludwig, *Eros and Polis*, p. 191)。

③ 布里松准确地指出,"(现实的或象征的)阴茎插入显示出男性相对于女性的优越性,成年人相对于未成年人的优越性,或者一个男人相对于另一个男人的优越性,这种优越性通常与经济、社会或政治上的统治相关"(布里松:"少男之爱与智慧之爱",第 292 页)。第一种性关系无法满足主动方的血气;第三种性关系虽然能够在最高的程度上满足主动方的血气,但是损害了具有相同诉求的被动方的血气。显然,第二种性关系是最合理的。见福柯(Michel Foucault)对古希腊婚姻和男童恋的比较(Michel Foucault, *The History of Sexuality*, Vol. 2: *The Use of Pleasure*, Robert Hurley trans., New York: Vintage Books, 1990, pp. 201–203)。需要特别注意的是,所有的古希腊作家都有意无意地忽视了未成年人对成年人采取主动性行为的可能性(Dover, *Greek Homosexuality*, p. 91),在我们看来,这正是因为该可能性从根本上违背了男童恋风尚的政治意义,它的实质是以下犯上。

作为一种城邦鼓励但并不强制要求的开放竞争,它一方面要求被爱者满足爱者的"血气爱欲",另一方面要求爱者向被爱者付出参与竞争的砝码:为被爱者的政治前途提供各种有形的帮助,训练被爱者的能力,培养被爱者的德性与智慧,关爱被爱者的身心,等等。然而,虽然这种关系在理想情况下能够维持公民体的活力与更新,但是它也存在明显的困难,暴露了城邦政治的内在矛盾。正如路德维格所言:"放弃对美貌青年的追求将会造成对于男性气概和自由的不可容忍的限制,然而,这种主人道德又将剥夺服从者的同样的男性气概、自主性和自由。"[1]福柯也指出:在古希腊社会,性关系与政治关系具有同构性,这导致性关系上的被动地位与政治关系上的主动地位无法相容,尽管男童恋的被动方是尚未获得政治权利的未成年人,但是他毕竟将要获得、而且恰恰是试图在男童恋关系的帮助下获得政治权利,"总有一天,他将成为一个施展权力、承担责任的男人,那时候他显然不能够再是一个快乐的客体(an object of pleasure)了,但既然如此,他又如何能够曾经是这样的一个客体呢?"[2]爱者对被爱者的所有付出(物质帮助、训练与教育、关爱)都无法抵消男童恋关系对被爱者造成的潜在威胁,因为归根结底地讲,公民的政治地位取决于他的男性气概;反过来讲,正是因为对男性气概的极端推崇,城邦才不惜以对下一代的潜在威胁为代价鼓励男童恋的实践,以免"造成对于男性气概和自由的不可容忍的限制"。充满男性气概的自由竞争,正是血气之欲在和平生活中的政治化渠道,它所追求的不是感官快乐,而是荣誉。由于其内在的社会性与比较性,荣誉的竞争是一场"零和游戏",一个人获得荣誉必然以另一个人失去荣誉为代价,而男童恋就是这种"零和游戏"在爱欲关系中的展现。从这个角度看,男童恋的具体形式,特别是爱者和被爱者在年龄与地位上的差异,是为了在最大程度上限制这场荣誉竞赛的"零和性":一方面,被爱者毕竟是尚未获得公民地位的未成年人,在某种意义上,他还不是荣誉的主体,也就无所谓丧失荣誉(实际上,丧失荣誉的威胁被转嫁给了被爱者的父亲或其他监护

---

[1] Ludwig, *Eros and Polis*, p. 175.

[2] Foucault, *The History of Sexuality*, *Vol. 2*: *The Use of Pleasure*, pp. 220 - 221. 需要补充的是,爱者的快乐不仅是爱欲的,而且是血气的;被爱者不仅是爱欲享乐的客体,也是血气征服的客体。福柯未能足够重视爱者的血气,这导致他最终未能解释为什么古希腊城邦需要男童恋。在他看来,这似乎仅仅是因为古希腊人将异性恋和同性恋一视同仁地视作"两种不同的取乐方式"(Foucault, *The History of Sexuality*, *Vol. 2*: *The Use of Pleasure*, p. 190),这是错误的。福柯低估了古希腊文明的政治本性。

者);另一方面,被爱者一旦成年、获得政治权利,就应该中断先前的爱欲关系,在社会意见的鼓励下成为一个爱者,从而实现性关系主动地位和政治关系主动地位的一致性,并且从这种主动地位,尤其是从性关系的主动地位中获得荣誉的补偿。在最理想的情况下,男童恋风尚将共时性的"零和游戏"转变为历时性的"共赢游戏",源源不断地满足公民体的"血气爱欲",巩固城邦的集体荣誉,维护一种既重视自由和平等、又追求竞争和卓越的政治文化。在一定程度上,男童恋风尚正是以一种固化和内化血气与爱欲之张力的方式,成为古风和古典时代雅典政治活力的源泉。①

二、男童恋与雅典政治文化

在古典时代,雅典关于男童恋的法律和社会规范尤其能够体现其政治文化的特点。根据现有的记载,其主要的法律规定如下②:(一)梭伦对于男童恋的立法③;(二)严禁针对男童的性交易,这条法律惩罚的不是男童,而是卖方(男童的监护人)和买方(嫖客或包养者);(三)虽然上一则法律不针对男童,但是曾经卖淫或被包养的男童或青少年在成年之后不得行使重要的政治权利,违反者将会受到严厉的惩罚;(四)关于强奸和性侵,被告可能面临两种不同的指控:如果受害方选择私诉(δίκη)被告的违法行为,被告将受到惩罚并被判处经济赔偿;如果受害方选择公诉(γραφή)被告在违法行为中暴露的傲慢

---

① 路德维格很好地概括了男童恋风尚致力于推动的"德性的良性循环"(virtuous circle or a positive upward spiral),参见 Ludwig, *Eros and Polis*, pp. 30 - 32。

② 以下概括主要参考 Douglas M. MacDowell, "Athenian Laws about Homosexuality", *Revue Internationale de Droit de l'antiquité* 47(2000), pp. 13 - 27; David Cohen, "Law, Society and Homosexuality in Classical Athens", *Past & Present*, Nov., 1987, No. 117, pp. 3 - 21。

③ 传说雅典男童恋的规范化始于梭伦,他对于男童恋有两项立法:第一,禁止奴隶追求出身自由的男孩;第二,学校和训练场的开放时间必须限制在日出之后、日落之前,以免不恰当的男童恋行为在夜间发生于这些场合。关于第一条法律,普罗塔克评论道:"梭伦将男童恋视作光荣而高贵之事,鼓励自由人从事,禁止奴隶参与"(普罗塔克:《梭伦传》,1.3;译文转译自 Plutarch, *Plutarch's Lives*, with an English Translation by Bernadotte Perrin, London: W. Heinemann; Cambridge, MA.: Harvard University Press, 1959 - 1967)。第二条法律从侧面印证了男童恋与教育的密切关系。关于梭伦的法律,需要注意的是,古代雅典人倾向于把许多后世法律都归在梭伦名下,不过大多数学者认为,上述两则法律确实是梭伦创立的,参见 Percy, *Pederasty and Pedagogy in Archaic Greece*, pp. 177 - 179; D. G. Kyle, "Solon and Athletics", *Ancient World* 9(1984), pp. 99 - 102; cf. Thomas F. Scanlon, *Eros & Greek Athletics*, Oxford: Oxford University Press, 2002, pp. 212 - 214。

(ὕβρις),被告将受到更加严厉的惩罚,但由于是公诉,对被告的罚款归城邦所有。上述法律中,第三条和第四条是最具雅典政治文化特色的。根据第三条法律,卖淫或者被包养导致一个人丧失荣誉,从而不配作为一个自由、独立、负责任的公民参与政治活动[1];第四条法律中,针对性侵犯作为一种傲慢行为的公诉也事关受害方的荣誉,因为所谓傲慢,在法律上就是一种以不合法的方式剥夺他人荣誉的罪行。[2] 事实上,第二条法律中,男童性交易的买卖双方也被认为是对男童犯了傲慢之罪,剥夺了男孩的荣誉,而自愿卖淫或被包养的成年人则被认为是对自己犯了傲慢之罪,放弃了自己的荣誉。[3] 由此可见,所有这些法律都旨在保护公民(尤其是年轻人)的荣誉,捍卫雅典民主制既重视自由和平等、又追求竞争和卓越的政治文化。在这样的政治文化中,年轻人的荣誉既事关个人的政治前途,也事关整个城邦公共秩序和道德风貌的良性存续。

正因为如此,上述四则成文法律并未穷尽雅典关于男童恋的规范,因为即便是在合法的关系中,被爱者也面临丧失荣誉的危险。在性行为方面,雅典人认为被动接受鸡奸是一种严重的耻辱、主动实施鸡奸是一种极端的傲慢[4],尽管爱者可以选择"股间交"(intercrural sex)这种更得体的性行为来避免傲慢、保护被爱者的荣誉[5],但是只要发生性关系,被爱者总会被认为是成了爱者的

---

[1] 值得注意的是,首先,虽然作为性交易受害者的男孩不负法律责任,但是他仍然要承担丧失政治权利的后果;其次,如果一个雅典人自愿卖淫但是并不试图行使相应的政治权利,那么他尽管会遭到道德上的谴责和舆论的鄙视,但是不会触犯法律。参考 Dover, *Greek Homosexuality*, pp. 28 - 30。

[2] 雅典法律关于 ὕβρις 的规定,参考 MacDowell, "'Hybris' in Athens", *Greece & Rome*, Vol. 23, No. 1 (Apr., 1976), pp. 14 - 31。麦克道尔(Douglas M. MacDowell)指出,这种公诉主要针对的是侵犯方的态度而非行为(pp. 27—28)。另见 N. R. E. Fisher, "'Hybris' and Dishonour: I", *Greece & Rome*, Vol. 23, No. 2 (Oct., 1976), pp. 177 - 193; "'Hybris' and Dishonour: II", *Greece & Rome*, Vol. 26, No. 1 (Apr., 1979), pp. 32 - 47。费希尔(N. R. E. Fisher)采纳亚里士多德的定义(亚里士多德:《修辞学》,1378b23—28),指出傲慢在本质上是一种以不合法的方式剥夺他人荣誉、彰显自身优越的罪行,它冒犯的是城邦的公共秩序。关于雅典民主制语境中 ὕβρις 和男童恋的关系,参考 Ludwig, *Eros and Polis*, pp. 171 - 191。

[3] Cohen, "Law, Society and Homosexuality in Classical Athens", pp. 7 - 8。

[4] 在古希腊人看来,"同性肛交(homosexual anal penetration)既不是爱的表达,也不是美之激发的反应,而是一种侵略性行为,旨在树立主动方针对被动方的优越地位"(Dover, *Greek Homosexuality*, p. 104)。

[5] 根据雅典彩陶艺术对男童恋的呈现,股间交(爱者的阴茎插入被爱者的大腿之间)是唯一得体的性行为。相关分析,参考 Andrew Lear and Eva Cantarella, *Images of Ancient Greek Pederasty: Boys Were Their Gods*, London and New York: Routledge, 2008, chapter 3。

性征服对象，从而有损自己的荣誉，因此，那些易于"得手"的被爱者往往会被视作轻浮、柔弱、缺乏男子气概。然而，反过来讲，在爱欲关系的考验中表现优异的年轻人又能够赢得城邦的赞誉和信任。首先，能吸引爱者的男孩往往出生高贵、健壮英俊、潜质过人，因此，一个男孩所拥有的追求者的数量和质量本身就证明他的优秀；其次，男孩既不应该一味拒绝所有爱者的追求，也不应该在爱欲关系中做任何有损荣誉的事。他要仔细评估和选择爱者，又不显得势利和功利；要忠实于爱者，又不谄媚迎合、柔弱顺从；要适当地满足爱者的欲望，又不失矜持与尊严；等等。所有这些不成文的社会规范都反映了被爱者的微妙处境：尽管他在当下的爱欲关系中是被动方，但这种关系对于他的意义正是在于帮助他成长为未来城邦政治生活的主动方；男孩在爱欲关系中保持荣誉，就是要在获取种种必要帮助的同时，避免任何与城邦统治者身份不符的行为和气质。事实上，这种努力本身就是培养男子气概、训练政治品格的途径，表现优异的男孩通过这样的考验证明自己，赢得城邦的尊重和推崇。正如福柯所言，"当我们从男孩的视角看待爱欲关系时，其意义便在于男孩如何通过不屈从他人来学会自我统治，而这里问题的关键不在于对自身力量的衡量，而在于如何在自我统治的同时，以最好的方式用他人的力量来衡量自己的力量"。① 事实上，让每个有能力"自我统治"的公民在政治事务中"用他人的力量来衡量自己的力量"，这正是雅典民主制的政治理想，就此而言，即便不考虑爱者对被爱者的有形帮助，男童恋本身就构成了对男孩的政治教育。而从爱者的角度来讲，男童恋也是一场事关荣誉和羞耻的考验：成功捕获被爱者就是荣誉，失败就是耻辱。至少在雅典上层社会，以合法、得体的方式得到优秀男孩青睐的爱者不仅是不受谴责的，而且是令人钦羡的。而且，一个理想的爱者应该更重视被爱者的品质，而非外表；他应该更多用才能、德性和智慧来吸引和感染被爱者，而非完全依靠财富与地位；他应该真诚地关切被爱者的人格与教育，而非仅仅贪图其身体。总之，爱者应该成为被爱者的道德和政治榜样。②

① Foucault, *The History of Sexuality*, *Vol. 2*: *The Use of Pleasure*, p. 212.
② 马鲁(Henri-Irénée Marrou)提出，"这种希腊类型的爱有助于创造一种独特的道德理想，它是整个古希腊教育系统的基础"(Henri-Irénée Marrou, *A History of Education in Antiquity*, Wisconsin: University of Wisconsin Press, 1982, p. 53)。佩西(William Armstrong Percy)也指出，古希腊文明为我们熟知的那些伟大成就都是在各城邦将男童恋风尚化之后才取得的(Percy, *Pederasty and Pedagogy in Archaic Greece*, p. 92)。关于雅典男童恋，佩西谈到："年轻人被选中并获得提拔的原因不仅仅是他的美貌，还在于他的道德和理性品质……在古风时代(转下页)

最后需要提到的是：在雅典，男童恋作为一种风尚属于上层社会。即便在越来越民主化的雅典，它也始终是一种贵族风尚。从表达平民道德的喜剧作品中，我们可以看到雅典平民对男童恋的态度，尽管我们很难确定这种态度究竟是一种原则性的严正批判，还是在讥讽和嘲笑中带着嫉妒和羡慕。① 不过，可以确定的是，喜剧对男童恋的排斥、对异性恋的推崇是和平民对战争的反感、对和平的向往相关联的。② 换言之，平民对男童恋的排斥与平民道德的非血气性密切相关，尽管我们很难确定，这种非血气性在多大程度上是因为平民缺乏争强好胜的欲望，又在多大程度上只是因为他们缺乏参与竞争的能力与资源。由于并不存在真正意义上的古希腊平民文学，我们只能透过那些声称为平民代言的贵族文学(例如阿里斯托芬的喜剧)去猜测平民的态度，而在诸如柏拉图的《会饮篇》这样十足的贵族文学中，就连在现实中对男童恋一贯持否定态度的喜剧诗人阿里斯托芬，也被写成了一个男同性恋的辩护者和推崇者。当然，这并不意味着古希腊哲学家对于男童恋风尚持完全肯定的态度。如果说在《会饮篇》中，苏格拉底的发言最接近柏拉图自己的思想，那么很明显，柏拉图理解的爱欲和现实中的男童恋是完全不同的，甚至可以说是对于男童恋的批评，至少是一种超越、净化和升华。然而，要理解柏拉图以及其他古希腊哲学家对爱欲和人性的剖析，我们首先需要理解男童恋这一古希腊最独特的爱欲现象及其社会、政治和文化意义。

作者简介：陈斯一，北京大学哲学、宗教学系副教授，兼任外国哲学研究所研究员，山东大学古希腊思想研究中心客座研究员，主要研究方向为西方哲学史。

(接上页)的雅典，几乎所有伟大的民主制领袖都同梭伦与僭主们一样是男童恋者"，事实上，许多出现在安提卡彩陶上的美少年形象后来都成为雅典历史上重要的政治家和将军(Percy, *Pederasty and Pedagogy in Archaic Greece*, pp. 120,183)。

① 哈巴德(Thomas K. Hubbard)认为，雅典平民对于贵族男童恋风尚持原则性的道德批评态度(Thomas K. Hubbard, "Popular Perceptions of Elite Homosexuality in Classical Athens", *Arion: A Journal of Humanities and the Classics*, Spring — Summer, 1998, Third Series, Vol. 6, No. 1, pp. 48 - 78)；多弗则认为，阿里斯托芬和柏拉图对男童恋的不同态度只不过反映了"一个中年农民和一个年轻的富人"对待奢侈享乐的不同态度(Dover, "Eros and Nomos", pp. 38 - 39)。

② Ludwig, *Eros and Polis*, pp. 61 - 62.

从荷马史诗的"命运"
看荷马社会的法制特征^①

朱毅璋

摘要:受限于资料,当前学界对荷马时代法制特征的研究成果不多。然而,从荷马史诗命运观入手,或可为我们探究这一问题提供思路。主流观点认为荷马史诗中的命运是高于众神的存在,这并不准确,因为史诗的"命运"绝非传统意义的"命运"。荷马史诗的"命运"主要有两个意思:"死亡"和"准则或秩序"。后者由神明们决定和维护,且主要作用于凡人之上。这种关系也许正反映了在法制层面上、贵族与平民的对立,即贵族把持着法律话语权并维护自身地位以统治平民,跟古风时代早期的情况基本一致。

关键词:荷马史诗 荷马社会 命运 法律特征 宙斯

古希腊成文法出现在古风时代。对其上一时期即无文字的荷马时代的法制情况,我们所知不多。除考古资料外,我们可参考的文献只有荷马史诗,但神话史诗的本质注定其不可能面面俱到地反映出整个社会面貌。如法律状况方面,我们能获得的直接资料不多。在国内,对荷马社会法律的研究非常薄弱,数本大学外国法律教材对荷马社会的法律状况都是一笔带过(主要归纳为

---

① 本文是 2019 年国家社科基金一般项目"谱系神话与古希腊人的族群认同研究"(19BSS016)的阶段性研究成果。

习惯法、神权法)。① 国外最重要的荷马社会法律研究者是迈克尔·加加林,其数本著作都对荷马社会的法律状况进行了分析,但侧重于个案研究。② 他指出早期希腊(含荷马社会)并不存在"口头法律",③那些类似走法律途径的行为是为了追求"公正"。然而,它们并不规范(大体上是双方自愿或迫于公众压力而要求和解,共同挑选一个或多个仲裁员,然后进行公开的审判,最后的结果必须得到双方同意),且诉讼双方追求的"公正"不等于正义、更不等于法律,而是指双方都可以接受的、认为不偏不倚的裁决(譬如杀人不一定要偿命,协商赔钱亦可)。④ 诚如芬利所指,史诗中的"themis"难以翻译,代表一种"(是否)合乎规矩"的巨大力量,有时仅指众神的意愿而无关正确。⑤ 此外,加加林提出假设:有身份有地位的人更少受到社会公众压力的影响,因而遇事不愿意走法律途径。⑥ 加加林的假设是成立的,因为荷马社会是一个阶级社会,但史诗似乎缺少足够的直接证据来证明。

荷马史诗是一部贵族史诗,平民的作用几乎没能得到体现。芬利指出,史诗的世界可分成两层:上层是掌握着大部分财富和全部权力的世袭贵族,下层是其他人。⑦ 若把神明归入考虑,则史诗的世界存在神明、贵族和平民等三个阶层,又以神明和凡人贵族的互动为主,而且前者试图控制后者。诗人对神界的塑造基于对现实世界的理解,众神的形象原型是世俗君主。如果抹去神话的光环,把神明和贵族分别降格为贵族和平民,再结合史诗中神明和凡人们彼此的控制和反控制活动,我们能发现这符合荷马社会的实际——贵族把持着政权和司法权力,而平民们作为一个独立的阶级已经出现,并出现反抗贵族

---

① 如林榕年、叶秋华主编:《外国法制史》,北京:中国人民大学出版社,2009 年,第 49 页。夏新华主编:《外国法制史》,北京:北京大学出版社,2011 年,第 55 页。何勤华主编:《外国法制史》,北京:法律出版社,2012 年,第 46 页。

② Michael Gagarin, *Early Greek Law*, Berkeley & Los Angeles & London: University of California Press, 1986; *Writing Greek Law*, New York: Cambridge University Press, 2008. Michael Gagarin and David Cohen, eds., *The Cambridge Companion to Ancient Greek Law*, New York: Cambridge University Press, 2005.

③ Michael Gagarin, *Writing Greek Law*, pp. 8, 33, 36.

④ Michael Gagarin, *Writing Greek Law*, pp. 33, 42. 加加林在数本著作中多次提到相同的观点,如《早期希腊法律》。

⑤ M. I. Finley, *The World of Odysseus*, New York: New York Review Books, 2002, pp. 76, 80.

⑥ Michael Gagarin, *Early Greek Law*, p. 45; Michael Gagarin, *Writing Greek Law*, pp. 26 - 27.

⑦ M. I. Finley, *The World of Odysseus*, pp. 48 - 49.

的行为。① 进而,我们可提出另一问题(同时可证明上述推论):这其中是否存在某种准则、能使贵族们在把持政权的同时又牢牢地控制着平民? 一般来说,这种准则就是风俗、习惯或法律。尽管荷马史诗未能明确指明答案,但我们可以从其命运观中去寻找,进而能肯定上述推理的合理性。

把命运看成是某种类似法律的准则的观点并不新鲜,②但其适用性如何则是另一问题。简言之,命运是在神之上、或神之下、或神之列、又或是神之外? 流行观点认为"命运是希腊神话中内在的、最强大的、连神明也无可奈何的力量"(即命运在神之上,一切由命运预先注定),成为读者认识希腊神话特点的基本常识之一。然而,该观点值得商榷:神话能反映出一个文明的价值观,如果说希腊人接受"一切已经被命运注定"的观念,那么他们多会安于天命、消极度日,但古典著作中反映出来的人本主义精神足以否定这一点。③ 该观点的错误之处在于荷马史诗的"命运"并非那多数人所理解的、带有宿命论意义的"命运",这从部分学者在解释史诗中命运与众神尤其是宙斯的彼此关系时难以自圆其说中可见。④ 在分析荷马史诗"命运"用词的基础上,我们一方面能发现史诗中的"命运"绝非我们通常理解的、带宿命论意义的"命运",另一方面能发现史诗的"命运"可分为两种类型——"死亡"和"准则或秩序"——后一种"命运"暗示甚至代表了一种由贵族操控的、类似法律准绳性质的准则和秩序,这说明在荷马社会这个阶级社会中,贵族们确实享有法律层面上的特权并借此维护自身权益和统治平民。

本文先简析"命运"在荷马史诗中的类别和特点,指出其中存在代表"死亡"和代表"准则或秩序"的两种"命运"、而非那种多数人所理解的、带宿命论意义的、决定一切的"命运";进而讨论宙斯、众神与后一种"命运"的关系,指出其实质是神明们控制凡人活动的类似法律准则的工具,并由此窥探史诗所反

---

① 有关荷马社会的阶级问题,可参阅晏绍祥:《荷马社会研究》,上海:上海三联书店,2006 年,第 60—70 页。

② 如芬利提到关于命运的两种概念:一种认为它由诸神操控,一种认为命运约束一切(无论神或人,包括宙斯)。陈中梅指出命运或许是西方历史上最古老的客观上顾及神和人之必然需求的自然法意义上的"立法者"。参阅 M. I. Finley, *The World of Odysseus*, p. 138;陈中梅:《宙斯的天空——〈荷马史诗〉里的宙斯、雅典娜和阿波罗研究》,北京:北京大学出版社,2011 年,第 50 页。

③ 尽管古典著作中的人本主张未能达到神人彻底分离的程度,但也在一步步发展。可参阅郭小凌编著:《西方史学史》,北京:北京师范大学出版社,2009 年,第 22、41—45、57—62 页。

④ 见下文分析。

映的荷马社会的法制特征。

一、荷马史诗"命运"的类别和特点

"命运"①概念并不适用于荷马史诗。一般而言,"fate"与"命运"是最为常见的互译关系。然而,不管是从词义还是内涵上,它们并不完全符合希腊人的想法。实际上,对"命运在荷马史诗中的地位"问题,国外学者争论已久,主要原因是鲜有学者从古希腊语的角度去分析史诗中的"命运"用词。② 通过分析史诗中的"命运"用词,我们可见其中存在用词多样且使用随意的问题,这说明史诗在命运观上的原始性和不成熟性,并由此发现荷马史诗的"命运"主要有两种类型:"死亡"和"准则或秩序",而非那个带有宿命论意味的、一切早已注定的"命运"。

首先,史诗乃至希腊神话中最能代表"命运"的词是"μοῖρα",拟人化为命运神"摩伊拉"(Μοῖρα),或可理解为"命运女神"。常见的对应翻译是"μοῖρα—fate—命运"和"Μοῖρα—Fate—摩伊拉/命运女神",但值得商榷。不管是"fate"还是"命运"都带有宿命论的意味,指事情的预先注定的进程,包括生死、贫富和一切遭遇。但在荷马史诗中,"μοῖρα"用于凡人时多意味着终点,即死亡,而且常指不幸和悲惨的死亡。③ 其在《伊利亚特》中与"θάνατος"(死亡)的搭配用法出现达 11 次、④"带来长期悲苦的死亡的毁灭命运"在《奥德赛》中出现 3

---

① 指传统意义上带有宿命论含义的"命运"。

② 根据迪特里希的说法(1967 年),学者们在当时已经进行将近百年的争论。但结合近年著作来看,流行观点虽已盛行,但相关争论还没平息。参阅 B. C. Dietrich, *Death*, *Fate and the Gods*: *The Development of a Religious Idea in Greek Popular Belief and in Homer*, London: The Athlone Press, 1967, pp. 328 - 329。王晓朝:《希腊宗教概论》,上海:上海人民出版社,1997年,第 188 页。程志敏:《荷马史诗导读》,上海:华东师范大学出版社,2007 年,第 171—180 页。

③ 该词的基本意思是"份额",在荷马史诗中主要有 4 种用途,除表达"命运"(多指不幸的死亡)和"命运之神"外,还有"应得的份额、一份(东西)、遗产"和"正当、合理"的用法。参阅 *A Greek-English Lexicon*, Compiled by Henry George Liddell and Robert Scott, Oxford: Clarendon Press, 1996, pp. 1140 - 1141。

④ Homer, *The Iliad*, III. 101 - 102; V. 83; XIII. 602; XVI. 334,853; XVII. 477,672; XX. 477; XXI. 110; XXII. 436; XXIV. 131 - 132, in Homer, *The Iliad*, vol. 1, trans. by A. T. Murray, revised by William F. Wyatt, Loeb Classical Library (LCL), Cambridge, MA: Harvard University Press, 1999, pp. 136 - 137,212 - 213; *The Iliad*, vol. 2, trans. by A. T. Murray, revised by William F. Wyatt, LCL, Cambridge, MA: Harvard University Press, 1999, pp. 46 - 47,186 - 187,224 - 225,264 - 265,278 - 279,400 - 401,412 - 413,484 - 485,572 - 573.

次；①死亡方式是可以选择的(若能提前得知)，如阿喀琉斯和欧赫诺尔都知道自己的两种死亡结局并进行了选择。② 换言之，"fate"和"命运"包含人生的整个过程，但"μοῖρα"仅指终点，可见概念并不一致。此外，史诗中存在大量与"μοῖρα"意思相同(如"αἶσα"和"μόρος")③或相近(如"κήρ"、"οἶτος"、"ὄλεθρος"、"πότμος"、"φθίσις"和"φόνος"等)的词汇，它们都跟死亡有关，但时而被译为"fate/命运"。④ 这就是无论何种荷马史诗译本中、出现"fate/命运"的位置要比正统"命运"用词的数量多得多的原因。这既反映出早期希腊人命运观的原始和不成熟，也可以看出英中译者们的不严谨。同样，这也是造成部分学者高估荷马史诗"命运"地位乃至得出错误结论的主要原因之一。这个代表死亡的"命运"是超自然的存在，但不等同于一般理解的、带有宿命论意义的"命运"。该话题并非本文的研究重点，故不再深入探讨。⑤

其次，史诗多次提及凡人们试图"超越命运"，其中"ὑπὲρ αἶσαν" 2

---

① Homer, *The Odyssey*, II. 99-100; III. 236-238; XIX. 145; XXIV. 134-135, in Homer, *The Odyssey*, vol. 1, trans. by A. T. Murray, revised by George E. Dimock, LCL, Cambridge, MA: Harvard University Press, 1998, pp. 52-53, 96-97; *The Odyssey*, vol. 2, trans. by A. T. Murray, revised by George E. Dimock, LCL, Cambridge, MA: Harvard University Press, 1998, pp. 244-245, 422-423.

② Homer, *The Iliad*, IX. 410-411; XIII. 663-672, in Homer, *The Iliad*, vol. 1, pp. 424-425; *The Iliad*, vol. 2, pp. 50-53.

③ "μοῖρα"、"αἶσα"和"μόρος"是三大正统"命运"用词。

④ 可参阅 *Death, Fate and the Gods: The Development of a Religious Idea in Greek Popular Belief and in Homer* 的第二部分，包含了对本文所提及的"命运"用词的简单介绍。

⑤ 值得一提的是阿瑞斯得知儿子被杀后非常悲愤，表示哪怕命运让他被宙斯的雷电击杀、与其他尸体躺在一起，他也要为儿子报仇(Homer, *The Iliad*, XV. 113-118, in Homer, *The Iliad*, vol. 2, pp. 114-115)。此外，差点丢了性命的天神也是他(Homer, *The Iliad*, V. 381-391, in Homer, *The Iliad*, vol. 1, pp. 234-235)，这种巧合值得深思，因为代表死亡的命运不应作用于永生的神明。赫淮斯托斯和赫拉都曾经被宙斯狠狠惩罚，但不至于被杀(Homer, *The Iliad*, I. 584-594; XV. 18-33, in Homer, *The Iliad*, vol. 1, pp. 56-57; *The Iliad*, vol. 2, pp. 106-109)。宙斯要求众神不得参战时，未曾以死亡相威胁(Homer, *The Iliad*, VIII. 1-27, in Homer, *The Iliad*, vol. 1, pp. 350-353)；他威胁赫拉和雅典娜的时候，只说她们需要十年来治愈雷击的创伤(Homer, *The Iliad*, VIII. 397-408, in Homer, *The Iliad*, vol. 1, pp. 380-381)；雅典娜阻止悲愤的阿瑞斯时，未提到被杀的事情(Homer, *The Iliad*, XV. 131-141, in Homer, *The Iliad*, vol. 2, pp. 116-117)。因此，代表死亡的命运并不能作用于众神，阿瑞斯的例子既可能反映出他作为战神、对死亡有一种病态的着迷(参阅 Richard Janko, *The Iliad: A Commentary, Volume IV: Books 13-16*, Cambridge: Cambridge University Press, 1999, p. 241)，也可能反映出荷马史诗宗教观念的原始性：众神是"永生"但非"不死"的，即虽可长生，但能被外来力量杀死。

次、①"ὑπὲρ Διὸς αἶσαν"1 次、②"ὑπὲρ μοῖραν"1 次、③"ὑπέρμορα/ὑπὲρ μόρον"6 次。④ 它们可用于个人,但多数用于集体。此几处所指不可能是"死亡",毕竟凡人无法逃避(除了墨涅劳斯可以前往福岛,这可见宙斯的神力强大⑤),也不是那适用于个人、含有宿命论意味的"fate/命运",如赫克托尔说没有人能"超越命运"(ὑπὲρ αἶσαν)杀死他、⑥阿开亚人"超越命运"(ὑπὲρ αἶσαν)而奋勇作战。⑦ 值得注意的是,除了埃吉斯托斯最终"超越命运"(ὑπὲρ μόρον)杀死了阿伽门农外⑧——这是史诗中唯一众神没有全力阻挠凡人行为或说没能维护秩序而导致悲剧发生的故事(此事引起众神的愤怒)——其他的"超越命运"均因神明们的阻止而失败或不会实现,这意味着它们所代表的绝非我们所理解的"fate/命运",而是某种能被违背和超越、但又被神明们顽固维护的准则或秩序⑨——这可比较上述"ὑπὲρ Διὸς αἶσαν"即"超越宙斯的分配"、以及"μοῖρα θεῶν"和"θεοῦ μοῖρα"⑩的用法。部分学者虽认可这个代表准则或秩序的"命运",但却

---

① Homer, *The Iliad*, VI. 487; XVI. 780, in Homer, *The Iliad*, vol. 1, pp. 310 - 311; *The Iliad*, vol. 2, pp. 220 - 221.

② Homer, *The Iliad*, XVII. 321, in Homer, *The Iliad*, vol. 2, pp. 252 - 253. 或译"超越宙斯的分配",可见命运在宙斯的控制之下。

③ Homer, *The Iliad*, XX. 336, in Homer, *The Iliad*, vol. 2, pp. 390 - 391.

④ Homer, *The Iliad*, II. 155; XX. 30; XXI. 517, in Homer, *The Iliad*, vol. 1, pp. 72 - 73; *The Iliad*, vol. 2, pp. 368 - 369, 442 - 443; *The Odyssey*, I. 34, 35; V. 436, in Homer, *The Odyssey*, vol. 1, pp. 14 - 15, 241 - 215. 其中 *The Odyssey*, I. 34,35 两处分别是宙斯责怪凡人喜欢"超越命运",而埃吉斯托斯则成功地"超越命运"杀死阿伽门农。其中的"命运"明显既非注定一切的命运亦非死亡,因为凡人不可能超越这两种情况。

⑤ 海中老人告诉墨涅劳斯,后者将会到埃琉西昂平原享受永生,因为他是宙斯的女婿。尽管并非所有跟宙斯沾亲如其儿子萨尔佩冬能有此荣誉,但墨涅劳斯的待遇却证明宙斯确实有能力使凡人摆脱死亡,实现永生。换言之,代表"死亡"的命运也受到宙斯的控制。参阅 Homer, *The Odyssey*, IV. 561 - 569, in Homer, *The Odyssey*, vol. 1, pp. 158 - 161。

⑥ Homer, *The Iliad*, VI. 487, in Homer, *The Iliad*, vol. 1, pp. 310 - 311. 宙斯决定让赫克托尔死于阿喀琉斯之手,所以其他人不允许杀死赫克托尔,而宙斯和阿波罗亦保护赫克托尔以免其提前战死。

⑦ Homer, *The Iliad*, XVI. 780, in Homer, *The Iliad*, vol. 2, pp. 220 - 221.

⑧ Homer, *The Odyssey*, I. 34 - 35, in Homer, *The Odyssey*, vol. 1, pp. 14 - 15.

⑨ 详见下文第三节分析。

⑩ Homer, *The Odyssey*, III. 269, XI. 292, XXII. 413, in Homer, *The Odyssey*, vol. 1, pp. 100 - 101, 420 - 421; in Homer, *The Odyssey*, vol. 2, pp. 374 - 375. 两词直译则为"神明(们)的命运",实际指"神明(们)按照自己意志为凡人所设定的'命运'"。此处的"命运"处于神明们的控制下,应理解为"准则或秩序"。陈中梅译本分别为"神控的命运"、"神定的命运"和"神定的命运"。参阅荷马:《奥德赛》,陈中梅译注,南京:译林出版社,2012 年,第 63、286、612 页。

高估其地位、认为它是超越神明和凡人的存在(甚至陷入宿命论理论)。实际上,剥去神话的光环,我们可见其并非超自然的存在,而乃人定的秩序或准则,是荷马时代法制情况的神话映像。

由此可见,"fate/命运"虽然常被用于翻译"μοῖρα"、"αἶσα"和"μόρος"及其他相关词汇,但并不准确,甚至带有很强的误导性。然而,部分学者受其影响,误把宿命论套用于荷马史诗中并得出"命运大于众神"的观点。[①] 事实上,在明确荷马史诗"命运"种类的前提下,去重新审视以宙斯为首的众神跟后一种"命运"的彼此关系,我们不难发现代表准则或秩序的"命运"[②]实际上处于宙斯和众神的控制之下、并以此监督凡人,而这正是荷马时代的贵族通过把持社会准则和秩序来统治平民的反映。

二、从宙斯与命运的关系看"王权与法之争"

宙斯与命运的关系是解析史诗命运系统的重点和难点,即究竟是谁享有决策权? 这在法制层面上意味着王权与法之争。在史诗中,宙斯明显把控着全局,但有学者却因误把那宿命论的"命运"套用于史诗之中而坚持"在荷马史诗中,命运大于宙斯"(法大于王权)的理论,一方面导致他们无法自圆其说,另一方面也掩盖了宙斯控制命运的真相(指前述代表"死亡"和"准则或秩序"的"命运",而非宿命论的命运)。本节在评析主流理论不足之处的基础上,进而探讨那些常用论据的适用性,最后指出宙斯的地位大于代表"死亡"或"准则或秩序"的命运(后一种由其决定),而这是王权控制司法权力的反映。

伯克特支持"在荷马史诗中,命运大于宙斯"的观点,但其解释陷入了宿命论理论。他认为宙斯的金天平是宙斯公平审判的表现之一,因为即使宙斯对凡人表示同情,也会遵守命定之事。在《伊利亚特》中,"moira"和"aisa"并非人或神,而是一种事实:一切已经注定。死亡则是人类最重要和最痛苦的界线。这些界线不可逾越,宙斯虽有能力改变、但会因众神的反对而不做(指萨尔佩

---

① 可见下文分析,部分学者认为一切已被命运所注定,而神明们只是在执行命运之神的意志。

② 需要再次强调的是,适用于荷马史诗的是代表"死亡"和"准则或秩序"的"命运",而学者们所理解的"命运"往往是那传统意义上带有宿命论意味的、决定一切的"命运"。本文在论述时会加以区分说明。

冬和赫克托尔之死)。① 伯克特的解释值得商榷：首先，如果一切已经被注定，那么每件事的发展过程也应无法更改，但史诗中的众神经常左右事态的发展，使之向他们所希望的方向发展，这该如何解释？其次，众神试图左右宙斯的决策是出于自己的考虑，是否接受则取决于宙斯，都与命运的安排无关。

有观点认为"命运大于宙斯"，但论证时有偷换概念之嫌（即往往用"moira"来替代其他"命运"用词）。在"有关命运和神明(尤其是宙斯)的关系"的问题上，学界大体有三种看法：一是"命运等同于神明(如宙斯)的意愿"；二是命运高于神明，神明仅是命运的工具；三是命运和神明是两种不同的宗教原则。其中第一种被多数学者否认，但第二种又站不住脚，第三种则是古代世界常见的两极并立模式——神明和命运都是独立的主宰力量。程志敏认为命运高于神明，而命运通过神明的活动来实现。② 然而，他未指出除"moira"外的其他"命运"用词，且未深入分析"命运"本质。更重要的是，其分析选取部分对己方观点有利的例子而忽视反例，说服力不足。王晓朝指出有些神圣的力量如命运、定数、死亡、睡眠等，是高于人格神的；③ 人格神要服从神圣的力量，如命运和定数。对如何处理命运和宙斯"众神之王"地位的关系的问题，他指出宙斯兼有人格化和非人格化的双重身份，因此他有时候要服从命运的安排，但有时候则是命运的代名词，就如普罗塔克曾指出的一样："荷马用宙斯这个词时，常常指命运或定数"(普罗塔克：《论诗人》23E)。对其他神明而言，同样存在人格化(要服从命运)和非人格化(代表命运)的双重身份。④ 这实际弱化了命运的地位——若宙斯和其他神明有时能代表命运的话，那命运女神就没有存在价值了，⑤或者仅作为宙斯的一种神职而存在。⑥ 此外，其解读有偷换概念

---

① Walter Burket, *Greek Religion*, trans. by John Raffan, Cambridge, MA: Harvard University Press, 1985, pp. 129 - 130.

② 程志敏：《荷马史诗导读》，第174页。

③ 根据希腊神话和宗教的特点，"名字即其本质"的神明多是次要神明，如彩虹女神伊里斯('Ίρις)的本意便是"彩虹"。虽说他们有时甚至能影响宙斯(如睡神能让宙斯沉睡)，但神话地位并不高，且在实际崇拜中不受希腊人的重视。

④ 王晓朝：《希腊宗教概论》，第188页。

⑤ 对比上述程志敏的内容，他指出该观点即"命运等同于神明(如宙斯)的意愿"被大多数学者所否认。

⑥ "μοιραγέτης"(命运引导者)是宙斯的后期神职之一。该词出现较晚，曾被2世纪的帕萨尼阿斯提及。参阅 Pausanias, *Elis I*, XV. 5, in Pausanias, *Description of Greece*, vol. II, （转下页）

之嫌——人格化后的神明自然会拥有凡人的生活需求和情感局限,但这跟权力地位是两回事。即便奥林波斯诸神屈服于生理需求,但只要没有更高的力量对他们发号施令的话,他们依然属于神界的第一集团。况且,若按此逻辑,则神界的第一集团必然充斥着各种生理需求和抽象概念之神,奥林波斯诸神则最多只能算神界二流,这并不符合史诗记载和后世希腊人的认识。同样,他未提及史诗中的多个"命运"词汇或是附上英译名,且其引用普鲁塔克的内容也存在问题:一来普鲁塔克是公元1—2世纪的人,时间较晚;二来其引文也有问题。①

陈中梅尝试从权力制衡的角度解释"命运与宙斯的关系",其主要观点可归纳为:第一,命运大于宙斯和众神、但又对宙斯并非完全制约,宙斯智慧的表现之一,就是他知晓命运而众神不能;第二,命运对宙斯的制衡很不彻底,它的最终有效性取决于宙斯的意愿,这反映了一种权力制衡,即外部的命运和内部的众神共同制约着宙斯的行为。② 但这两种解释都无法自圆其说。首先,如果说命运最大并控制一切、宙斯只是传达其旨意(可见作者未能走出宿命论的理论),那如何解释众神有时的阳奉阴违和故事的跌宕起伏? 实际上,众神明争暗斗、阴奉阳违的行为,以及对宙斯的劝说等,都多次改变了后者的想法。其次,作者虽从权力角度进行思考,但不符合史诗反映的王权情况(尽管作者承认"荷马在对神界生活的描述中融入了他对人间生活的理解"③),因为宙斯原型是迈锡尼时代的瓦纳克斯(众神基本都有这个头衔),带有专制王权的性质,很难想象会有一个比他权力更高的存在。最后,如果把命运看成是决策者、把宙斯看成是执行者,但这个决策者又不能完全驾驭执行者,而这个执行者也不是这个决策者的附属("但是,宙斯不是命运的附庸或属下"④)的话,那

(接上页)trans. by W. H. S. Jones and H. A. Ormerod, LCL, Cambridge, MA: Harvard University Press, 1993, pp. 466 - 467. Pausanias, *Arcadia*, XXXVII. 1, in Pausanias, *Description of Greece*, vol. II, trans. by W. H. S. Jones, LCL, Cambridge, MA: Harvard University Press, 1995, pp. 84 - 85.

① 原文是"实际上,有许多词我们就是这样子说的,必须知道和记得:他们(指吟游荷马史诗的诗人们)称呼'宙斯'的名字,有时指这位神明,以及常常指'幸运'(τύχην)和'定命'(εἱμαρμένην)"。参阅 Plutarch, *How to Study Poetry*, 23C - 23D, in Plutarch, *Moralia*, vol. 1, trans. by Frank Cole Babbitt, LCL, Cambridge, MA: Harvard University Press, 2005, pp. 120 - 123.
② 陈中梅:《宙斯的天空——〈荷马史诗〉里的宙斯、雅典娜和阿波罗研究》,第47—56页。
③ 陈中梅:《宙斯的天空——〈荷马史诗〉里的宙斯、雅典娜和阿波罗研究》,第47页。
④ 陈中梅:《宙斯的天空——〈荷马史诗〉里的宙斯、雅典娜和阿波罗研究》,第50页。

么宙斯实际相当于一位功高盖主的重臣。这样不仅否认了宙斯大权在手的真相，亦相当于无视宙斯"众神和众人之父"①的头衔。

事实上，由于陷入宿命论，那些解释"命运大于宙斯"的言论多少会让读者陷入一种"究竟是谁说了算"的疑惑中，因为决定一切的命运与大权独揽、统治人神两界的宙斯的同时存在本就是一个矛盾。又如陈中梅还提到"宙斯的所知可靠，因为他一般总是知道既定和必然会发生的事情"，②继而以宙斯预言战争进程——帕特罗克洛斯死后、阿喀琉斯复出——作为例子，却又强调这些预言蕴含了宙斯"他本人裁定并已成为不可逆转之势的权威旨意"……"宙斯的意志（或言说）以符合命运限定的方式终将得到难以抗拒的实施，而命运也因为符合宙斯的意图而必将获得令众神和凡人敬慕的尊严"，③这难免让人疑惑：究竟是宙斯决定命运，还是反过来？ 宙斯是在预言，还是在做决定？ 我们断然不能忘记在赫拉和波塞冬破坏宙斯的安排而干预战争、最终惹恼宙斯的故事中，宙斯生气是因两神违反他的决定，而无关命运的安排。陈中梅又以宙斯"预言"奥德修斯的命运作为例子，因为《奥德赛》明确提到"命运"（moira）注定奥德修斯可以回家，这种神言是必定会实现的。然而，《奥德赛》第一卷75—77行早已交代了宙斯在策划奥德修斯的归程。这类由宙斯做决定、众神使之实现的例子还有很多，这种所谓"必定实现的神言"（况且预言能力不是宙斯的专属，阿波罗和部分凡人也有），说到底还是宙斯决定、众神执行的结果。

据上述数例，我们不难发现那些持"命运大于宙斯"观点的学者难以自圆其说的主要原因在于把传统的、含宿命论意义的"命运"套用于荷马史诗。史诗中多次出现神明们违抗宙斯的命令（根据上述部分观点，这意味着神明们破坏命运的安排，所以宙斯需要约束他们）、或凡人试图"超越命运"的记载，这放在宿命论的前提当然无法自圆其说。简言之，这些观点并未真正理解荷马史诗中的"命运"的性质。

此外，部分学者用于解释"命运大于宙斯"的论据往往是"宙斯无力阻止萨尔佩冬和赫克托尔之死"、"赫拉克勒斯的出生"和"宙斯的金天平"等。这些例子貌似都说明宙斯在那决定一切的、含宿命论意味的命运面前的无能为力，但联系上下文，我们不难发现绝非如此。反而，它们都反映出两点：第一，史诗

---

① Homer, *The Iliad*, I. 544, in Homer, *The Iliad*, vol. 1, pp. 52-53.
② 陈中梅：《宙斯的天空——〈荷马史诗〉里的宙斯、雅典娜和阿波罗研究》，第53页。
③ 陈中梅：《宙斯的天空——〈荷马史诗〉里的宙斯、雅典娜和阿波罗研究》，第53页。

中并不存在那个在冥冥中操控一切、含宿命论意味的命运；第二，在决定神和人的事务上，宙斯拥有最终话语权。

首先，宙斯未能挽救萨尔佩冬（儿子）和赫克托尔（爱将）的生命，这显得他似乎在那决定一切的、含宿命论意味的命运面前无可奈何。但实际上，两人的死亡早由宙斯所定（顺序是萨尔佩冬、帕特罗克洛斯、赫克托尔，①这在第一卷已有铺垫②），他只是临时反悔但被赫拉和雅典娜阻止，所以作罢。③ 考虑到宙斯的神王和誓言保护神的身份，他最终没有反悔并不难理解。此外，宙斯之前曾救过萨尔佩冬和赫克托尔，④这说明他完全有能力为所欲为。

其次，史诗记载宙斯有心让赫拉克勒斯成为王并统治广大地区，于是向众神宣布他的安排，即当天出生的、含有宙斯血统的人将会成为这个王，但赫拉使坏导致赫拉克勒斯失去地位。⑤ 宙斯非常痛苦，只能迁怒于祸害女神阿特。⑥ 倘若宙斯真的知晓那注定一切的命运，这件事情又怎会发生？这主要因为宙斯是誓言的保护神，不会收回誓言，即使他很不乐意。

最后，认为宙斯的地位低于命运的观点，其论据之一来自"χρύσεος τάλαντον"（黄金天平）。宙斯曾多次拿出天平来决定战况，这似乎暗示了那决定一切的、含宿命论意味的命运在暗处进行操控。然而，当我们仔细审视相关记载后，就不难发现其实那是一种象征性的行为，真正的决定权依然在宙斯手上，黄金天平只不过是一种摆设或象征。"黄金天平"在《伊利亚特》中出现 4 次，分别是：第一，宙斯在黄金天平上放了"两个带来长期悲苦的死亡的毁灭（κῆρ）"，⑦分别属于特洛伊人和阿开亚人。⑧ 第二，"因为他（赫克托尔）知晓了宙斯神圣的天

① Homer, *The Iliad*, XV. 47 – 77, in Homer, *The Iliad*, vol. 2, pp. 110 – 113.

② Homer, *The Iliad*, I. 493 – 527, in Homer, *The Iliad*, vol. 1, pp. 50 – 53.

③ Homer, *The Iliad*, XVI. 432 – 461；XXII. 177 – 185, in Homer, *The Iliad*, vol. 2, pp. 194 – 197,464 – 467.

④ Homer, *The Iliad*, XII. 400 – 407, in Homer, *The Iliad*, vol. 1, pp. 584 – 587. 有关宙斯保护赫克托尔的内容可参见第 15、16 卷。

⑤ 赫拉诱骗宙斯发了重誓。

⑥ Homer, *The Iliad*, XIX. 74 – 131, in Homer, *The Iliad*, vol. 2, pp. 338 – 343.

⑦ 此处的"κῆρ"（死亡、灾难）常被误为"命运"，如罗念生译本和陈中梅译本。参阅荷马：《伊利亚特》，罗念生译，上海：上海人民出版社，2004 年，第 186 页。荷马：《伊利亚特》，陈中梅译注，南京：译林出版社，2012 年，第 170 页。

⑧ Homer, *The Iliad*, VIII. 69 – 77, in Homer, *The Iliad*, vol. 1, pp. 354 – 357.

平"。① 第三，奥德修斯说"当宙斯的天平倾斜时，他是制造凡人战争的管理者"。② 第四，在阿喀琉斯追杀赫克托尔时，宙斯在黄金天平上放了"两个带来长期悲苦的死亡的毁灭"，分别属于阿喀琉斯和赫克托尔。③ 据这几处记载，首先，宙斯在天平两头放的砝码严格来说不是正统的"命运"，而是"κῆρ"（死亡、毁灭）。其次，根据第二、三点，可见宙斯能随意调整天平两侧重量。④ 这些前后反复显出了宙斯对战场控制的随心所欲，而他的天平确实只是一个摆设。复次，史诗从来没有告知宙斯放上去的砝码是等重的。根据上文分析，我们更能判断宙斯的砝码从来不会是等重的，一切都根据自己的意愿而选择两边的重量。史诗的另一段记载也能侧面反映这一点，在特洛伊人与阿开亚人大战的时候，史诗比喻说"就如一位诚实的女织布工拿着天平，通过拉扯使砝码和羊毛两头保持平衡"。⑤ 在此，史诗明确使用了"ἰσάζω"（使相等，使平衡）一词，而这在宙斯使用天平时不曾看到。再次，以赫克托尔之死为例，他的死亡早由宙斯决定，后者使用金天平的举动估计是做给阿波罗看的，使其放弃帮助赫克托尔。⑥ 最后，《牛津古典辞书》扼要分析了这个天平，认为它只是一种诗歌创作，用以在紧急时刻营造紧张气氛，但主动权依然在宙斯身上。⑦ 因此，宙斯的天平也许只是他"以示公正"的道具，并无实际意义。⑧ 但不管如何，我们至少可以肯定宙斯的天平对他并无约束力，根据黄金天平而得出"在史诗中，命运大于宙斯"观点的做法是错误的。

从故事来看，《伊利亚特》是宙斯为了同时满足忒提斯、赫拉和雅典娜的愿望和要求，对战争的过程进行安排和控制的结果。特洛伊的毁灭是神意不公

---

① Homer, *The Iliad*, XVI. 644 - 658, in Homer, *The Iliad*, vol. 2, pp. 210 - 211.

② Homer, *The Iliad*, XIX. 223 - 224, in Homer, *The Iliad*, vol. 2, pp. 350 - 351.

③ Homer, *The Iliad*, XXII. 208 - 214, in Homer, *The Iliad*, vol. 2, pp. 466 - 469.

④ 如阿斯曾提到宙斯让特洛伊人随便投枪都能中，而阿开亚人则屡投不中；此外，阿开亚人被宙斯的浓雾所笼罩，但在埃阿斯祈祷后，宙斯又使浓雾散开。参阅 Homer, *The Iliad*, XVII. 628 - 650, in Homer, *The Iliad*, vol. 2, pp. 272 - 277.

⑤ Homer, *The Iliad*, XII. 433 - 435, in Homer, *The Iliad*, vol. 1, pp. 588 - 589.

⑥ Homer, *The Iliad*, XXII. 212 - 214, in Homer, *The Iliad*, vol. 2, pp. 468 - 469.

⑦ Simon Hornblower and Antony Spawforth, eds., *The Oxford Classical Dictionary*, Oxford: Oxford University Press, 2003, p. 589.

⑧ 奥利弗·塔普林认为黄金天平的存在不能说明命运女神强于宙斯，它只是一个戏剧性的临界点而已。参阅 Oliver Taplin, "Homer", in John Boardman, Jasper Griffin, Oswyn Murray, eds., *The Oxford History of Greece and the Hellenistic World*, Oxford: Oxford University Press, 2001, p. 78。

正的体现,因为赫拉和雅典娜坚持报复特洛伊人,而宙斯妥协了。①《奥德赛》的故事可分成三个小部分:奥德修斯的漂泊和被滞留,是波塞冬为儿子报仇、宙斯同意的结果;②而奥德修斯之所以能归家,是因为雅典娜的建议得到宙斯的同意;奥德修斯归家后之所以能杀死求婚者们,同样也是因为雅典娜的策划和帮助。如果神明和凡人们的一切举动当真掌握在那冥冥中进行操控的命运女神手中、而她(们)又能超越宙斯和众神、一切都已注定的话,这些事情怎会发生?诚如海伦所说"但是天神宙斯这时给这个人,那时给那个人赐予好事和坏事,因为他有能力做全部事",③以及阿喀琉斯对普里阿摩斯所说的有关宙斯分配祸福给凡人的话,④都证明了宙斯才是在处理神和人的事务上的真正决策者和主宰者。

由此可见,荷马史诗中并不存在那决定一切的、含宿命论意味的命运。同样,我们能看到宙斯在操控着全局,以他的意志来统治神人两界,代表准则或秩序的"命运"实际由其制定和更改。考虑到宙斯是誓言的守护神、其所定之事不会轻易改变,再结合宙斯的角色原型是迈锡尼时期的、拥有最终的决策权的世俗专制君主,我们可以合理推断荷马史诗中宙斯和命运的关系其实反映出双重情况。一方面,其反映了迈锡尼时代专制王权的部分情况:在法制方面,国王拥有最高的话语权,他控制了司法权力并拥有制定法律的权力,其所做的决定不会轻易改变;他对臣民有很高的权威,甚至可以不受传统、习惯、风俗和法律的影响且有权力随心所欲处理问题(当然有时也会参考他人意见)。⑤另一方面,虽然宙斯可以为所欲为,但也不敢完全无视其他神明的异议,甚至部分决策实际是他为满足其他神明或凡人的意愿而做出的,这也许反映了荷马社会的特点,即国王在行使权力的时候还受到贵族乃至人民大会的制约。⑥ 结合众神与"命运"关系的特点,我们能进一步加以肯定。

① M. I. Finley, *The World of Odysseus*, p. 145.
② Homer, *The Odyssey*, XIII. 125 - 145, in Homer, *The Odyssey*, vol. 2, pp. 10 - 13.
③ Homer, *The Odyssey*, IV. 236 - 237, in Homer, *The Odyssey*, vol. 1, pp. 134 - 135.
④ Homer, *The Iliad*, XXIV. 525 - 533, in Homer, *The Iliad*, vol. 2, pp. 600 - 603.
⑤ M. I. Finley, *The World of Odysseus*, p. 80.
⑥ 晏绍祥:《荷马社会研究》,第 152 页。

三、从众神与命运的关系看贵族对平民的统治

史诗中多次出现"超越命运"(实质是"违背宙斯命令")的事情,但基本都被众神阻止。如阿开亚人差点"超越命运"撤退而被雅典娜阻止;①阿开亚人差点"超越命运"攻下特洛伊,以及后来差点"超越宙斯的分配"均被阿波罗阻止;②敌视特洛伊的波塞冬救下了由宙斯钦定将要统治特洛伊人的埃涅阿斯;③赫拉则保护阿喀琉斯不被特洛伊人伤害;④阿喀琉斯差点被河神杀死,但最后被火神所救。⑤ 然而,如果神明们都不注意或不采取强硬手段的话,那么"超越命运"或凡人违背宙斯意志的事情就会发生,如赫尔墨斯虽曾劝诫埃吉斯托斯,但因没采取武力而导致后者"超越命运"杀死了阿伽门农。⑥ 此外,我们也不能忘记阿波罗协助赫克托尔、雅典娜协助阿喀琉斯的情节,他们的行为都是为了保证宙斯的安排得到实现。因此,代表准则或秩序的命运和众神之间的关系是非常清晰的,即前者由后者操控和维持,其过程绝非早已注定,而是灵活多变的。诚如《牛津古典辞书》曾指出的一样,"aisa"和"moira"都不是"命运的自然代理者"(natural agents of fate),而这个角色一般由"daimōn"(神灵)所完成,但史诗并未清晰地对"daimōn"的角色和地位进行定义。⑦ 结合上述的例子,我们有理由相信是泛指所有神明(包括较为低级的,如差点杀死阿喀琉斯的河神)。

"命运女神"的用法在史诗中共出现5次("Μοῖρα"3次、⑧"Μοῖραι"1次、⑨"Αἶσα"1次⑩)。其中1次是代表"死亡"的命运女神、⑪1次是阿伽门农的狡辩

---

① Homer, *The Iliad*, II. 155 – 181, in Homer, *The Iliad*, vol. 1, pp. 72 – 75.

② Homer, *The Iliad*, XVI. 698 – 709,777 – 817; XVII. 319 – 332, in Homer, *The Iliad*, vol. 2, pp. 214 – 215,252 – 253.

③ Homer, *The Iliad*, XX. 81 – 113,156 – 341, in Homer, *The Iliad*, vol. 2, pp. 372 – 375,378 – 391.

④ Homer, *The Iliad*, XX. 114 – 126, in Homer, *The Iliad*, vol. 2, pp. 374 – 375.

⑤ Homer, *The Iliad*, XXI. 233 – 382, in Homer, *The Iliad*, vol. 2, pp. 420 – 433.

⑥ Homer, *The Odyssey*, I. 28 – 43, in Homer, *The Odyssey*, vol. 1, pp. 14 – 15.

⑦ *The Oxford Classical Dictionary*, p. 589.

⑧ Homer, *The Iliad*, XIX. 86 – 87,409 – 410; XXIV. 209, in Homer, *The Iliad*, vol. 2, pp. 340 – 341,364 – 365,578 – 579.

⑨ Homer, *The Iliad*, XXIV. 48, in Homer, *The Iliad*, vol. 2, pp. 566 – 567.

⑩ Homer, *The Iliad*, XX. 127 – 128, in Homer, *The Iliad*, vol. 2, pp. 374 – 375.

⑪ Homer, *The Iliad*, XIX. 409 – 410, in Homer, *The Iliad*, vol. 2, pp. 364 – 365. 摩伊拉将会夺走阿喀琉斯的性命。

之词、①1 次是代表"准则或秩序"的命运女神们、②2 次提及命运女神纺织命线。③ 但值得注意的是,后 2 次纺织命线的命运女神虽被部分学者理解为那代表了决定一切的命运(流行观点认为"纺织凡人的命运"被认为是命运女神们的专利),但实际还是代表"死亡"的命运。④ 此外,多位神明都能进行"纺织",这意味着他们有能力操纵和控制凡人们的生活,也进一步说明那作用于凡人之上的、代表准则或秩序的命运确实不作用于众神且受到后者控制。在荷马史诗中,专用于"纺织命线"之意的有 2 词,分别是"ἐπινέω"和"ἐπικλώθω",用法一样,可用于修饰命运女神纺织命运之线,以及指一切有能力影响凡人命运的力量。⑤

"ἐπινέω"在《伊利亚特》中出现 2 次,分别用于命运女神为阿喀琉斯和赫克托尔纺织的安排。前者是赫拉向波塞冬和雅典娜说到他们的任务是保护阿喀琉斯不被特洛伊人伤害,"但以后他将会遭受在出生时、命运女神(Αἶσα)用线为他纺织的任何事情,当他的母亲生下他时";后者是当普里阿摩斯执意前往敌营赎回爱子尸体时,其妻赫卡柏说起他们现在只好远远地离开赫克托尔哭泣,而他们的儿子将会远离父母,因为"这安排就是在他出生时、强大的摩伊拉(Μοῖρα)用线为他纺织的,当我生下他的时候"。⑥ 这 2 处记载似乎指向那个注定一切的命运女神,但实际不然。在阿喀琉斯的例子中,首先,如果一切已由命运女神注定,那么赫拉等神根本无须相助(况且她们是在执行宙斯的命令去

---

① 阿伽门农向阿喀琉斯狡辩时说,当天是宙斯、摩伊拉和埃里倪斯(复仇女神)联手蛊惑了他的心智,导致他夺走阿喀琉斯的女俘(Homer, *The Iliad*, XIX. 86 - 87, in Homer, *The Iliad*, vol. 2, pp. 340 - 341);进而又强调是宙斯和祸害女神阿特的错(Homer, *The Iliad*, XIX. 136 - 137, in Homer, *The Iliad*, vol. 2, pp. 344 - 345)。相应地,宙斯亦埋怨凡人不服从"命运"(代表准则或秩序)安排、却又喜欢怪罪神明(Homer, *The Odyssey*, I. 32 - 34, in Homer, *The Odyssey*, vol. 1, pp. 14 - 15)。由此可见,此处的"摩伊拉"既非"死亡"亦不是那支配一切的命运,而是在执行宙斯的意志。比较下文对"纺织"的分析。
② "因为命运女神们赐予人们一颗忍耐的心"(这明显指众神对凡人的要求),但阿喀琉斯却冷酷地不愿意归还并凌辱赫克托尔的遗体,引致阿波罗发怒。参阅 Homer, *The Iliad*, XXIV. 48, in Homer, *The Iliad*, vol. 2, pp. 566 - 567。
③ Homer, *The Iliad*, XX. 127 - 128; XXIV. 209, in Homer, *The Iliad*, vol. 2, pp. 374 - 375, 578 - 579。
④ 见下文分析。
⑤ *A Greek-English Lexicon*, pp. 639, 648.
⑥ Homer, *The Iliad*, XX. 127 - 128; XXIV. 209, in Homer, *The Iliad*, vol. 2, pp. 374 - 375, 578 - 579.

保护阿喀琉斯,而非听从命运的指示)。其次,宙斯才是真正的主宰,因为阿喀琉斯之死早在其母结婚时已被宙斯决定:忒提斯说在奥林波斯女神中,宙斯让她受到的不幸是最深的,如把她嫁给凡人佩琉斯,其子阿喀琉斯将会在特洛伊战争中阵亡。[①] 阿喀琉斯向普里阿摩斯说宙斯分配凡人祸福时,也提到了其父佩琉斯和普里阿摩斯都遭受着神明们的陷害。[②] 最后,比较下文"ἐπικλώθω"的用法(表示神明对凡人生活的随意干预,可好可坏)和赫拉说话的语境,我们更能肯定赫拉的意思其实是"在我们的保护下,阿喀琉斯暂时不会战死,但在此之后,他的生死与我们无关了"。需要强调的是,因为凡人无法逃避死亡,阿喀琉斯的战死是迟早的事情(早由宙斯决定),但其方式和时间并未确定(史诗说阿喀琉斯会被"一个神和一个人"、"阿波罗的箭矢"或"帕里斯和阿波罗"杀死;阿喀琉斯说自己也许会被某人的投枪或者箭矢所杀),[③] 所以这里的"命运女神"代表的绝非那个早已决定一切的命运,而是死亡,即死亡随时会以某种方式把阿喀琉斯带走。此外,在赫克托尔的例子中,赫卡柏认为命运女神注定赫克托尔将会远离父母死去,但实际情况却是在宙斯的命令和协助下,普里阿摩斯最终赎回了儿子的尸体。因此,如果赫卡柏说出了真话,则这既说明宙斯拥有决定权,也意味着其所强调的是"赫克托尔的死亡方式",所指依然是代表死亡的命运。由此可见,阿喀琉斯的例子说明代表死亡的命运女神在执行宙斯的安排、而赫克托尔的例子则说明宙斯可以改变代表死亡的命运女神的决定(如果赫卡柏说的是真话),它们都说明宙斯拥有决定权。需要提及的是,史诗中还出现1次"κλῶθες"(纺织者们):在奥德修斯向阿尔基诺奥斯求助后,后者表示他将会盛情招呼奥德修斯直至其踏上故土,"但之后,他在那儿会遭受任何命运(αἶσα)和令人痛苦的纺织者们(κλῶθες)在他出生时、用

---

① Homer, *The Iliad*, XVIII. 428–443, in Homer, *The Iliad*, vol. 2, pp. 318–319.

② Homer, *The Iliad*, XXIV. 524–551, in Homer, *The Iliad*, vol. 2, pp. 600–603. 尽管两人都曾风光一时,但结局悲惨:佩琉斯将会孤独终老,而普里阿摩斯要面临儿子全丧、城破被杀的悲惨结局,而这正是众神尤其是宙斯的安排。

③ Homer, *The Iliad*, XIX. 404–417; XXI. 275–278; XXII. 355–360; XXI. 111–113, in Homer, *The Iliad*, vol. 2, pp. 362–365, 424–425, 478–479, 412–413. 前三种说法分别出自克珊托斯(会说话的马)、忒提斯(女神)和赫克托尔之口,再加上阿喀琉斯的说法,我们可见阿喀琉斯虽难逃一死,但方式并未注定。

线纺织(νέω)①的任何事情,当他的母亲生下他时"。② 这个例子也容易让人想起那决定一切的命运女神(们),但同样不然。以对"κλῶθες"(纺织者们)的角色定位为例,《希英词典》认为是"纺织者,命运女神们的合称"(Spinners, name of the Goddesses of fate)、③王焕生译本为"司命女神们"、陈中梅译本为"纺织者"、洛布新旧译本为"spinners"。笔者认为,此处不应理解为"司命女神们"或命运女神,因为该词仅出现1次且没有交代背景,我们不能先入为主认定她们是命运女神而非其他神明,而且这难以解释其为何与αἶσα搭配使用形成并列结构。联系上下文,我们很容易判断阿尔基洛奥斯的话只是一种比较文雅的表达,即"我们会尽地主之谊送你回去,但之后,你便生死有命了",因为他不可能知道奥德修斯将要面对的苦难,甚至乎,他当时还不知道这是奥德修斯。④ 结合下文对"ἐπικλώθω"的分析,我们一来可以肯定前两例的"命运女神"代表的是死亡、表示她可以随时以某种方式带走凡人的性命,二来也可以肯定上述的"纺织者们"所指并非那决定一切的命运女神们,而泛指所有的女神们。⑤

实际上,"纺织"绝非命运女神的专利,而是多数神明都能做的事情,反映出他们对凡人生活的操纵和干预(可好可坏),这从"ἐπικλώθω"的用法可以证明。该词在《伊利亚特》中出现1次,即"因为神明们就是这样给可悲的凡人们纺织,毕生活在悲哀中,他们自己却没有悲痛"。⑥ 这里要注意的是动作施行者是"θεοί"(神明们),可泛指神明且更常用于男性神明。此外,其在《奥德赛》中共出现7次,分别是"到了神明们纺织让他(奥德修斯)回家、进入伊大卡的那年"、⑦特勒马科斯向涅斯托尔说"但是神明们没有为我纺织这样的福气,给我父亲和我"、⑧墨涅劳斯称赞涅斯托尔"很容易知道一个人的后代,克罗诺斯

---

① 对比前两个专用于命运女神的"纺织","νέω"(纺线、织网)较为普通,在史诗中仅出现一次。
② Homer, *The Odyssey*, VII. 196 - 198, in Homer, *The Odyssey*, vol. 1, pp. 260 - 261.
③ *A Greek-English Lexicon*, p. 963.
④ 直到第8卷的结尾,阿尔基奥尔斯才询问奥德修斯的名字;而在第9卷开头,奥德修斯才进行回答。
⑤ "κλῶθες"是复数阴性词。
⑥ Homer, *The Iliad*, XXIV. 525 - 526, in Homer, *The Iliad*, vol. 2, pp. 600 - 601.
⑦ Homer, *The Odyssey*, I. 17 - 18, in Homer, *The Odyssey*, vol. 1, pp. 12 - 13.
⑧ Homer, *The Odyssey*, III. 208 - 209, in Homer, *The Odyssey*, vol. 1, pp. 94 - 95.

之子为他在结婚和生子时纺织幸福"、①阿尔基洛说特洛伊战争"这是神明们所制造的,为凡人们纺织毁灭,以便成为后世的歌曲"、②奥德修斯回答特瑞斯阿斯时说"特瑞斯阿斯啊,我认为,这一切一定是神明们自己所纺织的"、③欧迈奥斯说乔装的奥德修斯"这是因为一个神明(δαίμων)为他纺织这一切"、④以及菲洛提奥斯说乔装的奥德修斯"但是神明们使游荡得很远的人们坠入不幸,在任何他们也为巴赛列斯们纺织苦难的时候"。⑤ 在这些例子中,除去宙斯和神明(δαίμων)外,其他所指均为"神明们"(θεοί)。虽说"θεός"(神明)可用于女神,但史诗完全可以使用"θέαινα"(女神),因其有"πάντές τε θεοὶ πᾶσαί τε θέαιναι"(所有的男神和女神们)这种表达。⑥ 故而,我们可推断上述例子除"δαίμων"有可能外、其他的纺织动作执行者不一定是命运女神,而且上文提及的"纺织者们"的性质应当等同于这几处的"神明们"(尤其是赫拉、雅典娜等女神们)而非命运女神们。需要指出的是,神明们的"纺织"有别于传统理解的、那决定一切的命运女神们的"纺织",因为后者意味着一切早已注定(宿命论意味),但前者指的是神明们对凡人生活的随时干预,可好可坏,甚至是痛下杀手——此类例子在荷马史诗中比比皆是,如小埃阿斯本来在海难中命不该绝,但因口出狂言激怒波塞冬而被杀。⑦ 同样,我们不难发现前文 2 处代表死亡的命运女神的"纺织"(ἐπινέω)跟上述数例"纺织"(ἐπικλώθω)的性质是相似的,表示的是神明对凡人生活的随时干预(而非早已设定),只是她"纺织"带来的是死亡。

由此可见,"命运女神纺织命线"的说法始于荷马史诗,其实质代表了死亡而非那决定一切的命运,仅出现 2 次且说明宙斯拥有决定权。此外,宙斯和神明们都能进行"纺织",这说明"纺织"并非命运女神的专利,而是多数神明都可以做的普通事情。再结合凡人们的多次"超越命运"被神明们阻止,我们不难得出两点结论:一方面,神明们可以随心所欲为凡人"纺织"幸福或厄运,诚如芬利所言"荷马诸神在本质上缺乏任何道德特征",⑧这说明在当时社会中,贵

---

① Homer, *The Odyssey*, IV. 207 - 208, in Homer, *The Odyssey*, vol. 1, pp. 132 - 133.

② Homer, *The Odyssey*, VIII. 579 - 580, in Homer, *The Odyssey*, vol. 1, pp. 314 - 315.

③ Homer, *The Odyssey*, XI. 139, in Homer, *The Odyssey*, vol. 1, pp. 410 - 411.

④ Homer, *The Odyssey*, XVI. 64, in Homer, *The Odyssey*, vol. 2, pp. 122 - 123.

⑤ Homer, *The Odyssey*, XX. 195 - 196, in Homer, *The Odyssey*, vol. 2, pp. 294 - 295.

⑥ Homer, *The Iliad*, VIII. 5, in Homer, *The Iliad*, vol. 1, pp. 350 - 351.

⑦ Homer, *The Odyssey*, IV. 499 - 511, in Homer, *The Odyssey*, vol. 1, pp. 154 - 155.

⑧ M. I. Finley, *The World of Odysseus*, p. 142.

族们可以随意插手干预平民们的生活,或布德施恩或作恶多端;另一方面,神明们在努力维护着以宙斯的意志所决定的、主要作用于凡人之上的、代表准则或秩序的命运,而这是贵族们把持着司法权力、操控和维护着以保护统治者意志和本阶级利益为目的、①强加于平民之上的秩序的真实反映,前述加加林有关"荷马时代贵族遇事不愿走法律程序"的假设是成立的,这跟下一时期即古风时代的早期情况也是相似的。②

结语

基于上文的分析,我们可见史诗中所指的"命运"主要有两个含义:"死亡"和"准则或秩序",前者是一种超自然的力量,凡人们无法回避;而后者则是由神明们操控和维护的秩序,而且这种秩序主要反映了统治者的意志且一般对他们无害。结合荷马社会存在贵族和平民对立的阶级性质,我们不难发现史诗中的、代表准则或秩序的命运观其实是荷马社会的真实写照,即贵族们操纵和把持司法权力以维护本阶级的统治并享有司法特权,而且凭借自己的特权去干预平民们的生活,"在思想上,贵族显然已经意识到他们具有较高的社会和经济地位,并且有意识地加强他们的特殊地位"。③ 此外,史诗中宙斯的权力既反映出迈锡尼时期专制王权的特征,但也符合荷马时代王权与贵族之间关系的特点,即统治者主导决策、但贵族们可提出建议或要求以供参考。在荷马时代之后,命运女神在希腊神话中的地位不断提高,这也许正是希腊社会贵族势力逐渐衰落、平民力量崛起和法制建设不断进步的反映。

作者简介:朱毅璋,历史学博士,暨南大学历史系副教授,主要研究领域为古典文明史。

---

① 史诗中3次提及"神明之间不应争斗"的理论,参阅 Homer, *The Iliad*, I. 568 – 583; VIII. 425 – 431; XXI. 377 – 380, in Homer, *The Iliad*, vol. 1, pp. 54 – 57,382 – 383;*The Iliad*, vol. 2, pp. 432 – 433。
② 在古风时代初期,贵族专权并压迫平民。
③ 晏绍祥:《荷马社会研究》,第65、203页。

柏拉图《理想国》对三分灵魂
不朽的证成及其现实意义

王希佳

摘要：柏拉图在《理想国》第四卷、第十卷分别提出"灵魂三分"与"灵魂不朽"学说，其灵魂观的统一性与论证的合法性历来颇受学者关注。本文梳理柏拉图在《理想国》对应文本中的论证思路，精览现代中西学者对《理想国》中"灵魂观"内容的讨论，从"'灵魂三分'理论的争议及其对现代心理学、心灵哲学的范导作用"和"'灵魂不朽'理论的争议及对其古代文化背景的关注"两个层面进行归纳，展现现代学者的理论视角；古代晚期新柏拉图主义者普罗克洛的《理想国》评注阐发了三分灵魂的统一性、神性的灵魂及灵魂与身体、存在的关系等问题，呈现出另一种解读视角。在总结与辨析上述文献的基础上，尝试提出在今天"通过"柏拉图而"思"(Thinking through Plato)的三点现实意义。

关键词：《理想国》　灵魂三分　灵魂不朽　普罗克洛　现实意义

　　柏拉图在《理想国》第四卷提出著名的"灵魂三分"学说，即灵魂由欲望、激情、理性三部分构成；在《理想国》最后一卷即第十卷又提出并论证了"灵魂不朽"，最终在神话氛围里结束全书的讨论。"灵魂三分"作为古希腊哲学中"灵魂观"的内容，前承毕达哥拉斯学派，后启斯多亚学派与新柏拉图主义，保留并展现了"古典哲学的趣味"，亦启迪着诸多现代学术领域，如心理学、心灵哲学、宗教哲学层面的探讨；"灵魂不朽"常被视为《理想国》论证中的一个薄弱环节，对其解读常以质疑和辩难为主，在学术史上有着丰富的评注经验与材料。本文意在对《理想国》第四卷和第十卷，柏拉图根据自己的原则对"灵魂三分"与

"灵魂不朽"的论证予以说明注释,概览各重要解读与评注视角,在现代与古典的双重视野下,重思这一经典问题的价值与意义。

一、《理想国》对"灵魂三分"与"灵魂不朽"的论证

1. 对灵魂三分的论证

在《理想国》第四卷 435c - 445e 中,柏拉图提出著名的灵魂三分观点。第四卷的前半部分即 420a - 435b 讨论城邦的四种品质:智慧(σοφία)、勇敢(ἀνδρεία)、节制(σώφρων)、正义(δικαιοσύνη)①。在其讨论中,智慧被预设为对一种善于谋划(εύβουλον)的知识的掌握,智慧品质所对应的这种类似"顶层设计"的知识,掌握人数是最少的;同时人也因为掌握知识种类、知识类型的不同而被分成不同类型的人,其与木匠等手工"技艺"的共同之处在于同属自主设计的类型;"勇敢"被预设为是一种维持、保守(σωτηρία),这里的类比是染羊毛:好的羊毛要最坚定地维持住其被染的颜色,具有一种被动性;"节制"被预设为是一种限制(έγκράτεια),在个人自身内好的部分统领、控制坏的部分,在国家—城邦则是更好的统治不够好的。智慧者可以说是管理整个城邦、是管别人的;勇敢者是要接受智慧者的染色、接受法律(智慧的顶层设计者之善的意志的体现)的管辖,是被人管的;这两种品质所对应的人在城邦中都有特定所指;而节制这种品质体现的是管自己。管自己是不论智慧者还是勇敢者都需要的,城邦中的其他社会阶层也需要,每种类型的人都需妥善地自我管理或自律,否则每种类型的人甚至都不能有效地"自我运转"。可以说,节制是一种在自己的轨道上自转的能力,"走自己的路";正义则是在自己的轨道上"自转"且不去侵占别人的轨道,走且只走自己的路,走好自己的路。这种德性伦理近似一种几何学的规定,亦内含着美的原则。在此意义上,正义如美。当一切恰好正当运转时,就内含了正义。

继而从"大字"回归"小字",从城邦回到个人 434e - 435a。城邦与个人的德性具有对应关系,城邦的德性来自个人。与城邦四主德相对应,个体灵魂被分成三个部分。首先,436b 提出整体-部分的原则——同一个东西不可能既

---

① 文中古希腊语原词、原文标注均来自希德对照本《理想国》:Szlezak, Thomas, Platon, and Rudiger Rufener. *Der Staat/Politeia: Griechisch — Deutsch*, Berlin: De Gruyter, 2011。

动又静(这与《智者篇》中提出的"通种论"①呼应)。根据这一"动静互斥"的原则,437b-c指出相反-对立者的存在,灵魂所表现出的拒受和排斥,是与灵魂中作为一个大类的欲望相异的部分,这就把灵魂的欲望部分(επιθυμία)标记出来了。其二,以欲望的直接表现——干渴与饥饿为例,引出分类与属性的原则。"渴"之要求饮料,并不涉及对饮料冷热、多少的要求,单纯的渴并不关心饮料的状态,只关心饮料本身。根据"同一事物以自身的同一部分在同一事情上不能同时有相反的行动",将个人从渴-牛饮上拉回来的应是另一个不同于渴的属性。这种阻止是出自理智考虑(ἐκ λογισμοί)的,由此推出理智属于与欲望不同的、灵魂的另一个部分。这里举出知识-科学(ἐπιστήμη)的例子,因为知识就是对于特定对象的知识,如医学是关于健康的知识。反过来说,饮料、食物亦是针对人之特定的部分,并非整个灵魂都需要饮料和食物。第三是激情(θυμός),"亦即我们藉以发怒(ὀργή)的那个东西"(439e),苏格拉底以恋尸癖勒翁提俄斯(Λεόντιος)是否看刑场上尸体的挣扎为例,说明引起愤怒的是与欲望和理智不同的第三种东西。标记完灵魂的三个部分后,进一步说明以什么根据承认城邦正义,就以同样的根据承认个人正义。根据城邦的正义在于三种人各做各的事,个人的正义也就在于各种品质在自身内各起各的作用:理智起谋划作用,激情与欲望服从理智。这种理想的协调状态需要后天的引导和培养,涉及以音乐教育为主的"文艺"和以体育教育为主的"武艺"。理智和激情既受到这样的教养,就会去领导欲望——它占每个人灵魂的最大部分,人与人的差别不在于三分灵魂各部分所占比例的不同,而在于人让灵魂的什么部分起领导作用。当个体灵魂的三个部分彼此友好和谐,理智指导这种和谐状态,激情和欲望服从其领导,这样此人就是有节制的人(σώφρονα),由此也找到了个体灵魂中的正义。

2. 对灵魂不朽的论证

不同于"灵魂三分"论是《理想国》中特有的个体灵魂观,关于"灵魂不朽"的讨论在柏拉图其他对话录中也有涉及,特别是《斐多篇》中的五个("相反相

---

① 《智者篇》中的"通种论"分析了三对六个最普遍的种(genos)之间相容或不相容的逻辑关系,运动和静止是不相容的。参赵敦华:《基督教哲学1500年》,北京:人民出版社,1994年,第27页。

生论证"、"回忆说"论证、"灵魂续存论证"、"简单性论证"、"基于感觉的论证")①论证。在此首先重点辨析《斐多篇》中论证"灵魂不朽"时所体现的几个原则,然后转入《理想国》第十卷中讨论的正题。

其一,仍可称之为"动静互斥"论证(前揭一、1.)。探讨灵魂何以不朽,先说明死亡是什么:"死亡不过是灵魂从身体中解脱出来"(64c),针对克贝的疑问——从身体中解脱出来的纯粹灵魂要"在"哪里?若无处可去,灵魂是否就会毁灭?(70b)苏格拉底根据古老的传说,指出灵魂离开此世后会存在于另一世界并返回此世,从死者中复活。"生与死"像"睡与醒"一样是对立面,它们互相产生。从"生"中产生的是"死",从"死"中产生的是"生"——这一看似循环的论证符合"动静互斥"原则。苏格拉底在此直接论证的其实是"灵魂转世",对"灵魂不朽"则是间接论证。灵魂转世首先说明的是脱离身体后灵魂何"在"的问题;灵魂能"在"另一世界并"转"回来,这解决的是灵魂如何"持续在"的问题,体现出一种动态的、运动的灵魂观;"不朽"仅仅是不毁灭,动态的、运动的灵魂必然是常"在"的,若灵魂是静态的、"在"而不动的,则根本无法与身体相融,从"一开始"就不会具有身体属性。因此,这里灵魂能转世轮回是灵魂不朽的要求。根据"动静互斥"原则,既然身体确实有死、灵魂能离开身体,灵魂的"在身"与"去身"是动态的;脱离身体的动态的灵魂仍有"处"可"在"并要"转""回来"("死"与"生"是唯一相对者,脱离身体的灵魂不能永远居留彼岸,其动态性要求其"还魂"),所以灵魂不朽。其二,反证法。"回忆说"是《斐多篇》的一个论述重点,赋予灵魂—理性—知识一种深刻关联。回忆是灵魂"复活"过程中的学习方式,以回忆说、灵魂获得知识的方式来反证灵魂不朽(72e)。灵魂是"自带"知识"下凡"的,它不可见故而是单一的。当灵魂进入与自身本性相近的不变的领域而不再"迷路",其状态"我们称之为智慧"。反证法在整个论证中都存在,这里哲学家的爱智、灵魂的智慧状态(79d),都能反推出灵魂不朽。甚至极端地说,"灵魂不朽"是哲学家的要求,是对哲学家此世生活方式的有利辩护。在此,灵魂、知识、实践是一体的,哲学家注定会过知行合一的生活。其三,包含在对立原则中的(姑且称之为)分型论证。如数字"三"的型使它既是奇数,又是"三"(104d);如要使身体发热,身体中一定要出现火;要使身

---

① 王晓阳、祝伟龙:《对〈斐多〉篇中灵魂不朽论证的批判性分析》,《哲学研究》2013 年第 1 期,第74—80 页。

体得病，身体中一定要出现发烧——要使身体本身活着，身体必须呈现灵魂——身体的存在是因灵魂的存在，灵魂是身体存在的原因（105c）。在此灵魂与身体的关系，如"奇数"这一概念与数字"三"的关系：身体分有灵魂之型而具有生命，体现灵魂的作用；而身体依旧有自身的特性，犹如数字"三"不是"奇数"。生命的对立面是死亡，灵魂决不接纳与之相伴的对立事物，正如一类型不接纳另一类型、奇数的型不接受非奇数的型，因此灵魂不接纳死亡、灵魂不朽。

上述《斐多篇》现身说法地展示了哲学家"练习死亡"的生活方式，在其论述中使用的论证原则，或许比论证主题本身更值得关注。《理想国》中的灵魂不朽论虽不是全书的主题，却是全书的理论落脚点。第十卷 608c - 621d 都可读作是对"灵魂不朽"的论证，由对"至善所能获得的最大报酬和奖励"的探讨引入，说明论证原则（608d - 611d）、论证德福一致（611e - 613e）、以厄尔神话深化论证（614a - 621d）。在此主要讨论 608c - 613e。

论证之初，柏拉图先摆出"时间"问题。608c 苏格拉底提示格劳孔："在一段短短的时间里哪能产生什么真正大的东西呀！因为一个人从小到老一生的时间和时间总体相比肯定还是很小的……你认为一个不朽的事物应当和这么短的一段时间相关，而不和总的时间相关吗？"[1]这里提出了"时间总体"（χρόνος προς πάντα）的说法，"不朽"（αθάνατος）显然是一个时间性的概念，与有朽、灭亡（απολύθηκε）相对；最大报酬（μέγιστα επίχειρα）由灵魂的德性而来，是因果关系，同样是在"时间"里发生的。讨论"善有善报"，先把时间拉长，这是论证原则的第一点。

第二点是事物有其专属的致灭之"恶"，若一事物不能被其专属之恶毁灭，则该事物不灭。609a 每一种事物都有其特有的善（αγαθόν）与恶（κακόν），一切事物都有其与生俱来的恶或病（νόσος）。"当一种恶生到一个事物上去时，它不就使这事物整个儿地也变恶而终至崩溃毁灭吗？……如果我们发现什么东西，虽有专损害它的恶，但不能使它崩解灭亡，……具有这种天赋素质的事物必定是不可毁灭的。"[2]相对于疾病是身体特有的恶，不正义是心灵特有的恶，根据事物只能被其自身特有之恶毁灭的原则——而染上不正义者并非死于不

---

① 柏拉图：《理想国》，郭斌和、张竹明译，北京：商务印书馆，2002年，第409页。
② 同上书，第410页。

正义，也并不比正义者死得更快，身体之恶亦不造成灵魂之恶（灵魂正义者不会因行将就木而变得不正义），因此灵魂特有的恶——不正义，就不足以毁灭灵魂。再根据事物只能被其特定之恶所毁灭的原则，灵魂既不能被自身特有的恶——如炎症之于眼睛、疾病之于身体、霉烂之于粮食、枯朽之于树木、锈迹之于铜铁——所毁灭，则它也不会被不属于它的恶的其他东西毁灭，因此灵魂能够永恒存在，灵魂不朽。由此，将正义者的"报酬"放在一个很长的时间段去看。短时间内（个体生命的一世）作恶多端的不正义者在生活际遇方面可能并不悲惨，正义者灵魂的正义也不导致身体的完善，未必因其正义德性而在短时间内得享以身体—生活遭际为标尺的人世幸福。而在"时间总体"的视域下，不朽的灵魂有比身体更长的时间性，这就可以解释短时间内的德福不一致。"灵魂不朽"最终确保了"德福一致"。

二、现代学者关于灵魂三分与灵魂不朽理论的核心争议

《理想国》中的灵魂三分与灵魂不朽说，以现代中西方学界的讨论来看，可以从灵魂三分理论的争议及其对现代心理学、心灵哲学的范导作用、灵魂不朽理论的争议及其古代文化背景两个方面来归纳。

1. "灵魂三分"理论的争议及其对现代心理学、心灵哲学的范导作用

灵魂三分理论被诸多现代学者讨论。如就灵魂三分论证的严谨性、灵魂各部分与现代术语的对应关系（古典学术话语与现代学科话语的转换）等。

就其与现代心理学及心灵哲学的关联及范导作用，安纳斯（Julia Annas）、帕帕斯（Nickolas Pappas）、米勒（Fred D. Miller）、阿纳格诺斯托普洛斯（Mariana Anagnostopoulos）、里夫（C. D. C. Reeve）都进行了讨论。安纳斯（Annas，1987）[1]认为柏拉图的理性不同于休谟意义上的理性，柏拉图所论灵魂中的理性是有目的性、可以掌控全局的，不像休谟的作为激情奴隶的理性那样具有被动的惰性。她肯定柏拉图的灵魂理论影响深远，认为这些基础观念后来在心理学上得以发展，尤以弗洛伊德关于意识与潜意识及本我（id）、自我（ego）、超我（superego）理论为显要。帕帕斯（Pappas，2013）[2]认为，柏拉图是

---

[1] Julia Annas, *An Introduction to Plato's Republic*, New York and Oxford: Clarendon Press, 1987, p. 134.

[2] Nickolas Pappas, *The Routledge Guidebook to Plato's Republic*, New York: Routledge, 2013, pp. 108,109.

将内在的冲突视为既是人类生存最重要的事实也是最能揭示个性—人格结构
的现象,这一点与弗洛伊德一致,"thumos"可对应于当代心理分析中的"超
我",伦理上的优越表现要求"超我"的发展。他亦展示了翻译上的运用:用
"个性"(personality)、"性格"(character)或心理分析家所使用的"心灵"
(mind)代替"灵魂",或通过直接将希腊语单词"psyche"引入英语避开翻译上
的不对称(米勒同样关注到这一点①,即古典哲学术语缺乏严格的现代语言的
对应翻译),亮点在于,他指出柏拉图和弗洛伊德都看到了出故障的、失灵了的
灵魂,了解机械主义应如何运作。阿纳格诺斯托普洛斯(2006)②对比了《高尔
吉亚篇》468c与《理想国》438a,她指出一种方式是将灵魂的各部分解读为代理
者(agents),拒斥由个人或灵魂作为一个整体具有能动性(agency)的可能。这
在现代心灵哲学中有一些回响,如对"小人心灵观"的反思与超越。明斯基
(M. Minsky)的"心灵社会"理论认为"心灵由许多自主体所构成,里面没有绝
对居于中心和统治地位的自我或自主体,只有各自为政的自主体"③。柏拉图
探讨的这一关涉"心灵"的真问题在古典世界与现代学术话语中的不同表述,
值得更为明确的分析与整理。里夫(Reeve, 2006)④则归纳出柏拉图灵魂三分
的对立原则(The principle of opposites, PO)、系属原则(The principle of
qualification, PQ),指出二者都是逻辑原则。他认为柏拉图的心理学理论在
结构上与休谟的心理学非常相似,真正与休谟意义上"激情的奴隶"相对应的
是智能或实践智慧(phronesis),是具有认知性和推理性的。相比于休谟意义
上作为"激情"奴隶的理性,实践智慧更是"欲望"的奴隶。二者的深度差异在
于,休谟通常接受工具性的理性理论,如宣称"与破坏手指相比,宁愿破坏整个
世界,这与理性是不悖的"。他认为柏拉图的心理学理论有其论证的支持,相
当具有大众心理上的合理性,我们至今仍能从中汲取教益,它是最伟大的心灵

① Fred. D. Miller, JR. , "The Platonic Soul", in Hugh H. Benson, *A Companion to Plato*. 1. Aufl. ed. Vol. 36. Oxford and Malden, MA: Blackwell Pub, 2006, p. 278.
② Mariana Anagnostopoulos, "The Divided Soul and the Desire for Good in Plato's Republic", In Gerasimos Xenophon Santas, *The Blackwell Guide to Plato's Republic*. Oxford and Malden, MA: Blackwell Pub, 2006, p. 169.
③ 高新民、刘占峰、宋荣:《心灵哲学的当代建构》,北京:科学出版社,2019年,第6—10页。
④ C. D. C. Reeve, *Philosopher-Kings: The Argument of Plato's Republic*. Indianapolis, IN: Hackett Pub. Co, 2006. , pp. 118,119,168,169.

哲学之一。吴天岳(2009)①从柏拉图道德心理学和政治理论层面关注理性与正义,侧重对城邦—灵魂类比的合法性及其局限性的解读,研究视角更偏重政治哲学。

2. "灵魂不朽"理论的争议及对其古代文化背景的关注

对《理想国》第十卷"灵魂不朽"理论的争议主要集中在作为论证中薄弱环节的灵魂统一性、《理想国》中的灵魂论与柏拉图其他对话录(尤其是《斐多篇》《斐德若篇》《蒂迈欧篇》)中灵魂理论的关系、不朽性是否只是灵魂理性部分的不朽、厄尔神话的背景及整个灵魂理论与古代文化的关系等方面。

柏拉图在灵魂论方面受到毕达哥拉斯学派的影响,施莱尔马赫(Schleiermacher, 2011)②、西蒙娜·薇依(Weil, 2017)③都有明确主张,此亦是表述上不尽相同的学界共识。施莱尔马赫以《斐多篇》中以对灵魂不死、灵魂数目不变的详细论证来回应何以灵魂不朽这一重要问题在《理想国》中仅占数页的微小篇幅。他认为作为三方"复合物"的灵魂并非原初状态,"只有理性部分,或单独、或与激情相联系,构成了灵魂的原初本质"(311页)。薇依认为,柏拉图是一个继承了某种秘教传统的秘教主义者,那时整个希腊都曾浸淫于秘教传统中。厄琉西斯秘教和俄耳甫斯秘教与古代两河流域的宗教文献相关,如巴比伦的伊丝塔女神在冥界的文本。薇依重视柏拉图对话录所体现的"中介"思想,如在《理想国》里充当灵魂救赎"中介"的是"知识",在《斐德若篇》里充当"中介"的是"情感",《会饮篇》中的"爱若斯"作为"丰盈"与"贫乏"之子亦体现了"中介"思维。薇依评论说,"中介的思想在柏拉图对话中起到根本性的作用,正如他在《斐勒布》中所说:要提防过早达到一"(202页)。根据薇依的思路,我们能否将三分灵魂中的"激情"也视为"欲望"与"理性"的"中介"呢?如此作为"中介"的"激情"就应对占每个人灵魂最大部分的"欲望"的"方向"负责,决定着"欲望"是转向理性还是悖离理性。薇依没有对此展开探讨,但她以"中介"思维解读柏拉图的思想,有助于对理性在"净化"过程中的丰富性(知识的多样性)的理解。

---

① 吴天岳:《重思〈理想国〉中的城邦-灵魂类比》,《江苏社会科学》2009年第3期,第84—90页.
② [德]施莱尔马赫:《论柏拉图对话》,黄瑞成译,北京:华夏出版社,2011年。
③ [法]西蒙娜·薇依:《柏拉图对话中的神:薇依论古希腊文学》,吴雅凌译,北京:华夏出版社,2017年。

　　安纳斯(Annas，1987)[1]指出灵魂概念在柏拉图对话录的不同篇章中具
有不同的意义和功能，而《理想国》中对灵魂不朽的证明(608c - 612a)是一种
不够认真和充分的论证。至于厄尔神话，她认为"厄尔神话向我们展示了一些
完全无法用基督教末日审判来解释的东西。它的思想更接近于印度的宿命
论"(351 页)，柏拉图实际上告诉人们通过选择坏的或好的生活来惩罚或奖赏
自己，人的选择在某种程度上可以被其前世来解释，而人之前世并不完全在人
的掌控之下，美德任人自取、善恶由人自己选择，对此不能责怪其他任何人
(617e，619b)。以此种方式解读的厄尔神话所传达的信息依旧是正义的生活
值得过、不正义的生活不值得过——这是一种对厄尔神话"解神话化"的解读
方式。安纳斯认为，既然柏拉图保留、呈现了厄尔神话，他表示的正是一种不
对传统神话进行"解神话化"的倾向。洛伦兹(Lorenz，2006)[2]认为灵魂不朽
实际上就是指理性不朽。灵魂因身体死亡而与激情和欲望分离可能有点像切
除肿瘤(161 页)，只是此"肿瘤"(非理性部分)存在时也不会威胁到灵魂的不
朽。麦克菲兰(Mcpherran，2006)[3]阐述了摩根(Morgan，1990)[4]的观点，认
为可以将厄尔神话的轮回故事读作暗含了厄琉西斯秘教的启示，且与哲学辩
证法所提供的灵魂的真正启蒙和转化有关，点明柏拉图的著作是西方神学与
神秘主义思想之滥觞(258 页)。米勒(Miller，2006)[5]从宏观上把握柏拉图的
灵魂论，并对 608c - 611a 进行分析。他指出柏拉图涉及灵魂理论的对话录从
前至后依次是《斐多篇》《理想国》《斐德若篇》《蒂迈欧篇》《法篇》，以不同的方
式涉及灵魂的诸多问题。在探究问题的方法上，柏拉图经常使用苏格拉底下
定义的"反诘法"，如要探讨"德性"是否可教，则需先探讨"美德"自身是什么
(《美诺篇》，71b3 - 4)。"一般来说，要理解 X 是什么，我们必须先找到对其本
质(ousia)的定义，亦即普适于所有 X 的型式(eidos，idea)。将这一根本原则

① Julia Annas, *An Introduction to Plato's Republic*, New York and Oxford: Clarendon Press, 1987.

② Hendrik Lorenz, Chapter8, "The Analysis of the Soul in Plato's Republic", In Gerasimos Xenophon Santas, *The Blackwell Guide to Plato's Republic*, Oxford and Malden, MA: Blackwell Pub, 2006.

③ Mark L. McPherran, "Platonic Religion", in Hugh H. Benson, *A Companion to Plato* 1. Aufl. ed. , Vol. 36. Oxford and Malden, MA: Blackwell Pub, 2006, pp. 244 - 259.

④ Ibid.

⑤ Fred D. Miller, JR. , "The Platonic Soul", in Ibid. , pp. 278 - 293.

应用于灵魂理论,柏拉图应会建议我们先去探知"灵魂"是什么"(280 页),而《斐多篇》在一定程度上完成了这一任务①。到《理想国》第十卷 608c-611a,苏格拉底是以"特有之恶"(609a:一切事物都有其与生俱来的恶或病)为支点提供对灵魂不朽的证明,其逻辑层次可分解如下:

P1. 一切事物都有其与生俱来的特有的恶。

P2. 一切事物仅可被其特有的恶所毁灭。

P3. 不正义是灵魂特有的恶。

P4. 灵魂不能被不正义所毁灭。

P5. 灵魂不能被其特有的恶所毁灭,也无他恶能毁灭灵魂。

C. 灵魂不朽。

米勒对此论证提出异议,指出许多学者将此视为论证中的薄弱环节,并举出反例,如认为一棵树不仅可以被"枯朽"(这种树木自身的恶)毁灭,还可以被火、昆虫、伐木工人等外物毁灭(288 页)。笔者认为米勒所举这一反例并不成立——即便使一棵树毁灭的不是"枯朽"而是火、昆虫、伐木工人,但火之毁灭树是因引起树的焚烧而导致树的毁灭、昆虫之毁灭树是因虫蛀引起树皮溃烂而导致树的毁灭、伐木工人之毁灭树是因利斧的摧折而导致树的毁灭——都是因外物的戕害引起树木自身变质,才导致树木的毁灭。苏格拉底强调的"特有之恶",也应从此方面来理解。其文中所谓"树木的枯朽"(σηπεδόνα τε ξύλοις),实际上涵盖了上述因外物的作用力所导致的树木的变质——不论烈焰多么嚣张,若树木自身对火不产生反应,火就不会造成树木自身的枯朽进而使其毁灭。灵魂正义的关键在于其有序(理性部分起领导作用),不正义的标志是灵魂各部分的失序,失序状态引发的混乱对于身体并非致死之病(不正义者依然存活着,灵魂不正义而身体康健者并不罕见,甚至依然能过锦衣玉食的生活,仁德的颜回依然活不过偷窃的盗跖。这可以解释现实世界中福德不一致的现象,灵魂和身体分属两个不同的领域)。既然作为灵魂特有之恶的不正义(各部分的失序)并不致死,临死者的灵魂也不会因身体死亡而变得更不正义(610c)——他物之恶不足以引起灵魂的"变质"而致其毁灭,所以灵魂不朽。总的来说,笔者认为柏拉图在第十卷中对灵魂不朽的论证

① 其他关于"灵魂转世"的讨论参见 Phd. 107c-108a; Men. 81b; R. X. 615a-619e; Grg. 493a; Phdr. 248b-e, 250b-c; Ti. 44c, 89e-90d. , ibid. , p. 281。

是逻辑清晰且周全的,亦能服务于其对福德关系的论述;而前述这种对柏拉图灵魂观及其所描述的死后生活之古希腊宗教秘仪与古文明神话典籍的关注,也是诠释路线中必不可少的一种视角。需要点明的是,不应因为这种神话氛围、古文明气息而将"灵魂不朽"仅视为柏拉图的一个理论预设或修辞性的说法。这一论证或许还不够严谨,但它仍是一个认真的理论论证,其可贵之处在于"灵魂不朽"论恰恰是理性的产物,不能等同于一种"信仰"。

汉语文献的讨论兴趣则集中在论证"理性不朽"和对厄尔神话的解读,提出对柏拉图灵魂观的新见解。如将关注点放在《斐多篇》的灵魂论中,认为灵魂不朽取决于"亲见",不是一个欲待证明的道理,而是一个事实,甚至一种信仰,灵魂不朽对于苏格拉底而言就是一个亲见的"事实"(丁纪,2001)[1],由此可推导出形而下的道德践履决定了形而上的灵魂见证,正义者的幸福在其行正义的践履之中。或强调毕达哥拉斯学派对柏拉图灵魂"净化"观的影响,因为毕达哥拉斯学派把"理论研究"当作最为重要的戒律(林美茂,2008)[2],柏拉图的灵魂"净化"亦是理性的精深造诣。或认为柏拉图笔下苏格拉底所讲述的神话(muthos)其实是与逻各斯(logos)紧密缠绕在一起的(张新刚,2011)[3],强调柏拉图"灵魂不朽论"真正所指的对象不是个体式灵魂,而是一种普遍必然的理性,体现了一种彻底的理性主义世界观和理性主义认识论(先刚,2018)[4];或拓展到亚里士多德的灵魂不朽论,认为那也是指人类理性能力的不朽,并由此思考人工智能的问题(黄传根,2019)[5];或从灵魂与知识的关系来关注灵魂:"真正的认知主体是与身体没有任何瓜葛的纯粹灵魂。……简单地说,灵魂是生命的本原,也是意识的本原"(詹文杰,2020)[6],关注作为认知主体的灵魂。笔者认为,"灵魂不朽"论的价值,恰恰是在理性最大化、在并不需引入"信仰"概念的前提下,依然能使正义稳立,美德如"是"。

① 丁纪:《柏拉图〈斐多〉篇论灵魂不朽》,《西南民族大学学报(人文社科版)》2001 年第 4 期,第 157—160 页.

② 林美茂:《灵肉之境:柏拉图哲学人论思想研究》,北京:人民出版社,第 190 页。

③ 张新刚:《灵魂不朽与柏拉图的新神话——〈理想国〉卷十厄尔神话解读》,《世界哲学》2011 年第 2 期,第 123—137 页.

④ 先刚:《柏拉图的"回忆说"和"灵魂不朽论"》,《云南大学学报(社会科学版)》2018 年第 1 期,第 5—12 页.

⑤ 黄传根:《亚里士多德的"灵魂不朽性"疑难及其化解》,《天津大学学报(社会科学版)》2019 年第 6 期,第 508—512 页.

⑥ 詹文杰:《柏拉图知识论研究》,北京:北京大学出版社,2020 年,第 157 页。

三、古典时期：普罗克洛的评注

《理想国》作为一本经久不衰的古代人文经典，有着悠久的评注、疏解传统，在知识界历来是有学识者的必读之书，是一本既融会古希腊宗教秘仪等文化风习背景，又涵纳哲学诸本原问题、论证了"灵魂不朽"与"福德一致"的能从根本上回答人之根本问题的理性高蹈的经典。上述对《理想国》"灵魂三分"与"灵魂不朽"的关注都是介绍现代诸哲的研究论文、论著，若着眼于《理想国》的古代注疏传统，想从古代晚期的新柏拉图主义著作中汲取智慧——如玛莎·努斯鲍姆(Martha Nussbaum)、朱莉娅·安纳斯(Julia Annas)和丹·罗素(Dan Russell)从希腊化哲学中所汲取的对发展当代伦理学理论与道德心理学的见解①，则普罗克洛(Proclus of Athens, 410-485)是柏拉图的评注者中学力扛鼎的集大成者。

作为古典时代晚期最具权威的哲学家②，普罗克洛对新柏拉图主义形而上学体系的系统介绍，极大地推动了新柏拉图主义在拜占庭、伊斯兰、罗马文化世界的传播③。劳里岑(Lauritzen, 2018)④重视普罗克洛在 11 世纪的复兴，强调由普塞罗斯(Michael Psellos, 1018-1078)引入拜占庭的普罗克洛哲学思想是中晚期拜占庭文化的重要组成。甚至远在普塞罗斯逝世 300 多年后的 1453 年，每个自认为是哲学家的拜占庭思想家都需要熟读普罗克洛的著作(同上，239 页)。普罗克洛的代表作有《神学要义》《柏拉图的神学》等⑤，他对柏拉图著作的研读成就卓著，其中《柏拉图〈蒂迈欧篇〉评注》《柏拉图〈理想国〉评注》尤为详尽。普罗克洛三卷本的《理想国》评注⑥包含十六篇评注论文，其

---

① Proclus, Dirk Baltzly, John F. Finamore, and Graeme Miles, *Proclus: Commentary on Plato's Republic*. Vol. 1. New York, NY and Cambridge, United Kingdom: Cambridge University Press, 2018, p. 27.

② https://plato.stanford.edu/entries/proclus/,阅读日期：2021 年 1 月 21 日。

③ https://www.britannica.com/biography/Proclus,阅读日期：2021 年 1 月 21 日。

④ Frederick Lauritzen, "The Renaissance of Proclus in the Eleventh Century", in Proclus, Dirk Baltzly, John F. Finamore, and Graeme Miles, *Proclus: Commentary on Plato's Republic*, Vol. 1, p. 239.

⑤ 赵敦华，《基督教哲学 1500 年》，第 42 页。

⑥ 本文所使用的文本是法译本：Proclus, Plato, and A. J. Festugière, *Commentaire Sur La République*, Paris: J. Vrin, 2012, Tome II Dissertations VII-XIV, Tome III Dissertations XV-XVII.

中第七篇和第十五篇都与本文的论证相关。普罗克洛也将灵魂不朽阐释为灵魂理性部分的不朽,但是灵魂的身体经历亦是灵魂自身的经历,可以说,灵魂在世间、与身体相处的经历是"算数"的,舍去灵魂的时间经历也不是完整的灵魂。如前所述,将柏拉图的"灵魂不朽"论等同于"理性不朽"的论者多矣,普罗克洛的精妙之处在于,仍然肯定历经时间的灵魂的完整性,与身体相关的、灵魂的非理性部分在其整个理论观照中仍占有一席之地。

普罗克洛的这第七篇针对《理想国》第四卷的评注题为"论灵魂的三个部分与四主德",全文篇幅不长,除导论外可分为三个部分,其一是思考讨论内容(灵魂)自身,包含灵魂的部分与政治的等级,每个人的美德(各自独立的部分或联系中的部分;各自独立的政治等级或联系中的等级)、美德共有四种(在特定灵魂中、在政治层级中);其二是苏格拉底如何处理这一主题,包含与阶层相关的美德(社会层级的决定、与层级对应的美德)和在人中的美德(人与人的差异取决于个体灵魂品质的差异;理性、易怒、好欲不是同一种东西;苏格拉底如何在灵魂中陈列这四主德);其三是推论部分,也就是普罗克洛本人评注的重点。包含为什么灵魂中仅有三个部分、被分裂的感性、尽管"三分"但灵魂仍是"一"、两种不同的欲望四个部分。评注中的第二点的第二部分和第三点颇值关注。"推论"部分(228.28 - 235.21)第三小节题为"尽管灵魂三分,但灵魂是一:433.29 - 234.30"(Tome II, pp. 38 - 39)。针对灵魂究竟是几分,普罗克洛认为,将灵魂八分的斯多亚学派与将灵魂三分的柏拉图采用的是不同的研究方法,前者是以将身体分成部分为基础,八分的灵魂各部分之间是截然分开的,因此彼此之间没有任何连续性;但是柏拉图所说的灵魂并不是物质性的,因此这种非物质性可以无分裂、不混乱地结合在一起,他不必为三分的灵魂如何结合而忧心。灵魂的理性部分和非理性部分源自不同的实体(essence),理性部分较非理性部分的来源更为神圣,前者维持秩序与发出指令,后者被维持和被支配。就像形式(la forme)——在其与物质的结合中带来了统一,而我们不需再用其他任何东西使两部分结合在一起,灵魂的理性部分亦然,理性有其形式(raison de forme),它自身就能与非理性的存在结合起来,不需要再有一个(作为中介的)第三项(terme)来联结二者(Tome II, p. 39)。普罗克洛也强调个体灵魂与城邦美德的对应关系,如果灵魂分成比三分更多的部分,则城邦德性也要再作出划分。

论文十五是对《理想国》第十卷的评注,其中特地探讨了柏拉图对灵魂不朽的论证。文中第二部分为"论灵魂的不朽",第四部分为"论《理想国》第十卷三个主要问题",又专论"不朽的灵魂是理性的灵魂"(〈Ⅱ. L'âme immortelle est l'âme raisonnable：92.4‐19〉)。普罗克洛认为,柏拉图的"灵魂不朽"论证包含两个环节。第一个环节指明灵魂是不朽的,第二个环节则精确定义了什么样的灵魂被视为是不朽的(Tome Ⅲ, p. 32)。从探讨摧毁可朽者的原因开始,普罗克洛对柏拉图推理的表达方式进行了分述,他特别强调论证原则中的"最严重的恶不是引起死亡的恶",最严重的恶应是不毁灭其所寄生之主体(le sujet)的恶(Tome Ⅲ, p. 30)。柏拉图的这一响亮原则实际上宣明了处于不良状态的"在"比根本"不在"是更严重的恶。纯粹灵魂之恶(导致不正义的存在状态)比纯粹身体之恶(导致身体的毁灭)更糟糕,不正义比疾病更加恶,因为前者之恶并不导致自身的毁灭,而后者则在侵蚀受害者时灭掉了受害者——恶者自身,即导致其宿主的毁灭,进而自己也随之毁灭。在〈b. 困难与回应,90 10‐91 18〉部分,普罗克洛自问为何灵魂的非理性部分(《蒂迈欧篇》明确地称其为"灵魂的凡间种属")不能同样不朽? 他认为灵魂的非理性部分接近"兽性",如狗子天然吠叫,驴子天然暴饮暴食,非理性部分的自然天性(nature)即是绕过理性而行动,而理性部分正是对抗这种自然天性的(contre nature)(p. 31)。灵魂非理性部分的活动符合其自然天性,理性部分与非理性部分对立,因而当其中一方处于自然状态时,对另一方而言即是违反其自然的状态,灵魂的非理性部分会随其宿主的毁灭而毁灭,这也符合自然。根据灵魂不朽论证,普罗克洛在推论部分继续疏解"灵魂部分的数量既不能增加也不可以减少"(611 a),指出灵魂的总体数量有限正是基于其不朽,灵魂因其不朽而获得的是它们的限制,而非无限制。他最后强调,如果一个人考量自己对智慧的热爱,便能感知到理性灵魂的不朽,以及自己所坚持的目标是什么,所守护的真理是什么——被守护的并非带有激情的整体灵魂。他认为柏拉图实际上将神性的灵魂与激情的灵魂清楚地划分开了,是基于与神的相似性提出的论点(p. 32)。普罗克洛在上述注疏中展现出了细致深刻的研读、精密透彻的分析,值得对其进行更深入、全面的整理与研究。

此外,普罗克洛在其后来被称作"新柏拉图主义的教科书"的早年著作《神学要义》(*The Elements of Theology*，2004)①中提出了 211 条命题。由上文分析可见，普罗克洛突出了恶的存在之存在意义，即根据柏拉图恶的持续存在要比致死的疾病更恶劣，似乎可推导出恶比虚无更糟糕。普罗克洛在探讨永恒与不朽的命题中，亦引入了"存在"概念。如命题 105(Proposition CV)："每一种不朽的东西都是永恒的，但并非每一种永恒的东西都是不朽的……因为，如果不朽永远伴随生命而在，永远伴随生命而在者亦'伴随'存在(being)而在，永生者也总'在'着，因此，一切不朽的东西都是永恒的。但是，不朽者对非存在(non-being)是不能接受的，且永不接受"(Proclus & Dodds，2004，p. 58)。不朽与永恒具有同一性，与非存在不具有同一性。命题 184(Proposition CLXXXIV)、命题 186(Prooosition CLXXXVI)对灵魂的讨论，与其对《理想国》评注中第十五篇论文表达了同样的观点，肯定神性的灵魂(Ibid.，p. 99)，认为每个灵魂都是非物质的实体(essence)，且独离于身体(Ibid.，p. 101)。通常认为②，"身体"与"灵魂"的关联在普罗克洛的思想中具有重要地位，实际上是身体、存在、灵魂三者的关联方式："身体与灵魂的关联在普罗克洛的叙述中至关重要。当灵魂存在于身体中时，它分布在整个身体中但仍保持相异，因为灵魂是非物质性的而身体是物质性的……因此，身体可以介入存在，而不能介入灵魂，但是通过参与存在，通过介入存在，身体成为拥有灵魂者的基础。这反过来使身体能够接受个殊性(来自形式)。因此，身体的首要介入必须是存在，而非灵魂"(Lang，2017，p. 75)。对于普罗克洛而言，这些关联提出了一个重要问题："存在"与"整体"，哪个才是更先的普遍原因。若"存在"作为身体之在的更普遍原因优于"整体"，身体介入存在以作为自身能"在"的原因，身体凭借其与存在的关联而能够接受更多分离特征(Ibid.，p. 76)，"存在"先于"整体"。普罗克洛的讨论留给后世许多的问题，如灵魂的非物质性、神性的灵魂、灵魂的非理性部分与身体之"在"的关联等，更可借此了解古典晚期新柏拉图主义问题视域的转换。

---

① Proclus and E. R. Dodds, *The Elements of Theology*, 2nd ed, Oxfofrd: Oxford University Press, 2004.

② 参见 Helen S. Lang, "The Status of Body in Proclus", in David D. Butorac, *Proclus and His Legacy*, Vol. 65, Berlin and Boston: de Gruyter, 2017。

四、余论:"通过"柏拉图而"思"(Thinking through Plato)

Thinking Through Confucius(《孔子哲学思微》,或译《通过孔子而思》,1987)是郝大维(David L. Hall)与安乐哲(Roger T. Ames)研究孔子哲学的中国学(China Studies)著作,在国外神学院及东亚系被视为是与芬格莱特(Herbert Fingarette)的《孔子:即凡而圣》(*Confucius:The Secular as Sacred*,1998)及史华慈(Benjamin I. Schwartz)的《古代中国的思想世界》(*The World of Thought in Ancient China*,1985)齐名的著作①,自出版以来即引起海外中国学界及中国哲学界学者的广泛关注,30多年来对国内学者不仅具有"比较哲学"之研究方法的启发,更显示出"力图证明孔子对西方哲学反思重构的价值"与"谋求对孔子思想作出新的解释"②的追求。也有学者认为,"海外中国学本质上是外国学"③,是"批评的中国学",以此说明海外中国学学者对中国哲学研究的问题意识、方法和兴趣源自西方社会学术与文化危机的背景。在此视角的启发下,我们也可以有"Thingking through Plato"——"通过"柏拉图而"思"的关切,即古希腊哲学家柏拉图所贡献的智慧宝藏,在我们带着自身的问题阅读与叩问时,这一学与思的过程最终会转化为我们自身的学问,此即"外国哲学中国化"的历程。在此背景下,具体到本文探讨的内容——"通过"柏拉图《理想国》之三分与不朽的"灵魂观"而"思",能带给我们怎样的启发? 笔者尝试提出三点意见。

首先,就本文具体研究的问题而言,可有助于理解《理想国》全书的视角转换。历来对全书的解读尤为侧重政治哲学的维度,在探讨城邦—个人的对应关系中更强调寻找正义在前者中的展开,将重点放在探讨城邦政制、哲人王、正义论等问题上,从宏观的理论层面进行解读,"灵魂观"只被放在具体章节中进行观照,而在解读全书主旨时未被视为一个关键点。笔者认为,以"灵魂观"为核心解读《理想国》,有着重要且深远的意义。笔者当然承认城邦与个人的对应关系及城邦制度环境会影响个人的成长教育,但全书之寻找正义,立足点仍应是个人,城邦的"宏""观"是为了说明个人或个体的"微""观"。成就"小

---

① 陈来:《比较哲学视野中的"思考"——从 *Thinking Through Confucius* 的译名说起》,《国际汉学》2012第2期,第418页。

② 同上,第419页。

③ 葛兆光:《海外中国学本质上是"外国学"》,《文汇报》2008年10月5日。

字"是关键,论述"大字"最终是为认识"小字"(Γνῶθι Σεαυτόν)服务的。《斐多篇》的灵魂不朽是内容更丰富的探讨、是对哲学家"练习死亡"的生活方式的现身说法,但不影响以"灵魂观"为"钥匙"解读《理想国》全书的合法性。

其二,"灵魂不朽"论在前基督教的古代世界里可以具有"了生死"的担当,以理性的方式承担了宗教信仰的功能。"死生亦大矣",年迈的克法罗斯提出的他真正关切的问题(330d - 331b)是具有代表性的,如日暮方飞的猫头鹰,多少能催人反思、让人感动——在有着秘教与秘仪及"虔敬"氛围但宗教"信仰"并非其文化特质的古希腊苏格拉底的时代,在并非"上帝死了"而是"上帝本不在场"的背景下,作为神话传说的"冥府"、死后世界仅凭其莫须有的、习俗的威慑力,如何能让普罗大众及精明者"称义""成德"? 如何能规避"古各斯戒指"的诱惑? 做一个正义的人,让灵魂维持在正义的状态,能成就一个正义的城邦,但最终是对于个体自身的意义,实现个体真正的幸福。如前所述,柏拉图确实根据自己的原则证成了灵魂不朽,福德一致与灵魂不朽已是柏拉图意义上的真理。以此为观照,柏拉图堪称古代思想世界里的"康德"。更妙的是,他依然保留了一种神话的背景或氛围,展现出上古文化中神秘又颇具美感的一面。"驱逐"了用灵魂非理性部分写诗的"诗人"的柏拉图,仍以天然符合理性论证之结论的神话,成全了美。

其三,柏拉图纯凭理性与神话(一种与逻各斯相容的"诗",蕴含着美的"理性神话"),就立住了正义与美德,揭示了正义者之命定的幸福,这种理性探究有益于今天的人文教育。正如读者可以不认可"白马非马"、推不出"毕达哥拉斯定理",但公孙龙确实证出了"白马非马",我们今天可以用集合符号清晰简明地表示出"白马非马"的逻辑关系;毕达哥拉斯也确实证出了 $a^2 + b^2 = c^2$,我们今天仍可以用数学方法重复他的论证——这是理性证明的成果。人们可以批评理性的局限,但理性的努力、理性的造诣仍值得赞许。探究"理性"在古希腊思想世界中发挥的作用、理性之推理论证、合乎善好的造诣,可以纳入古典学的研究视域,在斑驳的现代世界里再现"理性"的"爱智"本色,重走"理性"的"上升之路"。进而言之,黑格尔曾在文章《论古典研究》(On Classical Studies,1809)中思考教育的本质与目标,强调"教育不仅关乎知识,更是关乎心智与灵魂的成长"[1]。作为现今人文学科的哲学、古典学等学术领域所研读

---

[1] [英]莫利:《古典学为什么重要》,曾毅译,北京:北京大学出版社,2020 年,第 17 页。

的著作正是在关注这些生死、真理、善恶的根本问题,其解答以超然于学科框架的精神,恰恰保证了人文经典及其作为现代学科自身常在的价值与意义。

作者简介:王希佳,哲学博士,现为北京大学哲学系、宗教学系、外国哲学研究所博士后。主要研究方向为宗教哲学与经典诠释学,在国内核心期刊发表论文、译文数篇,参与经典翻译与解读相关重大项目两项。

论著选译

常识地理学与古代地理学文本[①]

安卡·丹 著　刘 峰 译

[编者按] 本文是柏林自由大学和洪堡大学的"拓扑：古代文明空间与知识的形成与转化"项目中 C-5 小组的研究成果，由多位历史学家、古典学家和地理学家合作完成。本文将该项目中提出的"常识性地理学"这一概念置于古代地理学文本的语境之中，首次从历史学角度提出了对希腊罗马地理学文本进行整理分类的新模型。通过对古代作家和文本的分类，研究者能够更加深入地理解古代与地理学相关的文本，了解古代世界地理学文本的纵向发展历程，认识到地理学作为一门科学是何时以何种方式诞生的，从而加深对古代世界的认知。

一、常识地理学与喜剧

阿里斯托芬的《云》在公元前 423 年雅典的大狄奥尼索斯节上首映。这部喜剧对雅典风行的新教学方式进行讽刺，这一新教学方式被称作"思想铺子"，喜剧以戏谑的方式呈现了当时的知识分子苏格拉底作为"思想铺子"领导者的形象。苏格拉底被控诉，理由是用昂贵的学费和不必要的知识腐蚀青年。当斯特瑞普西阿得斯（Strepsiades），一个普通的雅典村民，遇到苏格拉底的一位学生时，喜剧舞台为我们呈现了苏格拉底式教学的一瞥，我们视之为希腊思想

---

① 译文出处：Anca Dan, Wolfgang Crom, Klaus Geus, Günther Görz, Kurt Guckelsberger, Viola König, Thomas Poiss and Martin Thiering, "Common Sense Geography and Ancient Geographical Texts", in Space and Knowledge. Topoi Research Group Articles, eTopoi. *Journal for Ancient Studies*, Special Volume 6(2016),571-597。

成就的一部分,那些当时不了解这种教育的人应该也能看到这一幕:

> 斯特瑞普西阿得斯(指向悬空平台后部悬挂的器具):告诉我,天上那些东西的名字是什么?
>
> 学生:那是天文。
>
> 斯特瑞普西阿得斯:那又是什么?
>
> 学生:那是几何。
>
> 斯特瑞普西阿得斯:那是用来做什么的?
>
> 学生:用来测量大地。
>
> 斯特瑞普西阿得斯:你是指测量要分配的土地?
>
> 学生:不,测量大地。
>
> 斯特瑞普西阿得斯:有趣的见解!这是有用的民主仪器!
>
> 学生:这是整个世界的地图,你看到了吗?这里是雅典。
>
> 斯特瑞普西阿得斯:你说什么?我不信你,我并没有看到陪审员坐在那里。
>
> 学生:我明确地告诉你这里就是阿提卡。
>
> 斯特瑞普西阿得斯:那斯基纳的人在哪里?追随我的乡人们?
>
> 学生(指向雅典东南区域):他们在这里。还有这里,正如你所见,是优卑亚岛,沿着陆地细长地延展着。
>
> 斯特瑞普西阿得斯:我知道。我们和伯利克里一起将它延展。但是,斯巴达在哪里?
>
> 学生:在哪里?在这里。
>
> 斯特瑞普西阿得斯:离我们多近啊!你想想,求你了,把她弄得离我们远些。
>
> 学生:这可办不成。
>
> 斯特瑞普西阿得斯:这样啊,我的宙斯啊,你要叫苦连天啦![1]

尽管这一文本有些夸张,对苏格拉底的描述有些讽刺,成了后来讽刺雅典各种哲学学校的原型,但是这一文本同时也印证了伊索克拉底的假设,即在公

---

[1] Aristoph. *Clouds* 200–217.

元前5世纪,新教学方式和新课程的设置存在意见分歧:年纪大的雅典人不能理解柏拉图学园为青少年设置的创新教育目的何在。[①] 这一新的科目就是几何学。虽然早在公元前6世纪,哲学界可能就已经探讨过测量和表示地球的方法,但阿里斯托芬的剧作第一次让我们看到了一个"门外汉"(尽管有些夸张)和一个"学生"的相遇,尽管有些戏谑讽刺,却也真实。这是日常知识和专业知识的对抗,在这个门外汉发现了学生对抽象概念的兴趣时,我们可以看到他的反应。民主的舞台上既有受过较高教育的象征,也有普通人的代表,前者包括"科学"的工具(地图)、内在的方法(正确地解读地图),甚至是更高的研究对象(比日常生活空间更大的区域),后者则对这些象征性的东西提出了有效的挑战甚至破坏。

在研究古代空间呈现的历史时,这段文字经常被引用为例。[②] 这段内容传递了雅典学园"几何学"课程中必须囊括的内容:一种对空间特性的理性研究,包括实用知识和抽象思维。与此同时,这一文本也证实了地图在古代知识界的存在和应用。[③] 据此,它表明在古典时代,当与更大的空间打交道时,路

---

① *Panathen.* 26,参见注释本 Peter Roth. *Der Panathenaikos des Isokrates*:*Übersetzung und Kommentar*. München and Leipzig:Saur, 2003,92-97;阿里斯托芬《云》的背景以及伟大的思想家苏格拉底如何被塑造成身上沾满文人缺点的喜剧角色,参见:William J. M. Starkie. *The Clouds of Aristophanes*:*With Introduction*,*English Prose Translation*,*Critical Notes and Commentary*,*Including a New Transcript of the Scholia in the Codex Venetus Marcianus*. London:Macmillan, 1911, xi-l;Raymond K. Fisher. *Aristophanes Clouds*:*Purpose and Technique*. Amsterdam:A. M. Hakkert, 1984。

② 相关例子有:Christian Jacob. "Lectures antiques de la carte". *Études françaises* 21,2(1985),21-46;John Brian Harley and David Woodward, eds. *The History of Cartography*, Volume 1:*Cartography in Prehistoric*,*Ancient*,*and Medieval Europe and the Mediterranean*. Chicago:University of Chicago Press, 1987,138-139;Eugenio Lanzilotta. "Nota di cartografia greca". In *ΓΕΩΓΡΑΦΙΑ*:*Atti del secondo convegno maceratese su geografia e cartografia antica*. Ed. by P. Janni and E. Lanzillotta. Macerata. Roma:Giorgio Bretschneider, 1988,93-104;Pascal Arnaud. "La cartographie à Rome. Thèse d'Études Latines pour le Doctorat d'État". Dissertation;Université de Paris IV, Paris. 1990,48,380;Serena Bianchetti. *Geografia storica del mondo antico*. Bologna:Monduzzi, 2008,113。

③ 或许可以与普鲁塔克的 *Life of Alcibiades* 17.2-3 以及 *Life of Nicias* 12.1-2 中提到的制图行为作比较。埃里亚努斯(Aelianus. *Various histories* 3.28)曾经描述过苏格拉底向阿尔基比阿德斯展示地图,以期让他理解阿提卡和整个世界(*oikumene*)相比是多么微不足道,但是这应该是时代错序,这种说法可能是在罗马人真正见到了巨制地图之后才创作出来的。不过,舆图奇迹是可以追溯到公元前5世纪的,参见:Christian Jacob. *L'Empire des cartes*:*Approche théorique de la cartographie à travers l'histoire*. English translation:*The sovereign map*:*Theoretical approaches in cartography throughout history* (2006). Paris:Michel Albin, 1992,133。

径视角(hodological perspective)——将空间视为一条道路的线性观点,人在其中穿行游历——并不一定是主导模式。①

那我们应该如何解释阿里斯托芬创作的喜剧场景?这种幽默的产生是因为他并置了对同一事物完全相反的两种观点。斯特瑞普西阿得斯的言论反映了他对地理的认知是"朴素""具体"或者说"直观"的。他从"平实""基础"和"普通人"的视角来理解空间问题。他的知识是即时性的,只由经验决定,且非常实用,这足以满足日常生活,不需要进一步抽象,他甚至不需要花时间和精力去分析一些没有直接利用价值的东西。斯特瑞普西阿得斯对天文学和几何学几乎一无所知,他所有的知识只满足一个来自农村的正常公民的需求,他对雅典当前的政治和经济政策的了解也仅限于与自己和自己的一亩三分地相关的内容。他对思考和概念化更大或更遥远的空间不感兴趣,也不喜欢没有实用性的思维游戏,比如测量世界。② 简而言之,他并不知道如何阅读地图,当他去尝试后自然也失败了,他并不知道如何将现实的空间类比到地图上。③当然,所有这些都不是一个真实的人的特征,而是为表现喜剧性,夸张了角色

---

① 参见:Thomas Poiss. "Looking for the Bird's-Eye View in Ancient Greek Source". In *Features of Common Sense Geography*:*Implicit Knowledge Structures in Ancient Geographical Texts*. Ed. by K. Geus and M. Thiering. Antike Kultur und Geschichte 16. Münster:Lit Verlag, 2014,69 - 87。关于古人对空间认知的第二个维度,参见:Hans-Joachim Gehrke. "Die Geburt der Erdkunde aus dem Geiste der Geometrie:Überlegungen zur Entstehung und zur Frühgeschichte der wissenschaftlichen Geographie bei den Griechen". In *Gattungen wissenschaftlicher Literatur in der Antike*. Ed. By W. Kullmann, J. Althoff, and M. Asper. Script Oralia 95. Tübingen:Narr, 1998,163 - 192;对比参考 Pietro Janni. *La mappa e il periplo*:*Cartografia antica e spazio odologico*. Pubblicazioni della Facoltà di Lettere e Filosofia/Macerata 19. Roma:Bretschneider, 1984 和 Pietro Janni. "Gli antichi e i punti cardinali:Rileggendo Pausania". In *ΓΕΩΓΡΑΦΙΑ*:*Atti del secondo convegno maceratese su geografia e cartografia antica*. Ed. by P. Janni and E. Lanzillotta. Roma:Giorgio Bretschneider, 1988,77 - 91。

② 参见:Klaus Geus. "A Day's Journey 'in Herodotus' Histories". In *Features of Common Sense Geography*:*Implicit Knowledge Structures in Ancient Geographical Texts*. Ed. by K. Geus and M. Thiering. Antike Kultur und Geschichte 16. Münster:Lit Verlag, 2014,147 - 156。

③ 参见:Christian Jacob. *L'Empire des cartes*:*Approche théorique de la cartographie à travers l'histoire*. English translation:*The sovereign map*:*Theoretical approaches in cartography throughout history* (2006). Paris:Michel Albin, 1992;Denis Cosgrove. *Apollo's Eye*:*A Cartographic Genealogy of the Earth in the Western Imagination*. Baltimore:John Hopkins University Press, 2001;Denis Cosgrove. *Geography and Vision*:*Seeing, Imagining and Representing the World*. London and New York:I. B. Tauris, 2008。

的乡下人和呆子(ἄγροικος καὶ δυσμαθής V. 646)特征,喜剧的观众应该可以认识到这一点。①

而苏格拉底的学生则显示了当时地理知识的"最高"水平,他采用了不常见的工具和方法,以便更好地了解眼前表象之外的世界。在他的圈子里,知识是纯智识性的,并不注重实践,而他并没有遵从这一点。这也是一种夸张的说法,因为这种说法完全忽略了这种教学的教育目的。虽然阿里斯托芬笔下的苏格拉底会让我们想起柏拉图笔下的苏格拉底,在柏拉图笔下,苏格拉底同样推崇对几何学和天文学的研究,②但是阿里斯托芬的描写显然更为夸张,与色诺芬笔下的苏格拉底相比更是如此,因为在色诺芬笔下,苏格拉底建议学习几何学、天文学和数学,是因为它们本身就有实用之处。③ 无论如何,如果苏格拉底真的追求那种被阿里斯托芬的观众认为的纯理论性的科学,那这些课程在学园中一定是相当边缘的,因为我们在现存的史料中找不到任何苏格拉底地理思想的痕迹。即使在关于世界是平的还是球面的讨论中,我们可以发现柏拉图的说法与阿里斯托芬的这一场景有很多共同点,但我们无法确定柏拉图假托苏格拉底之口说出的对话,反映的是苏格拉底还是柏拉图自己的思想。④

事实上,阿里斯托芬提出的这两种对地理的观点,都不可能代表古人对空间的一般理解。相反,两者都代表了极端立场,因为夸张是喜剧的根源。阿里斯托芬相信,大多数雅典人的"常识"既不满足于对环境的朴素认知,也不完全信服对环境纯理论性的推理。作为民主文化的一部分,雅典人重视不同领域

---

① 斯特瑞普西阿得斯这一角色是一个"聪明的呆子",参见:Peter Green. "Strepsiades, Socrates and the Abuses of Intellectualism". *Greek, Roman, and Byzantine Studies* 20(1979),15 - 25; Leonard Woodbury. "Strepsiades' Understanding: Five Notes on the Clouds". *Phoenix* 34 (1980),108 - 127. Elton Barker 在注释中说过:"如果我们认为斯特瑞普西阿得斯的反应是一个正常人的反应,那这里的笑点就不成立了。" Homer Simpson 也认为,他并非常人,但我们能理解他,故而能看到他视角中的东西,与此同时他又与我们不同,所以我们看到他故意表现出无知的时候才能笑得出来(既跟他一起笑,也在嘲笑他本身)。

② *Rep.* 7.527a-d; *Phileb.* 56d - 57a.

③ *Mem.* 4.7.2 - 8.

④ Aristoph. *Clouds* 269 - 274; Plat. *Phaed.* 97b - 101e, *Tim.* 62d - 63e. 参见:William Arthur Heidel. *The Frame of the Ancient Greek Maps: With a Discussion of the Discovery of the Sphericity of the Earth*. New York: American Geographical Society, 1937。

和主题的知识,他们肯定已经意识到不同区域和空间知识的重要性。① 阿里斯托芬喜剧中的地名和族名目录彰显了雅典人的军事、政治和经济旨趣。② 雅典人对空间的认知是建立在异邦人和旅行者的个人经验上的,建立在针对偏远地区而展开的公开或私下辩论的基础上的,抑或是基于一些广泛流传在希腊世界中的故事。与今天人们所期望的相反,这既不涉及从一个地方到另一地方,或评估旅行限制条件时所必需的实践知识,也不需要处理地图或其他复杂的用以表示远近空间的工具。然而,阿里斯托芬的这一幕清楚地表明,诗人和他的观众能够区分不同层次的空间感知,尽管他们不一定理解最先进的制图代表的细微差别。因此,我们可以推测,阿里斯托芬和他的大多数听众会认为自己占据了一个中间角色,有着普遍接受的地理学知识,代表着更为权威的认知。

无论在古代还是在现代,阿里斯托芬的喜剧中所表现的"低级"的理性和"高级"的理性,都只是人类思维能力的两种极端。从认识论的角度来说,这对应了纯经验主义和理性主义之间的区别。古代作家已经意识到这些张力。他们面对的是作为中间角色却有着不同兴趣的大众,但是他们已经意识到了空间感知和再现的常识性理解可以分为三个不同层面:朴素或具体的;有一定文化或权威的;科学的或者说纯理性的。这种区分使我们能够更充分地探索古代文献中的空间认知,了解空间知识在前现代社会中是如何被选择、传播并整合的。

二、实际的分类以及建立具有启发意义的新概念体系的必要性

我们有充分的理由改进今天广泛使用的古代地理学的分类。既有的分类方法有些考虑到了内容,有些考虑到了表达方式,但是每一种方法都不足以解

① 参见:Anca Dan. "Xenophon's Anabasis and the Common Greek Mental Modelling of Spaces". In *Features of Common Sense Geography:Implicit Knowledge Structures in Ancient Geographical Texts*. Ed. by K. Geus and M. Thiering. Antike Kultur und Geschichte 16. Münster:Lit Verlag, 2014,157 - 198; Thomas Poiss. "Looking for the Bird's-Eye View in Ancient Greek Source". In *Features of Common Sense Geography:Implicit Knowledge Structures in Ancient Geographical Texts*. Ed. by K. Geus and M. Thiering. Antike Kultur und Geschichte 16. Münster:Lit Verlag, 2014,69 - 87。

② Eckart Olshausen. "Das Publikum des Aristophanes und sein geographischer Horizont". In *Dramatische Wäldchen:Festschrift für Eckard Lefèvre*. Ed. by E. Stärk and G. VogtSpria. Spudasmata 80. Hildesheim:Olms, 2000,99 - 127; Eckart Olshausen. "Aristophanes und sein Athen:Geographisches und Prosopographisches zur Gesellschaftsstruktur des Aristophaneischen Theaterpublikums". *Sileno* 35(2009),95 - 109.

释作为客体的空间和用文学方式构造、描述和呈现空间的主体之间的关系。这样导致的最直接的后果就是当我们将这些不同类别的东西放在一起的时候，会发现内部并不一致。下面是一些常见的例子，常见到不必引用任何具体的研究为例。

"神话""诗学"和"哲学"的地理学都是人为的类别，充斥着时代错序，并不足以说明希腊人和罗马人的观点。这些主要描述的是形式上的问题，将不同文化背景下的信息混为一谈，更重要的是，没有深入了解希腊人和罗马人是如何将空间作为一个整体来构思、思考和传播的。

现在的一些诸如"专业地理学"和"数理地理学"（与经验或描述性的地理学相对）的术语一般用来强调埃拉托斯特尼、斯特拉波和托勒密作品的特征，这类术语也不具备太大意义。在古代，根本就没有专业的或制度化的地理学家为他们的工作买单，即使是像埃拉托斯特尼的《地理学》（现已失传）这样的著作中的某些段落，也可能在数学上或天文学上远远不够完善。[1] 地理学从不仅仅局限于"专业人士"的圈子，而是间接地在整个古代和中世纪的知识界流传。[2] 斯特拉波的著作不是严格意义上的地理学，而是由作者自己编纂的、特别注重历史、地理和天文学问题的百科全书式的综合著作。[3] 另一方面，古代的航海家和土地测量者，通常被认为是通过经验构建空间的案例，他们在看待"属于他们"的空间和利用空间的方式上肯定是"专业人士"，他们积累了一套特殊的空间信息，有时甚至会接受正规的训练。[4] 然而，给他们贴上"专业

[1] Klaus Geus. "Alexander und Eratosthenes：Der Feldherr und der Geograph". In *Geografia e storia：antico e moderno/Geographie und Geschichte：antik und modern*. Ed. by F. Prontera. Vol. Geographia antiqua 23/24. 2014/2015,53-61.

[2] Patrick Gautier Dalché. "La Terre dans le cosmos". In *La Terre：Connaissance, représentations, mesure au Moyen Âge*. Ed. by P. G. Dalché and C. Deluz. L'Atelier du médiéviste 13. Turnhout：Brepols, 2013,161-257. 接受埃拉托斯特尼计算的地球周长测量值。

[3] Germaine Aujac. *Strabon et la science de son temps：les sciences du monde*. Paris：Les Belles Lettres, 1966；Daniela Dueck, Hugh Lindsay, and Sarah Pothecary, eds. *Strabo's Cultural Geography：The Making of a Kolossourgia*. Cambridge and New York：Cambridge University Press, 2005.

[4] 关于航海者：Stefano Medas. *De rebus nauticis：L'arte della navigazione nel mondo antico*. Roma：L'Erma di Bretschneider, 2004；关于测量者：Eberhard Knobloch and Cosima Möller, eds. *In den Gefilden der römischen Feldmesser：Juristische, wissenschaftsgeschichtliche, historische und sprachliche Aspekte*. Topoi：Berlin Studies of the Ancient World 13. Berlin and Boston：De Gruyter, 2014；关于更广义的"专业人士"：Francesco Prontera. *Geografia e geografi nel mondo antico：Guida storica e critica*. Roma：Laterza, 1983。

地理学家"的标签也会引起误解,因为就我们所知道的而言,书面地理学很可能对他们生活的现实世界,即对他们的现实生活中的定向没有影响。航行和旅行都是在没有地图或书籍的情况下进行的。

其实,要讨论古代空间、地理知识和思想,必须区别与对体裁的讨论。比如对 *periploi*/*periegeseis*/*periodoi* 等意思的区分,尽管这种分类在最近的出版物中得到了广泛应用,但是我们应该认识到这种"分类游戏"意义不大,因为这些术语在古代和拜占庭材料中从未被一致定义或使用。[①] 我们现在知道的"书名",并不能追溯到古风和古典时期的作者本身,这些名称来自引用、编纂和分类这些作品的希腊化、罗马,有时甚至是拜占庭时期的学者。[②] 这就是为什么根据晚期古代和拜占庭的文本类型研究古代地理学时,我们能学到的更多的是他们在词典编纂传统中对地理学文本的接受史,而非古代作家本身对地理学的知识。[③]

同样,通常的文字和绘图的区分也不符合现代的"地图学"和"地理学"或

① Anca Dan. "La Plus Merveilleuse des mers: Recherches sur les représentations de la mer Noire et de ses peuples dans les sources anciennes, d'Homère à Ératosthène," PhD; Université de Reims, forthcoming at Brepols, Orbis Terrarum, 2014. 2009.

② 对米利都的赫卡泰乌斯作品的分类就是一个例子:对诺克拉蒂斯的阿特纳奥斯、波菲利和词典编纂者而言,他的作品是地理志(*periegesis*, *FGrHist* 1 T 15a, b=F 291, 358, 1 T 22, 1 F 37, 112, 166, 220, 271, 278, 283, 305),而对斯特拉波而言是游记(*periodos*, *FGrHist* 1 T 2, 1 F 125, 145, 154, 217, 284)。

③ Friedrich Gisinger. "Geographie". In *Paulys Realencyclopädie der classischen Altertumswissenschaft*. Suppl. 4. Ed. by A. Pauly and K. Ziegler. Stuttgart: Metzler, 1924, 521 - 685; Heinrich Bischoff. "Perieget". In *Paulys Realencyclopädie der classischen Altertumswissenschaft*. Ed. by A. Pauly and K. Ziegler. Vol. 37. Stuttgart: Metzler, 1937, 725 - 742; Friedrich Gisinger. "Periplus 2". In *Paulys Realencyclopädie der classischen Altertumswissenschaft*. Vol. 37. Ed. by A. Pauly and K. Ziegler. Stuttgart: Metzler, 1937, 841 - 850; Christiaan Van Paassen. *The Classical Tradition of Geography*. Groningen and Djakarta: J. B. Wolters, 1957; Didier Marcotte. *Géographes grecs. Pseudo-Scymnos: Circuit de la terre*. Paris: Les Belles Lettres, 2000, LV-LXXII; Jerzy Schnayder. *De periegetarum Graecorum reliquiis*. Łódz: Łódzkie Towarzystwo Naukowe, 1950; Konstantin Boshnakov. "The 'Sacred Counsel': On Some Features of the Periegesis, Periodos, and Their Originators". In *Vermessung der Oikumene*. Ed. by K. Geus and M. Rathmann. Topoi: Berlin Studies of the Ancient World 14. Berlin and Boston: De Gruyter, 2013, 25 - 64; 关于拜占庭时期地理学文本流传参见: Johannes Koder. "Sopravvivenza e trasformazione delle concezioni geografiche antiche in età bizantina". In *Geografia storica della Grecia antica: Tradizioni e problemi*. Ed. by F. Prontera. Roma: Laterza, 1991, 46 - 66.

"地理特征"的区分。古代关于空间和地点的绘图根本不是现代意义上的"地图"。[①] 东方、希腊、罗马、拜占庭的学者和抄工都忽视了比例的概念。他们缺乏系统的二维定位,把不同时代、不同来源的事实和现象混在一起,缺乏一致的选择和呈现标准。所以这种制图只是绘画,用来表示与随文相同的内容,以使文本更具说服力,更值得纪念。现存最早的一些文字都是在教育背景下写成的,也印证了这一观点。[②] 此外,法语制图学(cartographie)一词是英文制图学(cartographie)的原型,在 19 世纪之前并没有被创造出来,继"地理学"和世界志(cosmography)之后,该词本身在古代和现代的含义也并不相同。

故而我们必须通过批判性地重新评价古典时期的文字与图像关系,以求重新评估地理学与制图学的区别。地图并不是所谓数理地理学的特点:我们对埃拉托斯特尼本身画的地图一无所知,斯特拉波似乎也并没有为他的作品绘制插图。古代广泛流传的地图是为了解释托勒密的《地理学》,但这些地图也许不是在托勒密的时代绘制的。无论如何,他的《地理学》中地图集的原型是在古代晚期末期甚至在拜占庭时代才绘制的。[③] 与此同时,创作于古典时

① Christian Jacob. "Carte greche". In *Geografia e geografi nel mondo antico: guida storica e critica*. Ed. by F. Prontera. Roma: Laterza, 1983, 46 - 67; Christian Jacob. "La carte écrite: Sur les pouvoirs imaginaries du texte géographique en Grèce ancienne". In *Espaces de la lecture. Actes du colloque de la Bibliothèque publique d'information et du Centre d'étude de l'écriture*. Ed. by A. -M. Christin. Paris: Éditions Retz, 1988, 230 - 240; Kai Brodersen. *Terra Cognita: Studien zur römischen Raumerfassung*. Spudasmata 59. Hildesheim, Zürich, and New York: G. Olms, 2003; 关于长时段的视角参见: Christian Jacob. *Géographie et ethnographie en Grèce ancienne*. Paris: A. Colin, 1991; Pascal Arnaud. "Pouvoir des mots et limites de la cartographie dans la géographie grecque et romaine". *Dialogue d'histoire ancienne* 15, 1 (1989), 9 - 29; Francesco Prontera. "Sulle basi empiriche della cartografia greca". *Sileno* 23, 1 - 2 (1997), 49 - 63; Francesco Prontera. "Carta e testo nella geografia antica". *Technai* 1 (2010), 81 - 87。

② Patrick Gautier Dalché. "L'enseignement de la géographie dans l'antiquité tardive". *Klio* 96, 1 (2014), 144 - 182; 关于索利努斯参见: Kai Brodersen. "Mapping Pliny's World: The Achievement of Solinus". *Bulletin of the Institute of Classical Studies* 54 (2011), 63 - 88; Kai Brodersen. "Vom Periplus zur Karte: Die Leistung des Gaius Iulius Solinus". In *Vermessung der Oikumene*. Ed. by K. Geus and M. Rathmann. Topoi: Berlin Studies of the Ancient World 14. Berlin and Boston: De Gruyter, 2013, 185 - 201。

③ Patrick Gautier Dalché. *La géographie de Ptolemée en Occident (IVe-XVIe siècle)*. Terrarum Orbis. Turnhout: Brepols, 2009, 16 - 19; Florian Mittenhuber. *Text-und Kartentradition in der Geographie des Klaudios Ptolemaios: Eine Geschichte der Kartenüberlieferung vom ptolemäischen Original bis in die Renaissance*. Bern: Bern Studies in the History and Philosophy, 2009.

代到罗马早期的伪希波克拉底文集《论七》(*On the sevens*)中,也包含了我们今天常说的拟人地图。① 今天仍然保存的最古老的地图,其真实性没有争议,是所谓的杜拉欧罗普斯的"盾牌",类似波伊庭格地图(*Tabula Peutingeriana*),这是一幅路线图(*itinerarium pictum*),是对海岸的线性描述,因此这一所谓的地图只是"经验"性的"地理学"文本图解。② 古希腊罗马作品的中世纪抄本也存在这样的问题,罗马《百官志》(*Notitia dignitatum*)中的插图亦是如此。③ 事实上,尽管在古代晚期绘制草图变得比以前更频繁,但这与地理知识的拓展并无关系。即使到了中世纪,凯撒和奥古斯都仍然是罗马势力拓展和寰宇(*orbis terrarum*)知识的象征。④ 另外,地图绘制的发展并没有显示出空间呈现的准确性有所进步,因此古代的所谓"地图"绘制不能像现代制图学之于现代地理学一样,不应该被视为一门独立的学科。罗马帝国晚期的文化背景和学校对精英教育的方法都能体现出这种发展的前提。因此,无论是以实物形式从古代保存下来的地图,还是在古籍中引用的地图,都不能孤立看待,必须与古籍一起研究,以使我们能够正确理解它们与制图者对空间的感知和内在构建的关系。

　　同样,模仿现代对科学和文学体裁的定义,对于理解古代空间知识的获取和传播来说,同样是不适当的或有所缺陷。例如,对于整个古代世界来说,区

---

① Martin L. West. "The Cosmology of 'Hippocrates', *De Hebdomadibus*". *Classical Quarterly* 21,2(1971),365 – 388.

② Pascal Arnaud. "Une deuxième lecture du bouclier de Doura-Europos". *Comptes rendus de l'Académie des Inscriptions et Belles-Lettres* 133,2(1989),373 – 389.

③ 关于已经出版的绘图草图参见:Evelyn Edson and Emilie Savage-Smith. "An Astrologer's Map: A Relic of Late Antiquity". *Imago mundi* 52(2000),7 – 29;Patrick Gautier Dalché. "Les diagrammes topographiques dans les manuscrits des classiques latins (Lucain, Solin, Salluste". In *La tradition vive: Mélanges d'histoire des textes en l'honneur de Louis Holtz*. Ed. by P. Lardet and L. Holtz. Turnhout: Brepols, 2003,291 – 306;Didier Marcotte. "Une carte inédite dans les scholies aux *Halieutiques* d'Oppien: Contribution à l'histoire de la géographie sous les premiers Paléologues". *Revue des études anciennes* 123(2010),641 – 659;Filippomaria Pontani. "The World on a Fingernail: An Unknown Byzantine Map, Planudes and Ptolemy". *Traditio* 85 (2010),177 – 200;关于《百官志》参见:Giusto Traina. "Mapping the World under Theodosius II". In *Theodosius II: Rethinking the Roman Empire in Late Antiquity*. Ed. by C. Kelly. Cambridge: Cambridge University Press, 2013,155 – 171。

④ Patrick Gautier Dalché and Claude Nicolet. "Les 'quatre sages' de Jules César et la 'mesure du monde' selon Julius Honorius: réalité antique et tradition medieval". *Journal des Savants* 4 (1986),157 – 218。

分"几何学"和"地理学"（*lato sensu*）是不合时宜的，因为这意味着，在埃拉托斯特尼（公元前 200 年）创造"地理学"这一术语之前，"地理学"并不存在。[①] 即使在古代晚期，除托勒密外，很难找到"几何学"和"地理学"之间的一以贯之的区别：例如公元 5 世纪，乌尔提亚努斯·卡佩拉在一本专门论述几何学的书中加入了地理学综合内容，构成了其百科全书的一部分。其他学科的区别也同样模糊，有时这些概念在古代看起来定义得更加明晰，比如埃拉托斯特尼对"天文学"和"地理学"的区分，但是这一区别可能在希腊时代就已经模糊了，最迟在斯特拉波的著作中就已经模糊了。[②] 地方志（chorography）的概念，与 *chora* 本身一样，在不同的作家笔下蕴含着不同的意思，当我们将波利比乌斯和斯特拉波对该词的使用拿来与托勒密《地理学》的定义和系统性地使用时，这一点会愈发明显。[③] 当然，当我们描述古代文本和地图（*tabulae*）的时候，对应地方志的视角，我们还可以采用"周游"或"游记"的顺序。对于原作者而言，这些只是不同叙事方式的选择，而不是体裁的选择，因为就这些发明和呈现形式而言，我们无法从中确定特定体裁和分类的线性演变历程。因此，将地中海海岸线作为一种隐含地理秩序的各类异闻录（paradoxographic texts）未必就是周航记（*periploi*）。一般认为，现存最早周航记（*periplus*）的作者是斯库拉

---

① 埃拉托斯特尼的地理学概念参见：Klaus Geus. *Eratosthenes von Kyrene：Studien zur hellenistischen Kultur-und Wissenschaftsgeschichte*. Münchener Beiträge zur Papyrusforschung und antiken Rechtsgeschichte 92. München：C. H. Beck，2002；Klaus Geus. "Die Geographika des Eratosthenes von Kyrene：Altes und Neues in Terminologie und Methode". In *Wahrnehmung und Erfassung geographischer Räume in der Antike*. Ed. by M. Rathmann. Mainz：Von Zabern，2007，111 – 122；更笼统地说，关于"数学"（包括几何学）概念的问题，参见：Geoffrey Ernest Richard Lloyd. "Methods and Problems in the History of Ancient Science：The Greek Case". *Isis* 83，4（1992），564 – 577；关于地理学的几何词汇，参见：Didier Marcotte. "Aux quatre coins du monde'：La terre vue comme un arpent". In *Les vocabulaires techniques des arpenteurs romains. Actes du Colloque International*. Ed. by D. Conso，A. Gonzales，and J. - Y. Guillaumin. Besançon：Presses universitaires de Franche-Comté，2006，149 – 155。

② Klaus Geus. "Alexander und Eratosthenes：Der Feldherr und der Geograph". In *Geografia e storia：antico e moderno/Geographie und Geschichte：antik und modern*. Ed. by F. Prontera. Vol. Geographia antiqua 23/24. 2014/2015，53 – 61.

③ 参见：Francesco Prontera. "Geografia e corografia：note sul lessico della cartografia antica". *Pallas* 72（2006）. Pallas 72（＝Mélanges Germaine Aujac），75 – 82，讨论了 Polybius 34. 1. 6 和 Strabo 10. 3. 5. 关于托勒密参见：John Lennart Berggren and Alexander Jones. *Ptolemy's Geography：An Annotated Translation of the Theoretical Chapters*. Princeton：Princeton University Press，2000。

科斯(Scylax),但是这一文本只能追溯到公元前4世纪,且其中包含一些与主题无关的记录。但是,公元前6世纪下半叶,米利都的赫卡泰乌斯的残篇,让我们明白他的游记(*periodos*)不是周航记,而是对风土人情的描述,是地方志传统书写的一个重要来源。当在对这些文本进行分类兼顾假设出的体裁演变时,现代的研究者一直没有关注到伪斯库拉科斯的《周航记》,这一现象直到最近才有所改善。①

最后一个问题是,在阐释古代地理学文献特征的时候,口头和书写材料都很难正确区分。就目前的大部分材料的书写方式而言,我们只能假设是口传文献抑或书写文献。人们倾向于认为,诗句和对话录一样,在古典时代之前以口头形式创作和传播,后来到了希腊化时代才建立起来以写作和阅读为标准的交流模式,罗马的教育体系促进了这种模式的深入发展。同样的文化氛围自然也会影响到古代晚期的"制图"。口头交流不如书面文本精确、复杂和有价值的假设与记忆在古代文化中的特殊作用存在冲突。我们可以在荷马史诗和颂诗(比如荷马颂诗致阿波罗中就提到了列托到提洛岛的旅行)、品达颂诗和埃斯库罗斯悲剧中的"学术型"旅行叙事里找到相关证据。就像文字和绘画之间一样,对于古人来说,语言和文字之间的界限一定比我们更不稳定。

摆脱了传统通用术语的束缚之后,对古代空间观念进行新的审视,使得老问题有了新的答案。为什么托勒密收集了最全面的古代地点目录,并以他能想到的最客观的方式呈现出来,但在古代晚期却几乎没有人读过他的书?为什么赫拉克里亚的玛奇亚努斯(Marcianus)和亚历山大里亚的帕普斯(Pappus)无视了托勒密的制图原则,没有努力将距离转化为坐标,为什么他们又回到了周航记式的线性一维标准?② 为什么阿米阿努斯·马尔切利努斯

---

① Patrick Counillon. *Pseudo-Skylax*: *le périple du Pont-Euxin*. *Texte*, *traduction*, *commentaire philologique et historique*. Pessac and Paris: Ausonius and Diffusion de Boccard, 2004; Patrick Counillon. "Pseudo-Scylax et la Carie". In *Scripta Anatolica*: *Hommages à Pierre Debord*. Ed. by P. Brun. Bordeaux: Ausonius, 2007, 33 - 42; Graham Shipley. *Pseudo-Skylax's Periplous*: *The Circumnavigation of the Inhabited World*. *Text*, *Translation and Commentary*. Exeter: Bristol Phoenix Press, 2011.

② Patrick Gautier Dalché. *La géographie de Ptolemée en Occident* (*IVe-XVIe siècle*). Terrarum Orbis. Turnhout: Brepols, 2009; Geoffrey Ernest Richard Lloyd. *Ancient Worlds*, *Modern Reflections*: *Philosophical Perspectives on Greek and Chinese Science and Culture*. Oxford: Oxford University Press, 2004.

(Ammianus Marcellinus)和卡西多罗斯(Cassiodorus)更喜欢旅行者狄奥尼修斯的文本和托勒密《地理学》中衍生出的地图,而不是托勒密的坐标表,明明托勒密的坐标表在完整性和准确性方面更胜一筹。看来是因为"普通"和"传统"的学术型地理学知识受到古典文学作品保障,得到了几乎所有的古代作者的认同,具有很大的影响力。据此,我们可以说,一个"完全推理"而成的、抽象的世界整体形象,对于具有基本空间思维水平的普通人来说,毫无用武之地,对于文人学者来说,也无甚用处。

事实上,戏剧或其他虚构文本中的人物都是"天真"的,他们并没有掌握对受过教育的观众来说是"常识"的概念和逻辑。将他们极为初级的知识融入到文本中,并不是为了提供常识性的知识,只是为了补充叙事。就像阿里斯托芬喜剧《云》中的斯特瑞普西阿得斯一样,被推出来的角色更像是一个工具人(不仅仅是喜剧中存在这种情况,希罗多德、色诺芬和普鲁塔克等史学作品以及史诗和小说中都有这种角色),他们对世界的基本看法在文本中起到了特定的作用:作者有机会强调他们的观点和更符合社会标准的详细观点之间的区别。[1]因此,我们目前保留下来的文本其实并不能忠实地反映"普通人"对空间的思考和谈论方式,选择已经做出,这些文本决定了传统的形成。这些文本内容与现代科学的标准无关,但是却符合受过教育的公民的常识。[2] 既有的大多数古代文本中都有这种地理知识的局限性,造成这种局限性的决定因素是目标受众与知识本身的相关性,以及知识本身的可获得性。这解释了为什么所谓"正统"地理学在我们史料中一直占据主导地位,也揭示了正统地理学知识的保守性和决定性,已经形成的传统知识体系拒绝新经验,也拒绝更加复杂的呈现模式。

---

[1] Anca Dan. "Xenophon's Anabasis and the Common Greek Mental Modelling of Spaces". In *Features of Common Sense Geography: Implicit Knowledge Structures in Ancient Geographical Texts*. Ed. by K. Geus and M. Thiering. Antike Kultur und Geschichte 16. Münster: Lit Verlag, 2014,157 - 198.

[2] 关于现代科学知识和古代智慧的区别,取决于常识,参见: Geoffrey Ernest Richard Lloyd. "Methods and Problems in the History of Ancient Science: The Greek Case". *Isis* 83,4(1992), 564 - 577; Geoffrey Ernest Richard Lloyd. *Ancient Worlds, Modern Reflections: Philosophical Perspectives on Greek and Chinese Science and Culture*. Oxford: Oxford University Press, 2004,12 - 23。

三、 地理学常识的形成：从"直观"到
"学术"再到"高度理论性"地理学

表一是对希腊和罗马地理学中最重要的史料进行分类的新尝试。[①] 这三个分类取决于人们获取和传播空间知识的方法模式：直观获取、探究型理解和高度理论性的研究。这三种研究方式是并存的，而且可以被当时的观众认可，就像是阿里斯托芬的例子一样。人们可以通过三种方法获得空间知识，至于如何选择则取决于利用地理信息的文化背景。

[①] 我们已经考虑到了古代空间表述的一般研究历史，诸如：Edward Herbert Bunbury. *A History of Ancient Geography among the Greeks and Romans, from the Earliest Ages till the Fall of the Roman Empire*. London: John Murray, 1879; Henry Fanshawe Tozer. *A History of Ancient Geography*. Cambridge: Cambridge University Press, 1897; Hugo Berger. *Geschichte der wissenschaftlichen Erdkunde der Griechen*. 2nd ed. Leipzig: Veit, 1903; Friedrich Gisinger. "Geographie". In *Paulys Realencyclopädie der classischen Altertumswissenschaft*. Suppl. 4. Ed. by A. Pauly and K. Ziegler. Stuttgart: Metzler, 1924,521–685; James Oliver Thomson. *History of Ancient Geography*. Cambridge: Cambridge University Press, 1948; Germaine Aujac. *La géographie dans le monde antique*. Paris: Presses Universitaire de France, 1975; Paul Pédech. *La géographie des Grecs*. Paris: Presses universitaires de France, 1976; Oswald Dilke and Ashton Wentworth. *Greek and Roman Maps*. London: Thames & Hudson, 1985; Eckart Olshausen. *Einführung in die historische Geographie der Alten Welt*. Darmstadt: Wissenschaftliche Buchgesellschaft, 1991; Christian Jacob. *Géographie et ethnographie en Grèce ancienne*. Paris: A. Colin, 1991; Stefano Magnani. *Geografia storica del mondo antico*. Bologna: Il mulino, 2003; Dario Georgetti. *Il sole a destra: scienza e tecnica nella geografia storica del mondo antico*. Sarzana: Agorà, 2004; Michael Rathmann. *Wahrnehmung und Erfassung geographischer Räume in der Antike*. Mainz: Von Zabern, 2007; Serena Bianchetti. *Geografia storica del mondo antico*. Bologna: Monduzzi, 2008; Daniela Dueck and Kai Brodersen. *Geography in Classical Antiquity*. German translation: Geographie der Alten Welt, Darmstadt 2013. Cambridge: Cambridge University Press, 2012; Klaus Geus and Michael Rathmann, eds. *Vermessung der Oikumene*. Topoi: Berlin Studies of the Ancient World 14. Berlin and Boston: De Gruyter, 2013. 笔者并没有收录所有 Jacoby V 以及 *Geographi Latini minores* 的所有内容，特别是难以确定日期或日期在公元6—7世纪之后的作品，还有那些残篇数量不足以让人了解作品内容的时候，很多个人旅行的记录都没有被收录。这个体系可以用来将希腊和罗马的文本与其他古代文化的地理知识进行比较，最近的一次比较尝试是：Kurt A. Raaflaub and Richard John Alexander Talbert. *Geography and Ethnography: Perceptions of the World in Pre-Modern Societies*. Chichester and Malden, Mass.: Wiley-Blackwell, 2010; Markham J. Geller. "Berossos of Kos From the View of Common Sense Geography". In *Features of Common Sense Geography: Implicit Knowledge Structures in Ancient Geographical Texts*. Ed. by K. Geus and M. Thiering. Antike Kultur und Geschichte 16. Münster: Lit Verlag, 2014,219–228。

表一

直观地理学		学术地理学		纯理性地理学
1. 私人的或专门为普通人制作的私人和官方文件，包括考古学、书信和纸莎草纸文件（如信件、法令、军事政令）。				
2. 简单的游记：威卡罗银杯、帕塔拉里程碑、塞奥法尼斯的旅行（P. Ril. 616－651）、盖尤斯·奥勒留的旅行（*AE* 1981,777, *SEG* 31.1116）、波尔多路线（*Edictum de pretiis rerum uenalium*）、朝圣者路线图（*Itinerarium Burdigalense*）。				
3. 朴素的地理学专家：商人、领航者、信使和向导（凯撒、维吉乌斯曾经提及）、土地测量者（*Corpus agrimensorum Romanorum*）。				
4. 戏剧中，部分引用或重构的空间呈现（阿里斯托芬、米南德、赫罗达斯、普劳图斯）、演说（德摩斯梯尼、埃斯基尼斯、西塞罗、迪奥、克里索斯托穆斯）、警句（希腊文选）、讽刺文学（卢西琉斯、豪拉提乌斯、尤维纳利斯、马蒂奥）、小说（佩特罗尼乌斯、查里顿、隆古斯、阿基琉斯·塔西佗、以弗所的色诺芬、埃梅萨的赫利奥多罗斯）。				
5. 类似游记的作品，以色诺芬、斯特拉波、凯撒、阿里安、托勒密、鲁提利乌斯·纳马提安努斯、亚历山大·罗曼斯为代表的学术传统。还有一种特殊的情况，以对遥远的空间、人、现象的朴素解释为代表（希罗多德 4.7.31 关于雪的记录；克特西亚斯和麦加斯梯尼对世界边缘怪兽的描述）。				
6. 基督教地理学：《使徒行传》。				
		7. 史诗、抒情诗、戏剧性诗人（荷马及歌者、赫西俄德、普罗克奈苏斯的阿里斯提亚斯、品达、埃斯库罗斯、吕哥弗隆、忒奥克里托斯、罗德岛的阿波罗尼乌斯、恩纽斯、泰伦提乌斯、卡图鲁斯、卢克莱修、维吉尔、普罗佩提乌斯、奥维德、卢坎、斯塔提乌斯、瓦勒留斯、弗拉库斯、西柳斯·伊塔利库斯、奥索尼乌斯），以及对这些作品的评注和重新解读。		

续　表

直观地理学	学术地理学		纯理性地理学
	8. 历史学传统(ἰστορίη)：赫卡泰乌斯、希罗多德、纪事家(赫拉尼库斯、达马斯忒斯、叙拉古的安条克)、修昔底德、埃弗鲁斯、塞奥彭普斯、提麦奥斯、波利比乌斯、亚历山大·波里希斯托、斯科普西斯的梅措多罗斯、凯撒、科尔奈利乌斯·奈波斯、撒路斯提乌斯、李维、斯特拉波、塔西佗、约瑟福斯、普鲁塔克、卡西乌斯·狄奥、狄奥根尼·拉尔修、阿米阿努斯·马尔切利努斯、奥罗修斯、罗马帝王纪、普罗科匹厄斯、约达尼斯。		
	9. 被归类于属于其他"科学"分支的作品中包含的地理要素：宇宙学/自然科学/哲学/天文学(泰勒斯、阿那克西曼德、阿那克西美尼、阿那克萨哥拉、柏拉图、狄凯阿科斯、兰萨库斯的斯特拉托、泰奥弗拉斯托斯、阿拉托斯、贝罗苏斯、萨摩斯的阿里斯塔克斯、马鲁斯的克拉特斯、波西多尼、伪亚里士多德的《论宇宙》、克莱奥迈季斯、盖米诺斯、曼尼里乌斯、塞涅卡、塞克斯图斯·恩丕里柯、马克罗比乌斯)、医学(希波克拉底)、建筑学(维特鲁威)、数学(欧几里得、亚历山大里亚的希罗、亚历山大里亚的席恩)、神学(教父圣哲罗姆,不仅包含他的各种评注,还有其他更偏向地理学的作品比如 *Epitaphium Paulae*)、《年代纪》(罗马的希波吕托斯)。		
	10. 周航记、地理志、旅行游记、海航纪：伪斯库拉科斯、罗德岛的蒂莫斯塞内斯、斯科普西斯的德摩特里乌斯、克尼多斯的阿伽撒尔基德斯、哈瓦拉纸草卷中的阿提卡地理志、伪西姆努斯(雅典的阿波罗多洛斯)、以弗所的阿特米多鲁斯、卡里丰之子狄奥尼修斯、帕加马的麦尼普斯、卡拉克斯的伊思多罗斯、《厄立特利亚海航行记》、阿里安和伪阿里安的本都黑海周航记、杜拉欧罗普斯之盾、普罗塔格拉、狄奥尼修斯地理志、保萨尼阿斯、拜占庭的狄奥尼修斯、地中海海航纪(*Stadiasmus Maris Magni*)、波伊廷格古地图(*Tabula Peutingeriana*)、安东尼皇帝路线(*Itinerarium Antonini*)、阿维阿努斯、爱洁丽娅和皮亚琴察的安东尼的朝圣之旅、赫拉克莱亚的玛奇亚努斯、狄奥多西的《圣地纪》。		

直观地理学		学术地理学	纯理性地理学
	11. 地方志传统：亚历山大里亚的阿波罗多洛斯、阿格里帕、尤巴、庞贝纽斯·梅拉、亚历山大里亚的帕普斯(尤其是其地理志作品,主要保存在亚美尼亚语作品《地理学》里)、安佩琉斯、维比乌斯·塞奎特、《行省测量》、《世界之划分》、《世界和人民大观》、《行省大全》、希罗克勒斯的《全奥志》、尤里乌斯·霍诺里乌斯、僧侣科斯马斯、伊斯特尔的艾提科斯。		
	12. 学术和词典编纂传统：瓦罗、老普林尼、昆体良、奥卢斯·格利乌斯、塞尔维乌斯、优西比乌、乌尔提亚努斯·卡佩拉、《百官志》、凯撒利亚的普里西安和吕底亚的普里西安、拜占庭的斯蒂法努斯、圣依西多禄。		
	13. 异闻录和神话学：帕莱法托斯、卡里斯图斯的安提哥诺斯、伪亚里士多德的《异闻录》、尼西亚的伊西格诺斯、索提翁、弗勒贡、伪普鲁塔克的《论河流》、异闻录列表。		
	14. 再造游记和仿写：伟人汉诺、欧赫迈罗斯、弗拉维乌斯·菲罗斯特拉图斯、亚姆布鲁斯、卢锡安。		
	15. 面向大众的教育学和伪教育学论著：雅典的色诺芬、奥维德、老塞涅卡、昆体良、奥皮安、韦格蒂乌斯。		
	16. 已出版的学者书信：西塞罗、小普林尼、诺拉的圣保林、利巴纽斯。		
		17. 想出更合理的方法来表示陆地空间的科学家：基齐库斯的欧多克索斯、亚里士多德、喜帕恰斯。	
		18. 埃拉托斯特尼。	
		19. 泰尔的马里努斯。	
			20. 托勒密。

　　显然,这三类只是理想类型:几乎所有的文学文本都是由在学校和图书馆里获得"权威"知识的人写的,也是为他们写的。他们都受到高雅文化的熏陶,对文学技艺的要求也是最高的。然而,很多文本也包含了认知水平更低或者更高的知识,所以有理由将一些段落归为"朴素"认知,将另一些归为高度理论化的地理学认知。在最底层是一些非专业人士的零散地理学知识,这些认知通常通过碑铭和纸莎草传播,这些普通人之中也经常会包含专业的空间知识。我们将托勒密的《地理学》放在了最上层,因为这是古人试图理解和呈现疆域空间的最高成就。尽管托勒密追求精确性,但他的研究也并不符合作为现代科学的地理学的定义:他前后的研究方法并不完全一致,也有存在矛盾的地方,因为他承认混用了"绝对"和"相对"的测量标准,在处理可用数据的时候掺杂了很强的主观性。更重要的是,如果他的作品没有呈现其资料来源,就会使他失去现代意义"科学家"的身份,这是"科学家"与"学者"的区别,而托勒密并没有解释他是如何获得其作品中 2－7 卷中的坐标的。① 同时,由于我们现在能接触到的史料并不完整,比如像欧多克索斯、亚里士多德、埃拉托斯特尼、希帕克斯等学者,他们遵循希腊探究自然的哲学传统,只关注假设层面的理论,从不评估所有可用的数据,进行纯粹理性的研究。托勒密的直接前辈马林诺斯之所以被自己的杰出追随者批评,也正是他缺乏系统的方法论。②

　　将古代地理学作为"常识性"地理学来研究,并区分其"朴素"/"直观"、"学术"/"权威"和"纯理性"的模式,有助于我们更好地理解长期以来对古代空间的不同态度。然而,现代学者在全面处理古代史料时,仍然需要分门别类来解释不同文献之间的关系。因此,即使体裁之间的差别各异,但有时它仍然可以用来强调地理数据或模型对某些传统的依赖。

　　因此,可以理解公元前 6 世纪和 5 世纪的哲学家和散文作家(历史学家)的"权威"传统的发展,他们想提供一个更为客观、详细的人居世界(*oikumene*)的图景,以取代史诗作家的直观图景。史诗作者和吟诵者本身常被描述成流

---

① 这一观点也可以拓展到其他文化中,参见: Kurt Guckelsberger. "The Achievements of Common Sense Geography". In *Features of Common Sense Geography*: *Implicit Knowledge Structures in Ancient Geographical Texts*. Ed. by K. Geus and M. Thiering. Antike Kultur und Geschichte 16. Münster: Lit Verlag, 2014,229－244。

② *Geogr.* 1.6－18.

浪的专家,他们能够创作,或者至少能够涉及一些杰出作品(比如《伊利亚特》和赫西俄德《神谱》中的河流名录),因此他们受到称赞,因为他们的知识高于一般人的正常水平。^① 此外,对空间的学术研究方式包含撰写专门描述空间的文本(从赫卡泰乌斯的《大地环游记》开始,到古典时期内海周航记,再到希腊化和罗马时期的地理志)。当一个人需要这种信息的时候,使用基于几何学的距离和空间估测就成了一种规则。与具有使用目的的旅行游记不同,古风时代之后学术传统中的目录应该尽量翔实。自古典时代以来,神话或超自然的空间内涵有时会被合理的意义所取代,例如在希波克拉底学派的环境决定论,在古典时期和希腊化时期学者的作品中,成了气候研究体系的基础。^②

　　纵观历史,杰出的学者们都试图将自己与前人区分开来。一张更好的人居世界地图不仅仅是一张有更多地名和距离的目录,还应该能通过更客观的方式定位,并通过这种方式确定区域、环境和民族的特征。希罗多德将地图的首次使用归功于政治原因,斯特拉波也宣称他写的是地理学。^③ 对这种地图的需求不仅是出于政治原因,在医学和占星术中也有一席之地。在这两种情况下,位置的精确性是诊断准确性的先决条件。此外,将对地球表面的相对测量(*geometrikon*)和借助天体现象的绝对测量(*meteoroskopikon*)进行对比,彻底改变了描述人居世界的方式。托勒密《地理学》的第一卷讲到了其创作动机,他的目标就是超越"直观"和"权威"的知识。事实上,他的作品可以被解读

---

① 关于诗人的流浪,参见: Richard Hunter and Ian Rutherford. *Wandering Poets in Ancient Greek Culture: Travel, Locality, and Pan-Hellenism*. Cambridge: Cambridge University Press, 2009。

② 关于希波克拉底,参见: Jacques Jouanna. "Les causes de la défaite des barbares chez Eschyle, Hérodote et Hippocrate". *Ktèma* 6(1981), 3-15; Jean-François Staszak. *La géographie d'avant la géographie: le climat chez Aristote et Hippocrate*. Paris: Editions L'Hamattan, 1995。关于希腊化时期的气候,参见: Didier Marcotte. "La climatologie d'Ératosthène à Poséidonios: genèse d'une science humaine". In *Sciences exactes et sciences appliquées à Alexandrie*. Ed. by G. Argoud and J.-Y. Guillaumin. Mémoires du Centre Jean-Palerne 16. St. Étienne: Publications de l'Université de Saint-Etienne, 1998,263-276。

③ Herod. 5.49(David Branscome. "Herodotus and the Map of Aristagoras". *Classical Antiquity* 29,1(2010),1-44); Strab. 1.1. 对于罗马时代地理学的政治层面,参见: Claude Nicolet. *L'inventaire du monde: Géographie et politique aux origines de l'Empire romain*. Paris: Fayard, 1988。关于斯特拉波的写作目的,参见: Johannes Engels. *Augusteische Oikumenegeographie und Universalhistorie im Werk Strabons von Amaseia*. Geographica Historica 12. Stuttgart: Franz Steiner, 1999; Daniela Dueck. *Strabo of Amasia: A Greek Man of Letters in Augustan Rome*. London and New York: Routledge, 2000。

为对古代"科学"发展方式的彻底修正：从没有经验的旅行者梅斯·提蒂安努斯到希帕克斯和泰尔的马林诺斯关于理论原则的辩论。

　　三种理想的空间信息交流模式也可以通过文字和数字所代表的空间维度数字来区分。实用语境中的直接认知更倾向于路径研究（hodological），就像对空间的一维呈现。旅行者在记录自己的旅行经历时，使用的是路径研究方式，即一维的空间呈现方式。特奥法尼斯和波尔多的匿名基督教徒就是典型例子。行程记录也是传递地理、历史甚至是表征信息的最简单的方式，《使徒行传》和福音书（虽是权威文献，但是真实性存疑）都使用了这种方式。常识的另端的就是纯理性研究，这一研究使用了三维表达，对地球和天体现象之间关系的认识决定了第三维度的成功。埃拉托斯特尼和托勒密的平面图可能并没有试图呈现或考虑海拔，但"人居世界""陆地"和"天体"的相互依存关系是他们的概念基础。①

　　二维的"权威"地理学文本大量流行的原因可以从历史背景和我们能接触到的文本作者本身的旨趣中找到。他们的心理特点是，认为在希腊和罗马世界，实用性知识普遍不受重视。这也是为什么等级较低的地理学文本相对较少。*Corpus agrimensorum Romanorum* 是个例外，这是一套高度专业化的"直观"地理学文本，其存在得益于自身的法律价值。尽管有人主张深层检视（autopsy）在古代真理探寻的重要性，但是科学探索本身就是一个现代概念。古代对人居世界边缘的探索一般出于军事或经济目的，其实现也主要得益于当地人及其知识的帮助。正如色诺芬和凯撒的作品那样，在实地获得的直观的、朴素的、缺少经验的信息，在事后从记忆中复刻时，总是要重新加工的。②

　　权威地理学的主导地位，以及其与"低级"和"高级"地理学边界的流动性，

① 事实上，解决在二维地图上表示三维物体，即地球表面的问题，可以被解释为托勒密在其《地理学》中的主要目标。

② 维奥拉·柯尼施对《墨西哥本土的墨西哥艺术》的研究和莫妮卡·帕切科对早期殖民者连佐·塞勒二世（公元1590年）的研究，都显示了两种相互独立发展但又不得不合作的地理学常识的冲突所带来的问题和挑战。这种是16世纪欧洲与中美洲人相遇的特例。对地点标志的描述和呈现是众多例子中很好的一个。虽然西班牙政府将地方标志解释为景观中现有的地理位置，但中美洲的作者们永远不会将地方标志与更大的背景分开讨论。"蛇山"的中心地位在连佐·塞勒二世这样的背景下是微不足道的。然而，真正重要的是阿兹特克的 *altepetl* 作为一个社会宗教团体的合法化的背景，一如 *Coixtlahuca* 的土地合约和新火葬仪式体现的那样。在16世纪的新西班牙，整合了欧洲的概念，如巡航或确定边界，产生了一个新的印度—梅斯蒂索地理学常识。

可以解释这些理想类别之间的重叠关系。为了重建古代地理学的直观知识，人们需要对学术文本进行解构。此外，要了解托勒密为什么能写出《地理学》，就必须追溯到其几何推理的源头，至少要追溯到欧多克索斯（公元前4世纪）。换句话说：这类地理学知识的连续性发展只不过是古代常识应用于空间思考的不断巩固和说明。

四、 常识地理学：古代与现代

在古代，就像在现代一样，学者们以常识为依据来挑战以前的观点和成果。他们试图"理解"某些现象，并希望将他们的发现传达给其他人。但是提出的论点、使用的工具和使用的方法可能不能被认为是严格意义上的科学的，因为缺乏一套普遍共享的定义、原则和规则，缺乏明确的元数据，或者缺乏一门完全建立起来的、制度化的学科。① 事实上，由于古代地理学的常识性特征，古代地理学一直被（大部分人至今仍然如此）当作"知识"来看待，但是它最多只能是前科学或亚科学。其实常识反而可以被视为构成现代科学的第一步。这样的过程不应该被认为是一个从无到真的渐进过程，而是追溯事实和真实的长时段的动态研究，这种研究以共时的方法和相似的形式逐步进行。经验方法和理性方法在古代思想中共存，一如今天。

就信仰和知识的关系而言，科学没有明显的线性进步。即使知识（*episteme*）具有论证和合理性的优势，人们也永远不会放弃信仰（*doxai*）。寻找"真理"的方法依赖于主体的文化背景，即依赖于政治、经济、文化的先决条件。② 然而，在前现代世界，事实、知觉、心理构造和表象之间的关系似乎比现

---

① 关于一套适用于古代和现代科学文献标准的讨论，参见：Kurt Guckelsberger. "The Achievements of Common Sense Geography". In *Features of Common Sense Geography*: *Implicit Knowledge Structures in Ancient Geographical Texts*. Ed. by K. Geus and M. Thiering. Antike Kultur und Geschichte 16. Münster: Lit Verlag, 2014, 229-244。

② 我们必须明白，智者是第一个讨论和建立知识理论的人。普罗塔哥拉的那句话至今仍很有名：人是衡量一切事物的尺度。公元前5世纪之前，知识大多是通过非理性的、神圣的权威（神谕、顿悟、梦境等）获得证明的。大多数匿名群体的意见经常被讽刺和嘲笑，例如巴门尼德、赫拉克利特和色诺芬尼。在这种背景下，常识的历史必须确定和代表信仰的权威和地理问题上的共同信仰。这一地理常识概念的多义性，抓住了我们研究的不同方面，Klaus Geus and Martin Thiering. "Common Sense Geography and Mental Modelling: Setting the Stage". In *Features of Common Sense Geography*: *Implicit Knowledge Structures in Ancient Geographical Texts*. Ed. by K. Geus and M. Thiering. Antike Kultur und Geschichte 16. Münster: Lit Verlag, 2014, 5-15。

代科学更直接,因为它更具有"直观性""一致性"和"机械性"。经验主义是常识的第一基础,它通过对现实的共同建构、参照共同的框架,甚至共同的空间心理模型,使来自一个社会群体或地区(在某些情况下,甚至来自不同的社区和文化)的个体能够分享对世界的普遍愿景。[1] 与此相反,现代科学中数据的产生依赖形式化的思维和一致的方法论。长远来看,这种方式不会留下任何模糊不清之处,因为科学家必须能够解释所有导致他得出结论的初始数据。

在我们的理解中,常识推理会假设常识科学通常需要一套不完整的标准,而这一套标准在所研究的论点中是可以识别的。[2] 常识一词表示抽象程度的降低,以便使普通的推论能够为非专业人员所接受。随着抽象化、复杂化、理论化程度的提高,可以想象,常识性科学正逐渐转变为科学本身。由于古代地理文献并不满足现代科学定义,因此可以说古代根本就没有"科学"的地理学。当然,这并不意味着托勒密的《地理学》不符合古代知识(*episteme*)和智慧(*sophia*)的要求,这两种知识合在一起,比其他任何人的工作都更符合科学在我们社会中的地位。然而,托勒密这样做,"只是"达到了古代常识性科学的最高境界,他没有将自己的"科学"标准应用于他的所有数据,或者说,至少没有为这种尝试留下任何痕迹。

我们"常识性地理学"的概念基于常识性推理:常识最核心的特征就是一个知识共同体达成的共识。这也是为什么常识本身不仅仅是"低等级"的(与专业和更高级的知识相对),还是一种共享的知识,可以应用于知识界,而且知识界也会讨论,进而构成了权威认知。因此,"常识性地理"的概念在很大程度上依赖于一套关于自然环境的共享知识,是生存的必需品,应用在从一个地方航行到另一个地方的时候,这种使用往往是直观的,不需要太多思考。这种知

---

[1] Martin Thiering. "Implicit Knowledge Structures as Mental Models in Common Sense Geography". In *Features of Common Sense Geography*: *Implicit Knowledge Structures in Ancient Geographical Texts*. Ed. by K. Geus and M. Thiering. Antike Kultur und Geschichte 16. Münster: Lit Verlag, 2014, 265 - 317.

[2] 例如,古人对尼罗河和印度河鳄鱼不完整的观察,以及错误的类比,参见: Klaus Geus. "A Day's Journey' in Herodotus' Histories". In *Features of Common Sense Geography*: *Implicit Knowledge Structures in Ancient Geographical Texts*. Ed. by K. Geus and M. Thiering. Antike Kultur und Geschichte 16. Münster: Lit Verlag, 2014, 147 - 156; Kurt Guckelsberger. "The Achievements of Common Sense Geography". In *Features of Common Sense Geography*: *Implicit Knowledge Structures in Ancient Geographical Texts*. Ed. by K. Geus and M. Thiering. Antike Kultur und Geschichte 16. Münster: Lit Verlag, 2014, 229 - 244。

识一旦存储起来,就可以检索并使用它来标识相对位置,无须做更多的阐释。因此,这一概念强调了古代普遍存在的空间地理思维的坚实基础和实践目的。所有的地理信息都是直接在实地收集的,以实用为原因和目的:一个明显的例子是,在古代,可能不存在像在现代那样为了探索而进行的探索(这就是为什么我们从严格意义上不能称他们为探险家)。和其他游记一样,地理研究似乎总是有实际目的。这些目的包括军事征服、经济交换和政治声望。现存的证据显示了一个过程,将对一个地方的观察加以归纳,得到人居世界的普遍认可。观察(通过经验或模拟)可以修改既有推论或得出新的结论,因此,向更抽象的世界观的演变是连续而又缓慢的。18、19世纪希腊罗马研究者们所梦想的包罗万象的古代地理学,实际上在那个时代可能从未实现。

在我们看来,常识性地理学既协调了古代地理学史与科学史的关系,同时又尊重了研究古代文献必需的古典语文学原则。就像彼得罗·扬尼提出的路径研究概念或亚历山大·波多西诺夫的研究一样,其本身就是基于库尔特·勒温的心理学理论,我们的"常识性地理学"是一个启发式的概念,一个可以为古代史料发掘新想法的工具。[1] 撰写古代地理学史的时候,所依据的文献不再仅仅按照一般的体裁分类,还要参考传统和理性化程度。从荷马到小说家,从历史学家到百科全书撰写者,从早期的哲学家到晚期的评论家和摘录者,人们可以通过比较和评估信息的来源和对真实世界的认知来更好地衡量修正前人地图(*diorthosis/epanorthosis*)。

从常识的角度来研究古代空间证据,意味着要回到或重新构建不同的心理地图。我们建议分析人们感知和心理建模的方式,分析他们如何认知当前的和遥远的、真实的和想象的、异域的、著名的或象征性环境的内涵。这也需

---

[1] Kurt Lewin, Fritz Heider, and Grace M. Heider. *Principles of Topological Psychology*. New York and London: McGraw-Hill, 1936, 87; Alexander Podossinov. "Из истории античных географических представлений ('From the History of Ancient Geographical Notions')". *Vestnik Drevnej Istorii* 147, 1(1979), 147 – 166; Pietro Janni. *La mappa e il periplo: Cartografia antica e spazio odologico*. Pubblicazioni della Facoltà di Lettere e Filosofia/Macerata 19. Roma: Bretschneider, 1984; Hans-Joachim Gehrke. "Die Geburt der Erdkunde aus dem Geiste der Geometrie: Überlegungen zur Entstehung und zur Frühgeschichte der wissenschaftlichen Geographie bei den Griechen". In *Gattungen wissenschaftlicher Literatur in der Antike*. Ed. By W. Kullmann, J. Althoff, and M. Asper. Script Oralia 95. Tübingen: Narr, 1998, 163 – 192.

要仔细观察古人的心理框架,这是由他们的历史背景所决定的。[1] 最后,这一方法使我们能够以更具批判性的方式来处理空间的呈现方式,并更好地理解不同层次的知识是如何在现存的文本中被组合、修改,从而被重新塑造的。[2]

译者简介:刘峰,德国海德堡大学历史与铭文学系博士生,主要研究方向为希腊社会经济史、铭文学。

---

[1] Tønnes Bekker-Nielsen. "Hard and Soft Space in the Ancient World". In *Features of Common Sense Geography*: *Implicit Knowledge Structures in Ancient Geographical Texts*. Ed. by K. Geus and M. Thiering. Antike Kultur und Geschichte 16. Münster: Lit Verlag, 2014, 131 - 146; Gian Franco Chiai. "The Mediterranean Islands and the Common Sense Geography". In *Features of Common Sense Geography*: *Implicit Knowledge Structures in Ancient Geographical Texts*. Ed. by K. Geus and M. Thiering. Antike Kultur und Geschichte 16. Münster: Lit Verlag, 2014, 89 - 113; Klaus Geus and Martin Thiering. "Common Sense Geography and Mental Modelling: Setting the Stage". In *Features of Common Sense Geography*: *Implicit Knowledge Structures in Ancient Geographical Texts*. Ed. by K. Geus and M. Thiering. Antike Kultur und Geschichte 16. Münster: Lit Verlag, 2014, 5 - 15.

[2] 关于旅行者狄奥尼修斯的研究,参见: Guenther Goerz, Ekaterina Ilyushechkina, and Martin Thiering. "Towards a Cognitive-Linguistic Reconstruction of 'Mental Maps' from Ancient Texts: The Example of Dionysios Periegetes". In *Natural Languages Processing and Cognitive Science*: *Proceedings of NLPCS 2013*; *10th International Workshop on Natural Language Processing and Cognitive Science*. Ed. by B. Sharp and M. Zock. Marseille: Springer International Publishing: Springer, 2013, 20 - 34.

古代希腊与古代中国的
货币经济和经济思想

雨宫健 著 刘 鹏 译 王大庆 校

[编者按] 本文为美国斯坦福大学经济系荣誉教授雨宫健(Takishi Amemiya,1935—)发表于日本金融研究所 2012 年 4 月号《金融研究》杂志上的一篇论文,原文为日文。该文充分利用古代希腊和古代中国的相关史料,运用经济学的理论与方法,对古代希腊和古代中国的货币经济与经济思想进行了较为全面和颇具特色的比较研究。雨宫健为世界著名的计量经学家,美国艺术和科学学院院士,著作有《高级计量经济学》《古希腊的经济与经济学》等。

作者将古代希腊与古代中国的货币经济以及经济思想的比较作为文章主题。首先阐述当时经济情况的概要,将其作为背景对经济思想进行比较。对比的双方分别是以公元前 5—前 4 世纪的雅典为代表的古代希腊,以及以从战国时期至秦、西汉结束时期(公元前 453—公元 8 年)的古代中国。将雅典作为古代希腊代表的原因在于,在众多的古希腊城邦中,雅典是远超其他城邦的货币经济发达的城邦代表,从流传到今天的著作以及出土的文字资料数量上看,雅典也是远超其他城邦的。在这一时期,古代中国与古代希腊都形成了成熟的以工商业和贸易为代表的发达的货币经济。这看起来像是基于一种大胆的假说,不过笔者将会对两者在 GDP、货币化(Monetization)指标、收入差距等方面进行比较。这个时期,两个地区的经济著作家们也层出不穷。作者将中国的诸多思想家与希腊的思想家进行对比,并对他们的士农工商观念以及与其密切相关的劳动观、分配理论进行阐述。接着,阐述与士农工商观念有密切关系的功利主义观。之后,提出了劳动分工理论、物价形成理论、货币理论、征税理论。双方几乎在同一时期,工商业和货币经济不约而同地迅速发达起来。另外,双方经济思想家的理论也有不少共同点和不同点,双方在这方面也都达到了高峰,这些都是值得读者关注的。

一、序言

本文将古代希腊与古代中国的货币经济以及经济思想的比较作为文章主题。首先阐述当时经济情况的概要,将其作为背景进行经济思想的比较。对比的双方分别是以公元前 5—前 4 世纪的雅典为代表的古代希腊,以及从战国时期至秦、西汉结束时期(公元前 453—公元 8 年)的古代中国。在这一时期,古代中国与古代希腊都形成了成熟的以工商业和贸易为代表的发达货币经济。经济著作家们也在这个时期层出不穷(参考表 1)。将雅典作为古代希腊代表的原因在于,在众多的古希腊城邦中,雅典是远超其他城邦的货币经济发达的城邦代表,从流传到今天的著作以及出土的文字资料数量上看,雅典也是远超其他城邦的。但是,在对两者进行比较时有一个问题,那就是古代中国

表 1　相关年表(前代表公元前)

古代中国	古代希腊
前 771　春秋时代开始 管仲(约前 730—前 645)	前 594　梭伦改革
孔子(前 551—前 479)	前 508　克里斯提尼的民主制 前 460　修昔底德(前 460—前 395)
前 453 战国时期开始 墨子(约前 470—约前 390)	伯里克利时代 阿里斯托芬(前 445—前 386)
庄子(约前 369—约前 286) 孟子(约前 372—约前 289) 荀子(约前 298—约前 235) 韩非子(?—约前 230)	前 431　色诺芬(前 430—前 354) 伯罗奔尼撒战争 柏拉图(前 427—前 348) 前 404　亚里士多德(前 384—前 322) 德摩斯梯尼(前 384—前 322)
前 221　秦统一天下 前 202　西汉王朝开始	前 322　雅典民主制终结
司马迁(前 145—前 86?)	
8　西汉王朝灭亡	

有着远超雅典的国土面积的事实,这件事情在之后的论述中要始终保持理解态度。

雅典有着狭义和广义两种含义。狭义的雅典是指以雅典卫城为中心的集政治、商业、娱乐为中心的城市。广义的雅典被称为阿提卡,是包含东南的劳里昂银矿、东北的马拉松、西北的著名遗址埃莱夫西斯(Eleusis)等约 2 500 平方公里的地域,主要以田地为主。位于雅典卫城西南 5 公里的比雷埃夫斯港以其繁荣的国外贸易而著称,传统上也将其看作狭义雅典的一部分。正如当时的著作中所描绘的那样,许多富裕阶层都在城市里安家,常常骑马去管理偏远的农田。以下叙述中,单讲起雅典时,指的是作为城邦意义上广义的雅典。

与此相对,将中国的范围确定在从战国时期开始到西汉结束,不包含当时并不发达的长江以南地区,总面积约为 700 万平方公里,这是雅典面积的 2 800 倍。如之后所述,西汉末期人口数约为 6 000 万人,而公元前 4 世纪的雅典人口粗略计算约为 15 万人,前后的人口比约为 400 倍(这里提到的中国和雅典人口数中不包括奴隶,如之后会提到中国的奴隶数量并不多,但希腊的人口中,约三分之一都是奴隶)。根据《汉书·地理志》(永田、梅原[2008]),西汉末期长安人口数为 246 200 人。这个人口数与雅典人口加上奴隶的数量相比基本相当。但是长安并不是独立的政治、经济组织。所以,单独将长安和雅典相比是没有意义的。用战国时期经济发达的齐国或者三晋诸国与雅典进行对比可能意义更大,不过遗憾的是,有关那个时期的数据实在是太少了。

了解当时的经济状况,需要根据残存的著作和出土的文字资料来确定。经济变量中的数量方面,例如产量、物价等,在出土文字资料中出现较多。关于公元前 5—前 4 世纪的雅典,发掘出了很多石碑,但是有关中国战国时期经济的出土文字资料很少。关于秦汉时代,根据近年来发掘出的木简、竹简,可以在一定程度上了解当时的经济状况。不过,与希腊出土的文字资料,以《希腊铭文集成》为中心的著作相比,中国古代的木简、竹简,中国科学院考古研究所《居延汉简》,中国简牍集成编辑委员会《中国简牍集成》《睡虎地秦墓竹简》《张家山汉简》等近年来陆续出土的资料没有被收集到一处,一般研究人员很难利用。另外,关于西汉时代的经济,通过司马迁的《史记》和班固的《汉书》可以了解一些。因此,对于中国,本文将战国时期到西汉末期作为研究对象的时代。

以上虽然指出了有关古代中国与古代希腊对比中的一些问题,但是双方几乎在同一时期,工商业和货币经济不约而同地迅速发达起来。另外,双方经济思想家的理论也有不少共同点和不同点,双方也都达到了惊人的高度,我认为这些都是值得大书特书的。本文就是以这种震惊为动机写成的。所以,本文的意义到底是什么呢? 虽然历史研究经常本身就是有意义的,但是,使我非常感兴趣的问题是,在2000年前相距甚远的两个地域中,人们在提高生产积极性的同时,如何处理从事着不同生产的人与人之间、贫富之间、统治者与被统治者之间的均衡问题。

二、经济

以下是构成古代中国和雅典经济的重要方面。与雅典相比,对中国经济的描述占据了更多笔墨。关于雅典经济的详细论述请参照雨宫健(2007)。最后,对经济状况的重要指标GDP进行估算。

(1) 农业

在战国时期,铁制农具和牛耕提高了农业生产效率,农民脱离氏族共同体关系,实现了以家族为单位的土地私有制,出现了当时被称为"五口之家"的小农阶层。同时,手工业也独立出来(影山[1984]4页)。就像在《管子·轻重乙》(远藤[1992])中"一农之事,必有一耜,一铫,一镰,一耨,一椎,一铚,然后成为农"的记述一样,他们使用的农具都是一些与生产密切相关的小型农具(佐原[2002]358页)。

从汉武帝末年到汉昭帝初年开始实施的代田法,使得生产积极性提高,在240步1亩制的情况下,一亩地的一年产量大概为3石。在西汉末期,一户(5人)的垦田面积约为70亩,家庭私有土地面积约为100亩(1顷)。而西汉前期的垦田面积约为50亩,家庭私有土地面积为100亩(山田[1993]89—90页)。关于农业生产还会在后两节(14)叙述。

雅典的土地并不肥沃,粮食消费量的一半以上依靠进口。主要的谷物是大麦、小麦,在雅典大麦的产量虽然更多,但小麦更显珍贵。在许多资料中并不把这两者分开,大麦、小麦统称为食物(sitos)。谷物以外的重要农产品是橄榄和葡萄,据说梭伦禁止出口橄榄以外的农产品。

(2) 粮食消费量

粮食消费量是经济学家最关心的问题,也是日后GDP估计时的必要因素。从《居延汉简》(永田[1989])中显示出的成年男子一个月的谷物消费量来看,少的是 1.33 石,多的是 3.33 石。山田(1993)第 128 页指出,一个月平均为 3 石。《居延汉简》中记载,成年男子以外的成年女子(15 岁以上)为 2.17 石,儿童(7 岁以上 14 岁以下)为 1.67 石,6 岁以下儿童为 1.17 石。由山田[1993]第 660 页中推测,一个五口之家一个月的粟的消费量约为 10.5 石。《居延汉简》中记载的盐的月消费量大约为 3 升。《管子·海王》(远藤[1989])中记载,一个月的消费量,成年男子为 5 又 1/3 升,成年女子为 3 又 1/3 升,小孩为 2 又 1/3 升。《汉书·赵充国传》(小竹[1970a])中记载,每个人每月约为 2.9 升。关于雅典,请参照雨宫健(2007)第 75—76 页。

(3) 城市

中世纪欧洲的例子很明显,城市的发达与商业的发达有着密切的关系。因此,在考察市场和工商业之前,首先对城市的形态进行描述。

根据《战国策·赵策三》,对于中原地区的城市有着"今千丈之城,万家之邑相望也(一丈为十尺,当时一尺约 23.1 厘米。)"的描述。也就是说,一边有 2 公里多长的城墙,1 万户人口的城市分散在甚至可以相互眺望的近距离的地方。《孟子·公孙丑下》曾记载"三里(1 里约为 450 米)之城,七里之郭"。《墨子·杂守》(山田[1975])中记载,"率万家而城方三里"。江村(2000)第 418—435 页中有战国城市遗迹表,实际上有一边 2 公里以上长度的城墙遗迹有很多。其中也有一边城墙 4 公里以上的遗迹。战国时期,三晋地区作为商业交通重地,成为非常发达的巨大城市群,但周边地区的其他城市并不发达(江村[2000]384 页)。在城市的城廓内,除了王、贵族、官吏、学者、士兵之外,还居住着商人、手工业者、农民。城廓内有一定程度的农地,据推测,在城外近郊耕种农地的农民也居住在城里(江村[2000]346—347 页)。

在三晋地区的各个国家、县,也就是城市,拥有着自己的铜制兵器制造机构,由"县=城市"的最高统辖者——"令"来统辖(江村[2000]387 页)。这些国家把城市编成县,以官僚系统进行统治,并且是在承认其独立性的基础上进行统治的。除此之外的诸国,城市是隶属于中央政府统辖的(江村[2000]390 页)。秦一统天下后,实行中央集权的郡县制统治城市,因此拆毁城墙,夺取铜制兵器铸造权。秦末发生的叛乱主要都是城市的叛乱。汉高祖刘邦称帝后的第二年,下令修复被秦破坏的城市的城墙(《汉书·高帝本纪下》)。但对商人却有差别对待(《史记·平准书》,吉田[1995])。这种差别在汉惠帝、吕后时代开始缓和,到了汉文帝时代更加自由了。但是有市籍的人不能成为官吏的制度仍然存在。西汉前期的县相对独立于更高机构的郡和国家。

　　据说在古典时代(公元前5—前4世纪)的希腊有1000多个城市国家(城邦)。其中,雅典是历史最悠久的城市之一。第一批说印欧语系语言的原始希腊人在公元前2000年左右入侵现在的希腊地区,他们在公元前1600年左右使用了一直统治着爱琴海周边的非印欧语系语言,确立了比在克里特岛的克诺索斯拥有最大据点的米诺亚文明更占优势的迈锡尼文明。在迈锡尼文明下繁荣的小王国中,主要有迈锡尼、派罗斯、雅典等。这个文明在持续了400多年后,由于不明的原因(有自然灾害、第二波侵入希腊的多利亚人的入侵、其他侵略等各种说法)而衰退。在这期间,许多小王国被消灭或转移到了小亚细亚,只有雅典作为小王国继续存在,与后来出现的雅典城邦保持了连续性。公元前1200年到前800年被称为希腊的黑暗时代。公元前800年左右,希腊本土再次出现了复兴的征兆,雅典与斯巴达、科林斯等一起承担了复兴的重要角色。此后,由于公元前594年雅典的梭伦改革、公元前508年的克里斯提尼改革,民主制度得以确立,并由此提高了国力。公元前5世纪初,作为击败波斯军队的希腊联军中起着核心作用的城邦,雅典在整个希腊的霸主地位得到公认。具体而言,雅典成为了公元前478年结成的提洛同盟(第一次雅典海上同盟)的盟主,每年从参加的城邦中收取贡金。之后的公元前460年到前429年,是著名政治家伯里克利活跃的雅典的黄金时代,此时的雅典文化高度繁荣。公元前431年到前404年的伯罗奔尼撒战争(雅典为首的提洛同盟和斯巴达为首的伯罗奔尼撒同盟的战争)期间,虽然先后两次建立寡头政权,不过民主制度深入人心,战后很快就复兴了。公元前377年,提洛同盟也在保持自治(地位平等)的条约基础上组织了第二次雅典海上同盟,雅典重新夺回了希腊的支配地位。但是经过公元前370—前360年代希腊本土的底比斯的霸权兴起,以及公元前350年代雅典脱离海上同盟,势力逐渐衰退。在公元前338年的喀罗尼亚之战中,反马其顿同盟战败,公元前322年雅典民主制度也落下了帷幕。公元前600年左右,虽然规模很小,但雅典首次铸造了货币。梭伦的经济改革使雅典经济得到了发展,公元前5世纪初,在劳里昂发现了新的大银矿,公元前5世纪到公元前4世纪,政府向参加政治、司法、观剧的人员支付货币,这也成为了一种动力,雅典的货币经济达到了顶峰。

　　在雅典,以雅典卫城为中心的包含agora(市场)、kerameikos(陶器作坊所在地)、pnyx(公民大会会场)的城市中心周围筑有城墙,大土地所有者在城墙内居住,每天会到城堡外的农田进行视察。一般农民都住在城外,为了购物、参与政治、司法活动时才会进城。但伯罗奔尼撒战争爆发后,由于伯里克利的动议,全体公民都住在城里,城里由此发生了瘟疫,很多人(包括伯里克利自己)死于传染病。在此之前的公元前460—前450年左右,连接雅典中心和比雷埃夫斯港的道路两侧都建造了长长的城墙。

(4)市场

西周时代的市场被严格控制。集市每天举行三次,早上为商贾之间的买卖,白天为普通百姓之间的买卖,晚上为小贩(行商)之间的买卖,在交易地点门口有个拿着竹简的官员,每种商品的买卖地点和价格都是被严格控制的。高价的商品和低价的商品在不同的地方买卖。棉和绢的质量、厚度、宽度也作出了规定(胡[1962]36—38页)。春秋时代,"市"进一步发展。据《左氏春秋》记载,在鲁文公十八(公元前609)年、郑成公十三(公元前572)年、齐襄公(公元前697—前686)二十八年、晋昭公十二年、楚哀公十六年时期已经有市的存在。不仅是买卖商品的商人,还有销售自己制品的手工业者,虽然以贵族为对象的奢侈品居多,但普通的日常用品也在被买卖。从《左氏春秋》晏氏(公元前6世纪)的话中可以看出,当时齐国国内有好几个市,贩卖着多种日常用品(佐藤[1977]48页)。

下面的三个引文显示了从战国时期到西汉时期市的繁华。"臣闻争名者于朝,争利者于市"(《史记·张仪列传》)。"君独不见夫趣市者乎?明旦,侧肩争门而入;日暮之后,过市朝者掉臂而不顾"(《史记·孟尝君列传》,水泽[1993])。"朝之市则走,夕过市则步,所求者亡也"(《淮南子·说林训》)。

不仅在城市里,在近郊也设有市场。像官设的仓库所在地那样的物资集散所,太学所在地那样的消费者聚集的地方,或者处于近郊的交通要道都逐渐发达起来(宇都宫[1967]155页)。以上的市被称为"定期市",与"常设市"区分开来(佐原[2002]291页)。常设市四周被城墙包围,城楼上还有监督买卖的官吏(佐原[2002]283页、294页)。价格是按月定的"平贾"(公定价格),但商人们到底遵守到什么程度还是一个问题(佐原[2002]301页)。在长安至少有着9个市(佐原[2002]286页)。在集市上,农民卖出农作物、买来日常用品(佐原[2002]300页)。从下面的文章可以看出,工人有时在市里从事制造业。"子夏曰,百工居肆以成其事。"(《论语·子张》)百工指的是手工业者。

《居延汉简》中也有作为公定行情的"平贾"的记载。特别是在官署之间、官民之间的交易中,这是一个有效的指标。(柿沼[2006]38页)。一物一价的原则始终被认为是一种理想,是一种特例。(柿沼[2006]39页)。黄金一斤一万钱(《史记·平准书》)也只是作为平贾的价格,而实际的价格则有很多种。例如,《张家山汉简》算数书中有"黄金一斤=5 040钱",《九章算术》卷六均输中有"黄金一斤=6 250钱",同书卷七《盈不足》中有"黄金一斤=9 800钱"的记载(柿沼[2006]46页)。

对于居住在市内的并在市外没有户籍的人,被视为"有市籍者",拥有市籍而居住在市外的一般乡里的人,在户籍方面也被乡里制度管理。从事远距离交易的商人虽然户籍在本籍所在地,但居住在不同的土地上,因此被视为"客民"。《汉书·食货志上》(黑羽[1980])中晁错曾说"商贾大者积贮倍息,小者坐列贩卖"。根据在城市里开店的都是中小商人这一点来看,可以想象到大商人不拘泥于市,还有着更广阔的场所(山田[1993]344页)。《汉书·酷吏传》(小竹[1978b])的尹赏一篇中有一则长安的不良少年没有市籍却以经商为业的故事。没有市籍而做买卖的人也适用于与商人相同的税率(《史记·平准书》第288页)。市租不是对市籍者个人收租,而是对销售额征税(山田[1993]19页)。

"战国时期到汉代的城市,存在着国家制度控制不到的部分,甚至存在与之对立的侧面。它是避难者和罪犯的容身地,也是'游侠'们拥有独自势力的活动场所。"(江村[2000]359页)此外,市也是公开处刑(弃市之刑)和重要布告的公布场所。

雅典也随着公元前5—前4世纪货币经济的发展而市场(agora)繁荣。农产品、工业制品等各种各样的东西都有确定的贩卖地点,以至于谁都不会弄错(Xenophon, Oeconomicus 8.22)。租佃费也是经常用货币支付的(Davies,[1981] p.55)。雅典的市场(agora)从1930年开始被挖掘、整理,直到现在,仍然可以在卫城的山脚下追忆当时的盛况。狄奥弗拉斯图(Theophrastos)的《论性格》(The Characters)描写了许多关于在市场(agora)上发生的人间喜剧。市场上有市场监督官(agoranomoi)管理着产品质量。关于物价,除了谷物,与中国相比规制较少。关于谷物,谷物监察官(sitophylakes)会在研磨前的麦、麦粉、面包的价格之间设定一定的比率。不过,对于麦的输入有着严格的规定。(1)购麦的零售商不能从贸易商那里购买超过50麦斗(medimnos)的麦,1麦斗为51.8升)。违反了这个规定就会被处以死刑。吕西阿斯

(Lysias，XXII)中有关于麦零售商被告发的辩论。进口商受到了优待，而麦零售商似乎成了眼中钉。(2)每1麦斗的麦售价不能超出1奥波尔(obolos)以上。(3)在雅典居住的人不得向雅典以外的市场出售麦。(4)居住在雅典的人不能出资给向雅典以外运送麦的人员及团体。(5)进口商要把进口麦的 2/3 以上运到雅典。

(5) 工商业

从春秋初期开始商业发达的是齐国和郑国(影山[1984]2 页)。公元前 627 年，郑国商人弦高在与周国进行交易的途中，遇到了进攻郑的秦军，他用计谋拯救了郑国。(《春秋左氏传》)。到了春秋时代后期，出现了商人和手工业者能够影响国家动向的例子。在公元前 520 年的周王子朝之乱中，王子朝要求王位继承权，率领"旧官百工之丧职秩者"发动叛乱。春秋中期以后，《左传》中大量出现的各国"民会"就是工商业者势力壮大的结果(江村[2001]49 页)。"民会"在战国时期衰退。春秋时代，作为奢侈品的绢生产相当发达(佐藤[1977]35 页)。各国之间的战争增加使得兵器加工业发达起来。防御武器(甲胄、盔甲、盾牌等)大多是皮革制成的(佐藤[1977]38 页)。战车的制作也很兴盛(佐藤[1977]39 页)。

中国从春秋末期至战国初期开始使用铁器。最初以生铁为主，但在春秋末期的墓中出土的铁剑被确认为是钢剑(古贺[2001]217 页)。到今天为止出土的铁器中，推测为春秋晚期的只有带钩和铁剑，农具和工具等实物用品没有发现一例(佐藤[1977]376 页)。燕国的铁制兵器出现在战国后期(江村[2000]186 页)。进入战国时期，铁器的种类急剧增加，官营工厂制造战具、农具、工具。战国时期，铁制农具的使用变得相当普遍(《孟子·滕文公》第 171 页)。青铜器的制作在殷末至西周前半期达到最高峰，之后一度衰退，在春秋时代中期开始中兴，此后开始制作精巧、新颖且具有各种制作技巧的青铜器。这一中兴与农业奴隶解放带来的农业发展时间是一致的，也是从事手工业的奴隶分化出来的工商业阶层时间一致(郭[1933])。到春秋时代为止，青铜制品多为祭器，但进入战国时期，则以实用品、娱乐品为主。在战国时期，铁比青铜更加重要。铁在春秋时代被当作工艺品，但在战国时期被当作实用品(佐藤[1977]50 页)。

进入战国时期，独立的手工业者大量出现，开始为一般民众制作日用品。特别是炼铁和制盐非常兴盛(佐藤[1977]第 49 页)。另外，随着绢和麻的生产逐步增加,开始在市场上被买卖。同时,染色业也很发达。《墨子》所染篇(山田[1975])中有各种染色的记述(佐藤[1977]第 51 页)。《韩非子》林上篇(竹内[1960])中提到鲁国做鞋、染色的手工业者从鲁移居到越,他们可以自由地移居他国。车工、木工、皮革工、陶工、冶金工大多是以小规模、家庭劳动为主(佐藤[1977]61 页)。制作白圭的许多产品中也有漆器(《史记·货殖列传》、小川、今鹰、福岛[1975a])。漆器在战国初期是重要的商品。制铁的技术在西汉中期和西汉后期有了很大的变化。前者是铸铁和钢铁并用,后者制钢技术得到了极大发展(佐原[2002]355 页)。西汉铁器产量上限为每年 1 万至 1.5万吨(佐原[2002]357 页)。

《汉书·匈奴传下》(小竹[1978b])记载,汉朝宫廷赐予匈奴锦绣绮縠杂帛8 千匹、絮 6 千斤。这说明汉代丝织品生产的剧增。帝国在其初创时期就设立了直营的纺织厂,以满足宫廷的需要(佐藤[1977]142 页)。另外,在《汉书·食货志下》(黑羽[1980])记载"诸均输帛五百万匹。民不益赋而天下用饶(另外,根据'均输法',从各地收集的绢布有 500 万匹之多,人民不担心增征赋税,普遍过上了比较富裕的生活)"。

希腊早在公元前 10 世纪就开始使用铁制武器。雅典全盛时期(公元前5—前 4 世纪),制造业大为繁荣,曾占 GDP 的一半以上(Amemiya [2007] p.111)。国内制品的输出与国外谷物的输入相抵还会有不少的剩余。但这些并不是在大工厂生产,而是在富豪地盘上的工厂里生产,劳动力大部分为奴隶。公元前 4 世纪有代表性政治家、辩论家德摩斯梯尼(Demosthenes)的父亲就经营着制刀厂和制床厂,前者使用了 32 名奴隶,后者使用了 20 名奴隶(Demosthenes,XXVII)。雅典近郊凯勒梅科斯的制陶厂(现在也能看到遗迹)非常有名,这里的工匠大多也是奴隶。

(6) 国外贸易

根据《史记·大宛列传》(小川、今鹰、福岛[1975b])记载,汉帝国与西域的交流开始于汉武帝派遣张骞至西域。在途中张骞被匈奴两次抓捕,在西域经过 13 年后,在公元前 126 年回国,并将西域的情况报告给武帝,汉帝国与西域的交流以此为契机开始了。此后,武帝派遣张骞到乌孙并开始了交流。之后,汉朝的使者又到了大月氏、大宛、大夏。司马迁曾记载在大宛国国内汉朝的货物很多,可见当时的贸易十分繁荣,但其实中国和西域的贸易在汉以前就存在了。在张骞写给武帝的汇报中,他在大夏看到了邛地生产的竹杖和和蜀地生产的布。张骞问他们是如何获得的,他们回答说那是大夏商人在印度购得的。《史记·西南夷列传》(小川、今鹰、福岛[1975a])中也有巴和蜀的商人从事经由印度至西域贸易的记载。

继东汉光武帝之后即位的汉明帝(58—75 年)于 73 年对匈奴进行了大征伐,此时班超成为了与西方各国交流的外交使节,之后被任命去经营西域。他的和平外交取得了成效,与包括大月氏、帕提亚(现在的伊朗)在内的 50 多个国家建立了外交关系。他的部下甘英后来去了罗马帝国的领土。罗马帝国与中国的交流在这个时代并没有直接展开,主要是将中国的丝绸作为流通商品,经由大月氏和帕提亚的商人之手,在罗马帝国的领土进行贸易(宫崎等[1971]83—85 页)。就这样,中国与西方的贸易是在东汉以后开始盛行的。而这篇论文所涉及的战国时期到西汉末期时代,对外贸易在经济中所占的比重便很少。

如之前所说,在雅典,由于谷物进口的需要,对外贸易是必不可少的。谷物(大麦、小麦)主要从黑海沿岸、埃及和西西里进口。虽然在爱琴海航运会遭到自然灾害和海盗的袭击,但雅典拥有比雷埃夫斯港这个天然良港,拥有众多优良的船只和护卫舰,这是一件非常幸运的事情。其他重要的进口物品包括船舶建造所需的木材,这主要是从马其顿进口的,这种木材还是精炼银矿所需的木炭原料。伯里克利在伯罗奔尼撒战争开始后的阵亡者追悼演说中讲道:"我们许多的雅典公民把世界上的产物带到我们的港口,所以外国的贵重物品都是我们熟悉的。"(Thucydides, II. 38)如第二节(6)所述,这些进口所对应的出口产品是工业制品和银。

(7)货币

齐国的刀钱和圆钱在战国时期以前就存在了(江村[2000]165 页)。但是能够追溯到西周时期的货币还没有被发现(江村[2000]167 页)。战国时期发行各种各样的货币,桥形方足布(虽然称为布,但是是铜制的)、尖足布、方足布分别有 16、40、79 种地方名字。这些地名主要是三晋地区的地名。此外,有三晋各国地名的货币还包括圆足布、三孔布、圆孔圆钱、直刀钱。三晋各国的城市在经济上是独立的,还不存在全国流通的独立货币。与此相对,秦的半两钱、燕的明刀钱、齐的刀钱在国内全境流通(江村[2001]46 页)。战国时期各地制作的布钱的重量几乎相当,这是存在贸易的证明(加藤[1991]101 页)。在三晋以空首布、平首布、圆钱、刀钱的顺序出现。空首布在春秋初期出现,到战国中晚期仍在流通。平首布是战国时期的货币。桥形方足布、方足布、尖足布在战国后期广泛流通（江村［2000］213—215 页）。尖足布是赵国的货币（江村［2000］222 页）。燕的刀钱、方孔圆钱、布钱存在于春秋晚期到战国晚期（江村［2000］189 页）。

楚国从战国时期开始铸造金币，其流通范围遍及中国全境。楚国的金币基本上是称量货币而不是计数货币（山田［2000］44 页）。从汉朝初年到汉武帝时代，能够看到非常多有关金币的记载文献，这是由于秦汉帝国继承了战国时期的以楚为中心的金币流通。作为货币的金，总量不少于 200 万斤，与此相比，1997 年的美国的国家公共金储备量为 8 100 吨，日本为 750 吨（山田［2000］114 页）。

半两钱并不是秦始皇统一货币时才出现的，而是在此之前就已经存在了。但是秦半两钱在战国时代秦国以外几乎没有出土，所以秦始皇统一货币时半两钱的使用并没有马上在全国普及（佐原［2001］400 页）。从秦代的遗迹和墓葬中出土的半两钱重的有的近 10 克，而轻的不到 2 克，能满足半两（约 7.8 克）标准的只有很少（佐原［2001］401 页）。从战国末期到统一时，秦的财政中是钱、布帛、黄金并用的，钱与布之间，"长 8 尺，宽 2 尺 5 寸的布＝11 钱"的换算率是法律规定的（《睡虎地秦简》金布律）。如果这个换算率是绝对的话，秦采用布本位制这件事就像之前第二节（4）所说的平贾（公定价格）一样，实际上布的价格是变动的（柿沼［2006］42 页）。金布律记载"百姓市用钱，美恶杂之，勿敢异"（山田［2000］68 页）。这说明政府把半两钱当作了名义货币。

货币经济的进展在很大程度上要归功于汉高祖"算赋"的制定，即制定了全国统一对 15 岁以上男女每年征收 120 钱人头税的政策。（中国哲学书电子计划，《汉书·高祖本纪上》，高祖四年"八月，初为算赋"。）然而，在汉武帝以后的国家财政中，布帛类也被用作辅助货币（佐原［2001］416 页）。买卖所用的布帛的规格为一匹宽二尺二寸，长四丈（《汉书·食货志上》，黑羽［1980］）。布帛和黄金一样，被用于对外贸易和赏赐。黄金赏赐给地位高的人，布帛赏赐给中级以下的官吏，也分发给平民。柿沼（2008）的卷末收录了《史记》《汉书》中秦、西汉、王莽时代的布帛赐予的详细表。

西汉帝国的使用的货币反复出现错误，非常复杂。最初，秦的半两钱继续使用。"钱"原本可能是指一枚秦的半两钱（柿沼［2006］41 页）。调查出土的半两钱，原来"半两＝12 铢（7.8 克）"，后来重量逐渐减轻，最后出现了很多三铢的钱币(山田[2000]75页)。汉高祖通过让民间自由铸造钱币,大量流通汉朝独有的半两钱(钱文记为半两)。其中很多比三铢更轻、尺寸更小,被称为榆荚钱,由于战争带来的生产力低下,造成了极度的通货膨胀。上述情况在《史记·平准书》中有如下记载:"是为秦钱重难用,更令民铸钱,一黄金一斤,约法省禁。而不轨逐利之民,蓄积馀业以稽市物,物踊腾粜,米至石万钱,马一匹则百金。"

公元前195年汉惠帝即位,惠帝继承了高祖的自由铸造政策,公元前187年吕后开始亲政,第二年废除了自由铸造,发行了8铢"半两"钱(中国哲学书电子计画,《史记》卷22汉兴以来将相名臣年表)。但是发行了比原来重3倍的钱币反而引起了混乱,4年后的公元前182年再次发行了三铢"半两"钱(中国哲学书电子计画,《汉书·高后纪》)。因此,通货膨胀日益加剧,货币经济进一步混乱。解决了这个纠纷的是吕后死后于公元前179年即位的汉文帝。文帝在公元前175年发行了四铢"半两"钱,并再次允许民间铸造。《史记·平准书》记载"至孝文五年,钱益多而轻,乃更铸四铢钱,其文为半两,令民纵得自铸"。但与高祖时期不同,由于实行了严格的国家质量管理,避免了像以往那样的弊端。"这个货币政策使得秦以来各种重量相异的半两钱被废除,没有使钱品质下降,克服了曾经的三铢半两钱和榆荚钱导致的通货膨胀,货币经济整体在很短的时间内用四铢'半两'钱替换开来,这是非常巧妙的政策。"(山田[2000]89页)。

促进文帝的四铢"半两"钱充分向社会供应并发挥重大作用的是邓通。"故吴诸侯也,以即山铸钱,富埒天子,其后卒以叛逆。邓通,大夫也,以铸钱财过王者。故吴、邓氏钱布天下,而铸钱之禁生焉。"(《史记·平准书》)正如平准书所说,公元前157年即位的汉景帝在平定吴楚七国之乱后的公元前144年再次禁止私铸铜钱,铜山被中央收回,设铜官管理。到武帝时代,国家加强了铜钱铸造的管理能力。

汉武帝即位的公元前141年,货币稳定的同时经济也得到了发展。"都鄙廪庾皆满,而府库馀货财。京师之钱累巨万,贯朽而不可校。"(《史记·平准书》)但是随着武帝对匈奴的进攻和陵墓建造费用的增加,国库财政急速恶化。于是武帝即位的第二年,发行了带有建元元年(公元前140年)外郭的三铢钱。这种三铢钱与以前的三铢"半两"钱不同,钱文上也表明三铢,一枚1钱这一点与以往相同。但三铢钱因为是轻钱,盗铸横行,因而造成了通货膨胀。因此,公元前136年废除了这一制度,重新发行了与文帝、景帝时期相同的四铢"半两"钱。但由于带有外郭,所以被称为有郭四铢"半两"钱。此后,由于长期的与匈奴战争,财政状况日益紧张,元狩4年(公元前119年)发行了"皮币"和"白金"作为改善对策(《史记·平准书》)。所谓皮币,就是禁苑的白鹿皮,皮币每张一方尺,饰以彩画,让诸侯们花四十万钱购买。白金是在帝室所拥有的银中混入锡制成的,有价值3000钱、500钱、300钱的三种重量的银币。但是,即使这些措施能起到暂时缓解国库财政的效果,也不能成为永久的解决方法。于是在第二年的公元前118年,又发行了郡国五铢钱(地方上的郡和王国发行的五铢钱)。当时实行的有郭四铢"半两"钱作废了。那是因为钱文不同。即使是一枚1钱,也很难同时通用2种钱文不同的钱币。尽管如此,财政仍未得到改善,因此在公元前116年发行了赤侧五铢钱(外郭为红边的五铢钱),并规定其名义价值是郡国五铢钱的5倍。这是首次打破以一枚1钱为不成文法律的货币。可是这赤侧五铢钱也在两年后被废除了。"其后二岁。赤侧钱贱,民巧法用之,不便,又废。"(《史记·平准书》)现在已经看不到赤侧五铢钱的留存实物了(佐原[2001]411页)。

郡国五铢钱因为质量差,在公元前113年被禁止铸造,之后只发行了中央的上林三官(均输、弁铜、钟官)铸造的五铢钱(《史记·平准书》),这些被称为上林五铢钱。满城汉墓(中山靖王刘胜夫妇墓)出土了大批五铢钱,1号墓埋葬的刘胜死亡年份是公元前113年,2号墓中埋葬的刘胜夫人死亡年份是公元前104年。1号墓中出土了2316枚、2号墓中出土了1890枚五铢钱,这些钱币还保留着刚铸造出来的样子。1号墓钱币的平均重量为4.0克,与标准偏差为0.5克,2号墓钱币的平均重量为3.7克,与标准偏差为0.5克。在西汉的度量衡中,1斤重即16两相当于250克,1两相当于24铢,所以五铢钱的重量约为3.3克。因此,出土的五铢钱的平均重量比记载的要重(佐原[2001]395—396页)。

接着考察西汉帝国的钱币到底是名义货币还是实质货币(即称量货币)的问题。之前说到,秦朝并没有采用布本位制,从秦朝的金布律可以看出政府将半两钱视为名义货币。所以有理由相信汉朝政府也把钱币当作名义货币。首先要明确的是,曾经有学者相信汉朝有"黄金一斤＝一万钱"的规定,但这一说法在柿沼[2006]文中被极力否定。以下会根据这个柿沼的论点进行讨论。如果有"黄金一斤＝一万钱"的规定,那么汉朝就采用了金本位制,汉朝的钱币就成了实际货币。《张家山二四七号汉墓竹简》二年律令钱律中有这样的记载：符合以下四个标准的钱被认定为"行钱"（公认流通的钱）。(1)钱的直径在8/10寸以上，(2)钱文能被读懂，(3)没有大的损伤，(4)不是铅钱(柿沼[2006]47页)。这些明显是汉政府将钱币视为名义货币的证据。但普通人民怎么看是另一回事。《汉书·食货志下》中贾谊曾说，"又民用钱，郡县不同；或用轻钱，百加若干；或用重钱，平称不受"。根据郡县的不同，民间对钱的使用方法也不同。因为法定钱的重量是四铢，所以如果使用100枚轻钱(豆荚钱即三铢钱)时，可以再加上若干一起使用。使用重钱(秦钱，重半两即12铢)100枚支付时，不会计算多出的部分。这说明，与政府的想法不同，人民有把钱币当作称量货币的倾向。政府当然不能忽视这个事实。西汉帝国之所以屡次重铸钱币，是因为钱币的实际价值不断被其实际重量所左右。结果，西汉帝国要求钱文必须接近钱的实质重量，力图标明或超过最后五铢钱的重量(柿沼[2006]50页)。柿沼[2006]第51页所说，五铢钱是"官民之间的相互关系中产生的平衡点"。

元狩五年(前118)至西汉末年，五铢钱共铸造了280亿钱。此外，白金约10亿钱，皮币约9000万钱，赤侧五铢钱在两年内铸造了80亿钱。这280亿钱的货币量能支撑当时的货币经济吗？如果根据李悝所说农民将收获的三分之一出售的话，那么"83000万亩×3石×3÷10×100钱=747亿钱"。在此基础上，作为购买粮食的一方，增加了山林、渔业、手工业等的生产。因此，汉代的货币经济规模，少说也要略高于每年1000亿钱。即使上述280亿钱的五铢钱中每年都流通，为了维持这一经济规模，这些五铢钱每年平均也要更换3—4次主人。为了解决这个困境，只能认为布帛也起到了货币的作用(佐原[2002]540页)。

爱琴海周边最早的货币铸造是公元前7世纪吕底亚(Lydia)的琥珀金(electrum)货币。雅典从公元前6世纪开始铸造银币，但公元前5世纪初，在雅典东南30公里的劳里昂发现了储量丰富的银矿后，银币的铸造量迅速增加。每年银的发掘量约为100塔兰特(6000德拉克马为1塔兰特)，银币有四德拉克马、二德拉克马、德拉克马三种，比德拉克马还要低的单位有奥波尔(6奥波尔为1德拉克马)和半奥波尔(hemiobolos)两种。比这更低的单位是卡尔盖斯(3个为1奥波尔)。这个词在希腊语中是铜的意思，显然是铜制的。随着伯里克利在公元前450年开始向民众法庭的陪审员(dikastai)支付货币，货币流通开始盛行起来。进入公元前 4 世纪后,参加公民大会、评议会、剧场的人也得到了货币,货币经济日益发达。在此期间,根据公元前 449 年左右的货币统一令,提洛同盟的诸城市内禁止铸造货币。虽然这个条例实行到什么程度还是个疑问,但一定程度上推广了雅典银币的流通。当然,雅典银币以外的硬币也被使用。例如,吕底亚的金银合金钱币、基齐库斯(Cyzicus)、色雷斯(Thracia)、马其顿(Macedonia)、锡弗诺斯(Siphnos)的金币等都很有名。

　　彭(1965)第 59 页说道,在雅典,货币主要是用于海外贸易,在汉朝则被用于日常的交易,雅典在古典期的经济发展度看起来更低,这种说法在当时的欧美学术界得到认同,但这些种看法在近年来逐渐被批评,并且试图修改这种看法。的确,海外贸易对于谷物的一半依靠进口的雅典来说非常重要,但国内经济也完全依赖于货币。

　　下面,我们仿照上述对西汉货币的考察,来思考雅典银币是名义货币还是实际货币的问题。首先调查一下现存的古代雅典银币后会发现,其含有的银的品质和重量惊人的一致。Starr(1970)中记载的 100 个以上的二德拉克马的重量大部分是 17 克左右,与奥波尔有着严密的重量比例。根据这一事实,再结合硬币铸造前在雅典曾被作为货币使用的被准确计量的银片(kim〔2001〕p15)的事实考虑,至少当初,雅典银币带有着实际货币(秤量货币)的性质。但是即使当初是这样,货币一旦开始使用,作为名义货币的性质也会逐渐增大。放在口袋里(据说古希腊人把钱放进嘴走路)谁也不会意识到的奥波尔的银含量。只要把钱带到面包店去,就能换回一条面包。关于这件事有一个条例。这是公元前 375 年的货币条例中记载,“雅典的银币如果是银制并带有正式纹饰的,就有义务接受。……不接受检查官保证过的银币的商人就会被没收当天的全部商品”(Stroud〔1974〕)。这里可以看出,比起钱币的质量和重量,政府的权威等更能保证银币价值。“早期硬币上的刻纹不仅是质量或重量的保证,而是其可兑换性,即政治或社会保障价值的标志。硬币不仅要看它的实际价值,还要看它是否被认可。”(Seaford〔2004〕p. 136)实际上,在古典时代,很多希腊的城邦都使用银、铜、铅合金制造的钱币(Demosthenes XXIV)。公元前 413 年的雅典,在斯巴达军占领了阿提卡的戴凯列阿(Decelea)地区时,因无法开采银矿,暂时使用了镀银的铜钱。随着公元前 404 年伯罗奔尼撒战争的结束而被收回。这段情节在阿里斯托芬(Aristophanes)的喜剧《公民大会妇女》(822)中被描写。下面举出雅典银币曾是名义货币的语言学论据。希腊语中的货币(nomisma)一词最早出现于公元前 5 世纪。这是从"nomos"(习惯,通常)中发展出的派生词。

据《汉书·食货志》(黑羽[1980])记载,西汉王朝自公元前 118 年至灭亡(8 年)期间共铸造了 280 亿枚五铢钱。这相当于每年平均铸造约 2 亿 3 千万枚。与此相比,如果假设公元前 4 世纪雅典的铸造量等于年银产量,则铸造量为 600 万德拉克马。GDP/铸造量之比,古代中国约为 1 514,雅典约为 4.4。我认为这个事实是雅典货币经济比中国发达的一个证据。当然为了严密的比较,五铢钱以外的旧金币有多少残存,金和布有多少货币的作用,货币的使用速度是什么程度等也有必要考虑。但在雅典,同样也有用上述所说的外国硬币的案例,其他的情况也只能作为同样的背景处理。两者货币经济发展的差异在某种程度上是由于两者总面积的差异。雅典公民的日常交易大部分都是在市场进行的,但不可不认识到,在中国,有一个远离市场,依靠物物交换的农村存在。另外,Scheidel(2009)将汉朝与古罗马相比较,得出后者货币经济更为发达的结论。

(8) 借贷

经济学家在定义货币供应量时,通常不仅包括货币,还包括银行存款。因此,在讨论了货币之后当然要讨论借贷情况。

西周时代,政府发放高利贷。这个管理机构被称为"泉府"。如果是为了祭祀葬礼,则无利息(但普通百姓不能借),而为生产的借款利息则根据缴纳的税金金额而定。实际利率约为 10%—20%。西周时代没有一般高利贷的记录,但可以肯定的是春秋时代就存在了(胡[1962]41—42 页)。以下是战国时期存在利息贷款的证据。《孟子·滕文公上》有"称贷"一词,意思是政府收取利息并贷款给百姓。《管子·问篇》中有这样的问题。"问邑之贫人债而食者几何家?"、"贫士之受责於大夫者几何人?"、"问人之贷粟米有别券(证书)者几何家?"。《史记·孟尝君列传》中有这样一段故事,孟尝君为了得到养活三千名食客的资金,想收回借出去的本金和利息。《史记·货殖列传》中有"万息二千"的记载,这表示年利息率在 2 成左右在当时是普遍的。

在汉代,农民的现金只有在收获时期才能获得,所以伴随物品的贷款被称为"赊贳赊"。《史记·货殖列传》的邴氏有"赊贷行贾遍郡国"的记载,《汉书·货殖传》的罗裒有向郡国"赊贷"的记载。《居延汉简》中介绍了服装出租买卖的证书的例子。"(影山[1984]46 页)。另外,汉代有年租税,有贷款利息的限制(山田[1993]19 页、430 页)。

"战国、秦、汉时期的商业信用活动大规模出现,并以此为媒介的银行业务等的成立,特别是它的普及是很难证明的。《汉书·货殖列传》中登场的罗衰事迹等或许可以成为其萌芽的解释,但表示信用普及的承兑汇票等的出现,还需要进一步的求证。"(影山[1984]57 页)"信用证券一类的出现应该很早,不过一直到唐朝才有迹可循。"(加藤[1940]89 页)

在雅典,包括期票在内的信用活动要比中国普及得多。据 Cohen(1992)说,公元前 4 世纪的雅典有 30 家银行。德摩斯梯尼(Demosthenes,XXXVI)把银行定义为"用别人的钱,赌上损失的可能性,投资于产业的业务"。伊索克拉底(Isocrates,XVII)举例说,去远方旅行的人带着银行的期票而不是现金。银行家中最有名的是帕西翁,他虽然是奴隶出身,但后来成为雅典为数不多的资本家,并获得了公民权。但是,像中世纪欧洲的美第奇家族那样,通过银行进行多家公司之间的结算等业务,在雅典还是不存在的(Cohen [1992] p18)。

(9)价格

虽然有各种各样的记载,但这里主要论述的是住宅、奴隶、谷物、盐、酒、铁的物价。

《居延汉简》中候长徐宗的住宅 1 区 3 000 钱,田 50 亩 5 000 钱,两头牛5 000 钱(永田[1989]527 页)。《居延汉简》的候长礼忠的住宅 1 区 1 万钱,田50 亩 5 000 钱,小奴两人 3 万钱,大奴婢 1 人 2 万钱(但奴隶有着倍算的规定)马 5 匹 2 万钱,牛 2 头 6 000 钱,牛车 2 辆 4 000 钱,轺车 2 辆万钱(永田[1989]524 页)。

与《居延汉简》同时代王褒的《僮约》中奴隶的价格是一万五千钱(宇都宫[1967]125 页)。汉朝时奴隶的平均价格是 15 000—20 000 钱。《史记》中也有计算为 12 000 钱的例子(宇都宫[1967]297 页)。

在西汉,谷 1 石 100 钱是平均价格(山田[1993]91 页)。1 石(20 升)盐约400 钱,原价是 40 钱(山田[1993]514 页)。《居延汉简》中有酒 1 斗 10 钱和酒14 钱的例子(永田[1989])。

铁的价格是铜的 1/4(《史记·货殖列传》)。根据货殖列传类推,铁器的零售价格为每斤(约 250 克)10 钱,农具每件的价格为几十钱左右(佐原[2002]365 页)。

《居延汉简》(永田[1989])

粟 51 石 85 升?、4 335 钱

黍粟 40 石(余 4 石?)、1 200 钱

表2　中国的价格　　　　　　　（单位　钱）

物资	单位	单价	单价利润	获得20万利润所需数量
马	1匹	4 000—5 000	667—917	218—300
牛	1头	2 500—3 000	417—500	400—480
羊	1头	900—1 000	150—167	1 200—1 333
奴隶	1人	10 800	1 800	111
牛车	1辆	2 000	334	600
辄车	1辆	10 000	1 667	120

资料：宇都宫[1967]126页，劳榦《汉简中的河西经济生活》，《历史语言研究所集出版十一本》，平山苓次，《居延汉简和汉朝的财产税》，《立命馆大学学人文科学研究所纪要一号》。

黍粟 2 石 105 升,210 钱

黍米 2 斗,30 钱

大麦 1 石 115 升,110 钱

豆 3 石——121 钱

《宫崎市定全集》，《史记货殖传物价考证》第 196—197 页有各种物价的详细表。雅典的物价细节在雨宫健(2007)中。

下面列出各种物资在中国和雅典的价格比较表。每个物资的第1段是货币(中国是钱,雅典是德拉克马),第2段是工人购买物资所需的平均劳动时间(以月为单位)。

从表3可以看出,住宅和马在雅典价格较高,奴隶、牛、羊在中国价格较高,谷物和酒(或葡萄酒)的价格大致相同。奴隶们在雅典价格更便宜是因为雅典有着发达的奴隶市场。

(10) 工资

工资是计算 GDP 所必需的,所以在此论述。出现在《居延汉简》(永田[1989])中的官吏、士兵一个月的月薪最低是作为"书佐"的 360 钱,最高的是作为"丞"的 2 400 钱,900 钱、1 200 钱是最常见的。佐原(2002)第 464 页展示了候俸禄为 6 000 钱。在汉代,雇用劳动力在农工商中很盛行,报酬是每月

1 000钱（佐藤[1977]289页），一般工资是每月600钱左右，但沉重的劳役是2 000钱（山田[1993]544页）。东汉时，俸禄按七比三的比例由钱和粮支付。可以推想在西汉也是类似的（宇都宫[1967]第214页）。

雅典的平均工资在公元前5世纪是一天1德拉克马，之后逐渐增加，有记录显示，到公元前4世纪后半期上升到2德拉克马。但是，在这篇论文中，假设每天为1德拉克马。

表3　中国与雅典的价格对比

	中国	雅典
住宅	10 000钱	3 000德拉克马
	10月	100月
奴隶	15 000	174
	15	5.8
谷物	5（每升）	0.12（每升）
	0.005（每升）	0.004（每升）
酒（或葡萄酒）	10（每升）	0.2（每升）
	0.01（每升）	0.007（每升）
牛	2 750	51
	2.75	1.7
马	4 500	408
	4.5	13.6
羊	1 000	15
	1	0.5

（11）财产

汉景帝时期，为了任用官吏，最低俸禄额度从10万钱降到了4万钱（山田[1993]213页）。之所以设立最低俸禄额度，是因为官吏必须有能够担负得起与之相称的车马、衣服的制度（山田[1993]216页）。前面提到的《居延汉简》中的候长礼忠的财产是15万钱。据说中流人的财产在10万钱左右（宇都宫[1967]131页）。《史记·货殖列传》中的著名富豪的财产是100万钱。汉武帝时期,为了确保服务皇帝陵墓的人员安置,新设置了陵县(陵邑),并将300万钱以上的资产家转移到了陵县(山田[2000]95页)。相当稳定的平均农民财产在2万—4万钱之间。(山田[1993]401页)有一项规定,不到2万钱财产的人和遭受灾害不足10万钱的郡不能征税(中国哲学书电子计画,《汉书·平帝纪》)。武帝时期,他把财产不足五千钱的人转移到上林苑中,让其养鹿(山田[1993]210页)。

如后所述,在雅典,没有所得税和财产税,必要支出由资本家自发组织的公共服务(leiturgia)来承担。虽说是自发性的,但由于社会压力很大,几乎可以说是强制性的,3塔兰特以下的资产者则免于这种压力。之前提到的银行家帕西翁的资产据说是75塔兰特。其他著名富豪的资产有卡里阿斯(Callias)的200塔兰特、尼西亚斯(Nicias)的100塔兰特、奥尼阿斯(Oionias)的81塔兰特、伊斯克玛古斯(Ischomachus)的70塔兰特等。作为公民参与政治的条件,最低资产额是2000德拉克马。这是基于公元前322年安提帕特(Antipater)将该资产额的所有作为公民的条件(Jones[1957] p. 76)。

雅典的官职除军队长官、财政官等需要特殊技能的官职外,都是通过抽签选出的,因此没有官职的最低资产额。但是在民主政体确立之前的梭伦时代,按照每年收获的粮食额设立4个级别,最重要的职位是执政官(archon),只在第一和第二等级中选择,骑兵在第二等级以上的人中选择,重装步兵(hoplites)只在第三等级以上的人中选择。民主政治确立后,执政官虽然不再是最重要的职务,但对于骑兵和重装兵来说,因为要自备武装,所以只有拥有足够财产的人可以承担得起。

虽然想比较中国和雅典的财产分布状况,但没有足够的资料。假设将大富豪的财产和下层阶级人的财产作为贫富差距的指标,将中国的下层农民的财产看作下层阶级人的财产,将公元前322年在雅典的最低条件公民的财产看作下层阶级人的财产。那么,在中国,"300÷2=150",在雅典"420 000÷2000=210",可以看出在雅典贫富差距略大,但基本程度相当。

(12) 租税

算赋

《中国哲学书电子计划》中记载的《汉书·高帝纪上》中记载了高帝4年(公元前203年)"八月,初为算赋。"《汉仪注》记载了人民要在15到56岁之间缴纳算赋钱,每人120钱为一算(山田[1993]138页)。西汉末6 000万人口时的算赋收入,简单计算为 41 亿多钱(同上,469 页)。

口赋钱

7—14 岁每人 23 钱的人头税(同上,413 页)。

田租

惠帝时期田租为前 178 年的 1/15,文帝于前 178 年减半,又于前 168 年全面废除,景帝于前 156 年减为 1/30,以后继承下来(山田[1993]64—65 页)。原则上以收成为课税标准,但根据《盐铁论》可能是以面积为单位。

山林河海

以山林、河川、池泽、海洋等耕地以外生产的树木、草物、鱼贝类、矿物资源、盐等为对象,畜牧业也列入其中(同上,420 页),税率估计在 1/10 左右(同上,425 页)。

市井税(市租、市税)

向登记为本市的户籍者、临时在本市从事商业行为者征收。税率通常是销售利润的 10%(同上,427 页),财产税是临时征收的(同上,202 页)。

算缗

武帝元狩 4 年(前 119 年)施行。以商人为对象,对营业资产、车船等课税。商贾以资产 2 000 钱为 1 算,手工业者 4 000 钱一算。

告缗

汉武帝时代,根据杨可的建议实行的法令,对揭发隐瞒资产,违反算缗令的人给予没收财产的一半作为报酬(《史记・平准书》)。

均输平准收入年均 15 亿钱(山田[1993]564 页)。盐的专卖收入每年 30 亿钱。铁的专卖收入每年 8 亿钱(同上,516 页)。

汉武帝元封元年(前 106 年),桑弘羊任治粟都尉,管理盐铁事务。每个县均输盐铁官,向商人征收的物资输送到首都,东西便宜时买进,高时抛售,这使得商人赚的减少而物价稳定。这叫做平准(《史记・平准书》)。但这一政策未必完全成功。在《盐铁论》本议中,批评这一政策使政府与商人争利,反而助长了商人的贪婪。在《史记・酷吏列传》(小川、今鹰、福岛[1975b])的张汤一节中,武帝怀疑商人中有人通过与官吏勾结,预先获知政府的政策,并以此为基础发大财的记载。

国家财政收入详见山田(1993)第 656—658 页。

在雅典,通常没有所得税和财产税,必要的支出由资本家自发性的公共服务(leiturgia)承担。公共服务包括军舰舾装费用和城邦庆典的准备等。虽说是自发性的,但由于社会压力很大,几乎可以说是强制性的。这是一种无形的压力,被称为"财产交换"(antidosis)的制度。

(13)奴隶

从秦代到西汉时期,奴隶被视为物品,不记载在户籍上,而是记载在财物簿上,也不征收算赋(山田[1993]200页)。这在唐代也是一样的。《唐律疏议》(652年编纂)中有云:"奴隶与财产相同,即由主人处置。"但是,也有"对奴隶犯罪,其主不经官司而擅自杀害者可杖一百,无罪杀奴隶者徒一年"的说法,所以并不是毫无限制地承认主人的权力。(西岛[1983]122页)《汉书》卷48贾谊传(小竹[1970a])中贾谊对汉文帝的上疏中有买卖奴隶的场面。据记载,卖主给奴隶穿上刺绣的衣服,穿上丝绸的鞋,并把它放进阑里。根据《说文解字》:"奴、婢,皆古之辠人也。"奴隶被理解为罪人的子孙。然而,这种理解只是其中一面,掠夺、自卖、债务等都是奴婢的来源(西岛[1983]139页)。《汉书》卷97外戚传上(小竹[1978b])中,背叛汉高祖的魏王豹的宫女薄姬成为宫廷织房的奴婢的故事。这是俘虏成为奴婢的例子(西岛[1983]140页)。汉初,巴蜀百姓曾秘密走私西夷的奴婢和牛(《汉书》卷95西南夷传,小竹[1978b])。陈胜的军队攻打秦国的时候,秦国的章邯释放了囚徒和奴生子(奴仆在主家生的孩子),并攻击了楚军军队(《汉书》卷31陈胜项籍传,小竹[1978a])。

下面列举几个奴隶买卖的记录。汉初饥荒时,汉高祖准许百姓卖子贴补家计(《汉书·食货志上》)。晁错对汉文帝讲述了农民的劳苦,农民将耕地和宅邸变卖,还有卖孩子或孙子来偿还债务的(《汉书·食货志上》)。淮南王刘安上书汉武帝,近年来歉收不断,百姓将爵位变卖、把孩子当作抵押才得以温饱(中国哲学书电子计画,《汉书》卷64上严助传)。梁人栾布被人当作奴仆卖到燕地(《汉书》卷37栾布传,小竹[1978a])。辅佐汉高祖的陆贾在汉惠帝时期,斡旋于右丞相陈平和太尉周勃之间。作为谢礼,陈平送给陆贾奴婢100人,车马50乘,钱100万(《汉书》卷43陆贾传)。楚人季布被汉高祖追捕时,周氏为了让季布逃走,给他剃了头发,带上枷锁,穿上囚服,让他坐上广柳车(有掩盖的牛车),与数十名家仆一起送到鲁地的朱家卖了(《汉书》卷37季布传,小竹[1978a])。

下面举出关于官府奴婢的记述。汉武帝为了挽救因讨伐匈奴而疲敝的财政,向国民招募奴婢,对向国家提供奴婢的人终身免除力役(《史记·平准书》)。汉元帝初年,约有官府奴婢10万人,其费用达每年5—6亿钱(中国哲学书电子计画,《汉书》卷72页禹传)。也就是每年每人5000到6000钱。被用于大兴土木等的刑徒也有10万人以上(山田[1993]545页)。官奴婢是犯罪的本人或者是被连坐的家属、亲族,甚至是同伍(五人为伍)连坐的邻居等,被国家没收后被当作奴隶的人。关于这一官奴婢的数量,西汉后期的贡禹曾说过:"官奴婢十余万,游戏无事,税良民以给之。"(《汉书》卷72《贡禹传》)在西汉后期,以长安诸官府为中心,有十几万的官奴婢(渡边[2001]383页)。《汉书·食货志上》有大司农让有技巧的奴隶耕作与制作器具的记载。"大农置工巧奴与从事,为作田器。"

　　奴隶的总数大概是多少呢? 西汉全盛时,中国有数十万人甚至有时近百万的奴婢(Wilbur [1943] p. 72)。设想在30万以上,100万以下(Wilbur [1943] p. 177)。虽然奴婢的具体数量不明确,但与平民的数量相比,被认为是少数的(西岛[1983]132页)。杨可的告缗(参照之前的2节(12))没收的奴隶达数千人、数万人(《史记·平准书》)。

　　侯爵或富豪拥有多少奴隶呢? 汉宣帝时,张汤的孩子安世封公,食万户封邑,身穿黑绨,夫人亲自纺织,700个家童都从事手技工作,在家中从事生产。(《汉书》卷59张汤传,小竹[1970a])。蜀地卓氏(制铁业)的有家僮千人。程郑(制铁业)的财富也一样(《史记·货殖列传》)。卓王孙有家僮800人(《史记·司马相如列传》,小川、今鹰、福岛[1975a])。在秦代,有"不韦家僮万人","嫪毐(吕不韦的仆人)家僮数千名"的记述(《史记·吕不韦列传》,水泽[1993])。在《吴越春秋·阖闾内传》中有这样一段故事,说制铁所雇用了300名童男童女(奴隶)。汉哀帝(公元前7—前1年)曾想颁布将私人田园限制在30顷,将奴隶人数限制在30人的法令,但因强烈反对而未能实施,这说明在田园中大规模使用奴隶。那么,普通百姓呢? 1个主人拥有的奴隶数为2—3人甚至4人的情况也不鲜见(宫崎等[1971]72页)。前面提到的《居延汉简》中的候长礼忠虽然拥有5项田地,但要耕种这么多面积的田地,即使使用畜力,最少也需要12名左右的人力。但是他只拥有三个奴隶,也就是说他应该是雇用了佃户耕种(宇都宫[1967]299页)。

　　汉代以后,奉皇帝之命释放奴婢的事例屡见不鲜。汉高祖即位之初(公元前202年),因饥饿而卖身成为别人奴婢的人全部被赦免为庶人。汉文帝在公元前160年赦免官奴婢为庶人,汉元帝时贡禹上奏赦免官奴婢10万余人为庶

人。东汉光武帝多次下令释放奴婢。但这并不意味着奴隶制的废除（西岛
[1983]141—142页）。甚至还有从奴婢成为皇后的例子，成为汉武帝第二位
皇后的卫子夫的母亲就是奴婢（西岛[1983]193页）。汉文帝窦皇后的弟弟少
君在4—5岁的时候，因为家境贫寒被卖给别人，辗转十多家，艰难度日。一次
偶然的机会，被姐姐窦皇后发现，封为公侯，被尊为君子。（《汉书》卷97外戚
传，小竹[1978b]）。公元前18年，在蒲侯苏夷吾的记事中，可以看到他的婢女
主动赎买自由，成为百姓后又被掠走再次沦为婢女而受罚的事情（中国哲学书
电子计画，《汉书》卷17景武昭宣元成哀功臣表）。被视为工人的隶臣建立军
功，得到爵位，从隶臣解放出来后，也不是作为普通百姓，而是作为工人对待
（《睡虎地秦简》秦律）。

　　雅典的奴隶与中国最大的不同点是数量。在中国，奴隶占总人口的比例，
最多也不到2%。而在雅典，奴隶占据的比例非常大。雅典的人口预测非常
困难，但根据雨宫健(2007)第36页中人口预测的平均值显示，奴隶与总人口
比例在公元前431年为0.22，公元前4世纪中期为0.38，前322年为0.42，呈
逐渐增加的趋势。其次很大的差异是中国的奴隶，大部分是给国家、侯、富豪
等从事各种劳役，而雅典的奴隶从事的工作从高到低样样都有，上可以成为帕
西翁一样的富豪，下到在银山过着悲惨的劳役生活。至于奴隶解放的可能性，
中国和雅典谁的可能性更高，就不得而知了。但有一点是可以肯定的，虽然也
有过像帕西翁一样的例外，但在雅典解放的可能性并不高，而在罗马解放的可
能性要高得多。雅典方面，一般来说，解放并一举成为公民基本不可能，而是
成为所谓的"metic"，拥有与永久居留权的外国人相同的地位，而与帕西翁一
样得到公民权的人是极罕见的。公元前5世纪末期，大约有5000名雅典公民
没有土地，这些公民没有奴隶。然而，大多数其他公民拥有奴隶（Cartledge
[1985] p.32）。由于当时的公民人数约为50 000人（这也是根据先前引用论
文的人口预测的平均值），最大限度估计的话，90%的公民拥有奴隶（Amemiya
[2007]），实际数量应该会比这个少。根据阿里斯托芬喜剧中出现的奴隶拥有
数可见，富人拥有5—8人，平均公民拥有2—4名奴隶（Garlan [1988] p.61）。
另外，柏拉图拥有5名奴隶，亚里士多德拥有13名奴隶。据说著名的政治家
尼基亚斯在劳里昂银矿曾使用奴隶过千人，但详细情况不明（Xenophon,
Ways and Means, IV.14）。

（14）GDP

经济学家把 GDP 作为经济发达程度的指标。这个指标,不论大炮还是黄油都是被一样看待的,所以不一定能正确地反映国民的富裕程度,但目前还没有比这更合理的指标。

汉代每年 8 月都会进行全国性的人口调查,户口掌握率相当高（大栉[2001]235 页）。据《汉书·地理志》记载,汉平帝时（2 年）汉朝人口 59 594 978 人,户数 12 233 062 户,耕地 8 270 536 顷。

李悝（战国时期,魏国人）在《食货志上》中记载,1 亩地得到 1.5 石粟（未脱壳的谷物）。但是因为当时是 100 步 1 亩制,汉武帝初年实行 240 步 1 亩制,所以每亩纠正为 3.6 石。同在《食货志上》,晁错记载（汉文帝和汉惠帝时大臣）是 1 亩 1 石。新制为 1 亩 2.4 石,比李悝时显示的要低。汉武帝末年,赵过提出了代田法。因此,劳动生产率增加,每一亩增加了 1 石的增产（西岛[1966]99 页）。

山田（1993）89 页作为折中方案提出了一亩 2.5 石。假设一亩 2.5 石,总产额为“8 270 536×100×2.5＝2 067 634 000 石”。根据山田[1993]91 页,一亩需要七升种子。因此,种子为 57 893 752 石。除去种子的余额为 2 009 740 248 石。

那么消费量是多少呢？山田（1993）第 660 页推测一家五口人一个月的谷物消费量为 10.5 石。照此推算,每人一年的消费量为 25.2 石。乘以上述的人口,就变成 1 501 793 400 石,这比产量要少。上面的人口不包含奴隶（西岛[1983]132 页）。确实当时有相当数量的奴隶,但详细情况不得而知。威尔伯（Wilbur, 1943）第 177 页中估计有 30 万人以上,100 万人以下。假设奴隶的谷物消费量为每人每年 36 石,奴隶人数为 65 万人,那么整个奴隶群体的年消费量为 23 400 000 石。把这个和上述的数加起来就是 1 525 193 400 石。这虽然比产量少,但剩余的粮食可以看作是防止饥荒的储备粮。

在西汉时代,谷 1 石的平均价格一般是 100 钱（山田[1993]91 页）。因此,上述生产总值的价格约为 2010 亿钱。上面只有粮食的价格,而农民当然也生产其他的食品,所以应该估计出那个金额。根据奇波拉（Cipolla, 1993）第 24 页,在工业革命之前的欧洲,农民的粮食支出在整个食物中所占的比例是 60％。但是直接使用这个比例是很危险的,而且也没有可以直接推测的资,因此,不得不作一个粗略的估计。首先要考虑的是以下事实。奇波拉（1993）所说的雅典的谷类主要是大麦、小麦,而中国的谷类包括粟、黍、稻、麦、豆、麻、稷、粱(篠田[1978]8页)。除此之外的食物还有什么呢?列举如下:盐、蔬菜、肉、鱼和海产品、水果、果实、酒酱等酿造物。其中盐是国家的专卖品,不是农民的产品。其他的食物都在《史记·货殖列传》中有所提及,所以笔者认为其中很多都是以商业为基础生产的。于是决定使用80%这个比例。在这种情况下,食物产量将达到2513亿钱。

根据宇都宫(1967)第115页,假设上面粮食生产额的1/10作为田租向官吏缴纳,3/10卖给工商业者,出售给工商业者的金额为754亿钱。那么,工商业者的生产额是多少呢? 这显然必须大于754亿钱。因为商人之间要进行买卖,也要缴纳租税。

农民的食物支出额为"2513×0.6＝1508亿钱",而工商业者的购买额为754亿钱,因此在所有支出中,食物所占的比例为0.67。根据奇波拉(1993)第24页,在工业革命以前的欧洲,人民的全部支出中食物所占的比例是60%—80%。因此,中国的比例与中世纪欧洲的比例基本一致。假定工商业者的比例相同,那么工商业者的总生产额为1237亿钱。市租通常是销售利润的10%(山田[1993]427页)。如果从1237亿钱中减去10%的税收,就是1113亿钱。工商业者之间的买卖达到371亿钱。

以上结果显示,农业生产为2068亿钱,工商业生产为1237亿钱。另外,从农业和工商业各收取的1/10税金的官吏也提供相应的服务,因此,这一金额也应该包括在GDP中。另外再加上专卖的盐和铁的产量,山田(1993)第516页推算盐的生产额为30亿钱,铁的生产额推定为8亿钱。以上总计为3718亿钱,以此作为GDP预测。除以人口,人均GDP约为6239钱。公元前4世纪的雅典GDP估计为4430塔兰特(Amemiya[2007]p.111)。如果将此与估计的人口(不含奴隶)175000人相除,则约为152德拉克马。如何比较6239钱和152德拉克马呢? 一种方法是比较一个月工人的报酬。中国的一般报酬是每月1000钱左右(佐藤[1977]289页)。雅典为30德拉克马。若按此比率换算,6239钱约等于199德拉克马,这与雅典价格相近。当然,中国和雅典的GDP计算是粗略的。值得注意的是,无论是在中国还是雅典,谷物价格的变动幅度都很大,所以上述计算都是基于谷物的平均价格。另外,根据劳动者的报酬来比较货币价值也存在一定问题。但两个完全独立计算的国家人均GDP比较接近这一点还是非常有意思的。

三、经济思想

接下来,我们来对比一下以以上经济状态为背景而产生的经济思想。雅典和古代中国的经济思想有很多共同点,但也存在差异。首先,重要的共同点是,在两种文化中,重视农业的思想得到了巩固。以下,就中国的著名思想家与希腊的思想家们进行对比,并论述其士农工商观及与其密切相关的劳动观及分配论。接着,论述了与士农工商观有密切关系的功利主义观。此后,还讨论了劳动分工论、物价形成论、货币论、租税论。

(1) 士农工商观

在雅典,从公元前6世纪到公元前5世纪,由于农业的不断发展,贵族阶层逐渐受到中小农民、商人、手工业者——即中下层公民势力增大带来的威胁。在某种意义上,柏拉图(《法律篇》*The Laws*)和亚里士多德(《尼各马科伦理学》*Nicomachean Ethics*)强烈谴责商人的利益追求,色诺芬(《回忆苏格拉底》)也鼓励农业。关于手工业,柏拉图认为熟练工(demiourgoi)有很高的价值,但公民不应该从事这种行业。另一方面,中国自古以来也有以农为本,以工商为末的本末思想。江户时代的日本有"士农工商"的等级序列,这本来就是继承了中国的思想。在西周时代,农业很受重视,有着每年春天国王亲自下地务农的习俗。然而工商业也没有被疏忽。蔑视工商的思想,是在春秋、战国时期随着工商业的发达而产生的。但是在中国同时也出现了拥护工商业的思想家,这在某种意义上是理所当然的,然而在工商业发达的公元前5—前4世纪的雅典,并不存在拥护它的思想家的著作。这被推测为当时所有著作中留存于世的只占1/4。同样,在民主政治发达的雅典,拥护这一观点的著作很少。但是,这两者或许可以同时根据以下理由进行说明。也就是说,在中国,普通民众没有任何力量,当他们的处境过于艰难时,需要统治者或思想家来帮助他们。但是在雅典,由于所有公民都参与政治和司法,可以维护自己的权利,因此不需要思想家的辩护。例如,雅典至少在公元前345年,德摩斯梯尼法庭辩论"潘塔依内特斯与普泰弹劾"举行时,就通过了无论谁都不能在市场上非难进行商业买卖的法律(Demosthenes, LVII. 30—31)。从公元前5世纪到公元前4世纪,公民对工商业的看法发生了巨大的变化。公元前5世纪的阿里斯托芬的喜剧中,因经营制皮行业赚钱的克里昂(Cleon)和阿尼图斯(Anytos),制灯的海帕波拉斯(Hyperbolus),制造竖琴的克罗奉(Cleophon)成为被嘲笑的对象,但这种风气在公元前 4 世纪就消失了。例如,公元前 4 世纪的代表性政治家德摩斯提尼并没有因为父亲的财富而受到嘲笑(Garlan [1988] p. 65)。即使在公元前 5 世纪,像苏格拉底(Socrates)那样的思想家也不轻视任何劳动。色诺芬讲述着阿利斯塔克(Aristarchus)在自己的家里住着很多女性亲戚,生活非常痛苦,苏格拉底便说服他,即使是富裕家庭出生的女性从事工作也没有任何令人羞愧的事情,苏格拉底劝他让她们制作服装,之后阿利斯塔克也好,女性们也好,都过上了幸福生活的故事(Memorabilia, II. 7)。

孔子对士农工商的比较并没有很多记述,但他确实把士作为自己教育的对象。孔子提倡收入的平均化。"丘也闻,有国有家者,不患寡而患不均,不患贫而患不安。"(季氏)

1.《吕氏春秋》

这是秦始皇初期宰相吕不韦编纂的著作,共四篇,记述了农业的重要性、耕作管理收获的具体方法。农业之所以重要,就在于人民从事农业就很容易统治他们,这部著作始终是站在统治者的立场上写作的。而与同样是鼓励农业色诺芬的《回忆苏格拉底》相比,后者是从大规模的农场主的角度出发写作的,同样也不是为了在田间劳作农民的安宁而书写。两者都详细说明了耕田、播种、收获的具体过程。

2. 管仲

管仲以著名的财务能力辅佐齐桓公(? —前 643 年)称霸中原而闻名。以时代为顺序,管仲位列榜首,管仲学派的学者到汉朝武帝时代为止,一直以管子的名字发表著作。据说第一次使用"士农工商"一词的就是管仲。这是在《管子·乘马》(远藤[1989])中出现的,远藤哲夫的注中把"士农工商"一词视为后人附加的。管仲认为这四者应该分开居住,士于军队,农于农田,工于政府附近,商于市场附近。另外,这四民原则上应该代代世袭,但作为例外,农民中特别强悍的人应该可以成为士人。这被称为管仲的四民分工定居论(胡[1962]62 页)。这类似于柏拉图(《理想国》*The Republic*)中哲学王、战士、劳动者的分类。但是一般认为柏拉图比管仲更积极地承认了阶级间的变动。

"士农工商"一词也出现在《汉书·食货志》。"士农工商,四民有业。学以居位曰士,辟土殖谷曰农,作巧成器曰工,通财鬻货曰商。"

亚里士多德《政治学》(*Politics* 1281 B, 1286 A)中说道,个人的智慧虽小,但多数人的智慧却非常优秀,这类似于对民主政治的一种辩护。下面管仲的话和这个意思完全一样,"夫民,别而听之则愚,合而听之则圣。"(《管子》君臣上,远藤[1991])另外,虽然不能说是思想家,但修昔底德在伯罗奔尼撒战争爆发后发表的演说中歌颂了民主政治。这被收录在《伯罗奔尼撒战争史》中,这同时也是对雅典帝国主义的赞赏。

管仲在《管子·治国》(远藤[1991])和《轻重丁》(远藤[1992])中认识到了展开农业振兴策略和发展工商业的重要性。例如,在《大匡》(远藤[1989])中,提议将技术工匠和商人中有善行的人推举为裁判官,在《五辅》(远藤[1989])中提议减轻商人的税赋,同时严惩了商人的不正之风。"非诚贾不得食于贾。"(《乘马》,远藤[1989])另外,他还想削减一些大商人的利益。"桓公曰,吾欲杀正商贾之利而益农夫之事,为此有道乎。"(《轻重乙》)当时的富裕阶层是封建主、新兴商人、高利贷者,管仲怕他们和贫农矛盾激化。在五辅中有"贫富无度,则失(贫富差距过大,则失分寸)"的说法。柏拉图在《法律篇》(744D)中也说了同样的话。那么应该如何纠正贫富两极分化呢?管仲试图通过政府直接的物资买卖和价格政策来实现这一目标,而不是通过收入再分配。柏拉图试图通过设定各阶层收入的上限和下限来实现(744E—745A)。

管仲对全体劳动者都很同情。"地之生财有时,民之用力有倦,而人君之欲无穷。"(《权修》,远藤[1989])。另外,他还注重劳动教育。"劳教定而国富"(《侈靡》,远藤[1991])。话虽如此,但从根本上说,管仲不是为民众着想,而是为君主着想。这体现在下面的文章里。"夫民者信亲而死利,海内皆然。民予则喜,夺则怒,民情皆然,先王知其然,故见予之形,不见夺之理。"(《国储》,远藤[1992])。"夫民富则不可以禄使也,贫则不可以罚威也。"(《国储》,远藤[1992])

管仲鼓励对外贸易。例如"厚乡四极(厚待四方邻国)"(《问篇》,远藤[1991])。另外,"请以令诸侯之商贾立客舍(请为来自各国的商人修建宿舍)"(《轻重丁》,远藤[1992])。有趣的是,色诺芬在《雅典的收入》中提出了几项贸易振兴方案,其中一项就是在港口为外国商人建设住宿设施。与此相反,柏拉图认为对于雅典来说必要的对外贸易都是有害的,他在著作《法律篇》中,把理想国建立在远离大海的地方。

管仲提倡一种雇用政策,即在干旱或洪水造成人民无法进行农事生产的时候,雇用百姓修筑宫殿,并给予工资(《乘马》)。这与伯里克利为建设帕特农

(Parthenon)而雇用许多雅典公民以及奴隶的动机类似。这样的现代财政政策在两千多年前就被提倡,实在令人震惊。

3. 墨子

墨子激烈地弹劾儒家思想。因此,汉武帝将儒教作为太学以来墨家逐渐衰退,一直未能兴起,直到17—18世纪。这个学说再次受到关注。据说墨子少年时从事手工业劳动,因此倡导劳动的重要性。例如,"下强从事,则财用足矣"(《天志中》,山田[1975])。墨子推崇儒教的礼数,但同时批评奢侈、浪费、厚葬、久丧是降低劳动生产的表现(胡[1962]136页)。其次,对劳动者寄予同情。"必使饥者得食,寒者得衣,劳者得息,乱者得治。"(《非命下》,山田[1975])

墨子关于士农工商的阶级差别也提出了如下的进步观点。"故古者圣王之为政,列德而尚贤。虽在农与工肆之人,有能则举之。高予之爵,重予之禄,任之以事,断予之令。"(《尚贤上》,山田[1975])这也说明墨子很讲"德"。虽说墨子批判了孔子,但在根本的道德观念上和孔子是一致的。"列德而尚贤。虽在农与工肆之人,有能则举之。"(《尚贤上》,山田[1975])再举一个和孔子的共同点,"其心不察其知而与其爱"(《尚贤中》,山田[1975])。这使人想起孔子的一句话:"吾未见好德如好色者也"(《子罕》,金谷[2001])。

4. 孟子

孟子也和孔子一样,把士列于农工商之上。"劳心者治人,劳力者治于人;治于人者食人,治人者食于人;天下之通义也。"(《孟子·滕文公上》,内野[1962])。

奖励农业。"五亩之宅,树之以桑,五十者可衣锦矣。"(《梁惠王上》)接着,如果能使家畜顺利繁殖,七十岁的人就能吃上肉了。另外,在《滕文公上》讲述了农业的重要性,还说明了周朝实行的井田法。

孟子在下面的文章中说道,商人之所以受到指责,是因为他们永无止境的追求利益。"有贱丈夫焉,必求龙断而登之,以左右望而罔市利。人皆以为贱,故从而征之。征商自此贱丈夫始矣。"(龙断指独占利益。征是征纳赋税的含义)(《公孙丑下》)。

5. 荀子

荀子也和管仲一样,承认阶级制度。"工匠之子,莫不继事。"(《儒效》,藤井[1966])对人类社会来说,阶级差别是必要的。"人之生,不能无群,群而无分则争,争则乱,乱则穷矣。故无分者,人之大害也;有分者,天下之本利也。"《富国》)"救患除祸,则莫若明分使群矣。"《富国》,藤井[1966])

　　但是,"虽王公士大夫之子孙也,不能属于礼义则归之庶人;虽庶人之子孙也,积文学,正身行,能属于礼义则归之卿相士大夫"《王制》,藤井[1966])。荀子积极鼓励阶级之间的流动。柏拉图也有类似的思想。"如果自己的孩子出生为铜或铁的混合体,就不能有丝毫的怜悯之心,而应该给孩子一个适合其天性的地位,将其赶进工匠或农夫的怀抱。相反,如果工匠或农夫生下了金或银的孩子,就应该尊重他们,使他们升职,给他们守护者和辅助者的地位。"(*The Republic*,415C)

　　荀子在提倡农业、谴责工商方面与雅典的思想家相同。在《富国》中提倡减少官吏和工商业者的数量。"轻田野之税,平关市之征,省商贾之数,罕兴力役,无夺农时,如是则国富矣。夫是之谓以政裕民"(平为公平,藤井[1966])"士大夫众,则国贫;工商众,则国贫"《富国》)。但在《王制》中,中国从四海进口各种物资,上至君子下至普通民众都过着富足的生活,讲求外贸之利。在这一点上与柏拉图明显不同。这一部分的描写令人联想起伯里克利的阵亡者追悼演说(Thucydides,*The Peloponnesian War*,2.38)。伯里克利说:"雅典公民可以随意享受各国的珍奇产物。"

　　"强本而节用,则天不能贫;养备而动时,则天不能病;修道而不贰,则天不能祸。故水旱不能使之饥渴,寒暑不能使之疾,祅怪不能使之凶。本荒而用侈,则天不能使之富;养略而动罕,则天不能使之全;倍道而妄行,则天不能使之吉。故水旱未至而饥,寒暑未薄而疾,祅怪未至而凶。受时与治世同,而殃祸与治世异,不可以怨天,其道然也。故明于天人之分,则可谓至人矣"《天论》,藤井[1969])。这里包含着一些见解。(1)重农思想,(2)与孔子不同,天不是万能的。(3)戒奢侈。

　　荀子对于粮食生产持乐观态度。因此,对所得分配不太在意。"夫天地之生万物也,固有余足以食人矣;麻葛、茧丝、鸟兽之羽毛齿革也,固有余足以衣人矣。"《富国》)"财货浑浑如泉源,汸汸如河海,暴暴如丘山,不时焚烧,无所藏之,夫天下何患乎不足也?"《富国》)

6. 司马迁

　　司马迁在《货殖列传》中并没有指责通过工商业获得财富的富豪。太史公自序中"即使是没有官位的平民,也不会成为政治的害群之马,也不会妨碍人们的活动,只要时机得当,就会进行买卖,这样也能增加财富。"(小川、今鹰、福岛[1975]五 150 页)。但是,在此处附加了"不会成为政治的害群之马,也不会妨碍人们的活动"的条件。另外,在《平准书》中,有指责使役贫民赚钱而不救国家之急的富豪的记载。

墨子、荀子之流都是现实的,他们批判当时试图把社会拉回到老庄思想的做法。并说:"让今世之人像老子那样生活,谁也不会听。""正因为如此,优秀的政治家首先保持(人民生活)应有的面貌,其次是教育人民,再后是想办法调整社会秩序。最劣等的政治家是与民争利。"(小川、今鹰、福岛[1975]五 151 页)但在《孟子》荀卿列传之初,孟子叹息道:"利诚乱之始也!"

司马迁说,最好是让农工商各自追求利益和让市场发挥作用。"因此,能吃上东西的是靠农民的力量,供给山林资源的是守山人的力量,流通这些资源的是商人的力量。这些工作也不是政府命令收编的,因为每个人都想根据自己的才能发挥最大的作用,得到自己想要的东西。物价低迷的话,就是不久物值升高前兆,物价过高的话,就是不久物价降低前兆。每个人都忙于工作,并高高兴兴地工作,就像水往低处流,不分昼夜,不唤自来,不求民也会自发产出货物,这是合乎道理的。"(小川、今鹰、福岛[1975]五 152 页)

通过下面的文章可以肯定司马迁支持汉初的自由经济。"汉兴,海内为一,开关梁,弛山泽之禁,是以富商大贾周流天下,交易之物莫不通,得其所欲,而徙豪杰诸侯强族于京师。"(《货殖列传》,加藤[1942]82 页)

司马迁在《货殖列传》中写道在货物买卖中获得财富的子贡、白圭,通过卖盐赚了很多钱的猗顿,制铁而发财的郭纵,代代垄断水银利益的寡妇清,制铁的卓氏,因铸造业而发财的程郑,制铁业的孔氏,同样制铁的邴氏得到了百万财富,让奴隶发挥能力得到了财富的刁间,运输行业中赚了钱的师史,秦汉战争时贩米得到了巨额财富的任氏,吴楚七国之乱时贷款而暴富的无盐氏。司马迁得出这样的结论:"不是全部由政府授予领地,也不是靠胡作非为。无论哪一种都是舍弃事物的理法而顺应时势,获得了比别人更多的利益。用末业(商业)创造财产,用本业(农业)保护它,用温和与德义维持住用蛮力割下的东西。不过,面对世间的变化,适应的方法要不失分寸。"(小川、今鹰、福岛[1975]五 173 页)

然而,即使司马迁这样说,中国历史上长期以来形成的本末思想并未完全消除。"因此以农业为基础的财富是最高的,工商业的财富次之,为非作歹的

财富是最劣等的。"(小川、今鹰、福岛[1975]五168页)

另一方面,司马迁痛斥伪君子。"居于深山而无所作为的奇人,贫贱却总是将仁义道德挂在嘴上,实际上是非常可耻的。"(小川、今鹰、福岛[1975]五168页)

7. 桑弘羊

桑弘羊(公元前152—前80年)是汉武帝的财政官,公元前120年担任盐铁专卖的事务,后因这个功绩,在公元前110年担任大司农的次官,掌管着均输平准的职务(参照前2节(12))。《盐铁论》主要是由桑弘羊和民间选出的文学、贤良在公元前81年围绕盐铁专卖的是非争论,由30多年后的桓宽所著。

《盐铁论》中的桑弘羊及其争论对象文学在农业与商业的立场上是微妙的。文学是儒生,本来是重农主义者,而桑弘羊是商人出身的官僚,应该对商业有好感,但当盐铁专卖是非纠缠在一起时,这两者有时会站在相反的立场上。也就是说,桑弘羊拥护盐铁专卖是为了抑制商人和帮助农民;而文学反对盐铁专卖,对大商人获得的利益视而不见。

如上所述,桑弘羊本来的立场是拥护商业,"富在术数,不在劳身;利在势居,不在力耕也"(《盐铁论·通有》)。在下文中,举出商人弦高和百里悉、工人公输子和欧冶子来颂扬他们对社会的贡献,说农民和工商业者通过交换彼此的物资来相互受益。"弦高贩牛于周,五羖赁车入秦,公输子以规矩,欧冶以镕铸,百工居肆,以致其事,农商交易,以利本末。"(《盐铁论·通有》,山田[1967]128页)

但是为了说服文学,桑弘羊主张盐铁专卖有抑制富商的好处。"今放民于权利,罢盐铁以资暴强,遂其贪心,众邪群聚,私门成党,则强御日以不制,而并兼之徒奸(强御是指以暴力和权力阻碍善。并兼是指富者兼并贫者的土地)"(《盐铁论·禁耕》,山田[1967]149—150页)。"令意总一盐、铁,非独为利人也,将以建本抑末,离朋党,禁淫侈,绝并兼之路也"(《盐铁论·复古》,山田[1967]160页)。

桑弘羊列举了其他的盐铁专卖的理由:根据盐铁专卖和均输可以保证物资的流通,确保国家的财源,调配边境的军事费用(《本议》),铁器、武器是国家的重要制品——民间不应随意操作(《复古》)。

(2)功利主义

接下来考察古代中国和雅典思想家的功利主义观。如果不是功利主者,就考察他的伦理观。功利主义是现代经济学的基础思想,近年来,经济学家们也经常批判功利主义(参见 Sen［1987］)。因此,从功利主义的对比上考察古代中国和古代希腊的思想是有意义的。

功利主义是"utilitarianism"的翻译,第一次讨论这个概念的是弗兰西斯·哈奇森(Francis Hutcheson)和大卫·休谟(David Hume),而第一次使用效用(utility)这个词的是杰里米·边沁(Jeremy Bentham)。边沁在1789年出版的著作(参考 Bentham［1970］)中说"utility"与利益、快乐、幸福意义相同,因此功利主义可以看作是享乐主义(hedonism)的同义词。但这并不仅限于肉体上的快乐,而是心理上的快乐主义(psychological hedonism)。边沁的功利主义(utilitarianism)用最大多数人的最大幸福这一矛盾的语言来表达,其目的不是为了个人的 utility,而是为了使社会的 utility 最大化。雅典和古代中国的思想家们把"义(good)和利(utility)"中的哪一个作为行动的规范,是我们关心的问题。这里我要说明利(utility)和利益(profit)的区别。利益指金钱利益,利不仅仅是利益,还包括名誉、地位、健康、快乐,以及其他容易让人喜欢的东西。那么义不就是利吗? 对功利主义来说,义也是利。但是在这里因为将功利主义和非功利主义进行对比,所以在观念上把义和利分开来进行讨论。

孔子、孟子、庄子在劝诫追求利益方面接近柏拉图。与此相对,管子、墨子、荀子都认为追求利益是人类的根本需求,并没有一概指责。管子有句名言"衣食足而知荣辱"最能体现这一点。这句话的原文是"仓廪实而知礼节,衣食足而知荣辱"(《牧民》,远藤［1989］)。更加直接的一句话是"夫凡人之情,见利莫能勿就,见害莫能勿避"(《禁藏》,远藤［1991］)。这一点和荀子是共通的,但管仲有唯物主义的倾向,这当然与他赞成追求利益有关。表现他唯物主义的名言"故智者役使鬼神而愚者信之"(《轻重丁》,远藤［1992］)。

1. 孔子

首先从《论语》中举出一些孔子反功利主义的记录。"子曰: 富与贵,是人之所欲也,不以其道得之,不处也。"(《里仁》)这是一种有条件的承认。

"子曰,放于利而行,多怨。"(《里仁》)

"子曰,以约失之者,鲜矣。"(《里仁》)

"子曰:"富而可求也;虽执鞭之士,吾亦为之。如不可求,从吾所好。"(《述而》)

"不义而富且贵,于我如浮云。"(《述而》)

"子曰,奢则不逊,俭则固,与其不逊也宁固。"(《述而》)

"齐景公有马千驷,死之日,民无德而称焉。伯夷、叔齐饿于首阳之下,民到于今称之。"(《季氏》)

孔子伦理学的基本概念是"仁"和"礼"。《论语》(金谷[2001])索引中仁出现 48 次,礼出现 40 次。"礼"是社会中人类应该遵守的规范,礼原本是礼仪性的要素,但孔子更重视本质性的东西。这种精神在下面的记载中表现出来。"礼,与其奢也,宁俭;丧,与其易也,宁戚"(就礼节仪式的一般情况而言,与其奢侈,不如节俭;就丧事而言,与其仪式上治办周备,不如内心真正哀伤。)(《八佾》)

孔子的核心思想"仁"常常被定义为"克己复礼"。这句话的确出现在《论语》颜渊中,但这并不充分。另外一句更有名的"己所不欲勿施于人"(《颜回》)也有同样的意味。唐朝的韩退之说仁是博爱,宋朝的程伊川说仁是诸德的综合(《哲学事典》73 页)。韩退之的见解应该基于"樊迟问仁;子曰:"爱人"。孔子很讲礼乐,但仁比礼乐更重要。"人而不仁,如礼何,人而不仁,如乐何"(《八佾》),仁是一个非常深远的概念。孔子说,"仁则吾不知也"(《宪问》),但是孔子说,"七十而从心所欲,不逾矩"(《为政》),至少在七十岁的时候,他确实学会了仁并实践了仁。这像是禅所谓的顿悟,禅的顿悟可能也会带来爱,作为苦修会修道士,与铃木大拙交情颇深的托马斯·马顿(Merton)曾说过,大拙在禅中最重要的是爱(Merton [1967] p. 41)。

一般认为现代的伦理学是以行动为中心,而古代的伦理学是以人为中心,孔子、柏拉图、亚里士多德的伦理学恰恰是以人为中心。培养善良的人是很重要的,善良的行动是由善良的人自然产生的。功利主义是用行动带来的功利大小来判断行动的好坏的,所以正是以行动为中心。

孟子是孔子教诲的忠实继承者,但比孔子更为现实。例如,《告子下》中有根据时间和场合的不同,食、色比礼更重要的记载。

2. 墨子

看了墨子的下一句话,也许人们会认为墨子是功利主义者。"和氏之璧、隋侯之珠、三棘六异,此诸侯之所谓良宝也。可以富国家,众人民,治刑政,安社稷乎?曰:不可。所谓贵良宝者,为其可以利也。而和氏之璧、隋侯之珠、三棘六异,不可以利人,是非天下之良宝也。今用义为政于国家,人民必众,刑政必治,社稷必安。所为贵良宝者,可以利民也,而义可以利人,故曰:义,天下之良宝也。"(《耕柱》,山田[1987])更加简洁地说,"义,利也。"(《经上》,山田[1987])但这与柏拉图是功利主义者的争论一样,没有真正抓到要点。对柏拉图和墨子来说,义不是作为利而是作为义有价值,要理解这一点,下面的引用是恰当的。"天欲义而恶不义。"(《天志上》,山田[1975])使义成为义的是天而不是利。另外,"以从事于义,则我乃为天之所欲也"(《天志上》,山田[1975])。先前说过"利不仅指利益,还包括名誉、地位、健康、快乐,以及其他容易让人喜欢的东西",墨子所说的利也并非只指物质利益。"利,所得而喜也。"(《经上》)

从《高尔吉亚篇》和《普罗泰戈拉篇》可以看出柏拉图不是功利主义者。在这些作品中,柏拉图主张义(to dikaion)、善(to agathon)和"eudaimonia"是同义的。(因为把 eudaimonia 翻译成幸福会引起误解,所以直接使用了希腊语。硬要翻译的话,"有价值的人生"是比较恰当的吧)。在高尔吉亚中,柏拉图震惊于快乐主义者(Polos)所说,"如果波斯国王也不知道他接受什么教育,就不知道是不是'eudaimon'(eudaimonia 的形容词)"。柏拉图也承认义可以带来利,但只是利附于义而已(Annas [1999] p. 146)。柏拉图在 Protagoras(357)中,仿佛有边沁所说的效用最大化的讨论,这并不是柏拉图(文中苏格拉底)的思想,而是将其归结为普罗泰戈拉(protagoras)的肤浅的道德价值观向普罗泰戈拉提了出来(Gadamer [1986] p. 48)。亚里士多德比起柏拉图对快乐更加宽容,但是亚里士多德的伦理观与柏拉图并没有本质上的不同。把对神的静观说成是最大的 eudaimonia 的人将其称为功利主义者是不对的,希腊当然也有功利主义者。上面提到的高尔吉亚(Gorgias)、普罗泰戈拉(Protagoras)、波罗斯(Polos)也是如此。但是他们的著作没有留存下来,只能从柏拉图的作品中触类旁通。从残存的片段中可以在一定程度上了解其思想为功利主义者的是伊壁鸠鲁(Epicurus,公元前341—前270)。但伊壁鸠鲁是主张节制而不是放纵的人,他虽然是功利主义者,但不是享乐主义者。亚里士多德的《尼各马可伦理学》(Book X)中介绍的欧多克索斯(Eudoxus,公元前390—前340)也是主张节制的功利主义者。

墨子说的利不是利己的利,那是基于兼爱思想的"交相利(mutual benefit)"。"夫爱人者,人必从而爱之;利人者,人必从而利之;恶人者,人必从而恶之;害人者,人必从而害之。"(《兼爱中》,山田[1975])

墨子的兼爱思想与孔子的"仁"相通,与耶稣的"爱"相通。"若使天下兼相爱,爱人若爱其身,犹有不孝者乎?"(《兼爱上》,山田[1975])。如果达到兼爱,战争也会消失。"视人国若其国,谁攻?"(同上)"顺天之意何若?曰兼爱天下之人"(《天志下》,山田[1975])。这让人想起耶稣所说"当孝敬父母,又当爱人如己"(《马太福音》19:19)、"只是我告诉你们、要爱你们的仇敌,为那逼迫你们的祷告"(《马太福音》5:44)、"这些事你们既作在我这弟兄中一个最小的身上,就是作在我身上了"(《马太福音》25:40)。(《新约圣经》卷首《马太福音》)

在古希腊的思想家中,只有苏格拉底接近这种思想。"不管对方是朋友还是谁,凡是害人的事都不是对的人做的。"(*The Republic* 335D)这是当时雅典盛行的"帮助朋友击败敌人"的一般道德中划时代的想法(这是柏拉图还是苏格拉底思想无从考究,只能说在《理想国》第1卷中,我们认为柏拉图忠实地传达了苏格拉底的想法)。

柏拉图和亚里士多德没有谈论对其他人的爱吗?对柏拉图来说,它包含在正义和节制之中,没有正义和节制,就不可能有对他人之爱和友谊。天与地、众神与人民是由爱他人(koinonia)、友情(philia)、规律、节制、正义联系在一起的(*Gorgias*,507E-508A)。亚里士多德似乎也相信对朋友的利他之爱。"我必须为我亲爱的人(菲洛斯)让他有善"(《尼各马可伦理学》,1155,B31),"为了别人而不是自己去祈祷认为是好的事情,并竭尽全力去实现,这就是爱的定义。"(*Rhetoric*,II.4)。

3. 庄子

庄子是在日本也非常著名的老庄思想的核心人物。庄子不仅反对功利主义,甚至提倡超越功利主义的境界为理想。在《庄子》至乐(远藤、市川[1967])中说到所谓"至乐"就是天地之无为则有。在《马蹄》篇中庄子说到任由自然发展而不加人为。

首先,在以下的引用中,庄子与孔子的观点基本相同。在《至乐》中庄子说,世人追求富贵、长寿、名誉、美食、美服、美女,而这些都是有关人的外在的愚蠢的东西。

"货财聚,然后睹所争。"(《则阳》,远藤、市川[1967])

"不仁之人,决性命之情而饕贵富。"(《骈拇》,远藤、市川[1967])

"小人则以身殉利。"(《骈拇》,远藤、市川[1967])

在下面的三句引用中,进一步表现了庄子超越功利主义的境界。

"夫至德之世,同与禽兽居,族与万物并,恶乎知君子小人哉!同乎无知,其德不离;同乎无欲,是谓素朴;素朴而民性得矣。"(《马蹄》,远藤、市川

［1967］）。

"无欲而天下足,无为而万物化,渊静而民众定"(《天地》,远藤、市川 ［1967］),"财用有余而不知其所自来,饮食取足而不知其所从,此谓德人之容" (《天地》)。有德之人是反对做有财富之人的。

道家(老庄)的思想用一句话概括就是"天地不仁"。这句话的注释如下: "所谓'仁',是孔子以来儒家所推崇的最高德行,主要是指对他人的真诚关爱、 体贴之心。在老子《道德经》中,'道'被认为是比那种人间的关爱更高的宇宙 理法。"(《老子》第20页,阿部等［1966b］)

但从根本上说,孔子和庄子的思想是相当接近的。《新释汉文大系》的解 说中用一句话概括庄子的思想就是"追求完全自由的境界"。这与孔子所说的 "随心所欲不逾矩"的境界是相通的(《庄子》第135页,远藤、市川［1967］)。

道家和墨家一样,提倡反战思想。"以道佐人主者,不以兵强天下"(《老 子·俭武》,阿部等［1966b］)。

与老庄思想相似的思想在古典时期的雅典是没有的,但公元前500年左 右的爱奥尼亚哲学家赫拉克利特(Heraclitus)的"logos"是与老庄所说的"道" 相似的概念。

4. 荀子

荀子继承了孔子的学说,在几个方面建立了自己的思想体系。但在重礼 这一点上,与孔子是一脉相承的。荀子虽然不使用"仁"这个词,但却称最优秀 的人为圣人,这正是懂得"仁"的人。"齐明而不竭,圣人也。"(《修身》,藤井 ［1966］)

荀子承认人从出生就存在欲望。这就是被称为"性恶说"的原因。"人之 情:食,欲有刍豢;衣,欲有文绣;行,欲有舆马;又欲夫余财蓄积之富也。"(《荣 辱》,藤井［1966］)接着,有思想的人节约费用,控制欲望,使其能够持续下去。 另外,"凡语治而待去欲者,无以道欲而困于有欲者也"(《正名》,藤井［1969］)。 这是对老庄思想的批判。也就是说,人类应该适当地调整欲望。下面的引文 也是同样的意思,"礼起于何也? 曰:人生而有欲,欲而不得,则不能无求。求 而无度量分界,则不能不争;争则乱,乱则穷。先王恶其乱也,故制礼义以分 之,以养人之欲,给人之求。使欲必不穷于物,物必不屈于欲。两者相持而长, 是礼之所起也"(《礼论》,藤井［1969］)。

"欲不待可得,而求者从所可。欲不待可得,所受乎天也。求者从所可。

所受乎心也。"（《正名》）荀子说，欲望来自天，决定人的欲望（需求）的是心。这可以说是自然需求（natural need）和理性需求（rational demand）的区别。但是这种需求（demand）并不是经济学家所说的收入和价格那样的概念。

5. 韩非子

韩非子的生平鲜为人知。据《史记·韩非列传》记载，韩非子是一位地位低下的公子，曾作为法学家被秦始皇任用，后来失势，于公元前230年左右自杀身亡。韩非子是比墨子、荀子更加彻底的功利主义者。墨子以兼爱、荀子以礼来节制功利，韩非子的功利主义是没有节制的。下面的文章体现了他的精髓。"故王良爱马，越王勾践爱人，为战与驰。医善吮人之伤，含人之血，非骨肉之亲也，利所加也。故与人成舆，则欲人之富贵；匠人成棺，则欲人之夭死也。非舆人仁而匠人贼也，人不贵，则舆不售；人不死，则棺不买。情非憎人也，利在人之死也，故后妃、夫人太子之党成而欲君之死也，君不死，则势不重。情非憎君也，利在君之死也。故人主不可以不加心于利己死者。"（《韩非子·备内》，竹内[1960]）

这位利己主义者当然不关心贫民的救济。"与人相善也，无饥馑、疾疢、祸罪之殃独以贫穷者，非侈则堕也。侈而堕者贫，而力而俭者富。今上征敛于富人以布施于贫家，是夺力俭而与侈堕也，而欲索民之疾作而节用，不可得也。"（《显学》，竹内[1964]）

6. 司马迁

和韩非子一样，司马迁认为所有人都追求利益。"天下熙熙，皆为利来；天下攘攘，皆为利往"（《货殖列传》，加藤[1942]72页）。在《盐铁论》毁学篇中，桑弘羊引用了司马迁的名言——天下熙熙，说人们都是为了利益而行动，儒生们也为了名誉而行动。

他还举了艺者、贵公子、医生、官吏的例子。"除了医生，那些靠技艺发家的人之所以能精神饱满，尽其所能，就是因为想要报酬。"（小川、今鹰、福岛[1975]五166页）。还有，下面说的是大众如何推崇金钱。"凡是编户的百姓，对于财富比自己多出十倍的人就会低声下气，多出百倍的就会惧怕人家，多出千倍的就会被人役使，多出万倍的就会为人奴仆，这是事物的常理"（小川、今鹰、福岛[1975]五168页）。

"及若季次、原宪，闾巷人也，读书怀独行君子之德，义不苟合当世，当世亦笑之。故季次、原宪终身空室蓬户，褐衣疏食不厌。死而已四百余年，而弟子志之不倦。今游侠，其行虽不轨于正义，然其言必信，其行必果。"(《游侠列传》，小川、今鹰、福岛[1975]五 104 页)这篇文章恰恰体现司马迁是功利主义者。

(3) 劳动分工论

劳动分工论通常被认为始于亚当·斯密，但实际上在古希腊可以追溯到柏拉图(*The Republic*，369bff)和色诺芬(Cyropaedia，VIII. ii. 5)，在中国可以追溯到孟子和荀子。孟子的分工论在《滕文公上》和《滕文公下》中有所阐述。在《滕文公上》，有一个叫陈相的人说，如果首领不与农夫一起耕耘，而是向农夫收取田租，这就是在折磨农夫。孟子反问道：农夫用谷物交换铁器，这是在折磨冶铁工吗？ 意思是说，首领也对农夫履行了应尽的义务(统治)，以此为代价从农夫那里收取粮食。《滕文公下》中有这样的记载，"子不通功易事，以羡补不足，则农有余粟，女有余布(如果不进行分工，农民有余粮而无布，女工有余布而无粮)"。

荀子也提出了分工论。"农分田而耕，贾分货而贩，百工分事而劝，士大夫分职而听，建国诸侯之君分土而守，三公总方而议，则天子共己而止矣。"(《王霸》，藤井[1966])

下面的引文特别重要。"故好书者众矣，而仓颉独传者，壹也；好稼者众矣，而后稷独传者，壹也。好乐者众矣，而夔独传者，壹也(壹指专一)……自古及今，未尝有两而能精者也。"(《解蔽》，藤井[1969])

柏拉图和亚当·斯密分工论的根本差异在于柏拉图的分工来自人类的各种不同嗜好和能力的差异。也就是说，喜欢农业并且擅长农业的人成为农民，喜欢建筑并且擅长建筑的人成为工匠。亚当·斯密则认为，人的能力差异不是分工的原因，不如说是分工的结果。被认为有最大职业差异的哲学家与街道搬运工的差别，与其说是天生的，不如说是癖好、习惯和教育的结果。(Smith [1994] p. 17)。没有比这更能给凡人带来希望的词语了。癖好、习惯、教育让我们都能成为巴赫、梵高、维茨根斯坦。上面引用的荀子的话，仓颉和夔天生的能力是不言自明的，天生有能力的人在自己的领域专心钻研而成为一流的人，这比起亚当·斯密更接近柏拉图的想法。

(4) 物价形成论

管仲认为，物价由需求和供给决定，需求和供给也对物价产生反应(即轻重理论)，在这一点上，完全可以与亚里士多德和色诺芬相媲美。管仲的财政政策、物价调整政策分散在许多地方,《山国轨》(远藤[1992])的开篇长文最为重要。管仲首先进行细致的人口和产量调查,了解地方人口、粮食、服装生产情况,并以此为基础,从生产物资丰富的地方用公款购买,运送到物资少的地方。这样通过调整生产物和货币的相对数量来稳定物价。在《问篇》的开头有更加综合的国家调查的例子。管仲的物价调整政策决不是物价固定政策。"衡者使物一高一下,不得常固(所谓调节物价,就是把东西的价格有的时候调高,在有的时候调低,而不是固定不变)"(《轻重乙》,远藤[1992])。他非常理解经济学的基本原理,即物价应由市场的需求和供给来决定,相反,物价会影响需求和供给。这可以从下面的章句类推。"市者,货之准也。是故百货贱,则百利不得。百利不得,则百事治。百事治,则百用节矣;是故事者生于虑,成于务,失于傲。不虑则不生,不务则不成,不傲则不失,故曰:市者可以知治乱,可以知多寡,而不能为多寡,为之有道。"(《骑马》,远藤[1992])

亚里士多德在《尼各马可伦理学》(1133A23-25)中有这样一段话,"于是,就像鞋匠对工匠一样,几双鞋子可以换一间房子呢?"这种模糊性导致了后来学者的种种解释。其中一个是托马斯·阿奎那(Thomas Aquinas),后来卡尔·马克思(Karl Marx)提出劳动价值说。这是基于亚里士多德的另一著作《伦理学》中"人应该根据劳动得到报酬"(1194a)。但值得注意的是,亚里士多德在这里并没有叙述由市场的需求和供给来决定价格,而是两人各自拿出了两个不同的商品应该以什么样的比率进行交换。在这种情况下,两个人想要交换已经做好的产品,供给的要素当然不在考察范围之内,但需求对亚里士多德来说是很重要的。这里,高田氏将"需求"的翻译原文"chreia"翻译成"必要性"更为准确。因为,对于经济学家来说,在"需求"的情况下,根据购买者的收入其需求会有所不同。亚里士多德说原本两个不同性质的商品在同一个舞台上被讨论是因为 chreia 将两者联系在一起,这应该说是一个重要的哲学意义上的发现。

色诺芬在《雅典的收入》中说,"制铜人的数量增多的话,铜器的价格就会下降,其结果是一些制铜人将会退休,铁器的情况也一样。同样,如果大麦和葡萄酒变的丰富,价格也会下跌,这些生产所能获得的利润也会变少,农民就会向商人和贷款人转向"(iv 6)。

孟子在《滕文公上》(《孟子》191 页)中说,物品价格的差异是由物品的品质决定的。这比将物品的需求作为物价重要因素的亚里士多德慢了一步,比考虑供需平衡的管仲慢了两步。

墨子在《经说下》中这样说："价格是否合适,取决于买主是否想要那件物品"。这里所表现的思想接近亚里士多德。

(5) 货币论

管仲说:"刀币者,沟渎也。"(货币起着流通物资的作用。《揆度》,远藤[1992])。这与亚里士多德在《尼各马可伦理学》(1133b)中所说的货币促进交易的宗旨相同。

在下面的引文中,管仲提出了货币数量假说的先声。"国币之九在上,一在下,币重而万物轻。敛万物,应之以币。币在下,万物皆在上,万物重十倍。"(如果有十成货币,九成由国家掌握,只有一成投入市场流通,就会出现物价下跌和货币购买力相应上升的情况。倘若国家将自身掌握的九成货币也投入流通,用来收购万物,就会出现"万物重什倍")(《山国轨》,远藤[1992])。

在货币论中重要的是货币的价值是来源于该物品本身的价值,还是取决于国家或习惯的力量。以此将前者称为实际货币论者(realist),将后者称为名义货币论者(nominalist)。管仲说,"故先王度用于其重,因以珠玉为上币,黄金为中币,刀布为下币。故先王善高下中币,制下上之用,而天下足矣"(《轻重乙》)。另外,按《轻重甲》中规定黄金一斤四千钱可见,管仲有很强的实际货币论者的倾向。

桑弘羊是名义货币论者。"故统一,则民不二也;币由上,则下不疑也"。晁错也是名义货币论者。"夫珠玉金银,饥不可食,寒不可衣,然而众贵之者,以上用之故也。"(《汉书·食货志上》)这是一种极端的名义货币论者,因为连金银的固有价值也不认可。

柏拉图可以说是名义货币论者。苏格拉底和阿得曼托斯的对话中,"那么,在国家本身内,公民们各自的工作产物,如何互相分享呢? 可以说正因为如此,我们建立共同体、建设了国家。""当然,"他说,"通过出售和购买","这样一来,我们就有了市场,也有了货币作为交换的标志(symbolon)"(*The Republic*,371B)。另外,在《法律篇》建设的理想国中,"可以作为货币的,仅限于在国内通用,但在外国不通用的货币"(72A)。这很明显是名义货币。

与此相对,亚里士多德在名义货币论者和实际货币论者之间摇摆不定。在《尼各马可伦理学》中,"然而,根据协议,货币处于代言需求的位置。正因为如此,它才又被称为法币。这不是本性的,而是人为的,也就是说,改变它或者使它成为无用之物是我们的自由。"(1133A30)。这是名义货币论者的立场。与此相对,在《政治学》(1257A35—B1)中说道,"于是人们为了交换物品,决定使用本身有价值、便于携带的物品,例如铁、银、或者其他金属作为货币。最初货币的价值是由大小和分量决定的,后来为了消除——计量的不便,在货币上刻上了它的价值。"这可以说是实质货币论者和名义货币论者之间的一种摇摆。

(6) 租税论

管仲屡次建议齐桓公减轻赋税(《权修》《轻重甲》《国蓄》《大匡》)。孔子在《颜渊》中提倡十税一,劝鲁哀公(在位公元前 494—前 468 年)将税降至二成。孟子反对贸易税,主张山海产品无税,反对城市人头税。"关市讥而不征,泽梁无禁。"(《孟子·梁惠王下》,内野[1962])关于减轻商人赋税的提案,管仲和孟子几乎都有相同的发言。首先,管仲说,"关几而不征,市廛而不税"(《管子·五辅》,远藤[1989])。孟子说,"市廛而不征,法而不廛,则天下之商皆悦而愿藏于其市矣。关讥而不征"(《孟子·公孙丑上》,内野[1962])。此处的"关几而不征"和"关讥而不征"是"关口不收关税和通行税"的意思。但是"市廛而不征"就有了两种解释。一种是"只对店铺征税,对商品不征税",另一种是"官方给市场提供保管货物的便利,但不征税"。曾我部[1976]采取了后者的解释。笔者认为这是一个有说服力的解释。

墨子并没有提出什么特别的减税论。"贤者之长官也,夜寝夙兴,收敛关市、山林、泽梁之利,以实官府,是以官府实而财不散"(《墨子·尚贤中》,山田[1975])。与此类似的句子在《非命下》中也有记载。

孟子说对农民最好的税是十分之一(《滕文公上》)。另外,关于住宅税,如下所说,"廛,无夫里之布,则天下之民,皆悦而愿为之氓矣(对于住宅,如果不收取一种附加税之类的东西,天下的民众都愿意成为那样的君下之民而移居过来吧)"(《公孙丑上》)。

道家也反对重税。"民之饥,以其上食税之多"(《老子·贪损》、阿部等[1966b])。

四、结语

以上论述了古代雅典与古代中国经济和经济思想情况的比较。如序言中所述,这两者是惊人相似的。首先说经济,这两者都在公元前 5—前 4 世纪左右,以工商业、市场、金融为中心,经济急速发展。这篇论文只论证了那个事实,没有探讨其理由,这个问题有待于今后的研究,本文仅停留在阐述初步的见解上。

首先需要指出的共同点是,在这个时间点上,两者已经保持了很长一段时间的高度文明。在中国,早在殷的时代(公元前 1700 年—前 1050 年左右)就有了掌管政治、祭祀的强大王朝,虽然没有统治过中国全境,但在黄河流域建立了强大的势力。殷已经拥有被称为甲骨文的文字,这与希腊的迈锡尼时代(公元前 1600 年—前 1200 年左右)被称为线文字 B 的文字存在的时期基本吻合。迈锡尼与提留斯、派罗斯、雅典是当时有权势的小王国,各自的国王之下有着在后来的城邦里难以见到的强大的官僚组织,并统治着民众。在希腊,这种线形文字 B 在黑暗时代(公元前 1200 年—前 800 年左右)曾一度消失,但在公元前 800 年左右,因改良了腓尼基文字,开始使用与现在的希腊文字相近的文字。而中国有文字的延续,殷的甲骨文经过西周的金文,演变为篆书、隶书,到了汉代,字体基本上接近现在的楷书。殷与迈锡尼的另一个重要的共同点是都留下了精巧的青铜器。在希腊黑暗时代以后,青铜器文明向铁器文明过渡,但在中国,青铜器的技术通过西周时期(公元前 1050 年—前 771 年)、春秋时期(公元前 771—前 453 年)而进步,从春秋时代到战国时期(公元前 453—前 221 年),才开始铁器的生产。黑暗时代和西周时代大致在同一时期结束,所以虽然说希腊进入铁器文明的时间较早,但两者几乎是并行发展的。

第二个共同点是中国的战国时期和雅典的古典时期(公元前 510—前 322 年)都是战争频繁的时代。中国的战国时期正如其名,是齐、秦、楚、燕、赵、魏、韩七大强国相互征伐的时代;雅典的古典时代也充满战争,波斯战争(公元前 490—前 479 年),伯罗奔尼撒战争(公元前 431—前 404 年),科林斯战争(公元前 395—前 386 年),马其顿的霸权抗争(公元前 340—前 322 年)等。战争剥夺了农民从事农业的时间,农地在战斗中被踩躏,对经济产生负面作用,但武器的生产也促进了以生产铁器为主的金属矿业和土木建筑业的兴起。

第三个共同点是企业家的出现。司马迁的《货殖列传》记载了从战国时期到西汉,通过农业、畜牧、手工业、矿业、商业及金融获得巨额财富的 20 多名富豪的事迹。雅典也一样,前面列举的德摩斯梯尼的父亲、帕西翁、克里昂、阿尼图斯、海帕波拉斯、克罗奉,还有吕西阿斯兄弟(制盾作坊),奥尼阿斯(农业),色诺芬的《雅典的收入》中登场的伊斯克玛古斯(农业)等等,各种领域中都存在着富豪。

　　第四个共同点是，无论是在中国还是雅典，在那个时代都存在着管理财政的能人。在中国有齐国管仲、越国计然、魏国李悝、西汉桑弘羊；在雅典，公元前4世纪的欧布洛斯（Eubulus）及来库古（Lycurgus）非常著名。

　　那么，思想家辈出的理由是什么呢？最重要的理由是经济的繁荣以及伴随而来的城市的发达。当然，经济的繁荣和城市的发达未必能培养出优秀的思想家，但笔者认为它们酝酿了文化，为思想家辈出铺平了道路。齐宣王（公元前4世纪后期）在都城临淄的稷下建造了豪华的建筑，招待天下的学者，以此为契机，包括儒家、道家、墨家，所谓的诸子百家之学繁荣起来。另外，宫崎市定说："城市的发达促使其成员自觉成为自由公民，活跃了思想界。"（宫崎[1991a]第134页）。公元前5—前4世纪，雅典的哲学、文学（主要是戏剧）、美术、历史叙述的发展也是城市国家的兴盛带来的。特别是悲剧、喜剧的发展值得大写特写。

　　思想家辈出的另一个重要原因是在这个时代，无论中国还是希腊，都产生了一种不依靠神秘而是靠理性去解释自然现象和社会现象的现象。公元前6世纪的希腊，在小亚细亚出现了阿纳克西曼德，赫拉克里特，阿那克西美尼。之后，爱琴海北岸的城市阿布德拉出生了哲学先驱德谟克利特，雅典的苏格拉底、柏拉图、亚里士多德继承了他们的思想。柏拉图和亚里士多德经常使用"神"（theos）这个词，但几乎总是作为单数使用，这是哲学家的神，与当时普通民众信奉的多神教的神不同。说到中国，孔子虽多次提到"天"，但却是一个对于死更重视生、对于天更重视人的思想家，这在下面的句子中有所体现。"季路问事鬼神。子曰：'未能事人，焉能事鬼？'曰：'敢问死。'曰：'未知生，焉知死？'"（《先进》，金谷[2001]）荀子更倾向于此。藤井专英在《荀子》上第8—9页中指出，荀子人性论的特征在于努力主义和人力主义（日文原文为努力主义、人力主义），什么事也不怨天尤人。这个代表性的想法出自《天论篇》的开头。苏格拉底也敬重神灵，但他更是一位关心人类应该如何生活的思想家，这一点与孔子是相通的。

　　这个时代著名思想家辈出的特性也被雅斯贝尔斯所认可。雅斯贝尔斯[1953]把中国和希腊加上印度、波斯、以色列，从公元前6世纪到公元1世纪的时间段称为轴心时代（Axial period），强调了其重要性。但是，雅斯贝尔斯[1953]比起查明其原因，更注重考察其历史意义。

参考文献

阿部吉雄・山本敏夫・市川安司・遠藤哲夫、『荘子』上、新釈漢文大系、明治書院、1966年 a

―――・―――・―――・―――、『老子』、新釈漢文大系、明治書院、1966年 b

アリストテレス、『ニコマコス倫理学(上)』、高田三郎訳、岩波文庫、1971年

―――、『ニコマコス倫理学(下)』、高田三郎訳、岩波文庫、1973年

アリストパネス、『ギリシア喜劇II』女の議会、村川堅太郎訳、ちくま文庫、1986年

内野熊一郎、『孟子』、新釈漢文大系、明治書院、1962年

宇都宮清吉、『漢代社会経済史研究』、弘文堂書房、1967年

江村治樹、『春秋戦國秦漢時代出土文字資料の研究』、汲古書院、2000年

―――、「古代都市社会」、松村道雄ほか編『殷周秦漢時代史の基本問題』、汲古書院、2001年

遠藤哲夫・市川安司、『荘子』下、新釈漢文大系、明治書院、1967年

―――、『管子』上、新釈漢文大系、明治書院、1989年

―――、『管子』中、新釈漢文大系、明治書院、1991年

―――、『管子』下、新釈漢文大系、明治書院、1992年

大櫛敦弘、「国制史」、松村道雄ほか編『殷周秦漢時代史の基本問題』、汲古書院、2001年

小川環樹・今鷹 真・福島吉彦訳、『史記』列伝四、岩波文庫、1975年 a

―――・―――・―――、『史記』列伝五、岩波文庫、1975年 b

柿沼陽平、「秦漢時代における物価制度と貨幣経済の構造」、『史観』、第155冊、2006年

―――、「戦国秦漢時代における布帛の流通と生産」、『日本秦漢史学会会報』、第九号、2008年 郭沫若、『支那古代社會史』(藤枝丈夫譯)、成光館書店、1933年

影山 剛、『中国古代の商工業と専売制』、東京大学出版会、1984年

加藤 繁、『支那經濟史』、日本評論社、1940年

―――、『中国貨幣史研究』、東洋文庫、1991年

―――訳注、『史記平準書・漢書食貨志』、岩波文庫、1942年

金谷 治訳注、『論語』、ワイド版岩波文庫、2001年

黒羽英男、『漢書食貨志訳注』、明治書院、1980年

小竹武夫訳、『漢書』中巻、列伝I、筑摩書房、1978年 a

―――、『漢書』下巻、列伝I、筑摩書房、1978年 b

『舊新約聖書』、日本聖書協会、1977年

胡 寄窗、『中國經濟思想史 上』、上海人民出版社、1962年

古賀 登、「戦国秦漢史総説」、松村道雄ほか編『殷周秦漢時代史の基本問題』、汲古書院、2001年

佐原康夫、「漢代貨幣史再考」、松村道雄ほか編『殷周秦漢時代史の基本問題』、汲古書院、2001年

―――、『漢代都市機構の研究』、汲古書院、2002年

佐藤武雄、『中国古代工業史の研究』、吉川弘文館、1977年

篠田　統、『中国食物史の研究』、八坂書房、1978 年

曽我部静雄、『中国社会経済史の研究』、吉川弘文館、1976 年

竹内照夫、『韓非子』上、新釈漢文大系、明治書院、1960 年

―――、『韓非子』下、新釈漢文大系、明治書院、1964 年

中國哲學書電子計劃、『淮南子』

―――、『漢書』

―――、『史記』

―――、『春秋左氏伝』

―――、『戦国策』

―――、『呂氏春秋』

『哲学事典』、平凡社、1971 年

永田英正、『居延漢簡の研究』、同朋舎出版、1989 年

―――・梅原　郁訳注、『漢書』食貨・地理・溝洫志、平凡社、2008 年

西嶋定生、『中国経済史研究』、東京大学出版会、1966 年

―――、『中国古代国家と東アジア世界』、東京大学出版会、1983 年　彭　信威、『中國貨幣史』、上海人民出版社、1965 年

藤井専英、『荀子』上、新釈漢文大系、明治書院、1966 年

―――、『荀子』下、新釈漢文大系、明治書院、1969 年

プラトン、『プラトン著作集 2『法律』』、式部　久訳、勁草書房、1973 年

―――、『国家』（上）、藤沢令夫訳、岩波文庫、1979 年

水沢利忠、『史記』八、新釈漢文大系、明治書院、1990 年

―――、『史記』九、新釈漢文大系、明治書院、1993 年

宮崎市定、『宮崎市定全集』3、佐伯　富ほか編、岩波書店、1991 年 a

―――、『宮崎市定全集』5、佐伯　富ほか編、岩波書店、1991 年 b

―――ほか、『古代帝国の成立』、創元社、1971 年

吉田賢抗、『史記』四、新釈漢文大系、明治書院、1995 年

山田勝美訳注、『塩鉄論』、明徳出版社、1967 年

山田勝芳、『秦漢財政収入の研究』、汲古叢書、1993 年

―――、『貨幣の中国古代史』、朝日選書、2000 年

山田　琢、『墨子』上、新釈漢文大系、明治書院、1975 年

―――、『墨子』下、新釈漢文大系、明治書院、1987 年

渡辺信一郎、「漢代国家の社会的労働編成」、松村道雄ほか編『殷周秦漢時代史の基本問題』、汲古書院、2001 年

Amemiya, Takeshi, *Economy and Economics of Ancient Greece*, Routledge, 2007.

Annas, Julia, *Platonic Ethics, Old and New*, Cornell University Press, 1999.

Aristotle, *Nichomachean Ethics*, Harvard University Press, 1926a.

―――, *Art of Rhetoric*, Harvard University Press, 1926b.

―――, *Politics*, Harvard University Press, 1932.

———, *Magna Moralia*, Harvard University Press, 1935.

Bentham, Jeremy, *An Introduction to the Principles of Morals and Legislation*, Methuen, 1970.

Cartledge, Paul, "*Rebels & Sambos in Classical Greece: A Comparative View*," in P. A. Cartledge and F. D. Harvey, eds. CRUX: *History of Political Thought*, ImprintAcademic, Vol. VI, 1985, pp. 16 – 46.

Cipolla, Carlo, *Before the Industrial Revolution*, *Third Edition*, W. W. Norton & Company, 1993.

Cohen, Edward E. , *Athenian Economy & Society*, Princeton University Press, 1992.

Davies, J. K. , *Wealth and the Power of Wealth in Classical Athens*, Arno Press, 1981.

Demosthenes, *XXIV Against Timocrates*, Harvard University Press, 1935.

———, *XXVII Against Aphobus*, Harvard University Press, 1936a.

———, *XXXVI For Phormio*, Harvard University Press, 1936b.

———, *LVII Against Eubulides*, Harvard University Press, 1939.

Gadamer, Hans-Georg, *The Idea of the Good in Platonic-Aristotelian Philosophy*, Yale University Press, 1986.

Garlan, Yvon, *Slavery in Ancient Greece*, Cornell University Press, 1988.

Isocrates, *XVII Trapeziticus*, Harvard University Press, 1945.

Jaspers, Karl, *The Origin and Goal of History*, Tr. From the German by MichaelBullock, Yale University Press, 1953.

Jones, A. H. M. , *Athenian Democracy*, Johns Hopkins University Press, 1957.

Kim, Henry S. , "*Archaic Coinage as Evidence for the Use of Money*," in AndrewMeadows and Kirsty Shipton, eds. *Money and Its Use in the Ancient Greek World*, Oxford University Press, 2001.

Lysias, *XXII Against the Corn-dealers*, Harvard University Press, 1930.

Merton, Thomas, *Mystics & Zen Masters*, A Delta Book, 1967.

Plato, *Laches*, *Protagoras*, *Meno*, *Euthydemus*, Harvard University Press, 1924.

———, *Lysis*, *Symposium*, *Gorgias*, Harvard University Press, 1925.

———, *The Laws*, *I and II*, Harvard University Press, 1926.

———, *The Republic*, *Books I-V*, Harvard University Press, 1930.

Scheidel, Walter, "The Monetary Systems of the Han and Roman Empires," inWalter Scheidel, ed. *Rome and China*, Oxford University Press, 2009.

Seaford, Richard, *Money and the Early Greek Mind*, Cambridge University Press, 2004.

Sen, Amartya, *On Ethics and Economics*, Basil Blackwell, 1987.

Smith, Adam, *The Wealth of Nations*, The Modern Library, 1994.

Starr, Chester G. , *Athenian Coinage 480 –449 B. C.*, Oxford University Press, 1970.

Stroud, Ronald S. , "*An Athenian Law on Silver Coinage*," in Hesperia 43,1974, pp. 157 – 158.

Theophrastus, *The Characters*, Harvard University Press, 1929.

Thucydides, *The Peloponnesian War*, R. B. Strassler ed., Touchstone, 1996.

Wilbur, Martin, *Slavery in China During the Former Han Dynasty*, Field Museum of Natural History, Chicago, 1943.

Xenophon, *Cyropaedia*, Harvard University Press, 1914a.

———, *Cyropaedia*, II, Harvard University Press, 1914b.

———, *Memorabilia*, Harvard University Press, 1923a.

———, *Oeconomicus*, Harvard University Press, 1923b.

———, "*Ways and Means*," in Scripta Minora, Harvard University Press, 1968.

译者简介: 刘鹏,中国人民大学历史学院博士研究生;王大庆,中国人民大学历史学院教授。主要研究领域为古典文明史。

古典时期雅典铭刻表彰
法令的意义是什么？[①]

史蒂芬·兰伯特　著　孙仁朋　译

[编者按] 自公元前6世纪末至前4世纪末,雅典颁刻的铭文远超同时期的其他希腊城邦。在公共铭文中,表彰法令铭文的数量又远远多于其他类型的铭文。此类法令通常由公民大会或议事会颁布,表彰那些在军事、政治、宗教、外交以及公益捐助等诸方面卓有成就、对城邦有突出贡献的雅典人和外邦人。由于这类铭文少有主观色彩,因此对于雅典史研究有着重要的史料价值。在使用和解读这些史料时,首先面临的问题便是此类铭文的性质和意图,即雅典人为何要大量铭刻表彰法令,有何目的和意义,又体现了雅典人怎样的铭刻习惯和原则?针对上述问题,本文作者结合具体的历史语境,提出了自己的见解。在作者看来,如果将铭文视作一种社会行为,表彰的首要意图便是为了激励本邦人和外邦人去做有益于雅典城邦之事,将法令铭刻下来则可广而告之,是对实物奖励的一种强化。不过,作者提醒我们,铭文石碑本身有时比内容更重要,石碑上的浮雕装饰、放置的空间地点等因素也都体现着这种意图,因此需对石碑作整体性解读,这是对以往仅关注铭文文本内容做法的反思。除上述激励意图外,作者认为,表彰法令铭文还有许多次要意图和内涵,例如彰显城邦的力量和威望、展示政治领袖的竞争力、发挥以古鉴今的教育功能等。此外,本文在阐释表彰法令铭文的演变过程时,提出了多

---

① 原文为 Stephen Lambert, "What Was the Point of Inscribed Honorific Decrees in Classical Athens," in Stephen Lambert ed., *Sociable Man: essays on ancient Greek social behaviour in honour of Nick Fisher*, Swansea: Classical Press of Wales, 2011, pp. 193-214。

种可能的原因,跳出了传统上强调铭刻实践与雅典民主制同步发展的解读模式,具有启发性。

对于我们要纪念的尼克·费舍尔(Nick Fisher),我最为崇敬的学术品德是他捕捉重要历史问题的能力,且能够缜密地提出这些问题,并以清晰和平铺直叙的方式使他的论著产生巨大吸引力,得到学者的广泛阅读。他对埃斯基尼斯(Aeschines)的《驳斥提马库斯》(*Against Timarchos*)演说辞的评注是此类论著的代表之作,这也是英语世界中对该希腊文本的最好历史性评注本之一。我希望费舍尔会接受接下来这篇向他致敬的文章,因为收录这篇文章的论文集本身也是献给他的"表彰法令"(雅典人将之刻于石上,而我们书写在纸上),还因为他本人也做了许多工作来阐明 *timē* 作为希腊社会行为推动力量的核心重要性(我遵照习惯将 *timē* 译为"荣誉",尽管该词有更宽泛的语义——"价值")。我以费舍尔为榜样,也用尽可能清醒的头脑,试图解决一个在某种意义上相当简单却相当重要的问题。

所有的希腊铭文都可以解读为一种社会行为:无论是某次公民大会将其决议转移到公共纪念碑上,还是某个公职委员会在石头上公开其账目;无论是公民个人在神庙中的献祭品铭文(dedications),还是死者通过路边墓碑上的墓志铭对路人说的"话",这些铭文都和人与人、人与神的沟通和联系有关。近年来,我将大量时间投入到铭文的编辑工作中,这项工作需要一些历史知识,但本身又不是一项历史的工作,因为其最重要的目标是为了确定最有可能的文本。但是,我对于铭文的解读和利用铭文研究历史也非常感兴趣。如果想把铭文做得有思辨性,我们就需要提出一个基本的问题,即这些铭文为什么被刻写?换句话说,我们要试图理解铭文所表达的社会行为。我处理的铭文文本主要是雅典议事会和公民大会的法令,现存此类铭文最早出现于公元前 6 世纪末(*IG* I³ 1),到公元前 4 世纪末,共有一千篇,而大部分铭文都有不同程度的残破不全。这些铭文中,为数最多的是授予个人或整个城邦以荣誉的法令。除少量表彰雅典公民的法令被刻在受奖者自己进献的献祭品上以外,[①]其他均刻在 *stēlai*[石碑]上,这通常由城邦发起并出资。在这期间,90%以上

---

① Lambert 2004,Lambert 2005, pp. 125 - 129.

的表彰法令铭文都陈列在城邦的宗教和纪念中心——卫城。① 很显然，表彰是一种社会行为，但我们应如何解释这一行为？ 为何这种表彰如此普遍地以铭文的形式表达？ 古典时期雅典人铭刻表彰法令的意义是什么？

法令文本自身提供了一种答案。从约公元前 4 世纪中叶开始，法令铭文的意义常以"激励意图"条款（hortatory intention clause）的形式表达出来。② 以公元前 330/329 年或稍后的一则法令铭文为例，该法令表彰粮食商人萨拉米斯（Salamis）的赫拉克利德斯（Herakleides）：

> 为了表彰萨拉米斯的卡利克利德斯（Charikleides）之子赫拉克利德斯，授予他价值 500 德拉克马的金冠，并允许他从公民中得到可能的好处，以便其他人也会以追求荣誉的方式（φιλοτιμῶνται）行事，因为他们知晓议事会授予了那些以追求荣誉的方式行事的人（τοὺς φιλοτιμουμένους）荣誉和花冠。
>
> (Rhodes and Osborne 2007，no. 95)

雅典人（这个例子中是议事会，其他文本中是公民大会）宣称他们表彰此人是为了鼓励其他人以一种追求荣誉的方式、带着受到表彰的期望行事。"以一种追求荣誉的方式行事"在实际生活中意味着以有益于城邦的方式行事。换言之，表彰法令是城邦的一个"杠杆"，可以鼓励人们做有益于雅典的事情。雅典将荣誉作为个人和共同体政治行为的有力驱动因素，可以说是最有力的驱动因素，在这样一种文化氛围中，这种"杠杆"的作用更加立竿见影。

在本文中，我计划用最多篇幅来展开和探究关于表彰铭文意义的解释，其在表面上是很简单的，但我认为，表面上的理解的确是其主要意义，但并非唯一。此外，表彰法令铭文还有许多次要意义，可以称之为"潜台词"，在本文最后一部分我将简要地分析其中一些。

---

① 目前尚无对雅典表彰法令充分的历史考察，关于公元前 352/1—前 322/1 年间的铭文，参阅 Lambert 2004，2006，2007a。Henry 1983 统计了表彰中的荣誉和特权，但主要关注于语言。超过 90％的表彰法令铭文都在卫城：Liddel 2003。关于雅典和其他希腊城邦表彰实践的总体考察，见 Gauthier 1985。

② 最新讨论激励意图并梳理相关学术史的是 Luraghi 2010（另见 Sickinger 2009）。关于激励意图的程式化表达分析，参阅 Henry 1996。

有关"激励意图"条款的第一个问题是,这些条款开始出现于公元前 340 年代,那么,在此之前的表彰法令铭文中是否存在这种激励意图? 我认为是存在的。这种激励条款表达的是一种互惠观念,这种观念不仅深深扎根于希腊人关于人与人的适当关系的观念中,也与公元前 340 年代之前的表彰观念密切相连。例如,古典时期雅典最常见的一种表彰法令铭文——外邦保护人表彰(proxeny)就隐含了这种观念,[①]当雅典人任命其他城邦的某位公民作为雅典的 *proxenos*[外邦保护人]时,便赋予了此人在本邦保护雅典人利益的责任。然而,此人接受委任的原因在于,他已经在以有益于雅典人的方式行事。X 使雅典获益,则雅典表彰 X;由于表彰,雅典期望 X 继续做有益于雅典的事。也就是说,表彰基于过去的行为,同时也期望影响未来的行为,这一逻辑与"激励意图"条款的逻辑是一致的。一般而言,一则表彰法令仅仅代表了一条互惠互利长线上的一个点,这条线可以追溯到几代人以前,并期待在未来延续很长一段时间,这种时间的延展性体现在法令自身的措辞上:法令经常承认受奖者的善行是延续了其祖先的善行传统,并且承认这些荣誉一般会延续给子孙后代。

一个很好的例子是公元前 347/346 年的法令,该法令是重申对斯巴托科斯(Spartokos)和帕里萨德斯(Pairisades)的表彰,二人是博斯普鲁斯王国(Cimmerian Bosporos)的新任领袖,授予他们的奖励和特权中包括雅典公民身份,并明确说明这是根据他们祖先的事迹(Rhodes and Osborne 2007, no. 64)。这是公元前 5—前 3 世纪一系列雅典人对某个家族的表彰中的一个例子,他们的善行对于雅典粮食供应来说至关重要。[②] 这一时期授予外邦人的最高荣誉——雅典公民身份显然是延续到后代的,较次要的荣誉如外邦保护人表彰也是如此。

"激励意图"条款中经常表达出的观念是表彰法令的目的在于影响人们的行为,而不仅仅是受奖人。这一点可能与影响受奖人(及其后代)的行为略有不同,但我不认为这是一个重大创新。约公元前 355 年,德摩斯提尼第二十号演说辞《驳斥莱普提尼斯》(*Against Leptines*)中的一个论点是,剥夺表彰法令

---

① 关于表彰外邦保护人和其他外邦人的法令,参阅 Lambert 2006。

② Dem. 20 and Rhodes and Osborne 2007, notes on no. 64. 公元前 3 世纪: *IG* II² 653＝Osborne 1981-3, T 21。

的受奖人的特权是不明智的，因为这会对未来想要做善行的人造成负面影响。我认为这是一个显而易见的论点，而不是德摩斯提尼的发明。而且，"激励意图"条款仅仅表达了与"杀鸡儆猴"（*pour encourager les autres*）相同的观念（取积极而非消极之意）。① 因此，我认为，公元前 340 年代以后出现的"激励意图"条款所传达的观念已经隐含在此前的表彰系统之中。

那么，接下来的问题是，为什么只在公元前 340 年代以后才开始出现"激励意图"条款？我们可以想到至少三个可能的原因。

第一种可能：我们从这一时期的演说家以及大量存世的表彰法令铭文中可知，表彰法令是公元前 4 世纪中叶公共讨论的最热门话题，不仅讨论一般性原则（例如前文的《驳斥莱普提尼斯》），还讨论个体案例。毕竟，最著名的演说辞——德摩斯提尼的《金冠辞》便是关于表彰法令的。而且，我们还知道，公元前 4 世纪有法律专门规范表彰的授予。例如，有法律规定雅典官员在提交经济账目之前不能被授冠。在这种环境中，我们不难看出，关于此类法令意义之共识的措辞是如何被添加到法令中的。"激励意图"条款可以被视为对表彰的一种辩护，因此我推测，此类条款的前身可能最早出现在公元前 350 年左右规范表彰授予的法律中。

第二种可能："激励意图"条款出现的时期，恰逢雅典人面对马其顿的崛起和第二次海上同盟的衰落而产生衰败感之时。随着政治和军事力量的衰弱，表彰法令成为雅典相对而言更重要的外交武器。明确的"激励意图"条款的添加，可以理解为是城邦设法使法令尽可能发挥最大效用的表现。正如该时期铭文记录的其他特征一样（例如卡罗尼亚战役失败后开始表彰粮食商人），表彰法令也可以解读为雅典人对衰败感所做出的反应。② 色诺芬主张采用表彰和奖励的方法，一定程度上支持了这一解释。在《雅典的收入》（*Poroi*，公元前 355 年前后）中，他提出同盟战争后危机时期增加城邦收入的计划。许多体现"对衰败感的反应"的计划并未被实施，但一些计划或至少内在原则在此后几十年的碑铭记录中有所体现。在 3.3 处，他大力主张应通过竞争性奖励来鼓励市场官员及时、公正地解决纠纷。类似的方式（尽管不是在经济领域）还出

---

① 在更早的铭文中也出现了类似的观念，例如，第二根赫耳墨斯方碑纪念的是雅典人在埃翁（Eion）战胜波斯人（公元前 476/475 年），根据埃斯基尼斯（Aesch. 3.184）的说法："看到这个，老人也会更加希望为公共利益而吃苦。"另见 Plut. *Cimon* 7.4。
② 关于对衰落的反应，另见 Lambert 2012。

现在公元前 343/342 年,议事会在第九届主席团在任时投票表彰叙莫伊泰斯(Thymaitadai)的法诺德摩斯(Phanodemos)是议事会中最好、最廉洁的演说者(*IG* II² 223,4‑5)。在 3.4 处,色诺芬主张,剧场前排特权(*proedria*)和款待外邦人(*xenia*)也应作为奖励,授予行善的商人(*emporoi*)和船长(*nauklēroi*):"由此,接受表彰不仅是为了利益,而且是为了荣誉,他们会像朋友一样对待我们。"①有线索表明该政策曾付诸实践,即约公元前 337—前 325 年由吕库古(Lykourgos)提出的法令,授予粮食商人阿克拉加斯(Akragas)的索帕特罗斯(Sopatros)以款待外邦人(*xenia*)和城市酒神节前排座位特权(Lambert 2006, no. 37＝*SEG* 54. 170)。最后,在 3. 11 处,色诺芬主张应鼓励外邦人向他提议成立的基金捐款,鼓励的方法是他们有望作为捐助人被永久铭刻。② 色诺芬成立基金的提议并未得到采纳,但我们可以举一个有关鼓励捐助的一般政策的例子,公元前 330/329 年,吕库古提出一条法令,该法令在雅典人的捐助者中点名普拉泰亚(Plataia)的埃乌德摩斯(Eudemos),因为他在需要时为战争提供经济支持(可能指公元前 331 年阿基斯发起的反抗马其顿的战争),并提供牛来帮助建造健身场和泛雅典娜剧场(Rhodes and Osborne 2007, no. 94＝Lambert 2006, no. 42＝*SEG* 55. 173)。

第三种可能:答案在于语言本身。"激励意图"条款鼓励了 *philotimia* [爱荣誉]的行为,该条款的出现同时也是雅典法令中正面评价 *philotimia* 的开始。在激进民主制时期,鼓励 *philotimia* 明显是不被接受的,因为它与平等主义、集体主义观念相背离。但到公元前 4 世纪中叶,鼓励 *philotimia* 被认为利大于弊,这或许是由于观念共识上的松懈,也可能是由于民主制更加成熟和稳定,可以容纳这种价值观而不至于焦虑,抑或仅仅是由于雅典的力量和财富衰落,城邦迫于渐增的压力而需要千方百计地得到富人和权贵的捐助。③

在公元前 340 年代,表彰法令铭文出现了另一个重要发展。在此之前,通

---

① ταῦτα γὰρ τιμώμενοι οὐ μόνου τοῦ κέρδους ἀλλὰ καὶ τῆς τιμῆς ἕνεκεν ὡς πρὸς φίλους ἐπισπεύδοιεν ἄν.

② εἰ μέλλοιεν ἀναγραφήσεσθαι εὐεργέται εἰς τὸν ἅπαντα χρόνον.

③ 另见 Whitehead 1983 and 1993。*Philotimia* 作为一种值得赞颂的美德,最早出现在稍早于公元前 350 年的德摩斯铭文中。Rhodes and Osborne 2007, p. 233, Osborne 认为,其原因在于,作为小社会群体的德摩斯相较于城邦来说更依赖于捐助者。Whitehead 2009, pp. 53‑54 对 *aretē* 作为一种值得赞颂的美德(最早出现于公元前 368/7 年表彰密提林人的法令中)提出了类似的解释:"……可以归结为公元前 4 世纪城邦精神的变化(更加温和,不那么强调咄咄逼人的平等)"。

常只有外邦人才会得到法令的表彰。只有到了公元前 340 年代,雅典公民才开始频繁地受到表彰,而且对普通雅典官员的表彰比杰出政治家更为普遍。[1]前文"激励意图"条款出现的三种可能原因稍作改动也可用来解释这一变化。[2]

首先,荣誉在政治事务中的重要性,以及表彰法令之激励目的的明确表达,可能提高了一种意识,即荣誉可以用来鼓励雅典官员对城邦做有益之事,就如同鼓励外邦人那样。可能与这一点相关的是,公元前 4 世纪的雅典在找出足够数量的好公民来担任官员问题上,面临着很大的困难。正面的激励显然会非常有效,尤其是在伯里克利之后的政治文化中,日付的微薄津贴(通常几个奥博尔)导致政治参与越发广泛,而官员却没有任何现代意义上的薪水。[3]

第二,"激励意图"条款可以被解读为对雅典人因马其顿崛起而产生衰败感的反应,也可解释表彰雅典公民的法令铭文的出现。我倾向于认同尼克·费舍尔关于公元前 346/345 年埃斯基尼斯在明显劣势案件中获胜之原因的分析(与最早的表彰雅典官员的铭文法令同年,*IG* II² 215＝Lambert 2004,no. 18 with n. 3),费舍尔认为这是由于人们对城邦官员能力和业绩的普遍焦虑,这种焦虑因衰败感而生。如果说埃斯基尼斯(和后来的"恶棍猎人"吕库古)是为了惩罚行为不端的官员,那么,卫城上表彰官员的铭文就可以看作鼓励他们行为端正的"诱饵"。[4]

第三,直白地鼓励外邦人 *philotimia* 可能会招致非议,而鼓励雅典人追求荣誉可能更加不妥,甚至会导致社会的不稳定。在某种意义上,这类法令意味着提拔一人高于他人,只有在公元前 4 世纪中叶稳定的内部政治环境中,这种情况才能得到容忍。

但是,我不希望过于强调此类新题材铭文的意义,因为有关莱普提尼斯(Leptines)的演说辞和其他史料都告诉我们,雅典公民在公元前 340 年代之前便得到过法令的表彰,[5]只是这些法令没有被铭刻下来。这就引出了另一个

---

[1] Lambert 2004;2005, pp. 125 - 129.

[2] Lambert 2004, pp. 86 - 87 认为其他因素可能包括:(1)碑铭和官僚文化;(2)部落长期通过法令铭文表彰雅典公民,这可能迫使城邦也效仿。

[3] 关于官员:Hansen 1980。关于官员薪水:Loomis 1998, pp. 9 - 31。

[4] Fisher 2001. 另见 Lambert 2012。

[5] Lambert 2004, pp. 85 - 87. 除了演说家提到了在公元前 340 年代之前表彰雅典人的法令(例如 Dem. 20.86),我们还从献祭品铭文中知道一些,这些献祭品是议会或公民大会表彰的雅典人进献的(最早的三十几篇铭文参见 *Agora* XV, *SEG* 21.668)。

重要的问题——法令被铭刻与否有何区别？或以本文的措辞来说,颁刻表彰
法令的意义是什么?

　　关于这一点,关键的文本证据是前340年代刻在同一块石头上的两则法
令,表彰的是伯罗奔尼撒半岛的城邦佩拉纳(Pellana)(*IG* II² 220＝Lambert
2007,no.66)。和其他大部分铭文一样,它们也没有被完整地保存下来,残存
文本如下:

　　　　(公元前344/343年)……任议事会主席团……的司书。主席团成员
　　[德摩斯名]的Hippooch[-]发起投票表决。拉姆努斯(Rhamnous)的奥
　　伊诺比奥斯(Oinobios)之子[名字](5)提议:

　　　　关于佩拉纳人的使节所汇报的内容,民众决定,命议事会司书将
　　Aristo[-]在去年提出的有关佩拉纳人的法令铭刻到(11)石碑(*stēlē*)上,
　　并置于卫城;民众的司库会从民众金库中拿出30德拉克马支付所需开
　　支,为的是佩拉纳人的城邦可以一如既往地保持对雅典人友好、善意;并
　　表彰(20)佩拉纳人的使节,邀请他们明天到市政厅以款待他们。

　　　　埃乌布洛斯(Euboulos,公元前345/344年)任名年执政官,第九届议
　　事会主席团在任,来自[部落名],(25)奥伊翁(Oion)之子[-]enos任司
　　书。在第十个议事会主席团主持期间,埃伊泰亚(Eitea)的主席团成员
　　[名字]发起投票表决,[德摩斯名]的[-]tonikos的Aristo[-]提议:……
　　报告……派遣……

在公元前345/344年,佩拉纳与雅典之间存在外交往来,二者讨论和达成一致
的问题究竟是什么,我们不得而知,只知道其结果是一则雅典人表彰佩拉纳的
法令,而且没有立即铭刻(根据石头上的第二则法令可看出)。次年,一名使节
从佩拉纳来到雅典,我们仍不知道所为何事,但结果是雅典人又颁刻了一则法
令,其中只有一个条款,即命令将去年通过的表彰佩拉纳的法令铭刻下来。值
得注意的是,第二则法令明确阐发了其激励意图。① 很明显,这一切比表面上
看到的要复杂得多。命令将去年的法令铭刻的决议可能只是一个"安慰奖",
而实际上是协商失败的产物,但奖励的的确确存在。如果一条铭文要有意义,

_____

① 这很不寻常(另见Sickinger 2009,pp.93-94)。

就必须假设表彰铭文被放置在雅典卫城是潜在受奖者真正期盼的结果（或者，如果用一种冷嘲的观点来看，是雅典希望潜在受奖者期盼的结果），我认为我们可以如此看待置于卫城上的表彰铭文。然而，铭刻表彰法令通常不是唯一的奖励手段，我认为，我们应将表彰法令的铭刻视为是对实物奖励（如花冠、外邦保护人表彰、公民身份及其他特权和奖励）的强化。

那么，这种强化的内涵是什么？它与荣誉知识的交流有关吗？一些奖励是实物（如花冠，这通常是核心荣誉的奖励）或实质性的（如公民身份），但由于荣誉是关乎他人看法的抽象概念，它不可能孤立地存在，而要依赖于为多少人所知。当然，在议事会和公民大会中关于表彰提案的辩论无疑交流了有关荣誉的知识，至少是在雅典观众之间，有时法令也会规定要在某个合适的节日期间向众人宣布表彰决议（尽管在公元前4世纪的法令中很少见）。[①] 但是，似乎有理由认为，将表彰法令铭文放在卫城的部分目的在于，让这一表彰被周知，从而强化其效果。可以说，这一点明确体现在上述铭文的"激励意图"条款、下文马上要提到的德摩斯提尼的《驳斥莱普提尼斯》演说辞，以及其他类型的法令中，这些法令都有条款明确规定要进行铭刻，"以便让所有人看到"。[②] 众所周知，希腊铭文被理解为"会说话的工艺品"（oggetti parlanti），即像是在说出石头上刻的字句那样（例如，"我是市政广场的边界标志"），这一观点也适用于表彰法令（以及其他类型法令）的文本，后者通常以"X说（εῖπεν）"开头，X是议事会或公民大会中法令提案者的名字。铭文以集体雅典人的名义，将表彰性言语的表演加以提升（从普尼克斯山或议事会场所提升到卫城）、石化和永久化，这些语言原本是公民个体在议事会或公民大会上的实际发言。[③]

但我不想继续推进这一解释。因为表彰法令铭文在表达一种通过铭刻以被周知的意图时，并不总是强调法令的具体内容，而强调铭文的存在本身。和许多事物一样，法令铭文的存在本身便产生了激励效果，而不需要关于法令内

---

① 一个例子是表彰博斯普鲁斯王国统治者的法令（*SEG* 11.29‑33），在每次大泛雅典娜节上由颁发表彰的官员宣布授冠情况。

② 另见 Hedrick 1999；Sickinger 2009。Anton Powell 认为，这样做的原因部分上可能在于雅典人意识到表彰法令中的"好消息"不如坏消息传播快、易记忆，而铭文则给"好消息"提供了额外的推力。

③ 这可以被视为人类学的"能动性"（agency）现象的一个方面，借此可以看出，古希腊（正如其他一些文明那样）存在一种趋势，即将无生命的物体理解为可以变化的能动者，就像人一样，或人和群体的"能动性"的延伸。见 Gell 1998；Whitley 2007，2011。

容的具体知识。[①] 此外，尽管雅典人和外邦人在重大日子和节庆期间会前往卫城，但这不是一条日常的路线。无论外邦人还是雅典人，都很难说有许多人会前往卫城，并且有兴趣和能力去阅读这些铭文。我认为，表彰法令铭文应被理解为一种用来观看的纪念碑，而不仅仅是用来阅读的文本（或演说文本）。[②] 我们必然会将整个纪念碑都视为表彰意图的载体，而不仅是上面的文本。所以，我们还应关注石碑上装饰表彰法令的浮雕，上面通常（不总是）描绘了受奖人由雅典娜和其他城邦的保护神或其他象征物共同授冠。劳顿（Lawton 1995）对这类浮雕进行了很好的分类。简言之，这些浮雕明显是为了用视觉方式来传达文本的关键特征信息。然而，若要更充分地阐明浮雕和法令铭文的其他物理特征的意图（关于石碑上的图案，参阅 Lambert 2006，p. 119），以及碑文与其物理环境之间的关系，还有许多工作要做。[③]

石碑的放置地点——通常是城邦宗教中心卫城（不总是）——的特征也承载着铭文法令意图。[④] 尽管在公元前 5 世纪早期仅有少量铭文出自卫城，但从该世纪中叶开始，雅典人便经常在此处树立铭文石碑。这在传统上被认为与激进民主制、问责观念、知识和信息的传播有关，可能的确存在一些关联。[⑤]

---

① 对比 Rhodes and Osborne 2007，no. 64，46 - 47 中竖立在"萨提洛斯（Satyros）和莱乌孔（Leukon）附近"（位于比雷埃夫斯）的石碑（Dem. 20. 36 提到，这是莱乌孔的多块石碑之一），该石碑是一个著名的地标：这是一座以受奖人命名的纪念碑，因此它的存在本身就强化了受奖者的荣誉和名望。

② 关于作为工艺品的铭文（包括其文本），尤见 Stoddart and Whitley 1988，Whitley 1997，Whitley 2006。

③ 近年来的研究指明了前进的方向，包括 Blanshard 2004（讨论公元前 337/336 年一则反僭主法令石碑上的浮雕，该铭文见 Rhodes and Osborne 2007，no. 79），2007；Moreno 2007，pp. 260 - 269（讨论前文提到的表彰博斯普鲁斯王国统治者的法令石碑上的浮雕）；Scafuro 2009，pp. 75 - 76（讨论向 Amphiaraos 授冠的法令，下文将提到）。至于其他物理特征，最值得注意的可能是本质上很简单的板式设计变化的多样性。由此，每块法令铭文都是独一无二的，要么在尺寸上，要么在细节上，如造型、装饰、字母排列。这本身也可以看作一种对荣誉的强化。关于法令石碑的板式设计及其起源（可能与墓碑有关）的整体讨论，参见 Davies 2005。

④ 关于铭文所在地卫城的特征，参见 Osborne 1999，pp. 346 - 347；Liddel 2003，pp. 80 - 81（该书也梳理了一些放置在别处的表彰法令铭文）。关于公元前 5 世纪最后十年开始市政广场（Agora）逐渐成为纪念物（包括铭文）集中地的分析，见 Shear 2007。在希腊化时期之前，仅有少部分表彰法令铭文被放置在市政广场。

⑤ 例如，Meritt 1940，pp. 89 - 93；Hedrick 1999 和最近的研究 Osborne 2009，pp. 104 - 105。然而，Sickinger 2009 正确地指出，雅典铭文中所谓的"公示程式化表达"——类似"以便某人会被知道"的表达（包括某些激励意图条款）——鲜有明确的对民众公示的民主目的（如在 IG I³ 84. 26 中，Kodros、Neleus 和 Basile 圣所出租的规定被铭刻下来，"以使所有想知晓此事的人可以知晓"），而更常见的表达方式是"荣誉、竞争性展示和效法"。

但在我看来,这一现象的主要促成因素很可能是伯里克利的建筑计划。我认为,在卫城树立石碑的本意是为了用小规模的精美石碑装饰此地,从而与规模较大的建筑物相辅相成,①这也不经意地赞颂了雅典城邦是一个口头文化的场所,也是建筑和雕塑文化的场所。受奖人如果拥有一块表彰铭文石碑放在卫城上,摆在世界上最宏伟的纪念性建筑旁,无疑会心生愉悦(其中许多人——如外邦统治者——从未来到雅典,也看不到表彰他们的纪念碑),这在一定程度上与能够看到或阅读它的人数无关。

　　表彰法令铭文的意义与其他法令铭文不同吗?在古典时期,另外两大类法令铭文是宗教法规和邦际和约。② 我认同凯茜·基斯林(Cathy Keesling)的观点,她认为卫城中的献祭品有两个面相,一个面向人类,另一个面向神。③我认为这一点也适用于法令铭文,它们像献祭品一样被置于宗教圣所(通常在卫城)内或附近,与献祭品有一些共同的特征(例如,它们都常常以θεοί——"众神"为标题)。换言之,法令铭文旨在使人与神之间建立联系,并相互沟通。④我们不难理解,受奖者被庄严地向城邦众神展示本身就可以被看作是一种荣誉,是对后人做益于城邦之事的一种保障(由下文引用的 Dem. 20.64 可知),是一种使受奖者引起众神善意关注的举荐。浮雕中神灵的出现强调了这一点,其中也表达了荣誉授予者身份从雅典人(文本中表达的)到雅典娜(浮雕中表达的)的转变。然而,可以说,表彰法令更偏于面向人:它们主要是为了取悦受奖人,后者几乎总是人类,⑤也为了实现用这种满足感来影响受奖人和其

① 另见 Liddel 2003, pp. 80 - 81。铭文的许多设计元素与纪念碑的环境产生共鸣,例如,石碑顶部的三角墙造型与神庙建筑相呼应,可能表明一则铭文本身在某种程度上可以被视作一座小神龛(另见 Davies 2005, p. 294,以及下文对铭文标题——"众神"的分析)。

② Lambert 2005, 2007b。

③ Keesling 2003, p. 199。

④ 关于法令铭文放置到卫城的宗教内涵,参阅 Osborne 1999, pp. 346 - 347；Liddel 2003, pp. 80 - 81。

⑤ 一个例外是来自阿姆菲亚莱翁(Amphiaraion)的一则铭文,颁布于公元前 332/331 年,由宗教情感强烈(FGrH 325)的阿提卡史话家法诺德摩斯(Phanodemos)提出,表彰的是阿姆菲亚莱奥斯(Amphiaraos)神(IG VII 4252＝Lambert 2004,87 and 107 with n. 75)。该法令与表彰法诺德摩斯的法令同时通过,后者因出色管理大阿姆菲亚莱亚节(the Great Amphiaraia festival)而受此表彰(IG VII 4253＝Lambert 2004, no. 16)。看待这一对法令的方式之一,就是将之作为对表彰法令铭文的人神双重取向的思考,另一种方式是,将之作为雅典表彰系统的二元性(雅典人和外邦人)和阿姆菲亚莱奥斯凝聚力的思考,因为奥罗波斯(Oropos)是雅典控制的国外领土,而表彰阿姆菲亚莱奥斯是因为其"为雅典人民和妻儿以及土地上的所有人提供了健康和保护"。另见 Scafuro 2009, p. 75(她对宗教授冠和世俗授冠的区分是有启发性的,尽管需要在某些方面进行调整,她讨论的所有授冠都具有宗教的一面)。

他人的行为。而宗教法规和邦际和约则更偏于面向神,这两种类型的法令铭文都在向人类观众传达和展现一种郑重承诺,包括雅典人和外邦人,但面向神的一面更接近于这些法令铭文的本来意图。神被认为对规范宗教事务的铭文有着强烈的兴趣,而将和约庄严地置于卫城的举动,又补充和表达了对誓言的宗教许可。和约各方均通过誓言来约束自己遵守和约,誓言通常也是和约文本的一部分。

如果必须用一句话来概括所有法令铭文的意义,那就是为了给雅典人集体意志的表达赋予更大的、更庄严的重要性与合法性。这有助于解释法令铭文与其记录内容的联系为何如此紧密,以至于毁坏一条铭文经常相当于毁掉了其记录的事情。① 这也暗示了我们应如何将法令铭文作为历史证据来使用。我们拥有出土自古典时期卫城的大量且相对随机的法令铭文,而卫城又是树立表彰法令铭文的主要场所。因此,我们可以分析现存的表彰集体外邦人的法令,来推断城邦外交政策之重心随时间的演变。这是我在其他文章中使用这些铭文的方法。②

"激励意图"条款是表彰法令中明确表达的意义,我认为,它表达了其中的主要意义,但并非唯一的。这些法令铭文还有许多次要意义或"潜台词",在此我将列举出其中较为重要的几点。这些"潜台词"有一个特点是,它们在表彰法令铭文中发挥的作用要比在其他铭文中更加突出。

第一点,表彰法令在多大程度上表达或维护了除受奖人外他人的权力和威望? 我认为,保罗·韦内斯(Paul Veynes)关于后古典时期不太民主的希腊城邦的观点并不适用于古典时期的雅典,他认为,表彰系统是为了表达精英阶层的优势地位和优越性。③ 但古典时期雅典民主制中的"精英"并没有将自己

---

① 所以,公元前4世纪初的6则法令铭文恢复了曾在三十僭主时期被取消的外邦保护人表彰(proxeny),其中几个外邦保护人表彰被描述为在石碑"之上"(如 IG II² 6+SEG 29.83,"因为表彰在石碑上的外邦保护人表彰被三十僭主取消"),其他石碑则称外邦保护人表彰就是石碑本身(如 IG II² 52,"因为他的[祖父?]Xanthippos 是外邦保护人,三十僭主取消了外邦保护人表彰,议事会书将把他们作为雅典人的外邦保护人和捐助者铭刻")。破坏石碑被认为是取消了外邦保护人表彰,而树立新的石碑则意味着恢复了该表彰。有关和约或其他邦际关系的正式法令经常被如此对待。例如,在第二次海上同盟的"章程"中:"任何结盟城邦如在雅典有不利的石碑,议事会将被授权毁掉它们"(IG II² 43=Rhodes and Osborne 2007, no. 22)。

② Lambert 2008,2010b, 2012.

③ Veynes 1976, pp. 264 - 271. 最新研究见 Luraghi 2010(其中收集了关于 Veynes 理论的讨论)。

归为一个独立的阶层,而且"精英"这一术语是否适用于一个实现了真正广泛政治参与的社会,也是存疑的。如果带有这样一种"精英主义"意识形态,那么,表彰系统就不可能得到民众的广泛支持,而民众的支持不仅是维持民主制城邦所必需的,也是维持那些在许多重要方面都奉行集体主义的城邦所必需的。此外,许多雅典受奖者只是普通官员,而且大部分官员由抽签选出,并以民主的方式轮流任职,他们中的大部分人都没有很高的政治声望。①

我认为,表彰法令在一定程度上是为了表达雅典的力量和威望。奖励给外邦人的最高荣誉——非常谨慎且通常针对十分杰出的个人——是雅典公民身份,即成为荣誉颁发者群体中的一员。这一点无疑增强了雅典人在强盛时期的自尊自大,也振奋了公元前 360 年后随着力量的衰退而衰减的自信心。②如果卫城上较大的伯里克利纪念性建筑表达了雅典的帝国自信,那么,树立在一旁的表彰法令铭文则可看作是一种观念上的补充(如果我的解读正确),它们在说:"看,我们多么有影响力! 看,这庞大的城邦关系网和杰出的人们,都是我们的朋友!"在我看来,卫城上占比最大的铭文纪念碑类型——雅典贡赋清单清楚地展现了雅典的力量。如果受奖者也信服授奖城邦的力量,那么,这些贡赋清单也会强化荣誉。不过,我不能进一步推进这一解读,因为一个表彰行为要充分发挥作用,其首要关注点必须是受奖者的品质,而这可能意味着荣誉颁发者中部分群体的缄默。如果表彰某人的目的是为了维护荣誉颁发者的品质,就会阻碍和分散对受奖者品质的关注。因此,我认为这是一个"潜台词",但不能算作表彰法令的意义。

波利·洛(Polly Low)指出了前 5 世纪雅典帝国的一个失衡现象:雅典表彰其盟友,但似乎并没有收到同样的表彰作为回报,而换来的可能只是盟友的贡赋。③ 我们从这一现象或许可以推论出,授予荣誉是该城邦比受奖城邦更强大的一种表达。这一推论可能有些道理,但我们应该谨慎,正如洛指出的,在第二次海上同盟时期,雅典的处境是极为不同的。一个古典末期城邦之间互相表彰的例子是,第二次海上同盟的忠诚盟友埃拉伊乌斯(Elaious)(Dem. 23.158)在公元前 346/345 年表彰了雅典(IG II² 1443,93 - 95),而该城邦曾多

---

① Lambert 2004.
② 关于授予公民身份的雅典法令,见 Osborne 1981 - 1983,Lambert 2006。
③ Low 2007, pp. 242 - 248.

次受到雅典的表彰。① 一个城邦有可能表彰比自己更强大的城邦吗？从逻辑上看似乎是否定的。一方面，我们可能认为，要使这些法令的通过变得有意义或有可能，就必须拥有某种最低限度的主权，或至少拥有在外交事务上的行动自由。除了表彰个体外邦人的法令外，雅典人也会通过表彰整个城邦的法令（例如对埃拉伊乌斯的表彰），这些法令与其他邦际关系法令（如和约）有许多共通之处，也与表彰个人的法令有许多共通之处。值得注意的是，雅典在喀罗尼亚(Chaironeia)战役后，突然停止了对其他城邦的表彰。② 另一方面，在之后的时期，雅典一夜之间从第二次海上同盟的领袖转变为由马其顿国王领导的同盟体系中的成员，更加衰弱的雅典毫不犹豫地铭刻了讨好某些马其顿领袖的法令。③ 或许，洛指出的公元前5世纪的失衡现象可以部分地解释为，不是因为雅典人比盟友更热衷于通过表彰盟友的法令，而只是他们更热衷于将大量表彰法令铭刻下来。换言之，这可能是早期雅典"铭刻习惯"的部分特征（如果我的观点正确，则这也是伯里克利时代卫城建筑的发展特征），而不是表彰实践的实质性特征（例如实际通过法令的数量）。

我认为，除了反映雅典的力量外，表彰法令铭文有时可理解为对法令提案者的权势的反映，也就是政治领袖竞争力展示的工具。一个很好的例子是两位古典时期最多产的雅典法令铭文提案者——吕库古和德马德斯(Demades)。二人提案的法令铭文数量超过了公元前321年以前任何提案者提案的数量。④ 我认为，他们处于同时代并且成为竞争对手并非巧合。德马德斯积极有效地劝说与马其顿人建立良好关系，以维护雅典人的利益，而吕库古虽明显敌视马其顿人，却积极有效地推动了雅典的复兴，并且反对授予德马

① *Agora* XVI 53, of 357/6; probably *IG* II² 219＝Lambert 2007a, no. 65, of 345/344; Rhodes and Osborne 2007, no. 71＝Lambert 2007a, no. 70, of 341/340.

② Lambert 2010b.

③ 例如，*IG* II² 240＝Lambert 2006, no. 33(337/336年)表彰了在雅典人拜访菲利普二世时照看他们的人，*IG* II² 402＋*SEG* 42.91＝Lambert 2007a, no. 105(约324—322/321年)表彰了马其顿国王和安提帕特(Antipater)的朋友。

④ Brun 2000, pp. 177‑178 列出了德马德斯提出的15篇法令铭文(可以增加 *IG* II² 713,这应归于公元前4世纪的德马德斯,而非 Byrne 2010 推论的公元前3世纪的同名外孙)。吕库古提出的法律和法令铭文有8篇(Lambert 2007a, 120‑121)。其他雅典政治家提出的法令文明不过三四条(另见 Hansen 1984)。

德斯一尊雕像和其他高级别奖励(所谓 *megistai timai*[最高荣誉])。[①] 他们是古典时期仅有的被铭文证实曾多次在同一次公民大会上提案法令的政治领袖,[②]我认为其中一些政治法令被要求公开展示(如在剧场)不是巧合,其在城市酒神节过后的狄奥尼索斯剧场中举办的公民大会上被提出也不是巧合,因为此类大会可能有外邦人出席,这种场合使城邦及其制度得到了强有力的展示。[③] 在这一语境中,法令铭文展现了其提案者的权势和影响力,也展现了杰出受奖者、著名诗人、演员或戏剧捐助人的权势和影响力,也可能是前者代表了后者。与此相关的是,正是在这一时期,强调法令提案者名字的做法变得普遍化,例如让他们的名字单独成行,即便这样一来会打乱整齐的 *stoichedon*[左书行序]的字母排列。[④]

书面文本可以回顾过去,也可以展望未来,并且是有意为之。希罗多德写作历史为的是让人类的功绩不会因时间而被遗忘(1.1),修昔底德希望他写的历史成为一笔永久的财富(1.22),德摩斯提尼第二十号演说辞中的一段话表明,在表彰法令铭文中,人们有意地展望了更长远的未来:

> 因此,让这些石碑(*stēlai*)长久有效是合适的,以便这些人(指受奖者)有生之年不会被你们冤枉,当他们死后,这些铭文可以作为城邦品质的纪念碑,而且,对于所有希望善待我们的人而言,它们可以作为城邦回馈了多少捐助者的证据。
>
> (Demosthenes 20, *Against Leptines* 64)

然而,此处永久保存受奖人的记忆本身并无浪漫意味。德摩斯提尼试图强调的是"表彰系统"的重要性,尤其是为何不能撤销已授予的表彰。为了说明这两点,他强调了二者的功用:受奖人在世时,铭文是城邦善意的有形保障,而在他死后,城邦又会得益于铭文的激励效果。这表明了铭文辅助记忆的功能,

---

① Lyk. F9 *Against Kephisodotos Concerning the Honours for Demades*. 关于这些政治家的最新重要研究成果是 Brun 2000 对德马德斯的讨论,Humphreys 2004 第三章对吕库古的讨论。关于吕库古的研究,另见 Brun 2005, Rhodes 2010, Faraguna 2012,以及 Blok and Lambert 2009 对其家族的研究。关于 *megistai timai*[最高荣誉]的讨论,见下文。

② Habicht 1989.

③ Lambert 2008. *IG* II² 713(见上文)也有剧场背景。

④ 尤见 Henry 1977, pp. 63 - 66,另见 Tracy 2000(关注于公元前 307—前 302 年)。

如修昔底德指出的,这是一个公民对自己城邦过往的了解相当薄弱的世界
(6.56—59)。德摩斯提尼在此考虑的是外邦人而非雅典人,但他提到的"城邦
善意的保障"也可以激励民主制下的雅典官员追求荣誉,尤其是那些富有的官
员,他们总是处于被所谓的"谄媚者"恶意控诉的危险之中。这可能是在该演
说辞发表十年后出现表彰雅典人的新法令铭文的一个促成因素(另见 Aesch.
3.10)。

从公元前 340 年代开始,除了记录对普通雅典官员的普通表彰的铭文外,
还有一种更独特的铭文类型,即授予政治领袖最高荣誉——包括一尊铜像和
在市政厅(prytaneion)公费款宴(sitēsis),即所谓的 megistai timai[最高荣
誉]。① 有文献史料证明此类表彰在古典时期就已存在,②但最早的铭文是公
元前 307/306 年的一则法令(唯一追溯到 4 世纪的),由政治领袖斯特拉托克
里斯(Stratokles)提出。该法令追授演说家吕库古荣誉,对这位政治家的职业
生涯和成就进行了详尽的颂扬(IG II² 457 + 513 and [Plut.] X Orat. Vit.
852a-e)。尼诺·卢拉吉(Nino Luraghi)最近指出,在铭文汇编③和政治家传
记④被撰写后,用较长篇幅解释受奖者成就的趋势是非常明显的,这说明,这
种叙述很可能是有意而为之,通常有特定的倾向,⑤以影响同时期的政治环
境,同时影响历史记录中受奖者的声誉。⑥

雅典人针对衰落感所做出的反应是要通过回顾过去的教训和启示来改善
当下,这种反应从公元前 4 世纪早期开始,因公元前 338 年喀罗尼亚战役战败
而增强。这种反应在通过文献了解历史的过程中发挥了重要作用,因为要想
从过去吸取经验教训,就必须要了解过去。与过去的历史相关的是公元前 5
世纪的文献,其中包括铭文。这种将铭文视为过去事例的材料来源的做法得
到了强烈关注,以至于形成了一种文化,即重新铭刻、阐释和捏造旧铭文,并将

---

① 比较 Gauthier 1985, pp. 24 - 28,92 - 103; Rhodes and Osborne 2007, notes to no. 8 and no. 22;
  Lambert 2004; Luraghi 2010。

② 例如,Demosthenes 20.69 引用了表彰科农(Konon)的石碑内容。关于德马德斯的表彰法令,见
  上文。

③ 例如,FGrH 342 Krateros 和 FGrH 328 Philochoros 都对雅典铭文进行了汇编。

④ 例如吕库古的传记,由同时代的菲利斯考斯(Philiskos)所作(Olympiodoros ad Plato, Gorgias
  515c, sect. 10)。

⑤ 在斯特拉托克里斯给吕库古职业生涯的叙述中有大量的"编造"内容,例如夸大了他对亚历山大
  的敌意,另加 Brun 2005, Rhodes 2010, Faraguna 2012。

⑥ Luraghi 2010.另见 Rosen 1987。

之用于教育目的。① 该时期,一些真实颁发的表彰法令部分上也是为了表达这种与过去建立联系、吸取教训的愿望,尤其是对公元前 5 世纪光辉岁月的回顾。最明显的例子是喀罗尼亚战役后时期的一则法令铭文,表彰了树立和修复胜利女神雅典娜(Athena Nike)雕像的工匠,该神像是用阿基达摩斯战争(Archidamian War)的战利品进献的,这一点有铭文的细节记录和修昔底德的证明(*IG* II² 403+Lambert 2005, no. 3; Thuc. 3. 85, 106 - 112, 114; 4. 2 - 3, 46, 49)。在战败的情况下,该表彰是为了表达对胜利和效仿伯罗奔尼撒战争初期那些辉煌岁月的渴望。

另一个例子是表彰阿卡纳尼亚(Acarnania)人福尔米翁(Phormio)和卡尔菲纳斯(Karphinas)的法令,二人曾在喀罗尼亚战役期间帮助过雅典人,而现在(公元前 337 年)正流亡雅典。提案者是激进、爱国、反马其顿的政治家苏尼翁(Sounion)的黑格西布斯(Hegesippos),因其“复古地”蓄着长发、扎圆发髻,得绰号“顶髻者”(*Krobylos*)。这则法令有意提及受奖者的祖父福尔米翁,后者与阿基达摩斯战争中著名的雅典将军同名,并且在公元前 5 世纪末成为雅典公民,这无疑也是为了传递一种政治信息,即过去如何能被用来表达当下的愿望(Rhodes and Osborne 2007, no. 77)。② 我在其他文章中更充分地探讨了这些个例,以及公元前 4 世纪法律和法令铭文中对过去的其他利用。③

译者简介:孙仁朋,复旦大学历史学系博士研究生,研究方向为古希腊政治社会史。

---

① 一个例子是德摩斯阿卡奈(Acharnai)的一则铭文(Rhodes and Osborne 2007, no. 88),时间约为公元前 350—公元前 325 年间,声称记录了“公民兵的祖宗誓词”和雅典人在普拉泰亚战役前的誓词。对于这一现象的分析,见 Habicht 1961, Davies 1996。
② 关于黑格西布斯,见 Davies 2011。
③ Lambert 2010a, 2012.

在罗马与泰西封之间：亚美尼亚问题与早期帝国时代罗马—帕提亚关系

列奥纳多·格里格拉蒂　著　龙　沛　译①

[编者按] 亚美尼亚的归属和王位继承问题是公元1—2世纪期间罗马帝国与东方的帕提亚帝国进行政治、军事与外交博弈的主要焦点，但传统学界对亚美尼亚自身在罗马—帕提亚关系中的能动作用以及亚美尼亚贵族社会的内部派系斗争关注不够。本文以早期罗马帝国时期的主要古典文献为依据，系统回顾了从提格兰二世至图拉真东征的二百年间罗马和帕提亚双方围绕亚美尼亚进行的战略较量。与其他古典学者不同的是，列奥纳多以亚美尼亚本位的视角，重新展现了罗马—帕提亚大国干涉环境下亚美尼亚地方世袭贵族纳哈拉尔及其所据有的山间要塞和堡垒体系所扮演的历史角色。本文对于研究公元1—2世纪罗马帝国的东方外交战略及古代伊朗帝国对亚美尼亚的特殊影响力而言具有宝贵的价值，故而译介于此，以飨学界同仁。

任何想探究希腊化时期至古代晚期亚美尼亚王国历史的学者都会在帕斯卡·阿斯杜良(Pascal Asdourian)的著名著作《亚美尼亚王国与罗马帝国政治

---

① 列奥纳多·格里格拉蒂(Leonardo Gregoratti)，英国杜伦大学(Durham University)古典学与古代史系研究员，主要研究领域为晚期希腊化时代和罗马东方附属王国以及帕提亚帝国史。本文原题为 *Between Rome and Ctesiphon：The Problem of Ruling Armenia*，原文注释保留并稍作改动。参见 Leonardo Gregoratti, "Between Rome and Ctesiphon: the Problem of Ruling Armenia", Армения — Иран: *Proceedings of the Conference Armenia — Iran：History. Culture. The modern perspectives of progress*，Армения — Иран：История. Культура. Современные перспективы взаимодействий: сборник статей, 2013. pp. 134 - 141.

关系史：公元前 190 年至公元 428 年》(*Die politischen Beziehungen zwischen Armenien und Rom von 190 v. Chr. Bis 428 n. Chr.*)找到一个基础性的参考①。尽管这本书已经出版了近一个世纪(1911 年)，仍然不失为关于古代亚美尼亚—罗马关系史的最完备和实用的总结性著作之一，同时也是研究亚美尼亚在罗马帝国政治中作用的学者进行该问题研究的必要起点。与 1938 年著名伊朗学家 N. C. 德布沃伊斯(Debevoise)出版的同样著名的帕提亚史研究开山之作《帕提亚政治史》(*A Political History of Parthia*)相比②，阿斯杜良的著作由于以亚美尼亚为主体的研究视角而具有其无法抹杀的特殊价值，尽管他的著作也不能免俗地大量征引希腊罗马文献。毕竟和亚美尼亚本地文献相比，古典时代的希腊罗马文献仍然要丰富得多。阿斯图里安的著作的可贵之处在于早在对帕提亚安息王国历史进行再发现的数十年之前，便已专注于罗马帝国和亚美尼亚的关系，并指出了后者的特殊地位。他由此得以避免了后来大部分学者将罗马与泰西封之间的政治对抗置于优先地位并将亚美尼亚王国仅仅视为两大敌对强权之间的一片争议土地的解读模式。而对于提格兰大帝(也称提格兰二世，Tigranes the Great，前 95—前 55 年在位)这位在其 40 年统治中将亚美尼亚王国带上国际舞台的最后一位独立君主，阿斯杜良这样评价道："提格兰的伟大和权力来自他的专制甚至是残暴作风，否则他无法将亚美尼亚境内众多几乎处于独立地位的部落贵族(Nacharars)团结在一个王权之下，正是这些部落贵族首领构成了亚美尼亚国家的支柱。通观整个亚美尼亚民族的历史我们可以发现，当能够抑制贵族权力的强有力君主统治亚美尼亚时，亚美尼亚国家便能够繁荣昌盛抵御外侮③。"

在阿斯杜良看来，保证亚美尼亚王权稳定和存续的基本要素来自能够将国王意志贯彻到这片土地上的那些在古代晚期术语中被称为"纳哈拉尔"(Nacharars)的部落贵族首领的支持。亚美尼亚大部分地区遍布难以进入的山谷和险峻的山脉，这样的地理条件对中央权威的贯彻提出了艰巨的挑战，因此国王不得不授予各地部落贵族以代行当地治理之权力。亚美尼亚地方贵族

① Pascal Asdourian, *Die politischen Beziehungen zwischen Armenien und Rom von 190 v. Chr. Bis 428 n. Chr.*, *ein Abriss der armenischen Geschichte in dieser Periode*, Freiburg i. d. Schweiz, 1911.

② N. C. Debevoise, *A Political History of Parthia*, Chicago, 1938.

③ Pascal Asdourian, *Die politischen Beziehungen*, cit., pp. 42 - 43.

由于控制着地方共同体、山间要隘和交通线而实际充当着中央政府的地方官员。这些部落贵族首领由于以山地要塞为中心统治着许多难以进入的地区而享有相当程度的自治权,同时在亚美尼亚王室政治中扮演重要的参与角色,极大地影响王室的内外政策。由于这些地方贵族的桀骜不驯和国王干预他们能力的不足,提格兰(在亚美尼亚国王中算强势的)统治时期遇到的一些问题就可以得到解释[1],尤其是西方文献中提到了提格兰与他的三个儿子之间为王位继承权而引发的争端。而关于提格兰三子之一的小提格兰(Tigranes the Younger)的一则有趣的轶事有助于我们回答这个问题:大约在公元前 67/66 年,小提格兰起兵反叛父王失败并带着一批不服从提格兰二世统治的亚美尼亚显贵们避难于其岳父——帕提亚国王弗拉特斯三世(Phraates III,前 70—前 58 年在位)的宫廷[2]。随后小提格兰率领由帕提亚人和追随他的亚美尼亚人组成的军队打回亚美尼亚首都阿尔塔沙特,但又再一次被他的父王击败[3]。小提格兰再次出逃至庞培帐下,希望后者能帮他推翻自己的父王[4]。由于提格兰二世已经明智地与罗马媾和,庞培拒绝提供援助。根据阿庇安(Appian)的记载,小提格兰在忠于他的亚美尼亚贵族的一再恳求下再一次求助于自己的岳父弗拉特斯三世,这些贵族正是由于之前强烈反对老提格兰与庞培媾和而转而效忠小提格兰的。然而,小提格兰最后还是事泄失败并被押回罗马[5]。

从这则事件中可以看出,即使在提格兰大帝统治时期王权相对强大的情况下,亚美尼亚贵族们仍然通过利用老国王的弱点并支持其年轻有野心的王子上位表现出强有力的反抗能力,亚美尼亚贵族们也随时准备着从帕提亚人和罗马人那里寻求支持以对抗王权。这些亚美尼亚地方部落贵族首领自恃控制着固若金汤的山间要塞而不断增强对中央的离心力,他们的自治倾向和动机也在同时代另外两间类似的事件中充分表现出来。卡西乌·狄奥(Cassius Dio)告诉我们在提格兰二世与庞培达成的协定中,小提格兰被授予了统治索菲尼(Sophenes)地区的权力,而索菲尼正是亚美尼亚王室金库所在地。由于

---

[1] Val. Max. , IX, 11. ext. 3, *cum Sariaster aduersus patrem suum Tigranen Armeniae regem ita cum amicis consenserit*; Appian, *The Mithridatic Wars*, 104; Pascal Asdourian, *Die politischen Beziehungen*, cit. , p. 43.

[2] Appian, *The Mithridatic Wars*, 104; Cassius Dio, *Roman History*, XXXVI, 51. 1.

[3] Cassius Dio, *Roman History*, XXXVI, 51. 2.

[4] Cassius Dio, *Roman History*, XXXVI, 51. 3.

[5] Appian, *The Mithridatic Wars*, 105.

担心小提格兰反叛,庞培下令将王室金库转交给提格兰二世本人保管。而在运送王室金库的过程中,亚美尼亚当地贵族以未得到小提格兰的命令为由扼守要塞不让运送者通过。庞培随后命小提格兰亲自扣关下令,但这些贵族在王子抵达后仍然拒绝金库护送人员通过①。类似的事件在若干年后再一次上演:公元前 34 年,当安东尼拘捕亚美尼亚国王阿塔瓦兹德斯二世(Artavazedes II,前 55—前 34 年在位)之后,命令当地亚美尼亚贵族将王室金库上交,却被后者再一次拒绝②。与此同时,残余的亚美尼亚军队将阿塔西亚斯王子(Artaxias)扶植为王。这些事件显示,即使在提格兰大帝统治的辉煌时期和后来阿塔瓦兹德斯二世统治的在罗马和帕提亚之间努力保持中立的时期,亚美尼亚也存在着或多或少各种形式的有组织的对中央王权和外国入侵的区域抵抗。随着罗马共和国内战的结束和奥古斯都上台,罗马的东方政策开始调整。而帕提亚帝国这个导致克拉苏和安东尼东方军事失利的罪魁祸首,成为了罗马帝国的首要敌人。而在罗马和帕提亚之间占据重要战略地位的有着悠久地方分权传统的亚美尼亚,被降格为实际由罗马控制的一个缓冲国。亚美尼亚中央王权的衰退导致了地方封建领主独立倾向的进一步加强。这些地方贵族逐渐成为了唯一能控制亚美尼亚全国的力量,也成为罗马和帕提亚争夺亚美尼亚控制权的最重要影响因子。

自公元前 32/31 年起,阿塔西亚德王朝的阿塔西亚斯二世(Artaxias II,前 32—前 20 年在位)开始统治亚美尼亚,他是由帕提亚国王弗拉特斯四世(Phraates IV,前 37—前 4 年在位)认可和支持上位的。他即位后立即将亚美尼亚国内的罗马人全部处死③。此时亚美尼亚国家处于深刻的社会危机之中,一小部分有重要影响力的地方贵族开始考虑与罗马结盟以削弱帕提亚王朝对亚美尼亚的干预④。他们极力怂恿罗马人介入以扶植一位由奥古斯都选

---

① Cassius Dio, *Roman History*, XXXVI, 52 - 53; Pascal Asdourian, *Die politischen Beziehungen*, cit., pp. 46 - 47; M. -L. Chaumont, Tigrane le jeune, fils de Tigrane le grand: ruvolte contre son pure et captivitu a Rome, REArm, 28, 2001 - 2002, pp. 225 - 247.

② Cassius Dio, *Roman History*, XXXVI, 53.3 - 4.

③ Cassius Dio, *Roman History*, LI, 16.2.

④ J. G. C. Anderson, *The Eastern Frontier under Augustus*, in *Cambridge Ancient History*, Cambridge, 1934, vol. X, pp. 258 - 259; M. Pani, *Roma e i re d'Oriente da Augusto a Tiberio* (*Cappadocia, Armenia Media Atropetene*), Bari, 1972, pp. 20 - 23; M. -L Chau- (转下页)

定的竞争者上台。奥古斯都随后在公元前 20 年命养子提比略(Tiberius)将一位在罗马当人质的阿塔西亚德王室成员扶植为亚美尼亚国王(阿塔西亚斯二世此前已被国内贵族暗杀),称提格兰三世(Tigranes III,前 20—前 6 年在位)。在同年罗马与帕提亚达成的和平协定中,提比略被授权为亚美尼亚新王加冕①。公元前 6 年提格兰三世去世后,亚美尼亚贵族在未得到罗马认可的情况下将其子提格兰四世(Tigranes IV,前 6—前 2 年在位)和妹妹(或姐姐)阿拉托斯(Aratos)扶上王位②,他们都得到了帕提亚的支持。这对罗马方面来说无疑是一次公开反叛,彻底违反了当年提格兰二世和庞培达成的协议。奥古斯都遂于公元前 4 年扶植提格兰三世的另一位流亡兄弟阿塔瓦兹德斯三世(Artavazedes III)继位③。为解决这次事件在罗马帝国东方引发的新危机,奥古斯都派自己的外孙和继承人盖乌斯·凯撒(G. Caesar)全权处理亚美尼亚问题,同时也肩负与帕提亚王朝恢复友好关系的任务④。和从前一样,面对罗马

(接上页)mont, *L'Armunie entre Rome et l'Iran I. De l'avunement d'Auguste a l'avunement de Dioclutien*, in *Afustieg und Niedergang der rumischen Welt*, II, 9.1, ed. H. Temporini und W. Hasse, 1976, Berlin-New York, p. 74.

① Cassius Dio, *Roman History*, LIV, 9.4 - 5; Suetonius, *Tiberius*, 9.1; Strabo, *Geography*, XVII, 1.54; *Res Gestae Divi Augusti*, 27; Velleius Paterculus, *Roman History*, II, 94.4; M. Pani, *Roma*, cit., pp. 33 - 38; K. Kbämer, *Zum Freundschaftsvertrag zwischen Rom und Parthien unter Augustus*, Klio, 55,1973, pp. 247 - 248; M. -L. Chaumont, *L'Arménie*, cit., p. 76; K. Schippmann, *Grundzüge der parthischen Geschichte*, Darmstadt, 1980, p. 46; Dabrowa, *La politique de l'état parthe à l'égard de Rome — d' Artaban II à Vologèse I* (*ca 11 - ca 79 de n. è.*) *et les facteurs qui la conditionnaient*, Uniwersytet Jagiellonski, Rozprawy Habilitacyjne 74, Krakow, 1983, p. 43.

② Cassius Dio, *Roman History*, LV, 9.4 - 8 e 10.18 - 21; Suetonius, *Tiberius*, 9.1; Velleius Paterculus, *Roman History*, II, 100.1; M. Pani, *Roma*, cit., pp. 17,24 - 25,36 - 44; M. -L. Chaumont, *L'Arménie*, cit., pp. 76 - 77 e 80 - 81; J. Wolsky, *L'empire des Arsacides*, Acta Iranica 32, Leuven, 1993, p. 149.

③ Tacitus, *Annals*, II, 3 - 4; Pascal Asdourian, *Die politischen Beziehungen*, cit., pp. 69 - 70; M. Pani, *Roma*, cit., p. 43; P. Z. Bedokian, *Coinage of the Artaxiads of Armenia*, London, Royal Numismatic Society, 1978, pp. 35 - 36 e 75.

④ Velleius Paterculus, *Roman History*, II, 101.1 - 2; Cassius Dio, *Roman History*, LV, 10.18 - 19; Suetonius, *Tiberius*, 12.2; Orosius, *Historiae Adversus Paganos*, VII. 3.4; E. Täubler, *Die Parthernachrichten bei Josephus*, 1904, pp. 46 - 49; K. -H. Ziegler, *Die Beziehungen zwischen Rom und dem Partherreich. Ein Beitrag zur Geschichte des Völkerrechts*, Wiesbaden, 1964, pp. 53 - 54; J. E. G. Zetzel, *New Light on Gaius Caesar's Eastern Campaign*, Greek, Roman and Byzantine Studies, 11,1970, pp. 259 - 266; F. E. Romer, *G. and L. Caesar in the East*, Thesis (Ph. D.) — Dept. of Classics, Stanford University (Calif.), 1974, pp. 171 - (转下页)

的大军压境,提格兰四世不得不正式向奥古斯都提出认可他统治亚美尼亚的请求①。卡西乌·狄奥告诉我们提格兰四世——这位阿塔西亚德王朝的最后一个成员,未能等到被奥古斯都正式承认为亚美尼亚国王便死于和"蛮族"的战争(barbaric war)之中,留下其姊妻阿拉托斯独自统治亚美尼亚,而后者很快在国内贵族的压力之下退位②。如果我们考虑一下盖乌斯·凯撒东方经略的惨淡收场,便可以更好地理解这场被狄奥一笔带过的"蛮族战争"的性质。

随着阿塔西亚德王朝的绝嗣,年轻的盖乌斯·凯撒在奥古斯都的指示下于公元前1年试图将阿特洛佩特尼王子阿塔巴祖斯(Artabazos)扶上亚美尼亚王位。这个将外族王室成员立为亚美尼亚国王的举动导致亚美尼亚贵族起兵反叛并迫使盖乌斯·凯撒前往镇压。卡西乌斯·狄奥称这场反叛起初不成气候,直到一个叫阿登(Addon)的人在占据当地的一个叫阿塔格拉(Artagira)的要塞后以向盖乌斯透露帕提亚国王阴谋为由引诱盖乌斯到城下会面。阿登随后派人重伤了盖乌斯,这个伤口后来被证明是致命的。从狄奥的记载来看,阿塔格拉应该是一座难以攻克的坚固要塞,否则阿登不可能据守此地长期抵抗直至公元3年被抓获③。根据弗洛鲁斯(Florus)的记载,多恩斯(Dones,即之前的阿登)是一位亚美尼亚王室官员,在假装背叛(simulata proditione)国王后以透露藏于某个地点的宝藏为由诱使盖乌斯进入自己设的圈套④。考虑到弗洛鲁斯对这位假装反叛的阿登记载十分模糊,狄奥可能过分强调了阿登与帕提亚之间的联系。与狄奥同样的是,后来的史家鲁弗斯·费斯图斯(Rufus Festus)在自己的编年史中将多恩斯这个人描绘成了帕提亚王朝在亚

(接上页)173; F. E. Romer, *A Numismatic Date for the Departure of G. Caesar*? Transactions and Proceedings of the American Philological Association, 108, 1978, pp. 187 – 202; K. Schippmann, *Grundzüge*, cit., p. 43; Dabrowa, *La politique*, cit., pp. 43 – 44; B. Campbell, *War and Diplomacy: Rome and Parthia*, 31 BC-AD 235, in J. Rich and G. Shipley, *War and Society in the Roman World*, London and New York, 1993 pp. 224 – 225; G. Greatrex, *Roman frontiers and foreign policy in the East*, in R. Alston and S. Lieu, *Aspects of the Roman Near East*, Papers in Honor of Professor Fergus Millar FBA, Studia Antiqua Australiensia 3, Turnhout, 2007, pp. 151 – 153 e the recent; A Luther, *Zum Orientfeldzug des Gaius Caesar*, Gymnasium, 117, 2010, pp. 103 – 127.

① Cassius Dio, *Roman History*, LV, 10. 20 – 21.
② Cassius Dio, *Roman History*, LV, 10a. 5.
③ Cassius Dio, *Roman History*, LV, 10a. 6 – 8.
④ Florus, *Epitome of Roman History*, II. 32.

美尼亚的驻军指挥官①。也就是说,当时只有卡西乌斯·狄奥的版本以阿登欺骗盖乌斯为由将阿登与帕提亚人联系起来。斯特拉波的描述在事件顺序上更为合理,但对于盖乌斯的死因只字未提②。斯特拉波指出这个阿登可能是存放提格兰二世和阿塔瓦兹德斯金库的某个著名亚美尼亚要塞的主人。斯特拉波称他为弗洛阿克斯(Frourarchos, φρουραρχος),这个名字无疑是之前屡次提到的亚美尼亚地方要塞长官的头衔。

实际上,阿登就是一位由亚美尼亚国王任命的当地山间要塞领主。由于他负责保管亚美尼亚王室金库,他自然比任何一位帕提亚将领都更清楚亚美尼亚王室财富的所在地。由于盖乌斯的死亡,奥古斯都扶植亲罗马的亚美尼亚王室成员的政策宣告失败。亚美尼亚随后进入一段王位空缺期。奥古斯都的误判在于低估了亚美尼亚当地封建领主们的决心。由于这些封建领主的存在,仅仅控制平原地区和阿尔塔沙特、提格兰诺凯尔塔(Tigranocerta)两座都城根本不足以保证对亚美尼亚全国的控制。正是像阿登这样的控制着地势险峻山间要塞的领主们,由于他们控制着各地的隘口和通往这些坚固城堡的交通线而成为他们土地上的绝对统治者,他们也由此成为决定外国扶植的亚美尼亚国王能否顺利统治这个国家的关键力量。亚美尼亚地方权力的另一位著名代表是位于尼菲塔斯(Niphates)山脉(位于亚美尼亚和阿迪亚贝尼边境)的一位要塞领主,他在不受帕提亚人欢迎的亚美尼亚国王沃诺尼斯一世(Vonones I, 12—16 年在位)统治时期率兵造反,并得到了帕提亚王朝的鼎力支持③。在接下来的年份中亚美尼亚成为了罗马和帕提亚两大帝国之间冲突

---

① Rufus Festus, *breviarium*, 19.

② Strabo, *Geography*, XI, 14. 6; R. Syme, *Anatolica: studies in Strabo*, ed. A. Birley, New York, 1995, pp. 329 - 330.

③ Flavius Josephus, *The Jewish Antiquities*, XVIII, 51 - 52; N. Pigulevskaja, *Les villes de l'utat iranien aux upoques parthe et sassanide*, Contribution a l'histoire sociale de le Basse Antiquite, Nicole pratique des Hautes Studes, Sorbonne, Paris/La Haye, 1963, p. 61; M. Pani, *Roma*, cit., p. 154; K. Schippmann, *Grundzüge*, cit., p. 50; M. -L. Chaumont, *L'Arménie*, cit., pp. 83 - 84; E. Dabrowa, *Roman Policy in Transcaucasia from Pompey to Domitian*, in D. French and C. S. Lightfoot, *The Eastern Frontier of the Roman Empire. Proceedings of a Colloquium Held at Ankara in September 1988*, BAR Int. Ser. 553, Oxford, 1989, p. 69; R. N. Frye, *The History of Ancient Iran*, Handbuch der Auterumswissenshaften III, 7, Munich, 1984, p. 237; M. J. Olbrycht, *Parthia et ulteriores gentes. Die politischen Beziehungen zwischen dem arsakidischen Iran und den Nomaden der eurasischen Steppen*, Munich, 1998, p. 142.

的主要舞台,亚美尼亚国内亲罗马和亲帕提亚的贵族派系为加强他们各自在国内的政治地位展开激烈博弈。尽管西方文献中关于这些亚美尼亚封建领主的记载逐渐消失,仍然可以认为,在罗马人和帕提亚人有效控制和干预的提格兰诺凯尔塔和阿尔塔沙特两座都城之外的广大亚美尼亚山地区域,当地领主依然保持了他们的绝对权力①。

对亚美尼亚全国的有效控制直到1世纪下半叶罗马人和帕提亚人决定采取直接军事征服策略后才得以实现。公元51年继位的帕提亚国王沃洛吉西斯一世(Vologaeses I, 51—79年在位)被认为是阿萨西斯王国强有力的重建者,他决心使亚美尼亚摆脱罗马的控制并将自己的弟弟提里达特(Tiridates)扶上亚美尼亚王位。沃洛吉西斯这样做可以达到两个目的:通过与自己的两个弟弟——提里达特和帕克如斯(Pacrus)(两人分别担任亚美尼亚和米底阿特洛佩特尼国王)紧密合作来加强沃洛吉西斯在帕提亚国内的统治合法性,并巩固自己在帕提亚帝国内部的至尊地位。在公元52至53年沃洛吉西斯通过支持亚美尼亚国内爆发的针对亲罗马的高加索伊比利亚(Caucausian Iberia)王朝的叛乱来达到吞并亚美尼亚的目的,这很快将两大帝国带到大规模冲突的边缘②。两大帝国这次的亚美尼亚交锋与以往不同,而是旨在实现对亚美尼亚全境的有效控制。这意味着罗马人和帕提亚人不再仅仅是扶植亲自己的王位竞争者,而是要控制所有的亚美尼亚人和这个王国的所有资源。许多文献显示在两大帝国军事行动过程中的主要考量是将亚美尼亚王国作为一个整

---

① Tacitus, *Annals*, II, 42, 2 - 43; 56. 2 - 3; 64. 1; XII, 44 - 51; Flavius Josephus, *The Jewish Antiquities*, XVIII, 53 - 54; 96 - 97; Cassius Dio, *Roman History*, LVIII, 26; LXI, 6. 6; Pliny the Elder, *Natural History*, VI. 17; M. -L. Chaumont, *L'Arménie*, cit. , pp. 86 - 87; 97 - 98; Dabrowa, *La politique*, cit. , pp. 102 - 104; 133 - 134.

② Tacitus, *Annals*, XIII, 35; XV, 14; 24. 1 - 2; 25. 2 - 3; 28. 1 - 2; Cassius Dio, *Roman History*, LXII, 21; 22. 2 - 3; LXX, 23. 1 - 2; Rufus Festus, *brevarium*, 20; Suetonius, *Nero*, 39. 1; Eutropius, *Brevarium Historiae Romanae*, VIII, 3.1; Pascal Asdourian, *Die politischen*, cit. , pp. 85 - 97; W. Schur, *Die Orientpolitik desc Kaisers Nero*, Klio Beiheft, XV, 1923, pp. 7 - 12; Id. , *Zur neronischen Orientpolitik*, Klio, 20,1926, pp. 215 - 222; J. G. C. Anderson, *The Eastern Frontiers from Tiberius to Nero*, in *Cambridge Ancient History*, Cambridge, 1936, vol. X, pp. 758 - 765; K. -H. Ziegler, *Die Beziehungen*, cit. , pp. 67 - 69; M. -L. Chaumont, *L'Arménie*, cit. , pp. 98 - 107; K. Schippmann, *Grundzüge*, cit. , pp. 54 - 57; Dabrowa, *La politique*, cit. , pp. 136 - 139; R. N. Frye, *The History of Ancient Iran*, cit. , p. 239; N. C. Debevoise, *A Political History of Parthia*, cit. , pp. 179 - 180; J. Wolsky, *L'empire des Arsacides*, cit. , pp. 165 - 167.

体加以控制,这样就必然包括那些山间领主的土地,并同时加强对城市和其他战略要地的控制。提里达特对亚美尼亚的入侵采取了这样的战略,即对付那些亲罗马的亚美尼亚地方领主。与此同时,伊比利亚国王兼罗马盟友弗拉斯马尼斯(Phrasmanes)专注于从北侧攻击那些逃到最偏远地区的亚美尼亚人,而罗马的另一个盟友——科马基尼王国的安条克(Antiochos of Commangene)从西南方向进入亚美尼亚地区①。尽管亚美尼亚境内的主要城市似乎没有抵抗便投降罗马人②,罗马军队指挥官科尔布罗(Corbulo)的主要考量是将山间要塞和高地的亚美尼亚人全部驱逐,并拆除这些名为Volandum③或Legerda④的山间要塞和堡垒。塔西佗(Tacitus)的记载并没有明确指出科尔布罗讨伐的是那些避难于险要地带的亚美尼亚叛军还是当地领主有组织的抵抗力量。卡西乌·狄奥的记载则清楚地提到这些土地和财产属于那些反抗科尔布罗的人,这些土地和财产可能就是当地的封建领主所拥有的村庄和城堡(castella)⑤。

在帕提亚这一方的军事行动中,提里达特也成功地通过废黜亚美尼亚封建领主特权并拆除其城堡的措施巩固了自己的统治。因此在公元58—63年两国为亚美尼亚爆发的战争也伴随着双方军队对亚美尼亚各地封建割据势力的铲除。到这场战争结束的时候,亚美尼亚地方贵族领主们的权力很可能已经急剧地下降。公元63年罗马和帕提亚在朗代亚(Rhandeia)签订的和平协议随后在66年得到提里达特和罗马皇帝尼禄的再次确认,这宣告了帕提亚王朝亚美尼亚政策的成功⑥。罗马人由此被迫接受帕提亚方面提出的一系列条

① Tacitus, *Annals*, XIII, 37.
② Tacitus, *Annals*, XIII, 41 (Artaxata); Tacitus, Annals, XIV, 23 - 24 (Tigranocerta); Cassius Dio, *Roman History*, LXIII, 19 - 20;
③ Tacitus, *Annals*, XIII, 38.
④ Tacitus, *Annals*, XIV, 25.
⑤ Tacitus, *Annals*, XIV, 27.
⑥ Cassius Dio, *Roman History*, LXIII, 1 - 7; Suetonius, *Nero*, 13; Tacitus, *Annals*, XV, 24; F. Cumont, *L'iniziazione di Nerone da parte di Tiridate d'Armenia*, RFIC, 61, 1933, pp. 145 - 154; J. G. C. Anderson, *The Eastern Frontier from Tiberius*, cit. , pp. 770 - 774; M. Lemosse, *Le couronnement de Tiridate. Remarques sur le statut des protectorats romains*, in Mulanges G. Gidal, Paris, 1961, pp. 455 - 468; N. Piguleskaja, *Les villes*, cit. , p. 70; M. -L. Chaumont, *L'Arménie*, cit. , pp. 118 - 123; E. Debrowa, *La politique*, cit. , pp. 146 - 147; R. N. Frye, *The History of Ancient Iran*, cit. , p. 240; J. Wolski, *Le couronnement de* (转下页)

件：已经被其兄支持上位的亚美尼亚国王提里达特得到尼禄的正式加冕。因此到公元66年，亚美尼亚正式成为了帕提亚帝国的附属国。在尼禄的财政支持下提里达特重建了首都阿尔塔沙特并将其命名为尼禄奈亚（Neroneia）[1]。加尔尼（Garni）出土的一份铭文指出，在公元76至77年间，也就是说提里达特继位约十年后国王下令修建一座城堡[2]。由此可见，提里达特的首都重建工程很可能伴随着另一项旨在加强国王权力的削弱历史悠久的亚美尼亚地方领主（据老普林尼称该国共有120个总督辖区[3]）权力的行动。这一时期的城市化现象可能与国王消除最后一批反对王权的残余地方贵族势力的措施有密切联系[4]。

而到公元2世纪初，图拉真（Trajan）统治时期的一起事件显示此时亚美尼亚中央集权进程已经基本完成：公元113/114年，亚美尼亚国王阿克西达里斯（Axedares）——帕提亚前国王帕克如斯二世之子、时任帕提亚国王沃洛吉西斯三世之弟被帕提亚帝国废黜，并代之以帕克如斯的另一子帕萨马西里斯（Parthamasiris）[5]，这给了图拉真武力干预亚美尼亚事务并一劳永逸地解决

（接上页）*Tiridate par Vologese I-comme roi de l'Arménie：echec de Neron et de l'empire romain*, in *Neronia 3*, *Ce. R. D. A. C*, *Actes du III Colloque de SIEN*, *vol*, XII, Milano, 1983, pp. 167 - 178; Id., *L'Empire*, cit., pp. 169 - 171; Id., *Neron, politique realiste*, in J. M. Croisille, R. Martin et Y. Perrin, *Neronia V. Neron：histore et legende*, *Actes du Ve Colloque international de la SIEN*（Clermont-Ferrand et Saint-Etienne, 2 - 6 *novembre* 1994）, Collection Latomus 247, Bruxelles, 1999, pp. 11 - 20;

[1] 作者按：这个新名称在尼禄被废黜之前便被遗忘；Cassius Dio, *Roman History*, LXIII, 7. 2; J. G. C. Anderson, *The Eastern Frontier from Tiberius*, cit., p. 773;

[2] SEG, XV. 836; L. Moretti, *Due note epigrafiche*, Athenaeum, 33, 1955, pp. 43 - 45; M. Schottky, *Dunkle Punkte in der armenischen Königliste*, AMIN. F, 94, 1994, pp. 223 - 235.

[3] Pliny the Elder, *Natural History*, VI, 27.

[4] 关于同时期阿尔塔沙特和其他亚美尼亚遗址的考古数据，可参见 M. H. Zardarian and H. P. Akopian, *Archaeological Excavations of Ancient Monuments in Armenia 1985 - 1990*, Ancient Civilizations from Scythia to Siberia, 1, 2, 1995, pp. 169 - 195; A. V. Tonikian, *The Layout of Artashat and its Historical Development*, Mesopotamia, XXVII, 1992, pp. 161 - 187; I. d., *Architecture of Dwelling Houses of Artashat*, *Capital of Ancient Armenia*（2nd *Cent. B. C.* - 4th *Cent. A. D.*）, Ancient Civilizations from Scythia to Siberia, 3, 1, 1996, pp. 15 - 37; J. Santrot, *Arménie：Tresors de l'Arménie ancienne, des origines au IVe siucle*, Paris, 1996, pp. 178 - 184; 187 - 191.

[5] Cassius Dio, *Roman History*, LXVIII, 17 e 19; Arrian, Parthica, fragmm., 37 - 38 e 40; Frontinus, *Principles of History*, 15; R. P. London, *The Wars of Trajan*, in *Cambridge Ancient History*, Cambridge, 1936, vol. XI, pp. 240 - 241; F. A. Lepper, *Trajan's Parthian War*, London, 1948, pp. 46 - 48; K. -H. Ziegler, *Die Beziehungen*, cit., p. 98; M. -L. Chaumont, *L'Arménie*, cit., p. 131; J. Wolski, *L'Empire*, cit., pp. 177 - 178.

亚美尼亚问题的借口,同时彻底打破两国曾经签订的朗代亚协定(Treaty of Rhandeia)①。公元 114 年罗马军团从位于米利特尼(Melitene)和萨塔拉(Satala)的基地出发,迅速席卷亚美尼亚全境,以极快的速度拿下了亚美尼亚境内的全部战略要地②。图拉真在埃勒吉亚(Elegeia)同意与篡位的亚美尼亚国王帕萨马西里斯会面,这则事件见诸卡西乌斯·狄奥《罗马史》的摘要作者克西里菲努斯(Xiliphinus):就像公元 66 年时提里达特被尼禄加冕一样,帕萨马西里斯将自己的王冠取下并放到图拉真面前希望后者为他加冕,但图拉真拒绝将王冠捡起来戴在帕萨马西里斯的头上加冕他为亚美尼亚国王③。

图拉真对于所有关于他的流言蜚语给予了合理的回复,并明确宣称他不会把亚美尼亚交给任何人,因为它属于罗马人并应该由罗马总督治理。尽管如此,图拉真允许帕萨马西里斯自由离去。随后图拉真送走了帕萨马西里斯和护卫他的帕提亚人,并派一队骑兵护送以保证他们不能接触任何人或发动叛乱。但图拉真命令所有与帕萨马西里斯一同前来的亚美尼亚人留在原地,他们无疑已经成为了图拉真的臣民④。

在图拉真的计划中,亚美尼亚王国将不复存在,也不再有任何一个国王可以给自己冠上亚美尼亚国王的头衔,亚美尼亚已经成为罗马领土的一部分。

---

① E. Cizek, *La guerre parthique de Trajan*, Latomus, 53, 1994, pp. 376 - 385.

② Cassius Dio, *Roman History*, LXVIII, 18. 2 - 3; 19. 2; R. P. London, *Notes on the Parthian Campaigns of Trajan*, Journal of Roman Studies, 21,1931, pp. 1 - 4,8 - 12; J. Guey, *Essai sur la guerre parthique de Trajan (114 - 117)*, Bucarest, 1937, pp. 28 - 29,32 - 35,50 - 65; N. C. Debevoise, *A Political History of Parthia*, cit., pp. 221 - 226; F. A. Lepper, *Trajan's Parthian War*, cit., pp. 88 - 96; K. -H. Ziegler, *Die Beziehungen*, cit., pp. 100 - 103; M. -L. Chaumont, *L'Arménie*, cit., pp. 130 - 139; M. G. Angeli Bertinelli,. *I. Romani oltre l'Eufrate nel II secolo d. C. (le provincie di Assiria, Mesopotamia e Osrhoene)*, in Aufstieg und Niedergang der romischen Welt, II, 9,1, ed. H. Temporini und W. Haase, Berlin/New York, 1976, pp. 11 - 16; M. G. Angeli Bertinelli,. *Roma e l'Orientr. Strategia, economia, societa e cultura nelle relazioni politiche fra Roma, la Giudea l'Iran*, Problemi e Ricerche di Stotia Antica 7, Roma, 1979, pp. 74 - 75; K. Schippmann, *Grundzüge*, cit., p. 61; E. Bernareggi, Rex Parthus, in S. Scheers, Studia Paolo Naster oblata, OLA 12, Leuven, 1982, vol. I, passim; R. N. Frye, The History of Ancient Iran, cit., pp. 242 - 243.

③ Cassius Dio, *Roman History*, LXVIII, 19 - 20; Arrian, *Parthica*, frgmm., 38 - 40; Front., *Prin. Hist.*, 15; Eutropius, *Brevarium Historiae Romanae*, VIII, 3.1.

④ Cassius Dio, *Roman History*, LXVIII, 20.

那些曾经反对提格兰大帝的亚美尼亚贵族们现在全都保持沉默不敢吱声。在埃勒吉亚独立的亚美尼亚王国宣告灭亡,并成为罗马帝国治下的一部分。而被击败的帕萨马西里斯由于其帕提亚人身份而得以离去,被他抛下的这些亚美尼亚贵族现在已经成为了罗马帝国的臣民了。

译者简介:龙沛,伊朗马什哈德菲尔多西大学访问学者,西北大学中东研究所博士研究生。

约瑟夫斯论罗马军队

——约瑟夫斯《犹太战争》第三卷第70—131节迻译

约瑟夫斯 著 杨之涵 译

[**编者按**] 约瑟夫斯是犹太历史上最伟大的犹太史家,而他的《犹太战争》又是约瑟夫斯最著名的一部作品。波利比乌斯和约瑟夫斯关于古罗马军队的记载分别是公元前2世纪和公元1世纪关于古罗马军队最为重要的史料。读者在阅读这篇译稿时,可以同时对勘阅读波利比乌斯《通史》第六卷第19—58章关于古罗马军队的记载。本文以洛布古典丛书本(The Loeb Classical Library,由萨克雷[H. St. J. Thackeray]英译,简称洛布本)为底本,同时参照了惠斯顿本(由威廉·惠斯顿[William Whiston]英译,简称惠斯顿本)。

(70)没有人不会艳羡罗马人所展现出来的远见卓识,他们不仅要让他们的奴隶在和平时期派上用场,而且要让他们战争时期大显身手,他们会武装自己的奴隶。(71)任何人只要深入研究整个罗马军队的军事组织或者军事纪律,他就会不得不承认:他们赢得的这个庞大帝国不过是对他们勇气的奖赏,而绝非运气的馈赠(a gift of fortune)。①

(72)罗马人不会等到战争爆发,才给人们上自己的第一堂武装课;在和平时期,他们也不会十指合掌地去祈祷和坐等和平。相反,他们的双手上似乎天

---

① 这个非比寻常的篇章(This remarkable chapter)是研究公元一世纪罗马军队的第一流权威,我们需要将它与可能阐明这一观点的那些章节进行比较——波利比乌斯对三个世纪前的罗马军队(the army of three centuries earlier)进行了更加详尽的描述(第六卷第19—42章)。

生就长有武器一样,他们从未因为任何停战协定而停止训练,也从未坐等紧急情况的出现。(73)此外,他们平常的军事训练与真正的战争毫无二致;所有的战士每天都在全力以赴地进行操练,就好像他们是在真正地作战一样。(74)因而,他们能够轻而易举地经受住战争的严酷冲击:任何混乱都不能使他们偏离惯有的队形,任何恐慌都不会使他们惊慌失措,任何劳苦也都不会使他们精疲力竭;他们的敌人都没有这些品质,因而,他们的胜利也就顺理成章,毫无悬念。(75)确实,我们可以明白无误地认为:他们的训练其实就是一种不流血的战斗,而他们的战斗就是一种流血的训练。

(76)罗马人从来不会搞突然袭击;因为,无论他们入侵任何敌对的领土,在没有扎好自己的营地之前,他们是不会开战的。(77)他们的营地不是任意或者毫无规则地建造的。他们不会立即动手建造营地,也不会随意选择一处地方来建造营地。如果地面凹凸不平,他们首先会平整土地;①接着,他们会将营地方方正正地度量完毕。(78)正由于这个原因,他们的军队配备有大量的工匠和建筑工具。

(79)营地的内部是一排排的帐篷,但是,营地的外部整个看起来就像一堵墙,并每间隔一段相等的距离就配有一座塔楼;(80)塔楼与塔楼之间的各个空隙地带设有随时待命的"速射炮"(quick-firers)、石弩(catapults)、"投石器"(stone-throwers)②和其他各种各样的战争器械。(81)他们在这堵围墙上设置有四道门,每一道门都建造得非常宽敞,足够驮畜无障碍出入以及军队的紧急出击。(82)营地里布局有呈对称分布的横贯街道;营地的中心是军官的帐篷(the tents of the officers),而营地的最中心则是最高指挥官的司令部所在地,③它的外观或者样子看起来像一座小神殿(a small temple)。(83)因而,一座临时建造的城市就这样拔地而起了,它有市场、工匠区和审判所——队长

---

① 在《通史》第六卷第 42 节中,波利比乌斯对比了希腊人和罗马人在建造营地方面的差异;希腊人会根据地形地貌来建造营地,但他们较少深挖壕沟来保护自己。

② ὀξυβελεῖς和καταπέλται,各种弹射器或弩炮(species of *catapultae*),通过起锚机(或绞盘)发射弓箭的机械装置(mechanical contrivances for discharging arrows by means of a windlass);λιθοβόλα,一种石弩或石弩炮(*ballistae*),亦即用高射界发射石块(for discharging stones with high angle fire)。

③ 这里的 headquarters(司令部)亦写作 *praetorium*(官邸、帐篷)。

(captains)和校官(colonels)①就在这个地方对可能出现的任何纠纷作出裁判。②(84)营地的整个围墙以及围墙里面的所有建筑完成得超乎想象地迅速,因为,他们拥有人数众多而又技术精湛的工匠。出于不时之需,他们会环绕营地而挖掘有一道深达四肘尺(cubits)和宽达四肘尺的壕沟。

(85)一旦挖好壕沟,士兵们以分队(companies)为单位一起生活在帐篷里,安然无虞而又井然有序。每一个分队都有他们自己所需要的木材、粮草和水,而且,每一个分队也都分配有他们各自的任务。他们所有的任务都是以相同的纪律和相同的安全标准来要求的。(86)晚餐和早餐的时间不是由个人决定的,而是所有人一同进餐。睡觉、岗哨和起床等作息时间都以吹鼓为号;如果没有这样的信号,他们任何事也不能做。(87)破晓时分,士兵们各自向自己

---

① 这里的"校官"(colonels, 亦即 ταξίαρχοι)可能指的是"百夫长"(centurions)(λοχος = 百夫长[a century],第二卷第63节)和"保民官"(tribunes)(莱纳赫)。但是,在《犹太战争》第三卷第87节和《犹太古史》第七卷第26节中,ταξίαρχοι[军官们]似乎与χιλίαρχοι[千夫长]存在差异。

② 参见波利比乌斯第六卷第31章:ὁ μὲν εἰς ἀγορὰν γίνεαι τόπος ὁ δ' ἕτερος ᾦ τε ταμιεί φ……πόλει παραπλησίαν ἔχει τὴν διάθεδιν..[(1)对于保民官的帐篷后面的空间,他们会以下列方式进行使用,执政官行营(praetorium)的右侧是广场,左侧是财务官的办公区域及其所负责的补给物。(2)最后一座保民官帐篷后面的两侧,以及同这些帐篷差不多成直角的地方,是从"特选部队"(extraordinarii)中所挑选的精锐骑兵和一些出于个人情谊而自愿为执政官效劳的志愿军的营区。这些人都驻扎在同这座防御土墙(the agger)的两侧平行的地方,其中一侧朝向财务官的军需库,另外一侧则朝向广场。(3)因而,在一般情况下,这些军队不仅驻扎在执政官附近,而且,在行军和其他一些场合当中,他们都陪伴在执政官和财务官的左右。(4)同他们背对背和面向防御土墙的地方,所驻扎的是精锐步兵,这些精锐步兵是用来执行同我刚刚所描述的骑兵一样的任务。(5)在这些区域之外,尚有一块一百英尺宽的空地或者通道,这块空地或者通道同保民官的帐篷(tents)相平行,而且,它从广场、法务官行营(praetorium)和财务官行营(quaestorium)的另一侧,沿着整个防御土墙进行延伸。(6)在这块空地或者通道较远的一侧,其余的特选骑兵(equites extraordinarii)则面对广场(market)、法务官行营和财务官行营进行驻扎。(7)在这个骑兵营区的中间且恰好在执政官行营对面的,是一条五十英尺宽的通道,这条通道通向营区的后面,并同执政官行营后面的那条宽阔的大道成直角。(8)背靠这些骑兵且面向防御土墙和置于整个营区后面的,是其余的特选步兵(pedites extraordinarii)。(9)最后,靠近防御土墙的营区两侧的右边空地和左边空地,则分配给了允许进入的外国军队或者盟邦军队。(10)因而,整个营区形成了一个方形,通道的布局和安排,使整个营区看起来就像一座城镇。(11)四面的防御土墙都距离帐篷两百英尺,而且,这块空地的作用非常地广泛和重要。(12)首先,它可以为进出营地的军队提供合适的设施,因为,他们所有人都可以通过自己的通道进入这块空地,因而,他们不会成批地涌入同一条通道,从而造成彼此的推搡挤撞。(13)除此之外,所有带入营区的牲畜和从敌人那里掠夺而来的战利品,都可以保管在这个地方,而且,在整个夜间,它们都会得到妥善的护卫。(14)然而,最为重要的是,在遭遇夜袭时,它可以有效地确保营区在火攻和投掷物的射程范围之外,即使其中有一些确实飞射得足够遥远,但是,由于帐篷前面事先留下的距离和空间,因而,它们几乎也不会造成什么损害。]

的百夫长报告自己的情况,百夫长则向保民官行礼问候,①保民官及其所有上级军官(all the superior officers)②随后则一起觐见全军的最高指挥官;(88)接着,最高指挥官——按照惯例——会向他们下达号令和其他命令,以让他们向自己的下级传达这些命令。即使在战场上,他们也严格地遵守这样的规定:整个军队严密地围绕着命令行事,不管是进攻还是撤退,所有人都必须在命令之下以一个整体来统一行动。

(89)当号声第一次响起时,这意味着整个营地的开拔;③所有人都不能闲着,一听到这个号声,他们就要立即拆除帐篷,并作好离开的准备。(90)接着,当号声第二次响起时,这意味着他们要作好行军的准备,他们要立即把行李和物品放到骡子上或者其他牲畜上,紧接着他们就像跑道上用胸部触线的赛跑者那样赶紧站好,以作好行军的准备。接着,他们会放火烧毁营地——这一方面是因为他们很容易地建造另一座营地,另一方面是为了防止敌人利用他们的营地。(91)当号声第三次响起时,他们要催促行动迟缓者(不管他是什么原因导致行动迟缓)加快行动,以确保没有任何人掉队。(92)接着,传令官站在最高指挥官的右手边,用他们自己的语言三次大声地询问,他们是否已经作好开战的准备。他们会三次高声地回答说,"我们已经准备好了",这些都是预料之中的答案;他们饱含战争激情,甚至一边高喊口号,一边将右手振臂挥向空中。

(93)接着,他们开始行军,在行军途中,他们全都不说话,并保持着良好的秩序和队形,所有人之间都保持着相同的间距,就好像他们就要开战一样。(94)每一位步兵都穿戴有铠甲和头盔,而且,每一位步兵的身体两边都分别佩有一把利剑;不过,左边的利剑要比其右边的利剑长很多,后者的长度不会超过一跨尺(a span)。④ (95)保卫将军本人安全的步兵都是精心挑选出来的,这

① 参见波利比乌斯第六卷第 36 章第 6 节(破晓的时候,由晚上安排的巡视员向保民官报告相关情况)。

② 这里的ταξίαροι一词,一般指的是"军官"(officers)的涵义,包括百夫长和保民官(莱纳赫),或者,它也有"使节"(legates)的涵义,也即是军团的指挥官,在第 310 节中所使用的ἔπαρχος一词就被用作了这个涵义。

③ 波利比乌斯在其第六卷第 40 章中也类似地描述过行军前的三次鼓号声:(1)拆下帐篷和收拾行李;(2)把行李装载到驮畜上;(3)行军。

④ 大约相当于九英寸(inches)。碑文记载的位置与约瑟夫斯所描述的位置完全相反,短剑(*pugio*)是被配置在左边的位置;波利比乌斯也类似地说过,刀剑被配置在右边的位置,不过他没有提到短剑的位置(参见第六卷第 23 章第 6 节)。

些步兵全都配有一支长矛①和一支圆形盾牌②；但是，其他的步兵则配有一把标枪③和一支长方形护盾④，此外，他们还配有一把锯子、一只篮筐、一把锄镐、一把斧头、一条窄长的皮带、一只弯钩、一条锁链和三天的生活物资，这都是为了不让士兵像骡子那样携带过沉的负重。(96)骑兵在自己右边配有一把长剑，手上配有一支长矛，在他们的战马一侧斜放有一支护盾，在他们的箭筒里放置有超过三支或者三支以上有宽阔尖端和标枪一样长的飞镖；他们像步兵一样，也有铠甲和头盔。(97)保卫将军本人安全的骑兵也都是精心挑选出来的，他们的装备和普通骑兵的装备没有两样；哪一个军团行进在部队的前面，则一直都是由抽签来决定的。⑤

(98)这些就是罗马军队行军和扎营的例行程序，而上述提到的这些武器就是罗马人日常使用的常规武器。在战斗中，他们没有一件事情不是深思熟虑的或者靠运气行事的：他们一直都是深思先于行动，而行动又与作出的决定相一致。⑥ (99)结果就是，罗马人几乎不会犯错，即使他们犯下错误，他们也能很快地予以纠正。(100)此外，罗马人认为，一个完善的计划即使最终以失败收场，它也更会受到命运(fortune)的青睐；因为，偶然的成功更会加剧他们的短视，而深思熟虑尽管有时也会遭到失败，但它却能让他们得到有益的教训和避免错误的再次发生。(101)他们进一步地认为，一个人偶然的成功并不是其真正的成功，相反，灾难还很可能会意想不到地降临，因为，他可能会得意忘形，从而忽视了正确的预防措施以阻止灾难的发生。

(102)罗马人不仅在体力上，而且在精神上，不断地锻炼和培养士兵们的军事能力；恐惧也在他们的训练中扮演重要的作用。(103)因为，他们的法律规定，不仅士兵们开小差要被处死，甚至连他们偷懒和消极等这样的轻微过失也要被处死；而他们的将军则会更严格地遵守和敬畏他们的法律。因为，通过

---

① lance(长矛)亦写作 hasta。

② round shield(圆形护盾)亦写作 parma。

③ javelin(标枪)亦写作 pilum。

④ oblong buckler(长方形护盾)亦写作 scutum。

⑤ 根据波利比乌斯第六卷第40章第9节的记载，军团的行军顺序是按照日常的轮换来安排的。

⑥ [中译按]在洛布本中，英译者将其英译作"他们一直都是深思先于行动，而行动又与作出的决定相一致"(consideration invariably precedes action, and action conforms to the decision reached)；然而，在惠斯顿本中，英译则将其英译作"在开始任何行动之前，他们要先进行协商，而且，已经决定好了的事情要立即执行"(but counsel is ever first taken before any work is begun, and what hath been there resolved upon is put in execution presently)。

授予勇敢者高贵的荣誉,可以防止触犯者自认为自己所遭受的处罚是一种严酷的虐待。

(104)在和平时期,这种完善的训练方式会使军队成为一种美丽的点缀,而在战争时期则会使整个军队像一个人一样战斗,完全凝结成了一个紧密的整体;(105)他们的安全和位置是如此紧密,他们的左右转身是如此迅速,他们的耳朵听从命令是如此敏捷,他们的眼睛看到信号是如此快速,他们的双手在行动时又是如此矫健。(106)结果就是,他们不仅行动果决迅速,而且能够最大限度地忍受不幸;当他们在进行贴身的肉搏厮杀时,我们找不到他们任何的败绩事例,不管敌人拥有多么庞大的军队,不管敌人想出多么绝妙的诡计,也不管敌人身处多么有利的地形,甚至拥有多么美好的运气;因为,他们的胜利比依靠运气(fortune)而来的胜利更加牢靠。(107)因而,在谋略先于行动的这样一个地方,同时也是在领导层的征战计划先于军队高效动员的这样一个地方,我们就不会对罗马帝国的广袤感到不可思议了:罗马帝国向东一直扩张到幼发拉底河,向西一直扩张到海洋,向南一直扩张到最肥沃的利比亚地带,向北则一直扩张到埃斯特河(the Ister)和莱茵河(the Rhine)。因此,人们可以毫不夸张地发出这样的由衷感叹:罗马人占有的土地如此广大,但赢得这些土地的这个民族更加伟大。

(108)倘若我在这个主题上谈得有些冗长,那么,我的目的与其说是赞美罗马人,不如说是安慰那些惨遭他们征服的人,并震慑其他那些可能想要起来反叛的人。① (109)事实上,任何一位有教养的读者,②即使他对这个论题一无所知,他也能够通过对罗马人的军事组织所作的这番描述而从中有所裨益。言归正传,我现在将在我离题的地方继续我原来的叙述。

(110)为整顿军力和重整军队,韦斯巴西安和他的儿子提图斯在托勒米亚停留了一段时间。与此同时,普拉西度斯正蹂躏着加利利,并屠杀大批落到他手上的犹太人(这些人都是因为战争而精疲力竭的虚弱平民);(111)后来,他

① 这里的意图和动机非常明显。正如《犹太战争》的其他地方(第一册,导论,第 11 页[Vol. I., Introd., p. xi])所表明的那样,"约瑟夫斯之前作为囚犯被关押在韦斯巴西安的宅邸,可能是讨好自己的帝国庇护人而所作的一个声明,同时也是为了警告帝国东部反抗的无效性"。帕提亚人或者巴比伦犹太人的叛乱危险(第二卷第 388 节)就是一个持续不断的潜在威胁。

② τῶν φιλοκαλούντων[有教养的]:比较波利比乌斯第六卷第 26 章第 12 节的 τίς γὰρ οὕτως τὶν ἀπεοικὼς πρὸς τὰ καλὰ κτλ.

看到犹太战士纷纷前往约瑟夫斯修建的城堡逃跑和避难,于是,他就向其中一座最坚固的城堡——约塔帕塔——进攻。普拉西度斯料想通过奇袭,就可以轻易地攻占它;他也希望通过强占它,进而在高级指挥官中赢得声誉。假如他的计划得逞,罗马人将会在未来的战争中赢得极大的优势;因为,如果这座最坚固的城堡都惨遭他们攻克,那么,蔓延的恐惧将会促使其余的犹太人缴械投降。(112)然而,他的这个希望彻底落空了。由于事先知道罗马人的进攻,约塔帕塔人就坐等他出现在城外,并出其不意地向罗马人发动了进攻。他们人数众多,以逸待劳,而且在保卫自己的家乡、自己的妻子和自己的儿女的信念驱使下,他们作战极其勇敢,以至于他们很快就击溃了罗马人,并击伤了大批罗马人。(113)他们只杀死了不到七名罗马人,因为,后者撤退极其有序,而且他们的身体都被铠甲保护得严严实实,这使得他们只会遭受一些皮外伤,而作为攻击者的犹太人则装备简陋,面对罗马人的重甲保护,他们不敢冒险近战,只能远远地投掷武器来进攻他们。(114)犹太人一方有三人被杀和少量人员受伤。在发现自己难以攻克这座城堡后,普拉西度斯于是就仓皇撤退了。

(115)然而,韦斯巴西安自己现在已经迫不及待地要亲自进攻加利利了,在将自己的军队按照罗马人惯常的行军顺序进行整装部署后,他现在从托勒米亚出发了。(116)他命令那些辅助性的轻装军队和弓箭手先行一步进发,以抵挡敌人的突然袭击和探查林地里可能存在的埋伏。紧随其后的是精锐的罗马重装士兵,包括骑兵和步兵。(117)紧随在他们后面的是每一百人抽出十人而组成的一支分遣队(a detachment),以携带他们自己的成套装备和度量营地所需要的必备工具;(118)跟随在他们后面的则是开路者(the pioneers)——他们主要负责修直弯路、平整坑洼和砍伐挡住军队行军的树木,以确保军队不费力和无障碍地顺利进军。(119)韦斯巴西安把自己和其他将官的个人装备放在他们的后面,并用一支强大的骑兵来保护它们的安全。(120)他自己则与精心挑选的骑兵、步兵和自己的枪兵卫队(his guard of lancers),骑马走在后面。接着行进的则是军团的骑兵部队;因为,每个军团都配有一百二十名骑兵。(121)接下来行进的是骡子,这些骡子用于搬运围城的塔楼(the siege towers)①和其他围城器械。(122)接着行进的是使节(the

---

① 用于搬运攻城槌(For carrying battering-rams):在第三卷第230节中,λεπολις一词的涵义似乎指的就是"攻城槌本身"(the battering-ram itself)。

legates)、步兵大队长(the prefects of the cohorts)、保民官(the tribunes)和一支护送他们的精锐部队。(123)接着行进的是雄鹰环绕的军旗(the ensigns surrounding the eagle),在每一个军团最前面的就是雄鹰,因为,雄鹰是飞鸟之王,而且是所有飞鸟中最凶猛的飞禽;在他们看来,雄鹰是帝国的象征和他们所向披靡的预兆。(124)行进在这些神圣象征后面的是号兵,而行进在号兵后面的则是六人一列的大部队。按照习惯,百夫长会一直在旁监视队列的秩序。① (125)至于每个军团的仆役,他们则跟在步兵后面,并牵引载有士兵的辎重的骡子和其他驮畜。(126)行进在所有军团后面的是那帮雇佣兵,行进在最后面的是一支后卫部队,这支后卫部队负责保卫全军的安全,而他们是由轻装步兵、重装步兵和大批骑兵组成的。

(127)韦斯巴西安就按照这样的次序而率领自己的军队,进军到了加利利边境。他在那里建造了营地,并抑制了手下士兵的开战欲望;他只满足于在敌人面前展示自己的军力,以借此来恐吓他们和给予他们重新思考的时间,从而看看他们会不会在开战之前抛下自己的同胞。② 与此同时,他也作好了围攻这座城堡的各项准备。(128)事实上,一看到罗马最高指挥官出现,他们全都惊恐不已,甚至他们当中的许多人对自己的叛乱行径确实深感后悔起来。(129)在约瑟夫斯的指挥下,犹太军队在一座名叫迦里斯(Garis)的城镇(距离色弗黎不远③)扎营;当他们发现战争就近在咫尺,以及罗马军队随时可能会对他们发动进攻后,他们立即就四散逃亡了,他们甚至都还没来得及仔细看清自己的敌人。(130)约瑟夫斯和一些同伴则留了下来;他看到自己根本就没有足够的兵力来对付敌人,犹太人的士气低落,假如他们能够赢得敌人的信任,他们大部分人会欣然接受投降。(131)他已经对整个战争的前途绝望了;因此,他决定撤退,以尽可能地远离这场危险。于是,他率领自己余下的军队而撤退到了提比里亚。

译者简介: 南京大学哲学系博士生、特拉维夫大学联合培养博士,研究方向为古典文明史,已出版译著《通史》(波利比乌斯原著)等。

---

① 莱纳赫认为,必须为每一个军团安排一位百夫长,以维持队列的秩序。
② 或者可能写作:"会不会在开战之前改变自己的想法。"
③ 迦里斯城镇距离色弗黎城二十弗隆(按照《约瑟夫斯的生平》第 395 节的记载,迦里斯不是一座城镇,而是一座村庄)。

《爱的艺术》(第 2 卷)选译①

奥维德 著 肖馨瑶 译

[编者按] 奥维德(Publius Ovidius Naso)是古罗马三大诗人之一,与维吉尔、贺拉斯齐名,是西方文学艺术史上影响极为深远的人物。他传世的十部作品包括早期的爱情诗《恋歌》《拟情书》《论容饰》《爱的艺术》和《情伤良方》,中期的史诗著作《变形记》和讲述罗马历法的《岁时记》,以及晚期遭流放后写成的《哀怨集》《伊比斯》和《黑海书简》。虽然自奥维德被流放之后,他的许多作品都被移出罗马的公共图书馆,但从公元 9 世纪开始,奥维德诗作的抄本又开始重现,并进入教会学校成为拉丁文教材。从那时开始,他的影响力与日俱增,成为中世纪最受欢迎的拉丁文作家之一,从文艺复兴开始,更是不断被译入各国语言,深刻影响了西方文学、绘画、雕塑等多种艺术。他的作品游戏性与严肃性并存,他构建起的丰富的文学世界成为了解希腊罗马神话的重要窗口,并对西方世界情爱、性别意识的形成产生了深远影响。

《爱的艺术》属奥维德早期的爱情诗,大约创作于公元前 2 年到公元 2 年

---

① 本译注为国家社科基金重大项目《古罗马诗人奥维德全集译注》(编号 15ZDB087)阶段性成果。译者感谢上海师范大学刘津瑜教授所提的修正意见。本篇译注为肖馨瑶以下译注的续篇:肖馨瑶,《〈爱的艺术〉第一卷第 1—100 行汉译及简注》,《世界历史评论》第 8 辑(2017 年),第 318—328 页;《〈爱的艺术〉第一卷第 229—350 行译注》,《世界历史评论》12(2019),第 175—190 页;《〈爱的艺术〉第一卷第 351—772 行译注》,《都市文化研究》3(2020),第 307—343 页;《奥维德〈爱的艺术〉第一卷第 101—228 行译注》,见刘津瑜主编,《全球视野下的古罗马诗人奥维德前沿研究》,北京大学出版社,2021 年。注疏主要参考 G. P. Goold ed. *Ovid*: *The Art of Love and Other Poems* (*Loeb Classical Library*),Cambridge:Harvard University Press,1979;E. J. Kenney, "Notes on Ovid II," *The Classical Quarterly* 9(1959),pp. 240 - 260;Markus Janka, *Ovid Ars Amatoria Buch* 2:*Kommentar*,Heidelberg:Universitätsverlag C.,1997。

之间,该诗继承了前辈普罗佩提乌斯(Propertius)和提布鲁斯(Tibullus)的爱情哀歌诗传统,同时一改哀歌传统,不再将爱情看作不可控的外在神秘力量,而视其为一门可以学习掌握的技能。奥维德的恋爱教导诗分 3 卷,其中第一卷教导男子如何赢得爱人,第 2 卷讨论获得爱情之后如何维系爱情,第三卷则教导女人如何在恋爱游戏中占据上风。奥维德自己在《哀怨集》中自称被奥古斯都流放的原因是"诗歌与错误",后人推测其中"诗歌"很可能指《爱的艺术》,因为它鼓吹的内容涉嫌暗讽奥古斯都于公元前 18 年颁布的婚姻法,"尤利娅法"(lex Iulia)①。《爱的艺术》中宣扬的爱情与罗马帝国早期的政治有着较为密切的关联。

　　本译文为《爱的艺术》第 2 卷开篇。第 1—20 行介绍本卷宗旨,即教人如何保持爱情,第 21—98 行是一个插曲,诗人讲述代达罗斯设计飞行器逃离克里特的故事,以此说明有翅膀的爱神难以停驻在原地,进一步说明本卷教诲的重要性。第 99 行开始讲述维持爱情的具体方法,其中第 99—144 行讲药物、魔法甚至美貌都是不够的,还需要智慧、需要学习艺术、语言,第 145—176 行提出要对恋人温柔,避免争吵,第 177—232 行描述耐心和顺从的重要性。

　　译文采用的拉丁文底本是 *Oxford Classical Texts*: *P. Ovidi Nasonis*: *Amores*; *Medicamina Faciei Femineae*; *Ars Amatoria*; *Remedia Amoris*, Edward J. Kenney (ed.), 1994。拉丁原文以哀歌双行体长短句书写,译者在译入中文时也尽量仿照原文,译成长短句,并附上注疏,力求增加中文可读性的同时,尽量保持原诗的"异域性",不做过多归化。

---

① "duo crimina, carmen et error," 见《哀怨集》第二卷第 207 行。

Dicite 'io Paean!' et 'io' bis dicite 'Paean!'①   2.1
    Decidit in casses praeda petita meos;
Laetus amans donat viridi mea carmina palma,
    Praelata Ascraeo Maeonioque seni.②
Talis ab armiferis Priameïus hospes Amyclis   5
    Candida cum rapta coniuge vela dedit;③
Talis erat qui te curru victore ferebat,
    Vecta peregrinis Hippodamia rotis.④
Quid properas, iuvenis? mediis tua pinus in undis
    Navigat, et longe quem peto portus abest.   10
Non satis est venisse tibi me vate puellam;
    Arte mea capta est, arte tenenda mea est.
Nec minor est virtus, quam quaerere, parta tueri:
    Casus inest illic; hoc erit artis opus.

快呼喊"噢感激神明!""再喊"感激神明!"   2.1
    我寻的战利品已经落人我的罗网;
快乐的多情人用绿棕榈叶加冕我的诗,
    认为它胜过阿斯克拉与迈欧尼亚的圣人。
正如普里阿摩斯之子从全副武装的阿米克莱
    作为客人,带着肤白的新娘扬帆起航;
正如那用凯旋战车带着你带着的人,
    希波达墨娅,用那异国的车轮。
年轻人,你急什么?你的船只行在浪涛间,
    我寻找的港口距离遥远。
遵我的教诲找到始娘尚不足够,
    借我的诗艺她已到手,凭它你将此情保留。
留住已到手的她并不比追求她容易:
    此间有偶然,亦有技艺可循。

① 2.1 Paean 最初指为阿波罗唱的赞歌,引申为为胜利或赞颂而唱的歌。荷马认为 Paian/Paean 指一位掌管医药的神祇,同时它也是阿波罗的称号(epithet)。

② 2.4 阿斯克拉的圣人指《工作与时日》的作者赫西俄德;迈欧尼亚属于小亚细亚的城市,一般认为是荷马的出生地。

③ 2.5—6 阿克米莱(Amyclae)是伯罗奔尼撒半岛上古老的拉科尼亚的城市,位于斯巴达南面,荷马的《伊利亚特》2.584 曾提到。此处指帕里斯抢走海伦。

④ 2.7—8 希波达墨娅(Hippodamia)的名字直译为"驯驭马车的人",她是皮萨诺诸玛俄斯(Oenomaus)的女儿,她的父王不愿意将她嫁人,于是宣布凡是想娶他女儿之人,必须在驾驭马车的比赛中胜过国王自己,输掉比赛将被杀害。在十八位追求者丧命之后,珀罗普斯(Pelops)(坦达罗斯 Tantalus 的儿子)通过波塞冬的帮助,终于用计谋赢得了比赛和新娘。他们婚后生下阿特柔斯(Atreus)和堤厄斯忒斯(Tyestes)。

基西拉和爱子，若要垂青我，请现在赐福吧，① 15
还有埃拉托，因为你以爱为名。②
我筹谋伟业，讲述何种技艺可让爱神驻足，
那原本游荡于浩瀚世界的孩童。
它身轻如燕，凭双翼就能远走高飞；
要将它安定于一处颇有难度。
米诺斯阻断了他客人的所有逃跑通道：③
囚徒用翅膀寻到一条属于勇者的路。
当代达罗斯囚禁起母亲的罪孽孕育的④
半人半牛的怪物，
"让我的流放看到尽头，"他说，"最正义的米诺斯：
让祖国的土地接受我的骨灰。

Nunc mihi, siquando, puer et Cytherea, favete,① 15
Nunc Erato, nam tu nomen amoris habes.②
Magna paro, quas possit Amor remanere per artes,
Dicere, tam vasto pervagus orbe puer.
Et levis est, et habet geminas, quibus avolet, alas: 20
Difficile est illis inposuisse modum.
Hospitis effugio praestruxerat omnia Minos:③
Audacem pinnis repperit ille viam.
Daedalus ut clausit conceptum crimine matris,④
Semibovemque virum semivirumque bovem; 25
'Sit modus exilio,' dixit 'iustissime Minos:
Accipiat cineres terra paterna meos.

① 2.15 爱神维纳斯出生于基西拉岛（Cythera）的海边。
② 2.16 埃拉托（Erato）的名字源于希腊词 eratos，意为美丽的、受钟爱的，故曰"以爱为名"。她是古希腊九位缪斯女神之一，手持竖琴，掌管音乐和舞蹈，例如爱情诗和拟剧。
③ 2.21—96 讲代达罗斯带着儿子伊卡洛斯用飞行器逃离克里特国王米诺斯的故事。代达罗斯是希腊罗马神话中著名的匠人、艺术家、科学家。他帮助克里特国王米诺斯设计了一个迷宫，米诺斯让旁边的雅典城每年送七男七女献祭给米诺陶。为了保守迷宫秘密，米诺斯将代达罗斯囚禁在高塔之上，拒绝了他返乡的请求。代达罗斯于是设计了两副羽翼，帮助自己和儿子伊卡洛斯逃离。但伊卡洛斯不听父亲劝阻，越飞越高，最终羽翼因蜡近太阳而融化而坠落，他也因此丧命。奥维德用这个故事说明，米诺斯要留住代达罗斯尚且困难，诗人想帮助读者让有翅膀的爱神停下脚步（意为留住到手的女孩，保留到手的爱情）更是难上加难。
④ 2.24 帕西法厄和公牛的故事参见《爱的艺术》第一卷第 289—326 行。

Et quoniam in patria, fatis agitatus iniquis,	既然受不公的命运羁绊,祖国不许我
Vivere non potui, da mihi posse mori.	有生之年踏足,就请允我葬身于故土。
Da reditum puero, senis est si gratia vilis:	给吾儿回乡的机会,若你对老夫感恩不足;若不愿
Si non vis puero parcere, parce seni.' 30	赦免儿子,就赦免他的父亲。"
Dixerat haec; sed et haec et multo plura licebat	他就这样说道;但纵使他说再多,
Dicere: regressus non dabat ille viro.	国王也不会给他回乡的机会。
Quod simul ut sensit, 'nunc, nunc, o Daedale,' dixit:	当他恍然明了,便道:"代达罗斯,现在,此时,
'Materiam, qua sis ingeniosus, habes.	正是展现你聪明的契机。
Possidet et terras et possidet aequora Minos: 35	米诺斯统治着陆地也统治着大海:
Nec tellus nostrae nec patet unda fugae.	陆路水路皆不向逃亡的我敞开。
Restat iter caeli: caelo temptabimus ire.	天空的通道仍在:我将尝试从天际逃离。
Da veniam coepto, Iupiter alte, meo:	高高在上的朱庇特,原谅我的计划吧:
Non ego sidereas adfecto tangere sedes;	我并未企图触碰您群星闪耀的座椅;
Qua fugiam dominum, nulla, nisi ista, via est. 40	为逃离君王除此我无路可走。
Per Styga detur iter, Stygias transnabimus undas;	冥河若有路,我也会淌过冥河的浪花;
Sunt mihi naturae iura novanda meae.'	我只能为我的自然设计新的律法。"
Ingenium mala saepe movent: quis crederet umquam	逆境磨砺智慧:谁能相信哪位凡人
Aërias hominem carpere posse vias?	可以翱翔于天空的通道?

他整理好羽翼，那是鸟儿的船桨，

将亚麻和轻盈的绳结交织捆绑，

而底部由烈火融化的蜡油固定，

新式技法至此便大功告成。

他满脸兴奋的儿子摆弄着蜡和羽翼，

却不知这装备正是为他的肩膀准备。

父亲对他讲道："我们须得乘此船航回乡，

有了这工具我们方能逃离米诺斯。

米诺斯封锁其它所有通道，却无法封锁天空；

趁你可以，用我的发明打开苍穹。

但你将无需注视阿泰盖亚少女和牧夫座的伴侣

那带剑的猎户俄里翁：

羽翼既展，你跟随我；我会走在前面：

你只需紧随；我做向导引你自会平安。

因为如若我们飞入高空靠近太阳，

蜡油将无力抵挡日光的热量；

Remigium volucrum disponit in ordine pinnas,   45

Et leve per lini vincula nectit opus,

Imaque pars ceris adstringitur igne solutis,

Finitusque novae iam labor artis erat.

Tractabat ceramque puer pinnasque renidens,

Nescius haec umeris arma parata suis.   50

Cui pater 'his' inquit 'patria est adeunda carinis,

Hac nobis Minos effugiendus ope.

Aëra non potuit Minos, alia omnia clausit;

Quem licet, inventis aëra rumpe meis.

Sed tibi non virgo Tegeaea comesque Bootae   55

Ensiger Orion aspiciendus erit: ①

Me pinnis sectare datis; ego praevius ibo:

Sit tua cura sequi; me duce tutus eris.

Nam sive aetherias vicino sole per auras

Ibimus, impatiens cera caloris erit;   60

① 2.55—56 Tegean 少女，指以卡利斯托（Callisto）名字命名的星座，即大熊星座（也就是北斗七星）。卡利斯托本是阿卡迪亚国王吕贡的女儿，本是守贞的狩猎女神戴安娜的追随者，她被狂怒的赫拉变成一头熊，传说后来升天变成为大熊星座。这个故事参见奥维德《岁时记》第二卷 153—192行。

Sive humiles propiore freto iactabimus alas,
　Mobilis aequoreis pinna madescet aquis.
Inter utrumque vola; ventos quoque, nate, timeto,
　Quaque ferent aurae, vela secunda dato.'
Dum monet, aptat opus puero, monstratque moveri, 65
　Erudit infirmas ut sua mater aves.
Inde sibi factas umeris accommodat alas,
　Perque novum timide corpora librat iter.
Iamque volaturus parvo dedit oscula nato,
　Nec patriae lacrimas continuere genae. 70
Monte minor collis, campis erat altior aequis:
　Hinc data sunt miserae corpora bina fugae.
Et movet ipse suas, et nati respicit alas
　Daedalus, et cursus sustinet usque suos.
Iamque novum delectat iter, positoque timore 75
　Icarus audaci fortius arte volat.
Hos aliquis, tremula dum captat arundine pisces,
　Vidit, et inceptum dextra reliquit opus.

而如若我们降低翅膀靠近海面，
灵活的羽翼就会被水花沾湿。
"飞翔于二者之间吧；孩子，也要敬畏风，
清风带你去哪，你便对它展开翅膀。"
他边教导边把设备备为儿穿戴，教他如何操作，
仿佛母鸟指导待出窝的宝宝。
他将量身定制的翅膀置于自己双肩，
小心地稳住身体准备拥抱新的路途。
临飞之际他吻了吻年幼的孩子，
父亲的双眸已包不住泪水。
有个小丘，比山更小，但高于平地：
从这里父子双双开始了悲剧的航行。
一边操纵自己翅膀，代达罗斯一边回头观望
儿子的羽翼，一路保持着飞行的轨迹。
新的路途让人欣喜、惊恐平息，
伊卡洛斯飞得愈发大胆。
地上有位渔人，正用晃悠的鱼竿捕鱼，
望见他们，竟丢下了手里的活计。

	萨摩斯已在他们左边（纳克索斯、帕罗斯、
Iam Samos a laeva (fuerant Naxosque relictae	
Et Paros et Clario Delos amata deo)① 80	和受克拉鲁斯神祇钟爱的提洛岛已在身后）
Dextra Lebinthos erat silvisque umbrosa Calymne	莱维萨岛和森林丰茂的卡利姆诺斯在右边，
Cinctaque piscosis Astypalaea vadis,②	还有周围鱼虾肥美的阿斯提帕莱阿。
Cum puer, incautis nimium temerarius annis,	这时，无畏的儿子，年轻莽撞，
Altius egit iter, deseruitque patrem.	为挑战更高的路，离开了父亲。
Vincla labant, et cera deo propiore liquescit, 85	一近日神，绳结散落，底蜡融化，
Nec tenues ventos brachia mota tenent.	挣扎的臂膀再也抓不住纤柔的风。
Territus a summo despexit in aequora caelo:	惊惧不已的他从高空俯瞰海水：
Nox oculis pavido venit oborta metu.	恐惧带来的夜合上了他的双眼。
Tabuerant cerae: nudos quatit ille lacertos,	蜡已融化：他扑腾着空如也的双臂，
Et trepidat nec, quo sustineatur, habet. 90	颤抖着，失去了支撑他飞翔的东西。
Decidit, atque cadens 'pater, o pater, auferor!' inquit,	他掉下深渊，在跌落中喊，"父亲，噢父亲，我被带走了！"
Clauserunt virides ora loquentis aquae.	碧绿的海水吞没了他还在在说话的嘴。

① 2.79—80 萨摩斯岛位于爱琴海东部，东临安纳托利亚海岸。纳克索斯岛位于爱琴海中部，在萨摩斯岛西南。帕罗斯岛位于纳克索斯岛西边。提洛岛位于帕洛斯与纳克索斯以北。克拉鲁斯神祇，指阿波罗，克拉鲁斯是一个爱奥尼亚城市，上有阿波罗神谕。

② 2.81—82 莱维萨岛位于爱琴海中部，卡利姆诺斯岛位于它的东边。阿斯提帕莱阿岛在它们以南。（诗中提到的岛屿的相对位置见文末附图。根据诗中描述和传说，父子二人从克里特岛出发之后一路向北，伊卡洛斯坠海地点应该在今天的伊卡里亚岛，见图。在伊卡洛斯坠海之后，代达罗斯转而向西飞行，最终成功到达西西里岛。）

那悲伤的，已非人父的父亲喊着"伊卡洛斯！"

"伊卡洛斯！"他呼喊，"你在哪，天宇之下你飞到哪了？"

"伊卡洛斯！"他喊着，在浪涛中看到了羽翼。

大地埋葬了尸骨：海水保留了姓名。

米诺斯尚且无法束缚人类的翅膀；

何况我要阻止神明的是神明的羽翼。

谬矣，诉诸海摩尼亚把戏的人，

还割下小马额上的附生体，

美狄亚的香草并不能让爱情永驻，

马尔希人的哀歌配魔法的吟唱也没用。

At pater infelix, nec iam pater, 'Icare!' clamat,

'Icare,' clamat 'ubi es, quoque sub axe volas?'   95

'Icare' clamabat, pinnas aspexit in undis.

Ossa tegit tellus: aequora nomen habent.

Non potuit Minos hominis conpescere pinnas;

Ipse deum volucrem detinuisse paro.

Fallitur, Haemonias siquis decurrit ad artes,

Datque quod a teneri fronte revellit equi. ①   100

Non facient, ut vivat amor, Medeïdes herbae

Mixtaque cum magicis nenia Marsa sonis. ②

---

① 2.99—100 Haemonian 指色萨利（Thessaly），以出产擅长魔法之人著称。可参见 Oliver Philips, "The Witches' Thessaly," in Paul Mirecki and Marvin Meyer eds., *Magic and Ritual in the Ancient World*, Leiden: Brill, 2001, pp. 378 - 386。小马头上长的东西，据亚里士多德《动物志》572a-b, 577a，这是一种"hippomanes"（吴寿彭商务印书馆 1979 年版译为"马狂"），是新生马驹头上的黑色的，又扁又圆的附生体；忙马甫到它的味道会发狂。亦见普林尼《博物志》8.165,一说ἱπποπομανές/hippomanes 是母马生殖器官上滴下来的毒液，是古代有名的春药。见维吉尔《农事诗》3.280;提布卢斯 2.4.57;普罗佩提乌斯《哀歌集》4.5.17—18；… et in me/hippomanes fetae semina legit equae"为此还收集了杯小驹的忙马的泌液"（王焕生译）;奥维德《女容良方》38; nocens virus amantis equae 2.48—49.

② 2.102 意大利中部的山区 Marsi 跟色萨利一样，以魔法、咒语著称，也是有名的驯蛇者。见《女容良方》39；"蛇不会因玛尔希咒语从中裂开"（诸佩荟、常无名译，《女容良方》译注）《都市文化研究》3(2020)，第 284—306 页，更新版见"迪金森见古典学在线"：https://dco.dickinson.edu/ovid/medicamina)。

Phasias Aesoniden, Circe tenuisset Ulixem, ①	法西亚人能留住埃宋之子，喀耳刻会留下尤利西斯，
Si modo servari carmine posset amor.	如果吟歌念儿能让爱情长留。
Nec data profuerint pallentia philtra puellis: 105	给姑娘浓色的春药是无济于事的：
Philtra nocent animis, vimque furoris habent.	春药坏人心性，致人癫狂。
Sit procul omne nefas; ut ameris, amabilis esto:	让所有不伦的手段都滚一边去，想被爱，情可爱：
Quod tibi non facies solave forma dabit:	这是脸蛋和美貌不能给你的：
Sis licet antiquo Nireus adamatus Homero,	哪怕你是古老的荷马钟爱的尼柔斯，
Naiadumque tener crimine raptus Hylas, ② 110	或是被波浪水宁芙罪恶绑架的温柔海拉斯，
Ut dominam teneas, nec te mirere relictum,	为留住美人，不至于惨遭抛弃还讶异不已，
Ingenii dotes corporis adde bonis.	美貌之余还得加上儿分智慧。
Forma bonum fragile est, quantumque accedit ad annos	红颜脆弱，因年岁增长，
Fit minor, et spatio carpitur ipsa suo.	因韶华流逝而陨殁。
Nec violae semper nec hiantia lilia florent, 115	紫罗兰和张口的百合不会永远盛放，
Et riget amissa spina relicta rosa.	玫瑰凋零后，独留着带刺的茎秆。

① 2.103—104 动词 tenuisset 和 posset 是过去完成时虚拟语气，表明这个条件句是与过去事实相反的条件句。2.103 法西亚是科尔基斯（Colchis）的部族，位于黑海东部。这里说的法西亚人指来自科尔基斯的美狄亚，以擅长魔法著称。埃宋之子是美狄亚的丈夫伊阿宋，他对美狄亚始乱终弃。尤利西斯在特洛伊战争结束后漂流到的女神喀耳刻所在的岛上，但最终离她而去。此处用这两个例子说明，魔法在爱情中并不足作用，美狄亚和喀耳刻都没法用魔力留住恋人。

② 2.109—110 尼柔斯（Nireus）是赛姆岛的国王，是特洛伊战争伊战争希腊军队的领导人之一，据说是首屈一指的美男子。海拉斯相传是一位美少年，是赫拉克勒斯的情人，后在伴随伊阿宋所寻找金羊毛途中，受命寻找淡水，主管淡水的水宁芙被 Naiads 引诱入水，消失不见。

Et tibi iam venient cani, formose, capilli,
    Iam venient rugae, quae tibi corpus arent. ①
Iam molire animum, qui duret, et adstrue formae:
    Solus ad extremos permanet ille rogos. ② 120
Nec levis ingenuas pectus coluisse per artes
    Cura sit et linguas edidicisse duas.
Non formosus erat, sed erat facundus Ulixes,
    Et tamen aequoreas torsit amore deas.
A quotiens illum doluit properare Calypso, 125
    Remigioque aptas esse negavit aquas!
Haec Troiae casus iterumque iterumque rogabat:
    Ille referre aliter saepe solebat idem.
Litore constiterant: illic quoque pulchra Calypso
    Exigit Odrysii fata cruenta ducis. ③ 130

美丽的人啊，你的头发就要花白，
　　皱纹将至，会犁遍你全身。①
美貌之外，要锤炼心智，这才持久：
　　唯此方能持续直至生命的最后。② 120
用高雅的艺术培养思想，
　　并学习两门语言。
尤利西斯并不英俊，但辩才超群，
　　足以让宁芙女神承受爱烤的爱焰。
多少次准备离去的他让卡吕普索痛苦不堪， 125
　　她坚称水面不宜行船！
她一次又一地同起特洛伊的陷落：
　　那人习惯了用不同方式讲述一个故事。
他们共同漫步海滩：美丽的卡吕普索又 130
　　同起奥德修斯西安国王血腥的命运。

① 2.118 类似的表述，亦见《女容良方》46：et placitus rugis vultus aratus erit"在曾经迷人的脸上犁下皱纹"(谢佩芸，常无名译)；《爱的艺术》3.73—82 是关于容颜老去，皱纹遍布全身。

② 2.120 extremos rogos：最终葬礼上的柴堆，此处意译。

③ 2.130 Odrysian 王国，包含多个色雷斯部落，覆盖了今天的保加利亚、罗马尼亚东南，希腊北部和土耳其欧洲部分。此处指色雷斯国王瑞索斯(Rhesus)，他在特洛伊战争中战争中站在特洛伊一边。瑞索斯以拥有良驹著称。他刚到特洛伊准备加入保卫战，便被前来监视阿伽门农的多隆(Dolon)出卖，后者被狄俄墨得斯和奥德修斯抓住后，出卖了瑞索斯的行踪，导致其被杀害，马匹也被希腊人盗走。后文奥德修斯讲述的，夜里他骑着偷来的马匹，就是瑞索斯的马。

Ille levi virga (virgam nam forte tenebat)①

Quod rogat, in spisso litore pingit opus.

'Haec' inquit 'Troia est' (muros in litore fecit):

'Hic tibi sit Simois; haec mea castra puta.

Campus erat' (campumque facit), 'quem caede Dolonis   135

Sparsimus, Haemonios dum vigil optat equos.

Illic Sithonii fuerant tentoria Rhesi:

Hac ego sum captis nocte revectus equis.'

Pluraque pingebat, subitus cum Pergama fluctus

Abstulit et Rhesi cum duce castra suo. ②   140

Tum dea 'quas' inquit 'fidas tibi credis ituro,

Perdiderint undae nomina quanta, vides?'

Ergo age, fallaci timide confide figurae,

Quisquis es, aut aliquid corpore pluris habe.

Dextera praecipue capit indulgentia mentes;   145

Asperitas odium saevaque bella movet.

① 2.131 virga 既指棍子，也有男性生殖器的意思，在此处是双关。
② 2.140 Pergamus 指特洛伊城里的堡垒。

那人抄起轻便的棍子（兴许他本就带着棍子）

在紧致的沙滩上描画起她问的东西。

"这，"他说，"是特洛伊"（在海滩上画出城墙）：

"假设这里是西摩伊斯河，这是我的行营。

这是平原"（他画出平原），"我们在这儿洒上

多隆的血，当他偷偷觊觎着海摩尼亚的战马。

那儿是锡索尼亚的瑞索斯的营地：

这天晚上我在那晚上骑着俘获的战马。"

他正继续画着，突然涌来一阵海浪，冲走了

帕加马堡垒、瑞索斯的营地和首领。

于是女神说："你可见你信任的、会带你回家

的潮水毁掉了多少英雄盛名？"

所以啊，对欺人的美貌不可过于信赖，

无论你是谁，光有美貌都不够。

首先，熟练的殷勤能抓住人心；

粗鲁则招致厌恶与残忍的争斗。

我们憎恶鹰隼，因为它永远活在战斗状态，
　我们痛恨豺狼，它们习惯冲入惊惧的羊群。
但燕儿因为温顺，很少遭受人类猎捕，
　卡奥尼亚的鸟则可栖居高塔之上。
走远些，爱人之间的争吵冲突：
　温柔的爱需得用甜言蜜语冲泡。
让新娘因争吵逃离丈夫，妻子躲避夫婿，
　并相信他们的事情永远不顺意。
妻子就该如此；她的嫁妆便是争吵：
　但对女友要永远用顺耳情话讨好。
你们同榻而眠而非因法律允许，
　维系你们关系的法律便是爱情。
给她温柔的奉承和中听的言语，
　这样你的到来能令她欢愉。
我不是为富人当恋爱导师而来，
　我的艺术对出手阔绰之人无益；

Odimus accipitrem, quia vivit semper in armis,
Et pavidum solitos in pecus ire lupos.
At caret insidiis hominum, quia mitis, hirundo,
　Quasque colat turres, Chaonis ales habet. ① 150
Este procul, lites et amarae proelia linguae:
Dulcibus est verbis mollis alendus amor.
Lite fugent nuptaeque viros nuptasque mariti,
　Inque vicem credant res sibi semper agi;
Hoc decet uxores; dos est uxoria lites: 155
Audiat optatos semper amica sonos. ②
Non legis iussu lectum venistis in unum:
　Fungitur in vobis munere legis amor.
Blanditias molles auremque iuvantia verba
　Adfer, ut adventu laeta sit illa tuo. 160
Non ego divitibus venio praeceptor amandi;
　Nil opus est illi, qui dabit, arte mea;

① 2. 150 卡奥尼亚的鸟儿，指鸽子，源于多多那（Dodona）的神谕。卡奥尼亚是多多那（Dodona）的一座城市，相传附近有一片敬献给朱庇特的橡树林，树可说话，通灵，传递诸神谕旨，据说某棵树上还有两只鸽子栖居，为前来问话者解惑，揭示未来。

② 2. 155—156 诗人论述婚姻与恋爱的差别：夫妻争吵是家常便饭，对女友却必须温柔相待。因为夫妻的结合受法律保护，而情人、恋人的关系则完全靠爱情维持（2. 167—168）。

Secum habet ingenium, qui, cum libet, 'accipe' dicit; ①
Cedimus: inventis plus placet ille meis.
Pauperibus vates ego sum, quia pauper amavi; 165
Cum dare non possem munera, verba dabam.
Pauper amet caute: timeat maledicere pauper,
Multaque divitibus non patienda ferat.
Me memini iratum dominae turbasse capillos:
Haec mihi quam multos abstulit ira dies! 170
Nec puto, nec sensi tunicam laniasse; sed ipsa②
Dixerat, et pretio est illa redempta meo.
At vos, si sapitis, vestri peccata magistri
Effugite, et culpae damna timete meae.
Proelia cum Parthis, cum culta pax sit amica, ③ 175
Et iocus, et causas quicquid amoris habet.
Si nec blanda satis, nec erit tibi comis amanti,
Perfer et obdura: postmodo mitis erit.

那些动不动就"收下"的人，自有智慧；
我远离这类人：我的发明满足不了他们。
我是穷人的诗人，因为我曾在穷困时爱过； 165
当我无法赠与礼物，我就奉上金玉良言。
让穷人审慎地爱吧：让他们慎重言语，
他会忍富人所不能忍。
记得我曾在生气时弄乱了女主子的秀发：
那怒火曾让我白费了多少个日夜！ 170
我不认为，也不曾感觉我撕碎了她的衣裳；
但她非说这么讲，而我只能赠礼赔偿。
你们啊，若是聪明，远离你们的导师曾犯
的罪孽，惧怕我的错误引来的惩罚吧。
跟帕提亚人开战，与有教养的朋友求和，
让凡是能孕育爱情的，都充满欢笑吧。 175
若她不够温柔，对你的追求热不够热情，
坚持，忍耐：过会儿她自会软下来。

---

① 2.163 指出手阔绰，认为钱能买到一切。
② 2.171 tunica 指罗马时代的一种基本穿着，一般是无袖的麻布袍子，男女皆可穿。
③ 2.175 关于帕提亚人的故争，见本诗第一卷第 177—216 行。

适度顺从，你能弯曲树枝：

若用尽全力，它会折断。

适度顺从，你可淌水渡河：你将无法战胜

水流，若你逆流而泳。

顺从能驯服老虎和奈迈阿的狮子；

渐渐地，公牛会屈从于农家耕犁。

谁能比诺那克利那的阿塔兰忒更顽固？

凶蛮如她也被男人的实力征服。

据说米拉尼诺诺常常因为自己的命运

和女孩的残忍在树下哭泣；

他常常受命将捕猎的罗网缚在肩膀，

常常用无情的长矛刺穿凶蛮的野猪：

他还因叙拉乌斯射出的箭羽受伤：

然而爱神之箭更刻骨铭心。

Flectitur obsequio curvatus ab arbore ramus:

　　Frangis, si vires experiere tuas. 180

Obsequio tranantur aquae: nec vincere possis

　　Flumina, si contra, quam rapit unda, nates.

Obsequium tigresque domat Numidasque leones;①

　　Rustica paulatim taurus aratra subit.

Quid fuit asperius Nonacrina Atalanta? 185

　　Succubuit meritis trux tamen illa viri.②

Saepe suos casus nec mitia facta puellae

　　Flesse sub arboribus Milaniona ferunt;③

Saepe tulit iusso fallacia retia collo,

　　Saepe fera torvos cuspide fixit apros; 190

Sensit et Hylaei contentum saucius arcum:

　　Sed tamen hoc arcu notior alter erat.④

---

① 2.183　奈迈阿的狮子（Nemean lion）是希腊神话中的神兽，传说它的金毛刀枪不入，它的爪牙尖利无比，可以剥穿凡人铠甲，最后被赫拉克勒斯击杀。

② 2.185—186　诺那克利那（Nonacrina）的阿塔兰忒（Atalanta）是著名的女射手，不愿婚恋，她告诉父亲只有在跑步比赛中战胜自己的男人她才肯嫁（因为她自己跑得快是远近又名的），比赛输了的追求者要被赐死。最终希波墨涅斯（Hippomenes）赢到了阿塔兰忒。

③ 2.188　米拉尼诺（Milanion）指希波墨涅斯（Hippomenes）。他是阿喀琉斯的叔父喀戎攻玫的徒弟，以喜爱接受困难的挑战著称。希波墨涅斯知道自己跑不过阿塔兰忒，于是他乞求维纳斯赐教，维纳斯给了他三个金苹果，让他在比赛落后时扔出，来让阿塔兰忒分心，前两次阿塔兰忒检完苹果都成功追上，但第三次希波墨涅斯成功率先完成比赛，赢得美人归。

④ 2.192　叙拉乌斯（Hylaeus）半人马，曾试图强暴阿塔兰忒，后被阿塔兰忒杀死。希波墨涅斯为了阿塔兰忒挨了半人马一箭。

Non te Maenalias armatum scandere silvas, ①
Nec iubeo collo retia ferre tuo:
Pectora nec missis iubeo praebere sagittis; 195
Artis erunt cauto mollia iussa meae.
Cede repugnanti: cedendo victor abibis:
Fac modo, quas partes illa iubebit, agas.
Arguet, arguito; quicquid probat illa, probato;
Quod dicet, dicas; quod negat illa, neges. 200
Riserit, adride; si flebit, flere memento;
Imponat leges vultibus illa tuis.
Seu ludet, numerosque manu iactabit eburnos,
Tu male iactato, tu male iacta dato: ②
Seu iacies talos, victam ne poena sequatur, 205
Damnosi facito stent tibi saepe canes: ③

我没让你攀登迈纳洛山的森林，全副武装，
也没让你用肩颈扛起罗网：
更不曾让你用胸膛抵挡飞来的箭矢；
我的要求对谨慎的情人算小事一桩。
对不依不饶的她让步吧：你终会因忍让获胜：
只需注意，要扮演她令你扮演的角色。
她骂什么，你也骂，她赞扬的，你也赞；
她说什么，你也说；她否认的，你也否。
她笑，你也笑；她哭，你要记得哭，
让她制定你脸色阴晴变化的律法。
若她爱赌博，纤手掷出象牙骰子，
你故意掷错，怪自己没扔好：
若你玩的是掷距骨，她输了也别惩罚，
让害人的恶狗常落到你自己头上：

---

① 迈纳洛山位于阿卡迪亚，在古代此山是森林之神潘的圣地。
② 2.204 "numeri"既可能指距骨（"tali"），一种大的、长条状的，有四个面的骰子，也可能指"tesserae"，一种更小的骰子，有六个面。
③ 2.206 恶狗（"canes"）指骰子扔得不好、扔得好则叫维纳斯（"Venus"），参见普罗佩提乌斯《歌集》4.8.45—46: me quoque per talos Venerem quaerente secundos/semper damnosi subsiluere canes. （"我希望掷骰子能顺手，掷出维纳斯，掷出那害人的恶狗，然而却总是跃出那害人的恶狗"，王焕生译。）

Sive latrocinii sub imagine calculus ibit,
Fac pereat vitreo miles ab hoste tuus. ①
Ipse tene distenta suis umbracula virgis, ②
Ipse fac in turba, qua venit illa, locum. 210
Nec dubita tereti scamnum producere lecto,
Et tenero soleam deme vel adde pedi.
Saepe etiam dominae, quamvis horrebis et ipse,
Algenti manus est calfacienda sinu.
Nec tibi turpe puta (quamvis sit turpe, placebit), 215
Ingenua speculum sustinuisse manu. ③
Ille, fatigata praebendo monstra noverca ④
Qui meruit caelum, quod prior ipse tulit, ⑤

若是骰子落在了代表强盗的那面,
就让你的士兵倒在玻璃致人面前。
你要亲自为她撑伞遮阴,
她走到哪你就在哪为她开道。
把小凳置于她精致的褟前别解怠,
为她的娇足脱履履穿鞋要急切。
若女主子冷了,哪怕她也正冻得发抖,
一定要用你冷寂的胸口捂她热她的纤手。
别认为这不光彩(哪怕不光彩,却能取悦人),
用你高贵的手为她举起镜子。
赫拉克勒斯,当他继母厌倦了用妖兽阻挠他,
注定要人他曾用肩扛起的天庭,

---

① 2. 207—208　这里指所谓的"强盗的游戏"("ludus latrunculorum"),与普通掷骰子游戏规则有些不同。

② 2. 209　直译为"你要拿着她撑开的阳伞的伞柄"。

③ 2. 216　ingenuus, 自由民的, 高贵的。一般为主人拿镜子的都是奴隶。

④ 2. 217　赫拉克勒斯的继母朱诺。因为赫拉克勒斯之父是朱庇特,朱诺对他一直心怀嫉恨。例如她在赫拉克勒斯刚出生不久就派两条巨蟒袭击摇篮里的他,不料蟒蛇却被婴儿赫拉克勒斯松掐死,见《爱的艺术》第一卷 187—188 行。

⑤ 2. 218　指赫拉克勒斯因为完成十二伟业,成功封神。他曾帮助阿特拉斯扛起天空。

Inter Ioniacas calathum tenuisse puellas
Creditur, et lanas excoluisse rudes. ① 220
Paruit imperio dominae Tirynthius heros:
I nunc et dubita ferre, quod ille tulit.
Iussus adesse foro, iussa maturius hora
Fac semper venias, nec nisi serus abi.
Occurras aliquo, tibi dixerit: omnia differ, 225
Curre, nec inceptum turba moretur iter.
Nocte domum repetens epulis perfuncta redibit:
Tum quoque pro servo, si vocat illa, veni.
Rure erit, et dicet 'venias': Amor odit inertes;
Si rota defuerit, tu pede carpe viam. 230
Nec grave te tempus sitiensque Canicula tardet,
Nec via per iactas candida facta nives.

据说他曾与爱奥尼的女孩一起手挽香篮，

也曾纺织粗糙的羊毛。

梯林斯的英雄服从女主子的命令：

去吧，想想他都受了什么苦。

她令你到广场相见，你要提前到，

绝不能迟到。

当她告诉你往某处碰面，放下手里的一切，

快跑，别让人潮把你阻挠。

夜里宴罢要饮毕，她准备回家，

若她唤奴带路，你就上前。

当她身在乡间叫"你过来"：爱情最恨懒惰：

若无车马，你就步行。

天气糟糕，大暑炎热都不能拖慢你脚步，

哪怕白雪满街也要赶路。

① 2. 219—220 梯林斯的英雄，指赫拉克勒斯。他在完成十二伟业后，又因未诺施计，被卖给小亚细亚吕底亚（Lydia）王国的王后奥姆法来（Omphale）为奴，王后要求他身着女人衣裳，在宫中做针线活，后来王后让赫拉克勒斯做了自己的情人，并最终还给他自由身。

图 1　代达罗斯与伊卡洛斯飞行地图(译者制作)
"萨摩斯已在他们左边(纳克索斯、帕罗斯、和受克拉鲁斯神祇钟爱的提洛岛已在身后)
莱维萨岛和森林丰茂的卡利姆诺斯在右边,还有周围鱼虾肥美的阿斯提帕莱阿。"
(2.79—82)

译者简介:肖馨瑶,重庆大学人文社会科学高等研究院讲师,清华大学外文系学士、硕士,美国德州大学奥斯汀分校比较文学博士,主要研究领域为欧洲文艺复兴文学以及古罗马文学在早期现代欧洲的接受,论文见《外国文学评论》《中国翻译》《Philological Quarterly》《Classical Receptions Journal》等中外学术期刊。参与国家社科基金重大项目"古罗马诗人奥维德全集译注",已发表译著数篇。

苏格拉底论不服从法律①

A. D. 伍兹利　著　毛兴贵、金　琦　译

[编者按] 对于是否要服从法律,苏格拉底在《申辩篇》和《克力同》中表现出一种矛盾。《申辩篇》中的苏格拉底似乎坚持服从心中的神而不是法律或法庭的命令;《克力同》中的苏格拉底则主张要坚定服从法律和法庭的判决。对于这种矛盾,一些现有的和可能的解释都站不住脚。实际上,苏格拉底的观点是一以贯之的,即如果不服从法律,就尽力去说服法律,如果说不服,就甘愿接受法律的惩罚,但绝不能去破坏法律。苏格拉底在《克力同》中基于一种功利主义的考虑提出了服从法律的两条理由。一方面,他将父母与法律相类比是站不住脚的;另一方面,如果不辅之以公平原则,也无法基于普遍不服从法律的有害后果来证成单个的服从法律行为。本文原作者 A. D. 伍兹利(1912—2008),曾任教于牛津大学、圣安德鲁斯大学和弗吉尼亚大学,主要著作有:《知识论导论》《柏拉图的〈理想国〉》《法律与服从:柏拉图〈克力同〉的论证》等。

I

人们常常将苏格拉底刻画为一个否定的思想家,实际上有时他自己也这么说(或柏拉图这样描述)。他鼓动自己圈子里的人提出一个自信的观点,比

---

① 本文原题为 "Socrates On Disobeying the Law",收录于 *The Philosophy of Socrates：A Collection of Critical Essays*, ed. Gregory Vlastos, Macmillan, 1971,作者 A. D. 伍兹利(A. D. Woozley)。

如说，提出一个关于美德的本质或关于某种美德的观点；然后，他通过不断使用反诘法来摧毁对方提出的观点，随后再摧毁为了应对自己起初的质疑而提出的一系列修正性观点和替代性观点。一场哲学谈话的结果是：他们排除了五、六个建议，却连一个初步的肯定性结论都没有得出。《游叙弗伦》就是一个典型的例子。虽然这种方法容易激怒被他驳倒的人，但苏格拉底坚持说这不是诡辩，而是反映出他对所讨论的问题的真正困惑（参见《美诺篇》80C）。他不断地审视公认的观点并驳倒它们，但又声称自己不知道正确的答案是什么，这肯定在很大程度上造成了当权派对他的反感，导致他受到腐蚀青年的指控而被审判和定罪。

在讨论一个人服从法律的责任或义务问题时，苏格拉底的讨论有一个值得注意的特点，那就是，他没有遵循通常那种淘汰法。在《克力同》中，他没有扮演询问者的角色，不是通过反问克力同我们是否应该以及为什么应该服从法律来让他无话可说；而是直截了当地给出自己的答案和支持这些答案的理由。《申辩篇》——那里也提出了服从法律的问题——完全不是对话形式，从头到尾苏格拉底都被描绘成自己在发言。他首先在审判中为自己辩护；在被定罪后，又提出一个合适的判决；在被法庭宣判死刑后，他发表了最后的演说。

虽然学者们对柏拉图对话录的详细顺序和年代尚无定论，但现在对于对话的大体顺序几乎没有分歧。《申辩篇》和《克力同》都不可能是在苏格拉底审判（公元前399年）之前创作的，几乎可以肯定它们是在审判不久之后写成的，属于早期的对话——在早期对话中，可以把"苏格拉底"这个人物看作是在陈述真实的苏格拉底自己的观点。而且，无论柏拉图后来如何利用"苏格拉底"来阐述和讨论他自己的哲学观点，我们都不可能相信，当他写到自己尊敬的老师遭受不公正的审判和处死这样一件让他感受如此强烈之事时，他竟然不尽可能准确地展示历史上的苏格拉底的信仰和观点。这两部作品都是讣告式的回忆录。因此，我们可以自信地把它们作为苏格拉底关于守法义务的观点的来源。

这就产生了一个问题，因为这两部作品之间似乎明显存在着矛盾。苏格拉底在《申辩篇》中说（29D），如果法庭以他放弃哲学研究和辩论为条件释放他，那他将毫不犹豫地违背命令。在《克力同》中他又认为（50B），如果不接受法庭的判决和命令，一个城邦就无法续存。而且，如果他的总体原则是必须服从任何法律，那么，结合他在50C的一个说法——雅典有一项法律规定法庭的判决具有法律约束力，就可以得出一个结论：一个人不得试图逃避法庭的判决,包括所规定的惩罚。在《克力同》中,他接下来继续提出论证来证明,人们不仅要服从一般的法律,而且还要服从具体的法庭判决,即使在特殊的情况下,法庭的判决是不公正的或者错误的(50C)。这里的基本观点是,法庭的判决或命令是裁决性的(在这方面类似于比赛中裁判的裁定),即便法律制度规定了上诉,这一系列上诉也是有限的,要在该终止的地方终止。如果一项司法错误一直持续到最后,也必须执行判决。如果判决是通过自杀来处死,就像苏格拉底一案那样,那么被判刑的人应根据法律自行执行。

我们如何将《申辩篇》中的观点与《克力同》中的观点联系起来?从苏格拉底的传记作品来看,审判的结束和他监狱中的谈话如果有间隔的话,也只有四个星期多一点。就写作而言,两部作品之间的时间间隔可能更大,究竟间隔多大我们无法分辨。但是根据已经给出的理由,我们几乎不能质疑的是,它们对当时的苏格拉底的记录大体上是准确的。这就排除了柏拉图虚假陈述的可能。

有一个学者甚至认为这种矛盾是有意为之,应将之归于柏拉图,而不是苏格拉底。格罗特坚持认为[1],在写作《克力同》时,柏拉图故意把苏格拉底描绘成一个十足的法律捍卫者,一个在情感上强烈呼吁爱国主义的人,以消除他在审判中给人造成的坏印象(《申辩篇》作了准确的记录),即他是一个思想傲慢的人,认为自己有特权凌驾于法律之上。根据色诺芬的说法,他在审判中受到的指控之一是"引诱和他交往的人无视既定法律……";如果他有这样的名声,他在审判中的表现就证实了这一点。那些声称自己有权违法而不受惩罚的人确实激怒了他们的同伴,既因为他们傲慢,也因为他们不愿意理性地考虑自己犯错的可能性。我们不难相信,无论苏格拉底是否应得这样的名声,他确实有这样的名声,并因此而广受憎恨。根据格罗特的说法,柏拉图因此有意地在《克力同》中竭尽全力去纠正苏格拉底所造成的不良公众印象,恢复他的名誉。因此,这篇对话并不打算写成一场严肃的哲学讨论,而是一份充满修辞的文本,仅仅是为了改变人们对苏格拉底的态度。这就是为什么柏拉图笔下的苏格拉底把所有的重点都放在两个主题上:第一,服从法律和法律判决的具有至高无上的必要性,无论它多么不公正。第二,他对母邦雅典的个人忠诚。

对《克力同》这种解释的问题在于,唯一比较确定的事情就是苏格拉底的

[1] George Grote, *Plato and the Other Companions of Socrates*, vol. 1, London, 1888.

社会声誉,这是《克力同》的起点。其余的则纯属猜测;我们没有外部或内部的证据表明它不是一场由真实的苏格拉底所进行的对话。如果我们能够用独立的证据证明它不是,那么我们就可以由此解释为什么苏格拉底在《克力同》和《申辩篇》中对不服从法律的态度不同。但是,由于我们无法用独立的证据证明这不是一场由真正的苏格拉底所进行的对话,因此我们不能仅仅**说**这不是,然后便**得出结论**:这就是苏格拉底在两篇对话中对不服从法律持不同态度的原因。这只不过是循环论证。我们没有确定的理由将《克力同》解读为柏拉图的修辞粉饰之作。而且,根据柏拉图在《高尔吉亚篇》中所阐述的关于修辞的著名观点,我们在任何情况下都只能以暴露另一个矛盾为代价来修补一个矛盾。

因此,在没有其他证据的情况下,我们不得不认为,正如柏拉图所呈现的那样,苏格拉底在《申辩篇》和《克力同》中说的都是真心话。这就排除了**故意**矛盾的可能性。同样,我们可以排除他在生命的最后一个月内改变想法的可能性,因为在《克力同》中,他坚持说他的想法没有任何改变,他不会放弃他的旧原则,除非面对比迄今为止所提出的任何观点都更好的论据(46B-C)。这样,我们有两种选择:(a)矛盾是存在的,但他并没有意识到;(b)有一种对相关段落的解释使它们相容。第一个选择太不合理了,很难让人接受。一个自称有理性且很讲原则的人,更不用说苏格拉底了,怎么会在审判时宣布他不会服从某一特定的法庭命令,而过了还不到一个月,又拒绝违背法庭命令,因为他认为这样的命令必须始终被服从——并且**没有**注意到其中的矛盾呢?这种矛盾是无法得到合理解释的,只有在找不到使两份文本相容的解释的情况下,才不得不接受它。

可以提出各种各样的解释。(1)《申辩篇》29C 处是不是在设想,法庭提议有条件地释放苏格拉底,条件就是他不再花时间从事哲学研究和讨论?苏格拉底的回答是在拒绝这个提议。他回答说,他必须服从的是神而不是他们,而且他不会改变他的生活方式,即使会因此死很多次(30C)。这与他在《克力同》中的说法并不矛盾,因为他是在说,如果一项提议的内容他既不能遵守(遵守了就是不服从他的神),又不能违背(违背了就是不服从法律),他就不会接受这项提议。但这种解释是不行的,因为它依赖于提议(offer)、接受或拒绝提议等概念;但这些概念并没有出现在文本中。我们不能混淆了法庭提议有条件地释放被告和法庭有条件地释放被告。在第一种情况下,还没有释放被告,除非(且直到)他接受了有条件释放的提议;在第二种情况下,只要被告满足条件,就已经被释放了。这就像让一个人写下遵纪守法的保证书来约束他和只要他遵纪守法就假释他之间的区别。毫无疑问,在《申辩篇》中我们看到的是法庭有条件地释放苏格拉底,而不是法庭向他提议有条件地释放他。法庭说(这是苏格拉底想象的):"这次我们不会被安尼图斯说服,相反,我们释放你,但有个条件:你不要再在花时间进行这种探讨或从事哲学;如果我们发现你仍在这样做,你就会死。"(29C)苏格拉底的回答是"如果你们以此条件释放我……"(29D)。这里没有涉及释放的提议,只涉及释放。

(2)苏格拉底是不是在利用法律与法庭的法律判决之间的区别,前者肯定(作为一个逻辑问题)是法律上正确的,而后者可能不是? 他是在宣布,他不会答应法庭提出的条件,因为它本身在某种程度上就是非法的(illegal);它可能不符合宪制,或者法庭可能是在越权行事,就是说,法庭可能无权设定**那个**条件。这种情况非常符合现实。撇开存在法律解释问题的案件不谈,确实经常发生法庭在审判时错误地适用法律或超出其权限这样的事。上诉法庭的存在的主要原因之一就是提供机会来扭转此类错误。因此,苏格拉底一直都是在主张,我们必须服从法律;而且这也与下述主张并不矛盾:如果法庭判决是非法的,我们就有权利甚至义务无视它。

然而,这种对苏格拉底在《申辩篇》中的态度的解释也不能接受,原因有二。首先,他没有在任何地方表明法庭的这种判决是非法的,更没有说过,它的非法性是他拒绝遵守法庭提出的条件的理由。他最接近于给出其理由的地方是他提到神的时候:"我会服从神,而不是你们"(29D);"因为众所周知,这是神所命令的,我认为在这个城邦中,再没有比我为神服务对你们更有利的事情了"(30A)。其次,这种解释可以修复《申辩篇》与《克力同》之间的一种矛盾,但会引发另一种矛盾。因为,如前所述,苏格拉底在后者中坚持认为,服从法律这一要求本身就附带了另一条要求,即要遵守法庭的判决,无论它多么不公正(50B)。不能说这样的判决是非法的,因为根据记载,有一条法律专门排除了这一点。如果出于尚待考虑的理由,我们在道德上有义务去做法律要求我们做的任何事情,那么我们就不能沿着目前这种解释为不服从法庭辩护。

(3)苏格拉底在《申辩篇》一文中是不是在提出一种自然法学说,即任何公认的法律或法律要求如果不符合神的命令,在法律上都是无效的? 苏格拉底显然发现,被认为有效的法律要求与神的命令之间存在冲突,并且他显然是在说,神的命令比人的命令更可取。但他不可能是在说,公认的法律要求如果与神的命令相冲突,实际上就不是法律要求。因为,如果他这样认为,他将与之前的解释陷入相同的矛盾之中,也就是在《申辩篇》中承认法庭的命令可能在法律上无效,而在《克力同》中则否定这一点。苏格拉底也许是**某种**类型的自然法理论家,但他不是**那种**类型的自然法理论家。我们必须区分开两种做法,一种是诉诸神的意志来为不服从一项法律或不服从一项符合法律的命令辩护,另一种是诉诸神的意志来为否认它们是法律或否认它们是符合法律的命令辩护。相应地,虽然我们当中很少有人为戈林或艾希曼这样的人的命运感到悲伤,但有的人会对审判本身是否符合法律感到担忧。

(4) 可以肯定的是,苏格拉底在为自己的下述立场辩护时确实是在诉诸神的意志,即如果法庭禁止他的哲学活动,他就准备不服从。他宣称他愿意承受任何事情,甚至死亡,而不会屈服于道德上错误的事情(32A),他是在坚持良心拒绝者的那条原则。错误的事情和非法的事情可能相互重合。阿吉努赛(Arginusae)战役后**集体**审判十名将军的决定就既是错误的也是非法的,苏格拉底是当时五百人议事会主席团中唯一反对这一决定的人。但它们也可以不重合。苏格拉底并没有暗示,三十僭主指示他和其他人一起去逮捕萨拉米斯的赖翁时是在下达非法的命令。但是,因为他不愿意被强势的政府吓倒,以至于去做任何要么于人而言不对要么于神而言不对的事情,所以他不服从命令(32D)。这与《克力同》的一个观点是一致的,即,无论大众舆论怎么说,在任何情况下,我们都不应该自愿去做错事;如果是这样,那么一个人就不应该自愿去做错事,即使其政府命令他去做实际上是错误的事情(49A)。这也许看上去不符合《克力同》中的另一个观点,即一个人要么必须做其城邦命令他去做的任何事情,要么必须说服其城邦怎么做才正当(51C);苏格拉底还特别提到,法庭就是一个例子,在法庭上,我必须坚持这条规则。的确,苏格拉底区分了国家和以国家名义行事的政治家,因此他能够问心无愧地违抗三十僭主的邪恶命令;他还区分了法律和实施法律的人(54C)。一个被定罪的人可以(如果他能够的话)安慰自己说,是人的错误或者适用法律时的失误导致他被定罪,法律本身没有过错。但这对我们没有帮助,因为苏格拉底坚持认为,不能由普通公民来判定法庭的判决无效;法庭的判决是有效的这条规则本身就是一条法律规则(50B)。

(5) 然而,除了服从之外,还可以做出另一种选择,即说服法律相信它们的秩序是错误的,这暗示出解决该难题的一种办法。苏格拉底在《申辩篇》中准备违背法庭而去做的行为和他在《克力同》中不准备违背法庭而去做的行为是不一样的。一般来说,这两种情况都是服从或不服从的问题,但在具体层面上是有区别的。人们往往以为,在《申辩篇》中,苏格拉底采取的思路是,由于有神的指引就完全凌驾于法律之上,从而无视法庭的判决,无论是什么样的判决。但苏格拉底所采取的并不是这种思路。他只是准备不服从一种可能的判决,那就是禁止他在雅典继续从事哲学。而且,他的不服从将采取的形式就是,**公开地**继续以他一贯的方式去实践哲学,绝不躲躲藏藏,也不会通过秘密举行哲学会议来逃避法律。他将一如既往地行事,与他遇到的任何人一起追求真理,无论是外国人还是雅典公民(30A)。而另一方面,对合法命令的不服从(他在《克力同》中不愿意赞成)就是在对法律施加暴力和伤害,克力同劝他采取逃跑的行动就是一个典型的例子。所有不服从合法命令的行为都是这样,唯一的例外是试图**说服**国家相信其法律或命令是错误的。就是说,普遍的服从也可以有例外,这种例外正是他在《申辩篇》中建议遵循的。在那里,尽管他坚持说自己必须服从神而不是法庭,但他也明确表示,服从神不仅与试图说服雅典相信他是正确的相一致,实际上还在于:"我要服从神,而不是你们,只要我还一息尚存且有能力,我就永远不会放弃从事哲学,并且将不断劝诫你并向你展示证明真理"(29D)。

　　这实际上是一种公民不服从,这种不服从试图通过理性来改变人们的想法,而且并不是试图逃避这样做的法律后果;这种不服从也不使用暴力或试图通过逃跑来避开法律。苏格拉底的这种公民不服从可能是不切实际的;这是由于在特定情况下抗议者孤独的呐喊是多么地无效。但这种服从并不是不光彩的:只要抗议者不要逃避法律的惩罚,就不会对法律造成伤害,而且法律也不会落得任何坏名声——如果一次成功的逃脱是为了显示出法律的无效性,法律就可能落得坏名声。苏格拉底在《克力同》(51—52)的论证中所允许的那种不同于服从律法及其命令的做法,就是他在《申辩篇》(29—30)中说他如果被禁止从事哲学将会采取的做法。一旦我们认识到,《克力同》的教义并不是一个人无论如何都必须总是服从其国家的法律,那么这篇对话和《申辩篇》之间所谓的冲突就消失了。

II

　　苏格拉底在《克力同》中论证了他为什么不应该在最后一刻逃跑,其论证分为两部分:首先是消极的部分(44B‑48D),在这一部分,克力同提出了一些理由来说明为什么苏格拉底应该允许其朋友帮忙逃跑,而苏格拉底说服了克力同,让他相信这些理由是不充分的,实际上还是不相干的(48C);然后是积极的部分(49B‑54D),在这一部分,他给出了自己不应该逃跑的理由。第一部分需要注意两点:一是克力同的请求的性质,二是苏格拉底对他的请求给出的答复并不满意。虽然人们并非总是意识到,对于为什么苏格拉底**应该**赞成逃跑,克力同提出的理由其实是道德理由,但是毫无疑问,呼吁苏格拉底要明智一点或者注意其个人利益是无用的,而克力同很明智地没有这样做。(然而,我们不得不承认,这里正如《理想国》中一样,苏格拉底最终确实把做正确之事的理由建立在这是最佳策略的基础上,也就是说,做正确之事对行动者有利[54B‑C]。)克力同的观点是,(1)苏格拉底为了他的朋友们应该逃跑。这是因为,(a)如果他不逃跑,就是让朋友们失去他的不可替代的友谊(44B);(b)如果他不逃跑,他的朋友们将因此而获得不好的公众声誉:人们将普遍(尽管错误地)认为,他们本来可以救他却没有救,要么是由于吝啬,要么是由于害怕自己面临风险(44C-E)。(一个人在这种时候还要计较自己的名声,这在道德上也许不值得称道。但这并不意味着,如果我们要求另一个人考虑自己的行为对我们声誉的影响,那我们的要求不符合道德。)

(2) 苏格拉底在有可能得救的情况下放弃自己的生命是不对的。这是因为,(c)他这是在允许他的敌人得到他们想要的结果(45C);(d)他是在背叛他的孩子:人们要么就不应该要孩子,要么就应该履行抚养和教育他们的责任。苏格拉底自称他一生都在关心善,然而,当他有机会履行一个善良而勇敢的人应该履行的义务时,他却选择了最不费力的道路(45D-E)。

在这四个论点中,苏格拉底完全没有提及(a)和(c),并简单地把(d)当作不相干的理由打发掉了(48C),而只集中在(b)上,实际上他对(b)的回答也不是对克力同的主张的反驳,而是答非所问。概括地说,他并不是不赞成克力同的论点的事实要素,即克力同和苏格拉底的其他朋友本来可以帮助他逃脱但却没有,他们会遭到大众意见的谴责,说他们吝啬或懦弱。但他坚持认为,在对与错这样的很困难的问题上,一个人不应该关注所有的意见,而应该只关注某些意见,也就是那些真正知道对错的人的意见(46D‑48A)。这并没有回答克力同的观点,即人们必须注意公众的意见,因为它可能会造成伤害,不管这种意见正确还是错误。如果问题不是某一大众意见是否被人们持有,而是它是否被正确或合理地持有，苏格拉底的反驳就是切中要害的。对于克力同的主张，他唯一针锋相对地提出的观点是：公众的意见是十分善变的，以至于它既不能带来巨大的伤害，也不能带来巨大的好处（44D）。如果真是这样，那么这就是对克力同的一个严厉反驳，但苏格拉底并没有继续探讨这个观点。相反，他转向了自己的另一个主张，即人们不能指望从普通人那里得到见多识广或充满才智的意见。但是，正如任何一个认真对待其职责的政治家所知道的那样，在某些情况下，持有某种观点比它是否正确更重要。这种认识很容易沦为以最谄媚的方式蛊惑民心，因此我们就有很好的理由谨慎一点，在特殊情况下不要过分看重它，但我们并不因此就有很好的理由否认它。生活中我们不得不面临错误的公众意见，直到它得到纠正为止。如果生活中你可以无视它，那就更好了。但是，由于公众意见的影响不仅取决于该意见是什么，还取决于它在多大程度上为人相信，因此和苏格拉底一样持下述主张不可能是正确的：**唯一**的问题是有关的意见是否正确或是否能得到辩护。如果说有一个理由能说明为什么在苏格拉底和想救他的朋友们所处的特定情况下应该忽视公众的意见，那这个理由应该更加针对这种情况，而不是像苏格拉底自己提出的理由那么宽泛。要想让苏格拉底赞成他**应该**逃跑，声称不逃跑的话就会对克力同的名誉造成损害，这可能并不是一个好的理由，更不是一个足够好的理由，但它也不是和这个问题完全不相关。

苏格拉底仅在一个地方提到了克力同的论点（d），在那里，他认为（d）和（b）都与逃跑是否正当的问题无关（48C）。对于为人父母的责任，他的态度为何如此随意，我们不得而知。他不可能反映的是当时的普遍态度，因为相关文献中有大量的反面证据，且克力同本人也表达了正统的观点。我们更想知道苏格拉底在这里到底相信什么，因为他很快就把重点放在了孩子对父母的责任上：将这种责任推而广之，便构成了他为我们应该服从法律的命题提出的两个理由之一。

对于我们为什么应该服从法律，他有两个肯定性的论据，它们都源于这样一条一般性的原则，即做错事永远是不对的，即使是因为所遭受的错误对待而报复（49B）；而且，由于恶劣对待和做错事之间没有区别，所以一个人不应该因为遭到别人的恶劣对待就以恶劣对待还治其人之身（49B-C）。

在谈到一个人因为遭到别人的恶劣对待就以恶劣对待还治其人之身时，苏格拉底似乎是从受害方的报复（revenge）或报仇（retaliation）角度来考虑的。

他是否会认为在涉及惩罚(retribution)或一般性的制度化处罚(punishment)时这样做也不对，我们无从判断。但确实需要对它们进行区分，因为我们不能从某一行为如果是出于报复而实施的就是错的这一事实出发，就推出另一个在其他方面与它完全相同的行为如果是出于惩罚而实施的也是错的。此外，如果一种行为不是执行惩罚就是错的，那么有可能，如果这种行为是执行惩罚就不是错的。我们无法回答把一个人关在监狱里以剥夺其自由的做法对不对，除非有更多的情况描述，尤其是监禁他的理由和目的，以及适用于这种情况的规则(如果有的话)。描述可能是正确的，也可能不正确；但是，由于即使是正确的描述也不可能是完整的，也就是说，在逻辑上不可能再有任何进一步的补充，所以选择了要使用的具体描述就决定了要给予何种道德评价。恶劣对待总是错误的，即使是在还击所受到的恶劣对待——这一原则需要进一步完善，才能使人像苏格拉底那样把它当作真理来接受。

为了证明一个人不应该违反法律，苏格拉底提出了两个论据来表明为什么违反法律是错的。这两个论据都不是我们所熟悉的那种简单的功利主义论据，即通过法律来规范行为可以提供通过其他方式无法获得(至少是无法较容易地获得)的社会利益；但这两个论据背后的观念都是从功利主义的角度考虑不服从法律所产生的社会危害，即不服从将破坏法律和国家(50B)：所诉诸的是不服从的后果。(既然我们已有一套法律体系，那么在用功利主义理由来为服从的必要性辩护时，就没有必要再给出一种功利主义的理由来为它们的存在辩护。)

鉴于责任(duty)和义务(obligation)这类概念并不太适合苏格拉底或柏拉图思想的框架，如果说苏格拉底的两个论据预示了责任和义务之间的区别，这听起来可能有些似是而非，但似乎是正确的。第一个论据是，一个人应该服从其国家的法律，因为他应该像尊重他父母一样尊重法律(50D)；第二个论据是，他应该服从法律，因为他已经承诺了要服从(51E)。(虽然苏格拉底实际上是以单数形式来阐述其论据的，就像他提出理由来说明为什么**他**苏格拉底应该服从**雅典**的法律时一样，但他也不得不承认：这些论据作为理由，它们一定能具有普遍的适用性。)

考虑到苏格拉底为了讨论而将法律人格化，他把律法描述为超大的父母就并非过于牵强附会，以至无助于阐明问题。通过让人们能够结婚，并能够确保养育和教育子女的条件，国家(就这些目的而言，国家与法律在这里不做区分)与一个人的人类父母拥有同样甚至更大的权利。这里所预示的思想是：有些事情是我们应该做的，因为这是一种责任，这里，责任是指这样一些东西，一个人发现，自己没有做什么也拥有它们。"责任"通常是一个与角色联系在一起的词，一般都说"作为……的责任"，例如，作为公民、臣民、访客、父母、孩子等的责任；更广泛地讲，当以复数形式使用时，它指的是与角色相关的各种任务或工作。一个孩子之所以应该服从和尊重那些给予他生命，并在他能自食其力之前帮他度过不安全时期的人，这与他已经承担起一种角色没有任何关系，因为他事实上还没有承担任何角色；他们承担起了他们的角色，但他还没有。一个公民在他自己的国家里有一种角色，只不过他还没有承担起来，而这个角色伴随着某些责任。归根结底，一个人之所以对父母负有某种责任，或者应该以某种方式对待他们，这必须归结为对父母为他所做的一切而给予的某种感激或回报。苏格拉底认为，只要父母/法律圆满地履行了他们的职责，他们就有对孩子/臣民有了权利，而后者对他们却没有权利(51A)。苏格拉底将父母与法律相类比是不完美的。虽然有一些社会的道德可能要求一个人在成年后甚至做了父母以后还要服从他的父母，但这既不常见也不合理。除此之外，他对他的父母还有其他的责任；事实上，服从的责任是第一个也许是唯一一个会失效的责任。就法律而言，唯一的责任就是服从，而且它不会失效。然而，这个类比已经走得够远了。作为一个国家的公民，如果这个国家的法律为他提供安全与稳定等好处，那么他就负有一些他从未主动承担过的责任。他是否拥有这些责任并不取决于他是否有离开的自由；他可能没有离开的自由，这种情况下责任也不会消失；这确实是需要区分责任和义务的部分原因。

苏格拉底的第二个论据就是后来在政治义务的社会契约理论中所使用的那个论据，即一个人只要承诺了要服从法律就应该服从法律。一个人应当去做他承诺去做的任何事，只要这件事是正确的(49E)，并且该承诺是他自愿作出的，也就是说，不是出于别人的胁迫或欺诈而作出的(52E)。承诺既可以通过正式的书面诺言或口头诺言来作出，也可以通过行为来作出(52D)。一个人有离开一个国家的自由却继续生活在这个国家，就因此而作出了服从该国法律的承诺，就像雅典人那样(51D)，这仍然是一种真正的承诺，尽管没有用语言来表达。在这里，苏格拉底论证的基础是完全正确的。无论后来的政治理论家和试图将反叛青年送入牢房的政客们对默示同意的概念如何滥用和过度延伸，一个国家的自然公民总是与入籍公民不同，他们不能仅仅因为，自己并没有在某个时间点正式同意过入籍公民负有那些义务，而且也没有通过明确宣布自己同意来表达同意，就不负有那些义务，或逃避那些义务。我很想补充说，苏格拉底将"相互约定"（syntheke）和"单方承诺"（homologia）并列使用，但并未将二者当作同义词（52D-E），因此他承认了互利承诺（得到了报酬而作出的承诺）和无偿承诺（在没有报酬的情况下作出的承诺）之间的区别。一些法律体系（如在英格兰）只承认前者是承诺并可以通过法律来强制执行，而有的法律体系（在如苏格兰）则两种都承认；在道德上，我们承认这两者都是承诺。不幸的是，在《克力同》中，苏格拉底几乎没有指出"相互约定"和"单方承诺"之间的差异，而柏拉图作为作者在用词的选择上总是不够精确，因此我们冒着风险把他从未想过的这种区别归于苏格拉底。

实际上苏格拉底坚持认为，一个人总是应该履行他作为公民的责任，并且总是履行他作为缔约方的义务，即服从法律（前面已经讨论过，这种服从也有一定的限定，即他有权利试图说服法律，让它相信它在某些领域和某些方面是错误的），但他的论证思路还没有结束。尽管他似乎认为一个人既应该履行其责任也应该履行其义务这一点是必然的（从而没有任何例外），而且认为这两个说法并不是同义反复，但他并不认为找不到理由支持这些主张。如果他允许越狱计划继续下去，使法庭的裁决和判决无效，那他就是在摧毁法律和整个城邦（50B）。一个人应当服从法律：他既有责任也有义务这样做，无论是对责任的质疑还是对义务的质疑，都可以通过指出不服从将给社会带来破坏性后果来回应。

可能有人质疑苏格拉底这两个论点是不是有一个能成立：（1）一个人总是应该服从法律；（2）他之所以总是应该服从法律，是**因为**不服从将会对社会造成破坏性的后果。必须首先指出（2）的缺陷，这是因为，就算（2）为假，（1）仍然可能为真，这样我们就揭示了（1）为假的可能性。只要承认了不服从法律确实对社会具有破坏性后果，我们就有一个强有力的理由保留（1）。

首先，需要指出的是，苏格拉底的论据使用的是"如果……会怎么样"。我们必须比他更清楚地区分开两个问题。一个问题是，如果只有他一个人在他所处的这一特殊情况中藐视法庭判决会怎么样；另一个问题是，如果法庭的判决总是被个人藐视会怎么样。我们可以承认，对法庭判决的普遍藐视迟早会摧毁整个法律体系；这便是通过诉诸全面不服从的破坏性社会后果来证明全面服从的要求是正当的。但是，除非一个人的不服从行为作为榜样引发了更广泛的不服从,否则一个人的单个不服从行为带来的有害后果是微不足道的。因此,要是对单个的不服从行为追问,"如果……会怎么样",更具体地说,"如果……会对国家及其法律造成何种伤害",那么就像对单个的违背诺言行为追问这些问题一样,答案几乎总是"不会怎么样"。要想通过追问"如果……会怎么样"来表明,如果一种行为在大家都去做的情况下是错误的(因为这会对社会造成破坏),那么一个人去做也是错误的(尽管它不会对社会造成破坏),我们就必须将之与公平或正义的原则相结合;如果社会的需要能够为每个人都以某种方式行事的惯例(practice)辩护,那么任何人通过把自己当作例外来为自己谋利(如果不会摧毁这种惯例的话),对其他人都是不公平的。要反对摧毁惯例的行为,或会摧毁惯例的例外行为,我们可以说这样做会导致负功利;要反对不会摧毁惯例的例外行为,我们不得不说,对于一种有益于社会甚至是社会不可或缺的惯例,让自己免受其约束是不公平的。

如果用来反对普遍违反法律的唯一论据真的是苏格拉底提出的那种论据,即普遍违反法律对社会具有毁灭性影响,那么我们必须问一问,它在多大程度上是正确的。有的人或所有人违反某些法律或所有法律有以下六种可能性:

(1) 有的人违反某些法律。

(2) 所有人都违反某些法律。[①]

(3) 某些法律被所有人违反。

(4) 所有法律都被有的人违反。[②]

(5) 有的人违反所有法律。

(6) 所有人都违反所有法律。

其他数学上可能的情况实际上分别与(1)和(4)相同。(1)几乎肯定对每个社会来说都为真,(2)可能也是如此(没有一个人从来没有违反过任何法律)。但这两种情况本身都不足以毁灭任何社会。在情况(3)中(有些法律确实没有人服从),如果所涉及的法律是坏的,人们普遍不服从的后果可能就是

---

① 这里的意思不是说,所有人都一致地违反某些法律。如果是这个意思的话,(2)和(3)就是一个意思了。这里(2)的意思是,所有人总是在某种情况下违反过某些法律,没有违反过任何法律的人是不存在的。——译者注

② 这里的意思是,所有法律都会有人违反,而不是所有法律都被有的人全部违反,否则(4)和(5)就没有区别了。——译者注

好的,尽管这不一定;同样的考虑以一种较弱的形式适用于(1)和(2)。(4)也与此类似:虽然没有不被某个人违反的法律可能不是一件好事,但它本身并不是灾难性的。(5)也可能为真,如果一贯违法者的数量少到足以让执法人员能够轻松地处理他们,那么这也不是什么大麻烦。实际上,在(1)到(5)这几种情况下,不服从是否危及法律和国家将取决于所谓"有的"或"某些"到底有多少。这并不是说,在所有这些情况下不服从都是正确的,甚至是好的。而是说,在其中的很多情况下,人们都不能坚持认为,不服从之所以是错的,就是出于苏格拉底提出的那条理由,即不服从将会威胁国家的生存。下述说法并不是讽刺:即使任何人违反任何法律都不可能是对的,但如果有人偶尔违反法律,这也许仍然是一件好事,因为对他定罪和判刑也可以作为典型来阻止其他潜在的违法者。

事实上,社会灾难的论据显然可以适用的情况只有(6)。有些人甚至认为这也是有问题的,他们让我们想象一个彻头彻尾的邪恶法律体系,我们应该尽快通过系统化的不服从来摧毁它。但是对此我们可以反驳说,一个百分之百有害的法律制度是不可能存在的,因为它不能满足成为一个法律制度的必要条件之一,即真正地规范人们的行为。个别的法律,甚至是整个法律体系的广泛领域,都可能是有害的,但不可能整个体系都是有害的。

可能有人认为,苏格拉底在50B那里使用的论证路线与这里所批评的截然不同;他在那里所坚持的是,如果一个国家中任何人都可以自由地将法律掌握在自己手中,也就是说,他可以自己决定什么时候服从或不服从法律,且该决定还不受惩罚,那这个国家就无法继续存在。这远非显而易见就是他的意思;但是,即使这真是他的意思,如果没有公平原则,他的论证也是不完整的。即便如果每个人可以随便违反法律,国家就确实很难存续,这也无法解释为什么单个的违法行为是错的(因为单个的违法行为并不会导致每个人可以随便违反法律),除非借助于公平原则。

苏格拉底的论点(1)是,一个人总是应该服从法律。论点(2)为论点(1)给出了最终的理由,但我们已经表明论点(2)站不住脚。这样,论点(1)本身似乎也没那么可信了。当然,对于一个人为什么应该服从法律以及为什么应该服从某一特定的法律,有功利和公平两方面的原因。但是,由此得出的结论是,一个人在任何情况下总是应该服从法律或某一特定法律的说法不可能是正确的。如果服从是基于公平和功利,那么一定可以想象,在某些情况下不服从会促进公平和效用。这不仅是可以想象的，而且是真实存在的：美国反对英国殖民统治的革命就是一个例子。而且，如果公平和功利可以完全站在不服从法律的一边，那么就可以想象，它们应该压倒服从的要求。我们也许应该庆幸生活在这样一个社会里，在这里，违反法律的责任很少出现，而且仅在非常极端的情况下出现，但是我们应该记住，我们所生活的社会的形成恰恰要归功于一些人，他们把极端情况下违反法律看作自己的责任，并遵循这种责任而行动。

译者简介：毛兴贵，西南大学哲学系教授，博士生导师，西南大学西方马克思主义研究所研究员；金琦，西南大学哲学系硕士研究生。

小荷才露

色诺芬与希腊政治思想[①]

S.B. 费拉里奥　著　黄方煜　徐海涛　译

[编者按] 本文是《剑桥色诺芬研究指南》第一部分"研究背景"的第三章，此部分主题为概述色诺芬其人其时代，大致厘清色诺芬的政治、哲学、史学思想及其地位，为后续研究提供基础。为完成初步分析色诺芬的政治思想这一子任务，作者在文本解读上选择了整体处理方法，即将色诺芬的全部著述视作一个整体，从中提取色诺芬始终关注的兴趣点和一以贯之的政治思想，并时刻注意将其与时代背景相联系、与同时代其他思想家相比较，切合本部分的主题。色诺芬的著述跨多个领域，体裁多样，但其中却有着惊人的思想一致性，这也成为本文的支撑点。作者大致从四个方面解读色诺芬的政治思想：多个政体或群体中理想的领导者、公民与城邦法律的关系，以及各自所应有的品质和责任；贵族在自家庭至城邦的各级政治单位中应扮演的角色；优秀领袖应具备的品质及培养方法；以人与人道的角度看待大范围的政治关系。不难看出，色诺芬以或理想或实证的手段思索优秀领袖与城邦公民个人的培养方式与标准，重视大群体内部人际之间的相处、生活方式，探求共同体和希腊世界的出路。色诺芬对有效力的领导权的兴趣也反映出公元前四世纪希腊偏向强力领袖的政治思潮和社会环境。色诺芬的著作是时代的产物，但他形成了对希腊世界和希腊人命运的独特看法，其思考的方法与成果，具有超越时代与民族界限的意义，至今仍不失其借鉴价值。

---

① 译自 Michael A. Flower, *The Cambridge Companion to XENOPHON*, Cambridge：Cambridge University Press，2017, pp. 57 - 83。——译者注

导论：前四世纪的"希腊政治思想"与色诺芬

我们现代对"政治"的定义过于局限于语义与学术领域，从而远不足以充分解释古代希腊中此观念的含义。[①] 古希腊人认为"政治的"互动包含了几乎全方面的人类活动——从家庭层面到文化层面，尽管个体思想者们在他们的观点上自然而然地有所差别[②]。也许描述古希腊政治思想的最好方式，就是宣称它对人类之间的关系有着深厚的兴趣，这既有描述性的，也有规范性的。[③] 简而言之便是人际的关系是怎么运作的，它们又应该如何运作？[④]

古希腊历史上也许没有什么时候比公元前四世纪更有充裕的时间来考虑这些问题。首先，这是一个非常动荡的时代。斯巴达一方在伯罗奔尼撒战争（前 431—前 404 年）中的胜利暂时创造了一个控制着爱琴海大部分希腊语地区的霸权新图景。但斯巴达成为了一个负担沉重的领袖，且显得难以维持和承受它内部的政治经济体系以及许多新出现的对抗它的外部压力。雅典与底比斯独自或共同地都对斯巴达日益凸显的弱点拥有着优势，但同时雅典致力于重建它逝去的海上帝国，而底比斯则更加专注于陆上征服与斯巴达的完全毁灭。公元前 362 年的曼丁尼亚战役后，斯巴达不再为希腊地缘政治的一员。雅典盘算着向北扩展它的盟友；底比斯已瓦解斯巴达的伯罗奔尼撒同盟旧势力网，而正在打造自己的势力关系。正因都渴望帝国权力，与马其顿腓力二世的重大冲突已露端倪。然而，至此为止对希腊事务干涉最多的是海外的波斯势力，它通过资助斯巴达舰队而改变了伯罗奔尼撒战争的进程，并自此在希腊内争中一直游移其资助于邦际。

---

① Balot 2006：3 - 8. 此章节中所有的时间日期都是公元前的；所有文献引用皆为色诺芬的（其作者身份便不再于参考文献中重申），除非另有说明。

② 例如，在《政治学》(1252 - a7) 开篇的一个经常被引用的段落中，亚里士多德认为不同种类的领导权需要不同的品质，其结论是一个家庭管家所处之位并不完全类似于一个小国王之位。但根据 Gray 2007：3 与 Reeve1998：1 n. 2 ad loc.，色诺芬在《追忆苏格拉底》中的观点几乎完全相反，最显著的是苏格拉底认为私人和公共活动之间唯一的实质性区别是规模（《追忆苏格拉底》3.4.12）。也可见本卷中 Buxton 的部分。

③ Balot 2006：3 - 6，12.

④ 见色诺芬在《追忆苏格拉底》1.1.16 中苏格拉底的兴趣之总结。十分感谢我在此项目中的研究助理 B. Lewis(美国天主教大学希腊与拉丁系博士生)，特别感谢本卷编辑 M. Flower 的缜密评论与慷慨支持。

在很大程度上,作为对这些重大进展的回应,公元前四世纪见证了希腊政治文学作品的繁荣。在雅典,伯罗奔尼撒战争(以及后来三十僭主的短暂统治)的经历,不仅促使了对法律的重大修订(前403—前399),也催生了一系列以法哲文献形式表达的、关于民主政治的特质及其作为一种有效统治形式的可行性的深入思考。除了雅典,历史书写因写作者们努力通过联系古今来理解当下从而尤其繁盛,有时甚至将"希腊"之故事作为一个整体,置于一种含有更宽泛世界元素的普世叙事中去考虑。[1] 此时代丰富的历史撰述中的大部分都仅有残篇存世,但其他类型的雅典文献的遭遇则好一些,如我们认为是著名"政治理论"大师的柏拉图、伊索克拉底与亚里士多德(的作品)。[2]

论述横跨此数个类别的,是另一个有时较少注意政治观念的重要作家:色诺芬。色诺芬生、长、受教育在公元前五世纪晚期伯罗奔尼撒战争期间的雅典,他在巴比伦尼亚为一支多城邦希腊军、在西安纳托利亚为斯巴达,都提供过军事服务;他从上层资助中获益并且在伯罗奔尼撒其庄园中培养了贵族的生活方式;他还在动荡的邦际斗争——这也是其青壮年时代的主要特征——中送他两个儿子回雅典提供军事服务。[3] 因此,色诺芬的政治经历并不限于他的母邦雅典,这可能有助于他对自家庭到帝国的所有人类共同体内好坏皆有的可能性进行深入思考。

有着苏格拉底的教化与民主背景,色诺芬从其年轻时代就参与关于理想政治生活的讨论。他似乎受到了柏拉图某些作品的影响,尽管大多数情况下他达成的是他自己版本的"苏格拉底"思想。[4] 他至少也阅读了一些伊索克拉底的作品,[5]并确实赞同其某些理智关怀。[6] 尤其是一些攸关前四世纪雅典政

---

[1] 关于希腊"普世"史学的演变,可见 Alonso-Núñez 2002 和 Marincola 2007b。

[2] 前二者是色诺芬同时代的作品,本章将对其进行简要比较。亚里士多德(公元前384年)在色诺芬去世时(在前362年之后的某个时候,大约是前354年)还是一个十分年轻的人。

[3] 关于色诺芬的传记,见本部分 Lee 之章节。

[4] 关于柏拉图和色诺芬对苏格拉底及其学说的不同版本之比较在学术界比比皆是。关于一些关键互文性问题,见 Danzig 2005,及 Danzig 2010 的拓展论述;关于历史上的苏格拉底,见 Dorion 2011,(关于更宽泛的问题)也可见 Dorion 在本卷的论述。

[5] 色诺芬的《阿格西劳斯传》与伊索克拉底赞颂性的《埃瓦哥拉斯》之间的联系至少可以证明这一点。

[6] 关于色诺芬与伊索克拉底政治思想的联系,见 Azoulay 2006b;Azoulay 2006a(也提到了一些潜在的个人联系,包括伊索克拉底为色诺芬之子格里卢斯写的悼词);de Romilly 1954。更多关于伊索克拉底与格里卢斯的论述,见 Wareh 2012:103-104,144-146。

治话语的重要观念,包括公民与律法间的恰当关系、各种宪制的可行性、民主决议的潜在效力、认知与宣传合适的社会及其他结构来支撑国家正常有效运作、有效力的领袖的特性品质、包含泛希腊主义与处理外国势力在内的邦际关系的状况与范围。色诺芬在其作品中探讨了所有这些话题,虽然还有许多其他的话题,但这些是在本文中会受到首要关注的。①

虽然色诺芬参与讨论了其时的重大政治问题,但他对这些问题的独特观点是条理分明且与众不同的。色诺芬的写作是很广泛的,我们在古代任何时期都难以再找出一位涉猎历史编纂、自传、颂词、小说、哲学对话录及散文的人。②然而,他对政治事件的探索可以说延展到了所有作品中,他的论述展现出了非凡的一致性,尤其是在那些对他而言似乎最重要的领域。不论是对色诺芬,还是对此章而言都最重要的反复出现的统一主题,是合格领导者的培养、实践与其后果,③这可从小至家庭教导,大到帝国统治的任何背景中看到,也存在于色诺芬整个写作生涯的作品中。④

本章讨论色诺芬对大量重要政治问题的观点。在各小节结尾,我有时也会注明色诺芬的思想与他同时代的柏拉图和伊索克拉底的想法或合或异之处。在继续之前,说明两点对我而言十分重要。第一,我将色诺芬的作品视为一个整体。这并不是否认他智识成长与变化的可能性,而仅是承认其作品的年代并不完全可靠,且于此统一化处理比细化处理可能更有收获。⑤第二,我基本上采取了非斯特劳斯的方法,⑥即,如下文将示,虽然我将色诺芬的政治分析作为很大程度上不含讽刺意味的事物来解读,但色诺芬的思想不仅可直白地讨论,也可通过逸闻与布景隐晦地说明。

色诺芬的苏格拉底式及其他哲学、规范性的作品(事实上《居鲁士的教育》

---

① 这些主题可以很容易地被重新划分为不同但同样有成效的类别。例如 Gray 2000 就用四个标题检视了色诺芬的(以及伊索克拉底的)政治思想:民主政治、统治权、斯巴达以及泛希腊主义。

② 就纯粹的类型多样性而言,最接近的比较对象应该是西塞罗。

③ 对此主题的开创性论述为 Breitenbach 1967;更近的则见 Gray 2011。

④ 色诺芬文学作品的确切顺序仍不清楚,尽管某些作品被认为是早于或晚于其他作品,而且色诺芬似乎是在其晚年完成其大部分作品的:见本卷 Lee 的论述。

⑤ Pace Rahn 1971 论及色诺芬史观的发展,因为一旦加入其他作品,时间线便变得不那么清晰了;例见 Aalders 1953。

⑥ 关于斯特劳斯式色诺芬读物,见 Kroeker 2009:197 n. 3. 所收集的书目。Tamiolaki 2014b 则对斯特劳斯的方法论及其学术成果进行了清晰的总结。

也算)对他的其他作品而言明显具有典范性。^① 没有记录历史事件之需的阻碍,这些作品允许色诺芬公开发表其更有创见的政治观点,所以与 Gray 一样,我也将苏格拉底作为我长篇论述的出发点。^②

一、公民权与法律:色诺芬论权利、责任与宪制

色诺芬的《追忆苏格拉底》中的苏格拉底重视对雅典法律的服从,甚至重于他自己生命的价值,^③这至少部分是由于整部作品具有的辩护性质。但苏格拉底服从的缘由远非盲目愚蠢或奴性。他认为法律促进了正义和公民之间的信任,以及国家的内部团结(Mem. 4.4.16),也催生着无论战和时期都有着积极后果的状况(Mem. 4.4.15)。因此,法律是一个极其实用的创造,不论是人为产生的(Mem. 4.4.13)还是神意颁定的(Mem. 4.4.19),^④且不仅仅只有一种有效构建它的方法。例如,在《追忆苏格拉底》内与亚西比德的谈话中,伯里克利渐进地谈到法律可由民众、寡头或僭主创订,但若未经受治者同意而强力推行,则不能合理地称之为"法"这一理念(Mem. 1.2.40 - 6)。^⑤ 故雅典的民主政体是一种可行的宪政模式,但同时君主制(Mem. 4.6.12)与斯巴达的特殊统治体系也提供了有成效的例子,尤其是因为斯巴达的公民与他们国家的独特法典紧密相连(Mem. 4.4.15;Lac. Pol. 8.1)。

这也许有助于解释色诺芬为什么为斯巴达的宪制写了一整篇独立的散文,即《斯巴达政制》,在色诺芬看来,这个概念不仅延展至斯巴达的政府结构,而且按他的说法,似乎还是作为实际"法规"而运作的精制规则与社会机制,以确保公民在其生命的每个阶段,都能成为国家的有益贡献者(Lac. Pol. 10.1;也见 1.3 - 4.7,5.1)。在此意义上,斯巴达的法律与制度不仅保护着公民与城邦,还有斯巴达体制自身。对培养(以及剥削)理想公民有组织的紧密控制,加上对可能被认为是相互冲突的政治单位(甚至低至家庭层面)和社会诱惑(例如个人经济增长)的纽带故意放松,产生了使色诺芬留意且钦佩的一定程度的

---

① Gray 2011:7 - 30;Gray 2004a:171;Gray 2000:144.

② 见注①。

③ Gray 2007:9,引自《追忆苏格拉底》4.4.1—4。也可见 Pangle 1994:132 - 135。

④ Gray 2007:9 - 10(尤见 9 n. 15)提及苏格拉底对成文法和不成文法的尊重似乎并不脱节。

⑤ 关于此论述双方观点重要缺陷的段落的更为复杂的解读,见 Gray 2004a:145 - 146。

稳定性(Lac. Pol. 1.1-2)。① 正鉴于其成功,他(在修辞上)惊讶于其他城邦并未采取哪怕一点斯巴达准则的措施(Lac. Pol. 10.8)。②

色诺芬似乎相信,其他邦应当追求的是斯巴达达成的结果:大量公民相互和谐克制地生活,将他们的基本冲动与个人欲望置于次要,而支持一个正义社会所需。③(甚至两个世袭王在某些层面上也服从于斯巴达本身,他们每月都向代表城邦的检察官交换忠诚誓言,Lac. Pol. 15.7)斯巴达的这项成就在其他背景下(至少从个人层面看)确实是可能达成的,色诺芬《追忆苏格拉底》中对苏格拉底的刻画就隐晦地主张这点,书中哲学家展示出了许多与斯巴达人共通的品质。④

斯巴达提供了色诺芬笔下最不寻常的君主制案例(Lac. Pol. 15.1-9),但他作品中还有其他关于王权正当化的著名例子。《追忆苏格拉底》中苏格拉底(在一个回忆对话中)提供了仔细的区分:"他(苏格拉底)认为君主统治自愿的人民且与城邦法律相符,而僭主则统治非自愿的人民且不符城邦法律,但无论如何统治者都更偏爱僭主政治(Mem. 4.6.12)。"色诺芬的优秀君主模范榜首就是《居鲁士的教育》中的居鲁士大帝,尽管位于色诺芬全部著作其他地方的素材显示,如色诺芬描述的居鲁上的统治教训,也可应用于其他君主与其他领导情境上。

《居鲁士的教育》的序言清晰地反映了统治形式的不同类型,从民主政治到君主制再到寡头制,并且对稳定且有效的统治与对农田和家庭的有效管理作出分析(Cyr. 1.1.1-2)。对见证了居鲁士统治结果的色诺芬而言,居鲁士是个特例,他不仅在其继承的国土外大扩帝国(Cyr. 1.1.4),而且更重要的是,他享有唾手可得的归顺,以及他自己的子民与那些他所征服之人的尊敬(Cyr. 1.1.3,5)。这就是居鲁士王权鲜明的成就,几乎就如《居鲁士的教育》中精准

---

① 家庭:Lac. Pol. 1.5-10(关于婚姻、同居和生育的详细规定),2.10 与 6.2(男子可以控制所有孩童,不仅仅是他们自己的),2.13(在其他城邦对贵族价值观之培养至关重要的男人与男孩之间的关系,在斯巴达已减至仅供指导的关系),5.2-7(城邦混乱),7.1-2(公民无商贸追求,这也将移除例如公会一类事物的可能性).经济增长:Lac. Pol. 7.1-6;6.3 记载了如家佣、狗和马等个人财产的普遍使用。

② Kroeker 2009:202-206,概述了一些为何不仅这一评论,而且 Lac. Pol. 的许多结构与修辞特点都兴许被看作对雅典的批评的原因。

③ 见 Lipka 2002:18-19,以及《追忆苏格拉底》3.5.15-16。

④ Lipka 2002:18-19,以及参考部分。

所言：人民想要追随他。

　　在其余目标上，此作的余下部分则致力于考察为何居鲁士能成大事。他修养出的个人品质与美德是其成功的最关键成分，但其社会结构也是重要的。居鲁士波斯的未成文"宪制"实际上与斯巴达有大量相同之处，[①]它极为重视集体而非个人之善（Cyr. 1.2.2）。由长者指导的波斯公民（那些色诺芬用 politai 指代的人，同样应用于指代希腊城邦成员）的训练始于童年，并且有望持续到成年，通过军事服役而至老年（Cyr. 1.2.6 - 16）；而在斯巴达，自我克制与纪律是优先的（Cyr. 1.2.8, 9, 11, 16）。但色诺芬之波斯有一个可被特殊考量的首要主题：对美德的追求。色诺芬不仅将此刻画为所有波斯教育的目标（Cyr. 1.2.3, 6, 7, 15），还作为居鲁士自身的中心目标（Cyr. 7.5.70 - 85, 8.1.21 - 33）。然而，当居鲁士将其王国转变为帝国，此雄心是否能完整地维持，是一个使现代学者们深思的问题，他们有时认为居鲁士的波斯理想化体系在征服与统治的压力下是不稳定的，而罔顾居鲁士那显而易见的高远志向。[②]

　　除了这些有关公民与法（最宽泛意义上）之间关系的"正面"例子外，色诺芬还为君主制的消极镜像提供了一个特别尖刻的分析。即僭主暴政，由一个未获公民支持的个人行使专制的、违宪的权力（Mem. 4.6.12）。色诺芬的《希罗》（Hiero），[③]一个诗人西奥斯的西蒙尼德斯与叙拉古的独裁者希罗之间虚构的对话，最初聚焦于揭露各种有关僭主诞生经历的流行说法。例如，僭主始终为其从人所讨好，西蒙尼德斯认为这会是一个愉快的经历，但希罗提醒他这种赞美不仅是空洞的，而且具有讽刺意味的是，它的缺失会滋生怀疑（Hier. 1.14 - 16；也见 7.1 - 10）。事实上，怀疑是《希罗》的一个重要主题，因为一个僭主是无法信任其人民的（Hier. 1.12, 2.7 - 11, 4.1 - 5, 5.1 - 2, 6.1 - 8），他甚至害怕那些他珍爱的人可能是出于责任或恐惧感而归还他的关爱，而不是出于互相的感情，或者更糟的是，他害怕他们会转而对抗他、摧毁他（Hier. 1.33 - 8, 3.7 - 8）。因此，僭主政治在从家庭到国家的每一等级上都毒害了人

---

① Azoulay 2007a；也可查阅 Kroeker 2009：206，引用（n. 34）Christesen 2006，他将《居鲁士的教育》视为斯巴达军事改革的一个假想模板。Tuplin 1994 则更加谨慎，认为在不同社会之间（尤其是斯巴达与波斯）的相似性可能是由于色诺芬关于美德与领导权的观念贯穿了他的作品。

② 当然，这些是更有颠覆性的解读：如 Nadon 2001；Carlier 1978/2010；但 Gray 2011：246 - 290，尤其是 264 - 265 则相反。

③ 见本卷的 Dillery 部分。

类关系。

也许最为有害的是，僭主无法与其公民有效互动，而在国内营造最佳的氛围，他的安全性与持续时间取决于其公民的附属关系，即一种只能通过剥夺公民权而形成的状态（Hier. 6.3 - 4）。因此僭主的公民们及其政府，有些像雅典公元前五世纪的帝国：可控时便危险，放松时也危险，抑或几乎不可能放松（Thuc. 2.63.2；Hier. 6.15 - 16，比较 7.11 - 12）。

但僭主统治的痼疾还是存在着补救办法的，并且色诺芬借西蒙尼德斯之口将其展现（Hier. 9.1 - 11,10.2 - 11.15）。这个诗人的方案包含着许多有效统领的建议，但其中最为重要的观点是僭主应该将用于其个人防卫的机构力量转用至全体人民的护卫上（Hier. 10.2 - 8）。这使人回想起在此对话录中，希罗早前关于其卫兵不可信任的抱怨，与希腊军营的守门人形成鲜明对比（Hier. 6.9 - 11）。希罗认为邦国之法保护着希腊守门人，其结果是他们既关注自身又关心同胞们，但阻止他的护卫杀他的仅是他们对所受金钱值得怀疑的忠诚。这样，法律只是一个对那些生活于其下之人的字面保护者（希罗以至于使用动词 prophulattousin，即法律护卫于人前，Hier. 6.10），并且它的缺失不仅危及公民内部稳定，而且会影响基于人们生活之上的价值观。

色诺芬对于法与政制的宏大观点显示出了其与同时代者柏拉图、伊索克拉底的一些重要相似点，最重要的共同点是他们对公民秩序的尊敬，和对教育、政府结构、维持它的法规的渴望。[①] 他们的不同点准确来说是如何实现此秩序。例如，三位作家都相信对有德公民的培养是至关重要的。然而，三位作家对适当的教育应包含何物，以及在哪种政治体系中这些训练有素的公民可以最有效地参与，则看法相异，他们都在其著作中探究了一系列无论真实或潜在的统治体系。[②]

柏拉图的《理想国》与《法律篇》描述了在一定程度上，通过将那些拥有必要知识的人安置在权威岗位，以达成优良统治目标的推测性、乌托邦式的社会

---

① 如 Schofield 2006：30 - 50,155 - 193,203 - 249（柏拉图）；de Romilly 1954（色诺芬、伊索克拉底与埃斯基涅斯的政治和社会观的共性）；Gray 2000 中处处可见（色诺芬与伊索克拉底）。

② 关于柏拉图，见 McCoy 2007；Schofield 2006 n.29；关于伊索克拉底，见 Poulakos 和 Depew 2004，尤其是 Morgan 2004, Gray 2000 的文章；关于伊索克拉底式与柏拉图式教育哲学的对比，见 Johnstone 2009：146 - 187；对教育更综合的论述则见 Morgan 1999。

（分别为加里波利斯和美格尼西亚）。① 《理想国》构想了一个最高权力被冠以
"贤人王"头衔的国度，其每个个体自幼训练以担任仔细界定的公民角色；《法
律篇》构建了一个精心设计的受"保卫者"阶层保护和为"夜间会议"所支持的
法律网络。尽管从表面看来，这两部著作所呈现的社会与政治图景有很大的
不同，但它们都有些许重要的智识优先权，包括它们都确信领袖必定能够越过
特定经验而以普遍原则来思考，必须通过其教育就已能如此；②以及都确信此
国家本身的结构有助于合格公民的培养。③

与柏拉图相似，伊索克拉底于其著作中不止提出了一种改良的公民生活，
但显著的差别在于伊索克拉底的兴趣落于现实而非抽象观念。④ 他在雅典本
身倾注了许多的考评与观察，⑤包括教育体系及其实际的公众意义。⑥ 尤其在
他晚年，当地缘政治形势发生了变化，他强调的重点似乎放在了泛希腊主义
上，虽然它仍存有不现实的可能性，但至少在希腊修辞学中被描绘为极有潜力
的结果。⑦ 然而，伊索克拉底、柏拉图与色诺芬都具有的一种倾向是对精英统
治城邦的偏爱。三者于其作品中都展现了对雅典民主政治或隐晦或直白的批
评，于此意义上他们都怀有对民众（或其他类似团体）在无上层领袖指导下作
出正确决策之能力的某种不信任感。⑧

色诺芬的许多有关非民主政制的政治观念可被考察与探讨，⑨但他思想
的某些方面又确实直接应用于民主政治，更具体地说是雅典民主政治。色诺
芬在此关切内的兴趣又是多样的，三个他最重要的关注领域是：苏格拉底关
于民主公民，尤其是其领袖的积极培养的理念（《追忆苏格拉底》中提及了许多
细节）；雅典作为一个政治社群，能够维持及改进其生活方式的方法（又是《追

① Saunders 1992：464 - 467.
② Saunders 1992：467. 也见 Stalley 1983：8 - 22，尤其是 14 - 15。
③ Stalley 1983：8.
④ 参阅 Forsdyke 2009：242 - 243；Johnstone 2009：146 - 187。
⑤ Davidson 1990，尤其是 20。
⑥ Too 1995；也见 Poulakos 和 Depew 2004 的文章。
⑦ 关于伊索克拉底的泛希腊主义，见 Perlman 1976：25 - 29，特别讨论了伊索克拉底的
《Panegyricus》与《致菲利普》；也见伊索克拉底的《泛希腊集会辞》。关于通常而言的泛希腊主义，
见下文。
⑧ 关于色诺芬，见上文；关于柏拉图与伊索克拉底，见 Ober 1998：156 - 289；Roberts 1994：65 -
92。
⑨ Seager 2001：396.

忆苏格拉底》的一个重要主题，也是《论财源》的中心主题）；以及民主政治进行
有效决策与优良统治的能力（尤其可见于《长征记》和《希腊史》中的大量
逸闻）。

《追忆苏格拉底》实际上设定于民主制雅典，但在此框架内苏格拉底的谈
话与评论揭示了超出典型民主政治结构的重要观念。例如，理想领袖的品质
被反复提及讨论，可能很大程度上是因为雅典民主政治（事实上其他希腊城邦
也是）对此类杰出个人的依赖性不断增强。[1] 不过对杰出的民主公民的一般
权利与义务也有论及，因为色诺芬笔下的苏格拉底并不认为他自己在从事政
治活动，而是视己为那些终将从政者之师。[2] 那些渴求政治卓越的人不仅仅
应培养自身美德，对城邦中的优者来说，还应平和且有效地与其他同志
（Mem. 2.6.24 - 25）合作，而非与其争斗。他们的名望应该建立在实事上而非
虚假的修辞中（Mem. 2.6.38 - 39；关于诡辩在教育中的角色的争论是一个高
度敏感的问题）。[3] 一个公民，尤其是有影响力的公民，必须与城邦有着共生
关系，因他所提供的益处而受到称赞（Mem. 3.6.3），他本身的城邦公民身份
也促使他参与政治，若他可以，做些于城邦有益的事（Mem. 3.7.1 - 9）。[4] 像
所有政体的成员一样，民主政体下的公民有义务遵守其城邦的法，不论是成文
的或是未成文的（Mem. 4.4.17 - 21），若他控制个人欲望，将会过得最好
（Mem. 4.5.1 - 12）。但在苏格拉底的世界观里，个人节制不仅与美德，且与自
由——当这一概念从个人层面转变到政治层面时，它就成为了希腊民主思想
的中心支柱——同等（Mem. 4.5.2）。[5]

一篇最近的分析认为，在《追忆苏格拉底》3.1 - 7（尤其 5 - 7）中苏格拉底
提供的政治建议是处于一个使人警醒的背景下，而集中于如何提高雅典自身
地位的，因为"苏格拉底的雅典是一座处于衰落中的城邦"。[6] 在许多方面，苏
格拉底的构想方案内嵌于他的建议中，格劳孔作为一名有抱负的领袖，首先需

---

[1] Ferrario 2014；Stadter 2009：457,459.

[2] McNamara 2009：223 - 224；也见阿波罗多鲁斯 1.21,25 - 26。

[3] Blanchard 1994；Johnstone 1994：226,228 - 229,239.

[4] 见 Kroeker 2009：210。

[5] 参照柏拉图笔下的从生理冲动中解脱出来的老索福克勒斯：柏拉图《理想国》1.329b-d。关于希
腊思想中"eleutheria"（自由）的论述，见 Tamiolaki 2010；Raaflaub 2004；Raaflaub 1983。

[6] McNamara 2009：240 - 241,241 的引文。这一点在苏格拉底与年轻的伯里克利于《追忆苏格拉
底》3.5.1 - 28 的对话中最为明显。

要对城邦的运作有深刻的了解(Mem. 3.6.18)：它的财政(Mem. 3.6.5 - 7)、相对于敌人来说它的军事力量(Mem. 3.6.8 - 9)、它的防卫力(Mem. 3.6.10 - 11)、它的自然资源(如其银矿，Mem. 3.6.12)、它的食物供应(Mem. 3.6.13 - 14)。而且在《追忆苏格拉底》中苏格拉底的实用性建议在许多方面也与色诺芬于《论财源》中的叙述相一致。《追忆苏格拉底》的重点也许可归结如下："苏格拉底的政治建议偏向于一个军事上独立、财政上负责、经济上自足、政治上温和且非帝国式政体的雅典。"[1]在《论财源》的案例中，色诺芬将粮食独立置于他论述的起始处(Por. 1.1)，接着转而历数雅典的一些资源，且再次包括了它的银矿(Por. 1.5，具体论述在 Por. 4.1 - 52)。接下来他讨论关于雅典外侨人口可用于更好地利用城邦物资的方法：他们应该从强制军役中解放出来，并被允许从事益于整体经济的生意(Por. 2.1 - 4)，同时应该允许提升骑士——一种带有精英荣誉感的服务形式——的等级(Por. 2.5)。雅典应该增加它的商业利益，这将会在财政收入上起积极的连锁反应(Por. 3.1 - 14)，并且最重要的是，应该避免战争，除非它是绝对必要的(Por. 5.1 - 13)。[2]

但在色诺芬看来，雅典政府是否有能力作出那些前瞻性政策所需要的有效决策？色诺芬《追忆苏格拉底》中的苏格拉底被描绘为不信任甚至反对雅典民主政治下抽签决定大量政府官员的制度，主张统治权应该属于那些在智识上已充分准备好的人。[3] 但此单一观点并不能体现色诺芬笔下的苏格拉底(在《追忆苏格拉底》其他部分煞费苦心地提供他认为统治者需要的教育，同时强调服从城邦法律的重要性)[4]与色诺芬本人在大问题上都支持的看法之复杂性。尤其是色诺芬的两本著作，提供了此种已付诸实践的希腊统治方式的历史案例研究：《长征记》与(尤其是)《希腊史》。

必须直截了当地说，《长征记》并不是一部民主政治研究。实际上，在万人军走出巴比伦尼亚的征途中，它的统治"体系"受两个主要因素支配：一是传统的军事等级；二是军事会议的作用，在会上，观点由领导者提出，且由代表进

[1] McNamara 2009：241.
[2] Lewis 2009 总结并阐述了色诺芬提出的政策。关于避免战争，尤见 Dillery 1993。
[3] Gray 2004a：152，引《追忆苏格拉底》3.9.10；和(n.1)Vlastos 1994a：89，转引《追忆苏格拉底》1.2.9。
[4] Gray 2004a：153 - 154.

行投票。尽管这一基本结构与那些发达城邦有某些一致,①但当问题出现时,士兵们更经常认可其统帅的决定,而不是制定方针或在行动方案间做抉择。甚至短暂的军中派系分裂,最终也会走向重新统一,出现一种再度依赖其将领的表现(Anab. 6.2.4 - 4.11)。② 公元前四世纪确实倾向于抬高杰出领袖,甚至在民主背景下也如此,但色诺芬的万人军使他们自己服从于其指挥官,尤其是服从于色诺芬本人,达到了一种使人认为他们可能没有独立决策能力的程度。在《长征记》中也许没有什么比色诺芬的部队想要入侵拜占庭这一幕更具有说服力的了,(即使很想入侵)但他们还是要求色诺芬的领导(Anab. 7.1.21):"当士兵们发现色诺芬后,他们中的许多人涌向他并说道:'色诺芬,现在你可以成为一个人物。你有一座城市、许多战舰与资源,以及许多部队。现在,如果你想的话,你可以帮助我们,我们也会成就你的伟业。'"

相比之下,《希腊史》则提供了大量机会来观察实际运行中的雅典民主政治,在一些重要案例中,民众被描绘成缺乏打造优良政府甚或正确思考的能力。③ 正如所料,这些章节大量集中于此书的第一部分(Hell. 1.1.1 - 2.3.10),这部分呈现了伯罗奔尼撒战争之故事的结局。④ 最具说明性的负面例子是安吉努赛事件(Hell. 1.6.24 - 7.35)和亚西比德条约(分布在第一章与第二章)。前者很快就得到说明:在雅典的一场海上胜利后,尽管将军们计划去营救那些伤员与落水者,但他们的努力被恶劣的天气所阻止(Hell. 1.6.35)。议事会回应以逮捕那些回归雅典的指挥官(Hell. 1.7.1 - 4),以在公民大会上审判,在具体程序还在讨论时,诡诈的哀悼者和贿赂行为使议事会产生动摇,向公民大会提议进行一场违宪的大审判(Hell. 1.7.7 - 16)。不顾一些民众和一些来自政府官方(包括苏格拉底)的反对(Hell. 1.7.14 - 16),将军们被谴责,而那些处于法所能及范围(指雅典)的将军则被处决(Hell. 1.7.34)。

色诺芬对这些事件的记述里,有两个尤为令人害怕之处:一是群众(to

① 关于作为一个准城邦的万人军,见 Hornblower 2004:244 - 245;Dillery 1995:69 - 90。关于《长征记》中军事会议的民主化特征,见 Nussbaum 1967:48 - 68。

② Ferrario 2014:195 - 199.

③ Forsdyke 2009:240,引用了关于安吉努赛的章节与《希腊史》1.7.12,在脚注54中马上会提到。

④ 即使其他民主政体在《希腊史》1.1.27 - 31 中也不能免于批评,叙拉古被剥夺了极有能力的领导核心与指挥官(最著名的是赫摩克拉特斯),是通过叙拉古人民大会的政治活动被流放的。关于《希腊史》的这一部分是特意设计为补完修昔底德未竟之作的可能性,见本卷 Luraghi 部分。

plethos)的呼声,公民大会中的那些赞同在法外集体攻击领导者的大多数人说,①"如果人民的任何意愿因受到阻挠而未能施行,那是荒谬可怕的"(Hell. 1.7.12);二是大量色诺芬借欧里普勒摩斯(Euryptolemus)之口进行的演说,他详尽地说明了此问题中较为温和的一面,但没有用(Hell. 1.7.16 – 33)。如此有造诣的演说家都无法控制人民那破坏性的冲动,这可能被认为是对已死的伯里克利独特领导才能的反思。② 但至少从色诺芬的视角来看,它也用以作为更严重的统治危机的信号,即战时雅典丧失了能够照顾与疏导人民群体情绪的引导之"手"。③

在《希腊史》中,同胞们对臭名昭著且不忠的亚西比德的处理也招致了对雅典民主政治效用的反思性批评。④ 然而"将领叙事",即领袖之名代表其军之行,在希腊历史书写中随着时间变得更突出,⑤被放逐但在军事上又活跃的亚西比德在对阿拜多斯(Hell. 1.1.4 – 6)、西基库斯(Hell. 1.1.9 – 18)和卡西敦(Hell. 1.3.1 – 8)战事的叙述里几乎被描绘为雅典的拯救者。而在那以后不久(Hell. 1.4.12 – 21),民众确实对他的回归感到惊异不已(Hell. 1.4.13)。在这部分,色诺芬从亚西比德的批评者和支持者两方面提出了旁观者的意见。最值得注意的是,后者认为亚西比德作为一名个体领袖,怀有能力以助其城邦到了非凡的程度,在他被流放前,"较之同辈,民众的尊敬更青睐于他,他的长辈也并不居其上"(Hell. 1.4.16)。然而在此之后,"尽管他眼看那些他最亲近的人,同胞、亲人乃至整个城邦都在犯错,但他毫无办法帮助他们,因为他的流亡者身份"(Hell. 1.4.15)。与此相似,他的诋毁者认为亚西比德应单独为其城邦近来经历的一切麻烦负责(Hell. 1.4.17)。

色诺芬对此场景中的人群(ho ochlos)(Hell. 1.4.13)的关键性描述带有一种对安吉努赛章节里群众(to plethos)同样的消极色彩,⑥而且这种"暴民"给予杰出人物的对待都说明了他们的变化无常与缺乏远见。易受骗的公民大会任命亚西比德为"有绝对权力的最高指挥官",即全军总司令(hapanton

---

① 关于此术语存疑的性质,例见 Ober 1989:11 n. 15。

②《伯罗奔尼撒战争史》,2.65.1 – 13。

③ Pace Gish 2012,将此章节中的 demos 解读为捍卫主权以及民主本身的概念。

④ 关于色诺芬笔下亚西比德的更多细节,见 Ferrario 2014:184 – 190。

⑤ Dillery 2001:14 及 n. 13,引 Connor 1984:54 – 55。

⑥ 参阅 Ober 1989:11。

hegemon autokrator)(Hell. 1. 4. 20),一个有非凡影响力与权力的位置,但当其下属在他不在军中时煽动并且输掉了一场计划不周的战役时(Hell. 1. 5. 10-16),他们很快又转而攻击亚西比德。亚西比德被罢免且撤退到了克尔松尼斯(Hell. 1. 5. 17);当这场战争尾声里那孤注一掷的战斗逼近他的堡垒时,他建议雅典人把塞斯都斯作为他们的基地,但被时任将军们拒绝了(Hell. 2. 1. 25-26)。对雅典在羊河战役中即将到来的失败,进而为斯巴达围城门户大开而言,他的建议是讽刺地有先见之明的。因此,雅典人民对亚西比德的看法几乎都是错误的,他们在战争早期太过信任他,在战争后期又无法恰当地利用他的才能。

那么,色诺芬是一个反民主的人吗?正如经常看到的那样,色诺芬大量深思着苏格拉底被其人民误解和低估的方式。《追忆苏格拉底》和《论财源》也反映出对雅典事务现状的极度失望,甚至不能确定色诺芬是否相信他们的提议能确确实实地、有意义地实现。他的《长征记》展现了《希腊史》里亦如是的普遍的对个体领袖的依赖,也都把民主政治放置在了不起眼的角落。所以色诺芬在过去被冠以精英主义者与寡头的标签也就不足为奇了。①

但解释并不会如此简单。② 色诺芬著作中规定品质的存在就表明了一种对雅典之运转和巩固的根本兴趣,而非对其体制和价值观的全盘否定。③ 困扰色诺芬的问题与其说是民主政治的必要性,毋宁说是公民大会在没有与具备真才的领袖互依指导下的统治能力。④ 正如接下来讨论到的那样,色诺芬具有贵族背景与思想,但他认为作为他们特权地位的结果,精英也背负着重大社会、政治与经济责任。对色诺芬来说,在任何政制下,那些追求政坛杰出的人必须具备必需的教育背景与特质,以履行其位置上的使命,从而维持与增强他们自身及其城邦的地位。

这个愿景与柏拉图的《理想国》中延展的想象社会有着某些相似之处,每个等级的公民们都已为他们注定要坐上的永远不变的位置而做好准备。然

---

① Kroeker 2009:198-199,以及参考部分。苏格拉底也如此,包括色诺芬对他独特的描绘:如(被引于 ibid. 209 n. 49)Vlastos 1994a:87-108,认为色诺芬笔下的苏格拉底是颠覆性的,而柏拉图笔下的苏格拉底则是支持雅典民主且更接近于历史的。

② Gray 2004a:167-169,例如(被引于 Kroeker 2009:199 n. 14),认为苏格拉底极度倾向于民主制,且色诺芬更甚。

③ Gray 2004a:169-171.

④ 这是 M. Tamiolaki 的解释,我也感谢此额外的讨论,这有助于说明我对这个问题的想法。

而,仍然存在着一些重要的差别。如上所述,柏拉图的构想只是理想中的,①而色诺芬至少在名义上还倾向实际应用。当然,柏拉图的加里波利斯是非民主政体,而色诺芬的观点则认为若能妥善引导,多种形态的民主政治是可能的。但这些观点,连同伊索克拉底那直白的对有识贵族统帅下的民主政治的偏爱一起,②隐晦地说明前四世纪的雅典(实际上是前四世纪的希腊)对个体领袖日益增加的依赖。③ 对所有这些思想家来说,"管理才能"仍旧是通向成功社会的关键,而不顾政制的确切性质。④

二、组织人民的其他方式: 精英生活与类城市庄园

在一个有效运转的城邦当中,贵族的角色是色诺芬的重要政治兴趣点之一。⑤ 贵族为承担其领导角色而做的相关准备,是促使色诺芬创作一些短篇作品的部分原因,最显著的是《骑兵长官》与《论狩猎》。这些是说明性的文章,尤其关注技术上的建议。然而,它们对理解色诺芬更加宽泛的政治思想之贡献,远大于它们所包含的关于启示性言论的部分,但二者都以一种有意义的方式与色诺芬的其他文献联系在一起。

例如,《骑兵长官》强调尊重军事结构,也强调权力位置中的下位者应该接受领导者的决策信念(Hipparch. 1. 8,24),与《长征记》中体现的问题类似。在《长征记》中更具体的情况是指挥官应有能力做任何他要求士兵们做的事(Hipparch. 1. 25,6.3;对比 Anab. 3. 4. 47 - 9),他应能避免任何不必要的危险(Hipparch. 4. 13,6.2 - 3,及 Anab. 4. 6. 10),而且他应该足够虔诚(Hipparch. 1. 1,7.1,及 Anab. 3. 2. 9)。简而言之,一名能够以强力手腕设立好的榜样与指导的指挥官更可能获得人与神的喜爱,从而创建一个稳定高效的军事"社团",此团体与城邦不完全一致但却有着与其相似的某些积极特征。

《论狩猎》认为狩猎产生两个积极的结果:其一,它为战争做了准备;其二,通过其要求的相关准备工作,它促进了好的品质的发展(Cyn. 1.1 - 8,

---

① 关于柏拉图是否认为他的"加里波利斯"是现实可行的,见 Morrison 2007。
② Ober 1998:285;也见 Roberts 1994:66 - 69,注意到伊索克拉底并没有详细解释他对雅典民主制的精确规划,尽管他大量比较了现在和过去。
③ 见上文脚注 40。
④ 引自 Gray 2000:146,明确谈及色诺芬与伊索克拉底;也见 Stadter 2009:457,469;参阅 Johnstone 1994:222,以及上文脚注 63。
⑤ Johnstone 1994:219 对"精英的生活方式"做出了类似的概括,但我于此涉及的更为宽泛些。

12.1 - 9)。一个重要的例子即色诺芬将辛勤劳作(ponos)视作培养美德的一种方法,因其不仅包含了体力劳动,还包含了自控。^① 因此,他既提倡将狩猎作为一种贵族运动,又积极地描写狩猎存在于那些他最感兴趣的社会的仪规中:在斯巴达,它为来库古所鼓励(Lac. Pol. 4.7);在波斯,它则为居鲁士以特殊技巧塑造着(Cyr. 1.4.5 - 15,8.1.35 - 9)。

《家政论》显示色诺芬设想了一种不同形式的政治联系体的结构:既非如雅典、斯巴达、叙拉古或波斯之类的城邦或帝国,也非如万人军或骑兵队般的军事单位,而是一种由地主、其妻以及劳工与奴隶(也许后来还有他们的子嗣)组成的庄园。然而,色诺芬同时也进行了一种关于农事的社会与政治价值的论述。在苏格拉底与克里托布鲁斯(Critobulus)对话的宽泛框架部分中,一系列更具体的原则再次与广阔的背景联系起来,一如我们在《骑兵长官》与《长征记》间已观察到的联系。然而此处所讨论的问题是农业活动本身,苏格拉底声称它在应用中导致了广泛的后果,实际上,其影响大到甚至吸引了波斯国王的注意,他对其的重视程度比肩于对战争的兴趣(Oec. 4.5 - 25)。农业,像狩猎一样,是培养美德的另一种方法,因其需要同样光荣的工作(Oec. 5.1 - 17);^②此外,像军事生活一样,它需要对服从的下属进行适当的"指挥"(Oec. 5.14 - 16)。

苏格拉底基于伊可马库斯(Ischomachus)庄园的案例研究则占据了对话的剩余部分,通过对上述讨论的一个总结完成了这一转变,其中一些原因强调了为何农事会创造好的公民:它培养了对土地的忠诚,提高了身体的活力(从而为战争做好了准备),为参与政治事务留出时间,且要求勇气(Oec. 6.6 - 10)。苏格拉底与伊可马库斯(此处由苏格拉底转述)接下来的对话展示了一些色诺芬认为家庭(oikos)小社群反映大城邦的重要方式。夫妻的结合,与其对土地与家庭、内外生活、战争与家族各自的男女性使命一道,被认为是一种对社会的神定服务(Oec. 7.17 - 30),若要实现有序繁荣,所有这些责任义务得很好地落实。

家庭是如此重要,因此,伊可马库斯描绘了其内部运作,就好似它是一个微型城邦。他所聘所训的管家(Oec. 9.11 - 13)展示出了许多与《追忆苏格拉

---

① 尤见 Johnstone 1994:219,221,227 - 228。

② Johnstone 1994:229 - 232. 其实苏格拉底认为狩猎本身依赖于农业:《家政论》5.5 - 8。

底》中好公民相似的能力，①而且家中规范也有如法律（Oec. 9.14 - 15）。仆人也被教以重要的公民美德，例如自律（Oec. 12.11 - 14）与正义（Oec. 14.3 - 9，此品质据说是以源自德拉科、梭伦与波斯王的原则来教授的）。因此，至少从伊可马库斯自身的观点来看，他拥有的贵族背景与先前的关于农业会带来积极结果的经验，使其不仅为他在城邦中的优秀公民位置，还为他自己的领土、他的家庭以及他的庄园做好了准备。②

虽然从苏格拉底的视角来看，伊可马库斯的世界观可能不完整或不充分，③然而它的描绘允许色诺芬勾勒出在他的时代，贵族们是如何看待自身的。④ 不可否认的是，色诺芬的社会精英主义在许多方面与前四世纪其他政治作家与思想家所表现出来的相似。⑤ 但他的总体上亲贵族的视角往往表现为呼吁阶级应有的政治与社会责任。

三、有效领导权

如前所述，这个话题也许是色诺芬最看重的，也处处体现于他的作品中。然而，最有趣的案例研究是《阿格西劳斯传》《居鲁士的教育》和《长征记》呈现的。每个都讲述了一个独特的故事：《阿格西劳斯传》是一篇源自色诺芬对单个人物的崇敬而写的文章；《居鲁士的教育》则被认为是一部智慧小说，它突出了一个成功的国王在家庭环境、教育、军务以及生活经验方面的准备，并探讨了他与人民之间的关系；最后，《长征记》则呈现了居于领导地位上的色诺芬的自述。最后者，也许是一篇辩解词，但仍使我们有机会观察到色诺芬作为一个领导者，如何希望自己被承认且铭记。⑥

色诺芬的《阿格西劳斯传》在某种程度上有着时代特征。虽然它被认为是受伊索克拉底的《埃瓦哥拉斯》所启发，但后者实际上远非一个独立的文学事

---

① 例如自控（《追忆苏格拉底》1.5.1,2.1.1 - 7），对荣誉的渴望（《追忆苏格拉底》3.7.1 - 2），集体责任感（《追忆苏格拉底》3.7.2），增加地产的动力（《追忆苏格拉底》3.6.4），以及对正义的承诺（《追忆苏格拉底》4.2.11）。

② 关于作为一名贵族的伊可马库斯，见 Johnstone 1994：225,229。

③ 见 Nee 2009,但 Dorion 2008 相反；Danzig 2003 提供了一个更折中调和的观点。

④ Johnstone 1994：230,认为"《家政论》展示了精英们是如何通过使世俗生产活动成为自我反思的对象，从而程式化这些活动的"。

⑤ 见 Ober 1998 与 1989。

⑥ 如 Flower 2012：31 - 8；Cawkwell 2004：59 - 67。

件。相反,*Evagoras* 同时拥有着历史编纂的先例,和常为伊索克拉底早期学生所承继的题目,这说明了前四世纪日益增长的一种对颂词及其"血缘姊妹"——传记的兴趣。[①] 但色诺芬对斯巴达王——也是他的好友和支持者——的颂词也显示出作者对斯巴达生活方式,以及尤其是对阿格西劳斯展示出的独特个人品质的尊敬。据色诺芬所言,阿格西劳斯是一名对社会心理有深刻理解的军事指挥官,能够在情况需要时人道地对待敌人(Ages. 1.20 - 2),同时又能运用出色的修辞手段来激励他的士兵(Ages. 1.25 - 7, 1.28)。他愿意也能够为了国家利益而牺牲个人利益(从他远征亚洲时对城邦召回令的服从与无私的回应就可见一斑,Ages. 1.36, 2.16)。他在所征服的土地上推进了和平与统一(Ages. 1.37 - 8),展示出了显著的虔诚(Ages. 2.13, 3.2)。阿格西劳斯不受金钱的诱惑(Ages. 4.1),平日稳健节制(Ages. 5.1 - 2, 5.4, 8.6 - 7),勇敢(Ages. 6.1),智慧(Ages. 6.4),有着军事天赋(Ages. 6.5 - 8),而且热爱他的城邦,是一个受人尊敬的政治家(Ages. 7.1)。

此图景给出了色诺芬所相信优秀领袖应具有的一些美德的简要重述,但它不可置否地是理想化的。[②] 色诺芬的《希腊史》中的阿格西劳斯既清晰而又微妙地与颂词中的他大相径庭。较颂词而长的历史撰述中有着更多的细节,再加上色诺芬为撰述中各种行为提供背景与动机的需要,塑造出了一个更加复杂的人物角色。《希腊史》中的阿格西劳斯既无节制又暴躁(Hell. 3.4.4, 4.5.6, 4.5.10),他个人的野心也超出了颂词所允许的水平。这也许能从亚洲撤军中得到最好的体现(Hell. 4.2.1 - 5)。如上所述,在《阿格西劳斯传》中,国王大远征的取消是为了斯巴达的利益所作出的崇高牺牲(Ages. 1.36 - 8);而《希腊史》中阿格西劳斯则对其名誉的损失充满了遗憾(Hell. 4.2.3),他的盟友们也公开哭泣(Hell. 4.2.3 - 4)。阿格西劳斯从亚洲的城市里召集军队,给予丰厚奢华的奖赏作为回报,然后沿着百年前波斯王薛西斯进攻希腊时用的同一条路返回(Hell. 4.2.5 - 8)。这个具有深刻讽刺意味的大反转——阿格西劳斯入侵亚洲这一针对波斯人的"回应"终究是失败了[③]——在颂词中被全然忽略不提了。

---

① Wareh 2012:140 - 149.
② 关于阿格西劳斯的更多真实事迹,见 Hamilton 1991 与 Cartledge 1987;关于对色诺芬《阿格西劳斯传》的讽刺解读,见 Harman 2012。
③ Dillery 1995:107 - 108, 113 - 119.

相似的情况也出现在《居鲁士的教育》中,关于理想化领导权的公开讨论以及更为复杂的人物描写并不仅出现在单独的文学作品里,而且存在于同一论题中。然而(居鲁士大帝自前 559 年统治波斯直至前 530 年去世),居鲁士在物理层面和现世中的消亡,允许色诺芬用他的事迹自由创作,因为历史上的居鲁士早就归属于古典希腊的一种范式。[1]《居鲁士的教育》提供了一个领导权的模型,它关注必要美德的培养与适当知识的获取,以激发追随者的自愿服从与支持。[2] 无论这种领导方式被正面解读为植根于荣誉,还是负面解读为植根于欺骗,[3]在客观上它都是有效的。居鲁士用他少年时所学,以及刚成年后的一些有意义的对话(例如他父亲冈比西斯给予的广泛教导,Cyr. 1. 6. 1 - 46)建立了一个忠诚可靠的帝国。居鲁士死后这个帝国便进入衰亡(Cyr. 8. 8. 1 - 27)这一事实使许多读者困惑,但在任何情况下,它都可用来表明体制对人的极度依赖,无论此依赖是好是坏。[4]

那么,色诺芬笔下的居鲁士是如何脱颖而出且成就功绩的呢? 居鲁士领导力的主要品质可被描述为对人性的爱、对学习的爱和对荣誉的爱。[5] 但同样关键的是居鲁士对其臣民的幸福与富强的追求,因为(在色诺芬笔下苏格拉底的世界观中)改善自身与他人是优秀领导的主要功能之一。[6] 虽然色诺芬明晰地把居鲁士创作为一个模范而不是一个人,但这位国王在许多方面与色诺芬对其他领袖的描述一致。正如波斯人的生活方式与斯巴达人的生活方式有某些共同之处,[7]居鲁士的一些个人品质与经历也与色诺芬的其他描述重叠。

居鲁士在其少年时代擅长骑术与狩猎(Cyr. 1. 4. 5 - 15),当他离开祖父在

---

① Sandridge 2012:2;关于色诺芬的修辞作品,Gray 2011:7 - 30;Gray 2004a:171;Gray 2000:144。

② 见 Tamiolaki:2012,567 关于色诺芬认为知识与美德是领袖重要品质的论述。在理想的情况下,追随者们将会发现他们自己、他们的事务以及他们的国家会通过领袖的榜样与能力,从而发挥出最大的潜力:Gray 2011:24。

③ 见 Reisert 2009:296 - 298。一个积极的解释代表着更直接的解读;一个消极的解释则需要更讽刺与颠覆性的方法。Tamiolaki 2012:565 提出了适当的警示,并且建议走中间路线;Gray 2011:246 - 290 是一个认为色诺芬确实在褒扬居鲁士的近来看法。

④ 关于反对的观点,见 Reisert 2009:297 nn. 10 - 11;Browning 2011,引 Gray 2011(尤见 246 - 263)。

⑤ Sandridge 2012.

⑥ Gray 2011:25 - 30.

⑦ 参阅 Azoulay,2007a;Kroeker 2009:206。

米底的宫廷而到波斯去时,他就将自己的欲望置于其父与国家的召唤之下(Cyr. 1. 4. 25 - 26;如上所述,阿格西劳斯亚洲远征撒返斯巴达需要同样的无私,尤见《阿格西劳斯传》)。居鲁士认为在军中美德会引生美德(Cyr. 2. 2. 23 - 25),正如来库古相信其会发生于斯巴达城邦中一样(Lac. Pol. 10. 4 - 7)。像阿格西劳斯一样,如果符合他的目的,居鲁士也可以仁慈地对待敌人(Cyr. 7. 1. 40 - 46,对待埃及人)。然而,他的一些行为——无论积极消极——与《希耶罗》中讨论的情况最为相近。像多疑偏执的希耶罗一样,在居鲁士征服了巴比伦后,他就组建了一支警卫队(同时也为宫殿与城市派驻守卫,Cyr. 7. 5. 58 - 69;Hier. 5. 3,6. 4,6. 10 - 11,10. 1 - 3)。他也通过将贵族与其绑定在一起,而非鼓励他们彼此结盟来寻求安全。① 然而,在其他方面,居鲁士似乎接受了西蒙尼德在《希耶罗》11. 1 - 15 中提出的许多关于优良统治的建议②:不仅作为子民的领袖,还要作为子民的指导者(Hier. 11. 2;对比 Cyr. 3. 3. 49 - 55),嘉奖臣属中最优者(Hier. 1. 2,6 - 10,及 Cyr. 2. 2. 20),耕耘于其人民和民族的功绩(Hier. 11. 1,7,及 Cyr. 8. 1. 9 - 39,8. 6. 10 - 18),并且将利益分配给那些他所寻求的忠诚者(Hier. 11. 13 - 15,及 Cyr. 8. 2. 1 - 28,8. 6. 23),以使所有人都自愿地服从(Hier. 11. 8 - 12,及 Cyr. 4. 1. 19 关于军队的部分,1. 1. 3 - 6 关于帝国的部分)。

因此,居鲁士与色诺芬笔下的所有领袖一样,比乍看起来复杂得多,也必定是不完美的。③ 阿格西劳斯在其同名颂歌中被有选择地呈现出来,以至于《希腊史》中对比鲜明的景象不得不被现代读者认为是一种纠正。希耶罗明白僭主政治的固有弊端,但并未想出自己的解决办法。《追忆苏格拉底》中处于(或渴望处于)雅典政治优越地位的对话者需要苏格拉底的更多教导。④ 甚至苏格拉底本人,在某种程度上被色诺芬认为理想领袖,实际上也不能将他的道德美德直接应用于活跃的政治生活中,尽管他建议学生们这么做。⑤

那么,当色诺芬自己成为领导者时会发生什么? 他是否也是不完美的?

---

① Cyr. 8. 1. 48. 有些微不同但相关的观念可对照于 Hier. 5. 1 - 4,6. 13 - 16。
② 关于《希罗》与《居鲁士的教育》间的一些主题联系,见 Aalder 1953(认为前者晚于后者)。
③ Tamiolaki 2012.
④ 见 McNamara 2009。
⑤ Tamiolaki 2012:580 - 587。

即使色诺芬用《长征记》来为自己的行为与理念作辩护,①但他极不可能会标榜自己比苏格拉底优秀,实际上他也没这么做。相反,他对为支持反叛的波斯王子小居鲁士而进行远征的记述,就包含了他未能正确理解苏格拉底建议的一面(Anab. 3.1.5-7)。但色诺芬在他的叙述中对他自己登场所作的安排,也暗示着他一定要取代居鲁士这一常被理想化的人,②就好似小居鲁士与其著名的同名祖先拥有着相同的品质(尤其注意对比在《长征记》第一卷第九章第一至第三十一节中他的悼词与《居鲁士的教育》第八卷中对老居鲁士的领导的长篇论述)。③ 在《长征记》第一卷第八章第二十七节中,小居鲁士在战斗中阵亡。在这一当口,色诺芬终于登场。《长征记》第三卷第一章第四至第二十六节内包含了色诺芬从行伍中崛起至指挥的记叙,由一个预言性的梦开始(Anab. 3.1.10-12),以色诺芬谦逊温和的建议——他愿意服从或是领导为结尾(Anab. 3.1.25)。

作为一名指挥官,作为"人物角色"的色诺芬确实展示出了许多作为"作者"的色诺芬在其他情境中也赞同的积极特点。他愿意且能够通过鼓励与示范来领导队伍,正如他鼓舞士气时一样,从他的马匹上跃下,接过力竭士兵的盾牌(Anab. 3.4.46-49),或是在大雪中劈柴(Anab. 4.4.12-13)。他将军队的要求放在他个人之上,也并不把饮食歇息等生理需求放在首位(Anab. 4.3.10)。他很虔诚,这可以从他的礼物、祭品和其他侍奉众神之事物上看出来(Anab. 3.1.5-7, 3.1.10-12, 4.3.13, 5.3.5, 5.6.15-16),并且他愿意为了同胞的意愿而牺牲自己潜在的荣耀。④ 他也不能免于军队的批评,尽管这种情况经常发生于部下误解了色诺芬的行为与意图时。例如,当色诺芬渴望建立一个殖民地时,士兵们并不愿意追随他,因为他们获悉了关于色诺芬行事动机的并不准确的信息(Anab. 5.6.15-35),他们还因他施暴的消息而感到

① 参阅 Flower 2013:31-38;Cawkwell 2004:59-67。
(作者于此利用居鲁士一名指代老小两位居鲁士,在长征故事中,色诺芬要取代小居鲁士;在理想范型上,色诺芬要取代老居鲁士。——译者注。)
② Ferrario 2014:193.
③ 但参阅 Flower 2012:188-194,认为小居鲁士在许多重要方面都比不上老居鲁士,最显著的便是虔诚,而且他也并非唯一的正面人物。
④ 尤见《长征记》5.6.15-31,色诺芬在其军队的压力下放弃了成为殖民地建立者的想法,以及6.1.7-31,色诺芬拒绝了单独指挥的可能,因其似乎违反神意。关于这些段落的更多信息,见Ferrario 2012:368-369。

愤怒,直到真相大白,原来这一举动是为了他们的军事"社群"着想,而惩罚了一个试图将受伤战友活活烧死的人(Anab. 5. 8. 12)。在此色诺芬以一种老师对待学生、家长对待孩子的方式,捍卫了他给予应得之人的纪律,并且对他所分配的义务与荣誉给予了同等的提醒。正如可以预计的那样,在此人物、此作者、此书的背景下,这篇色诺芬领导哲学的概述受到集结起来的士兵的热烈欢迎,色诺芬以作者的口吻说道:"事情完美平息了"(Anab. 5. 8. 13 - 26,引语位于 26)。

　　如上所述,总体而言前四世纪,尤其是前四世纪的政治思想,对杰出个人在公民事务中的作用特别感兴趣。柏拉图、伊索克拉底和色诺芬都是此观点的关键智识贡献者,但柏拉图集中精力阐述原理时,[1]其他两个作家则从不同的政治文化背景出发,以美德为中心关怀,用不同的视角在其著作中关注着历史上的领袖们,不论过去与现在。[2] 伊索克拉底甚至为同时代的政治人物写了一系列的文章,不仅针对政策与行为,还在道德方面给出建议:他的《书信集》1—9 的部分就是写给叙拉古的狄奥尼修斯、马其顿的腓力二世(他收到了两封信)、安提帕特、马其顿的亚历山大三世、费莱的杰森之子(the children of Jason of Pherae)、赫拉克利亚的提莫修斯,以及那些在米提列涅的掌权者和斯巴达的阿奇达姆斯三世。[3] 甚至在政治指向的话语中,个体的生存方式都优先于(例如)宪政体制结构而得论述,这可被视为希腊化时代以个人为中心的君主政治的先声。[4] 显然,伊索克拉底主张由腓力领导可能的对波斯的泛希腊远征,似乎就指向了这个方向,即呼吁一个强大且有魅力的人掌握领导权。[5]

四、邦际关系

　　城邦之间的联系也是色诺芬非常感兴趣的:尽管出于十分不同的原因,但它们构成了他最长的著作们——《居鲁士的教育》《长征记》《希腊史》的中心

---

[1] 见 Forsdyke 2009:242 - 243 的简要总结;也见 Johnstone 2009:146 - 187,对比柏拉图式理想主义与伊索克拉底式实用主义。

[2] Azoulay 2006b:152.

[3] Isoc. 2 与 3 提供了更多伊索克拉底在优秀领导方面的道德建议。

[4] 于 Azoulay 2006b 中处处可见,但总结于 152—153。

[5] 尤见 Isoc. 5 与 12。

主题。在《居鲁士的教育》中,居鲁士是国民向外交和军事大帝国前进的领袖,而且他新老附属们的忠诚被描绘为他优先考虑的事情。[①] 他不仅关注个人的待人接物,还关注这些行为能够为邦际关系提供的教训。[②] 在此,身为"角色"的居鲁士展示出了一种色诺芬可能也用于别处的思考方法,即偏向以人与人道的角度理解大范围的政治互动。[③]《家政论》提出的家国同构的模式,[④]《追忆苏格拉底》中苏格拉底关于公共与私人责任的主张,在其方法路径上二者十分相似,[⑤]甚至《希耶罗》中个人经历与统治权密不可分的关系,都是色诺芬以同样的宏观概念进行写作的不同例子。

对于一些学者来说,像色诺芬这样的分析范围,总的来说可以被解读为将道德或价值观纳入政治思维中,尤其是纳入国际关系中,使之成为一种形容任何既存解释与修昔底德的现实政治之间差距的方式,[⑥]使之成为一种甚至在希腊文化的伦理框架内,主要由对利弊的考虑来决定邦国交互的世界观。[⑦]例如,虽然色诺芬与修昔底德一样意识到非理性的情绪对政治决策会起到消极影响,[⑧]但他还是更倾重于人的因素,比其前辈更频繁地说教,也体现了一种前四世纪人们对远近历史的看法。[⑨] 这种色诺芬似乎曾活跃参与的道德转向,有助于解释为什么《居鲁士的教育》中的学者们有时想弄清楚,居鲁士王国的帝国形式是否真的要求,或者说允许波斯和居鲁士本人(在色诺芬笔下)都渴望的那种高尚领导力。[⑩] 愿景与结果之间明显的内部冲突,实际上可能展示出色诺芬与他自己理想的斗争,尤其是在这样一种并无文献负担的想象"历史"中。[⑪]

广义上《居鲁士的教育》的主题内容,可能部分由色诺芬在世时波斯的地

---

① 如 Cyr. 3.1.9 - 43(对亚美尼亚王室展露的仁慈),7.1.40 - 46(以长处为依据来处置埃及人),8.2.1 - 28,8.6.23(居鲁士通过捐助来获取人民支持)。

② 尤见 Lendon 2006,分析了 Cyr. 3.1.14 - 31 的内容。

③ Low 2007:173(概括了古典希腊思想),被引于 Christ 2012:121。

④ Lendon 2006:83.

⑤ 参阅 Gray 2007:3; Reeve 1998: 1; *Mem* 3.4.12。

⑥ Christ 2012:120 - 122.

⑦ Lendon 2006: 96 认为这发生在恐惧的背景下;Grissom 2012(见 3 - 6)认为修昔底德区分了两种类型的恐惧:对风险的厌恶和害怕失去荣誉与地位(3)。

⑧ Lendon 2006: 95 - 98.

⑨ Pownall 2004.

⑩ 参阅 Nadon 2001; Carlier 1978/2010; 对照 Gray 2011: 246 - 290。

⑪ 见 Sandridge 2012:2,以及 Lendon 2006:82。

位是希腊人的主要关注这一事实而得到诠释。然而，对于如何处理这个问题多多的邻国，各方并没有达成共识。公元前五世纪的希腊人，尤其是雅典人，从许多方面通过波斯战争的经历来定义他们自己，[①]但是到前四世纪，是该经略或是攻击波斯就不甚清楚了。一个明显且再次带有潜在伦理色彩的回应是泛希腊主义，它提倡希腊人跨越城邦藩篱的联合，共抗外敌，尤其是波斯人。

例如，伊索克拉底呼吁一个希腊民族的同盟来入侵波斯，解放小亚细亚那些受波斯人统治与征税的说希腊语的城邦，并且吞并波斯的疆土。[②] 但波斯是一个复杂的敌人：它不仅长期支持着各希腊城邦旷日持久的相互斗争，还安排甚至强迫和约的签订。它还雇用希腊雇佣军来达成自己的目的，最显著的就是公元前399年小居鲁士政变期间，首先将色诺芬与万人军引入而为波斯服务。一旦军队的目的变更了，那么解读万人军的一种方式就是把它看作是一种实际上的泛希腊远征，只不过它只是单纯地从波斯控制的领土上杀出一条血路，而非入侵。伊索克拉底并没有以这种方式看待万人军的经历，而是把它解释为波斯软弱的一个标志，甚至认为是斯巴达大规模征服计划的一部分。[③] 但可以认为泛希腊主义确实影响了《长征记》中色诺芬对一些重要主题材料的展现，[④]包括对波斯和波斯人的负面描写，和对希腊"自由"的赞扬。[⑤]

不管是否可取，在《长征记》独特的背景环境之外，泛希腊主义是否仍能在色诺芬视下的世界中立足？有人认为在公元前四世纪，泛希腊主义是一种强大的修辞工具（相对于实用工具而言），但讽刺的是，它经常被希腊人用作武器来相互攻击。[⑥]《阿格西劳斯传》自然的乐观主义似乎在各个方面提倡泛希腊主义，而《希腊史》则以最详尽的史学细节来揭示色诺芬时代希腊各邦之间的互动，总的来说它似乎更提倡谨慎保守的设想。[⑦] 历史环境决定了一些记载：

① 关于此时期雅典与波斯的关系（包括吸引力与敌意），见 Miller 1997。
② Flower 2012：170；Flower 2000：65 – 66，被引于 Mitchell 2007：xvii；也见 Mitchell 2007：xv-xx，一个基于此话题的学术史小调查。
③ Perlman 1976 – 1977：247 – 249，引自 Isoc. 4. 145 – 149 关于波斯的部分和 Isoc. 8. 98, 12 – 98 – 105 关于斯巴达的部分。
④ Flower 2012：170 – 201；Rood 2004a；Laforse 2000 尤见 85 – 87；Laforse 1998：56；Moles 1994。
⑤ Dillery 1995：41 – 98，尤见 60 – 63。
⑥ Laforse 1998：56 – 57.
⑦ Laforse 1997：216 – 261（被引于 Laforse 1998：58 n. 9），对比了《阿格西劳斯传》与《希腊史》中此话题的叙述。

雅典帝国在伯罗奔尼撒战争结束时随着它的城墙一起瓦解了(Hell. 2. 2. 23)，而斯巴达对亚洲的大远征不仅是对薛西斯远征，还是对万人军长征的一种象征性回应，但因希腊内部纷争而被召回(Hell. 4. 2. 1 - 8)。尽管泛希腊主义情绪确实在《希腊史》中出现，尤其是在演说词中，[1]但此书的结局——通常被认为是悲观的——只是在两败俱伤的曼丁尼亚战后放弃了叙述，并未对大规模的后果作出结论性的评价(Hell. 7. 5. 27)。第六卷中，围绕色诺芬对留克特拉关键一役的叙述而作的演说，可以说勾勒出了一幅雅典和斯巴达如能搁置分歧，就可取得广泛好处的愿景，[2]但到《希腊史》的结尾，它也没有实际达成。相反，前四世纪初，希腊内部不断的冲突消耗了所有的战力，尽管某些人确实引起了注意与赞扬，但在某种程度上，所有的城邦都输了。

五、结论

近年来，色诺芬无论是作为作家还是思想家都得到了正视，这已成为老生常谈了，但值得注意的是，其中也包括了他的政治思想。本章认为，色诺芬在这一领域的思想广泛涉及许多不同类型的人类群体，将对困境的判断与对理想的想象融合，且在其作品主体中令人侧目地保持一致。色诺芬明显是其时代与自身经历的产物，但尽管他和(诸如)柏拉图、伊索克拉底在贵族背景、教育与兴趣上相似，他仍然能够塑造一个对希腊世界独特的看法，此看法既是实用的，也是理想的，有时还是创新的。正如色诺芬时常做的那样，想象一个希腊各邦和平共处，且其居民培养最佳潜能的前四世纪，这几乎与我们对其历史长久以来的认识不符，但它代表了一种思想上的尝试，现代世界有时可以加以仿效。[3]

译者简介：黄方焜，西南大学历史文化学院、希腊研究中心硕士研究生；徐海涛，TESOL 硕士，任职于上海朗阁教育集团。

---

① Laforse 1998 尤见 65，也见下文脚注 2。

② Dillery 1995：242 - 249，查看《希腊史》6. 3 - 5；也见《论财源》，除了简短的尾声，它以对和平带来的经济福祉的论述为结论(Por. 5. 1 - 13)。

③ 此概念源于 Breebaart 1983：134，他将《居鲁士的教育》中波斯帝国的做法描述为色诺芬的"心智实验"。

雅典的野心与提洛同盟

A. 弗伦齐　著　柳叶儿　徐海涛　译

[编者按] 本文选自澳大利亚学者 A. French 发表于 *Phoenix* 第 33 卷
(1979)第 2 期的论文,该文对学者 H. R. 罗林斯在 *Phoenix* 第 31 卷(1977)第
1 期发表的《修昔底德论提洛同盟的目的》(*Thucydides on the Purpose of the
Delian League*)一文中所提出的观点进行了反驳。H. R. 罗林斯通过对修氏
在其著作 1.96.1 中所选用的"πρόσχημα"(proschema)一词的分析,认为他所
指出的雅典在提洛同盟成立时宣称的目的"劫掠波斯国王的领土,以报复他们
所遭受的苦难"只是一个借口,雅典在同盟成立之初的目的就是建立帝国并统
治盟邦;A. 弗伦齐在本文中则表示雅典在提洛同盟成立初期并没有罗林斯所
描写的阴谋和野心,但历史中的"机遇"和"意外"是比人类的原始设想更强势
的存在,正如修氏著作 1.75 中雅典人的辩护词中所说的一样,是形势的发展
迫使他们扩张帝国,而一旦迈出了第一步,雅典就已无法回头。

　　学界对提洛同盟的初始目的有很多争论,弗伦齐和罗林斯对该问题的争
论其实是这些争论的一个缩影。从雅典在希波战争战后的发展道路和扩张轨
迹来看,译者认为它是主动争取成为同盟领袖的。希波战争的到来对它来说
既是考验更是机遇,是雅典动摇斯巴达传统霸主地位的一次良机,雅典在同盟
成立之初的动机和目的必然与其自身的国家利益息息相关,通过对新生同盟
的控制,雅典已为自己将来的霸权铺好了道路。

　　在一篇发表于 *Phoenix* 第 31 卷(1977 年)第 1 期 1—8 页的论文中,H.
R. 罗林斯考察了修昔底德在 1.96.1 中所选词汇的含义:

πρόσχημα γὰρ ἦν ἀμύνεσθαι ὧν ἔπαθον δῃοῦντας τὴν βασιλέως χώραν

公开的目的（proschema）是为了劫掠波斯国王的领土，以报复他们所遭受的苦难。

他指出修昔底德通过选用"πρόσχημα"一词做出了一个隐晦的判断，即同盟名义上宣称的目的只是雅典人真实意图的一个借口或掩护，而真实意图是"为达到自己的目的创造并运用权力"(6)；因为"'πρόσχημα'一直是那些出于各式原因得被遮掩起来的真实意图的一道屏障"(3)；"除了修昔底德著作中1.96.1这唯一的例外，希罗多德和修昔底德每一个有"πρόσχημα"一词的段落，都明确地以陈述'真实意图'或'真实动机'的形式提及了"πρόσχημα"的对比物。可以肯定的是，在1.96.1中，修昔底德也表明，或者至少暗示了"πρόσχημα"的对比物，即提洛同盟的'所谓目的'(4)……尽管他们（现代历史学家）在很大程度上承认公元前478年同盟成立之初宣布的计划是盟邦和雅典人的真实目的，但显然（修昔底德）没有接受这一点"(6)。在罗林斯看来，(a)修昔底德意在暗示雅典人从一开始就把提洛同盟视为遮掩他们帝国阴谋的一道屏障；(b)修昔底德通过选择使用"proschema"一词来表达他的想法。

希罗多德一共使用了"πρόσχημα"六次，修昔底德则使用了三次，这并不是一个令人印象深刻的统计样本，因此也不能作为历史解释的基础。就拿希罗多德举例，ἡ Μίλητος……τῆς Ἰωνίης ἦν πρόσχημα，"米利都是……伊奥尼亚的骄傲"(5.28)，在这里，"πρόσχημα"并不意味着"真实意图的一个屏障"，也没有隐含的对立面，该词的这一用法并不罕见，可参见索福克勒斯 *Electra* 682。

在索福克勒斯（Sophocles）、希罗多德（Herodotus）和修昔底德（Thucydides）等使用"proschema"这一词汇的第一代存世作家中，"proschema"的意思似乎是"外在的方面"，或"可能给人留下深刻印象的事情的特征"。因此它通常暗含着一个对立面，即通常存在不太明显或隐藏的方面并不奇怪；但我们可以从希罗多德和索福克勒斯的例子中看到这种对立并不绝对。所以我们也没有理由去假定修昔底德书中的1.96中必然包含一个对立面。① 如果他的确在 1.96 中隐含了一个对立面,那么很遗憾的是,人们很久之后才领会了他的意图,这一做法并没有使他的观点表达得更清晰。

罗林斯引用了第 98 章来支持自己的诠释,修昔底德在这一章对同盟的行动进行了描述,从包围爱昂始,以征服纳克索斯终。"只要读上五六句'五十年记'(pentekontaetia)②的内容,我们就能感受到这位历史学家的口气。雅典人作为同盟的霸主进行了四次行动,一次对阵波斯人,一次对阵多洛皮亚人,两次对阵希腊人。修昔底德的重点是雅典的扩张……他明确强调从一开始雅典人就利用提洛同盟来实现自己的霸权……至于其宣称的'劫掠波斯领土'的这一计划怎么样了? 此处毫无踪迹可寻(5)。"

在罗林斯看来,修昔底德以实际效果的形式而不是真实目的的形式提出了虚假目的的对立面。修氏的意图被这一事实揭露,"我们已了解到他把自己心知肚明的事情给隐瞒了下来,而这件事就是提洛同盟计划的结果……另一方面,他对雅典人袭击其他希腊城邦的战役给予了极大的关注(5-6)"。

根据罗林斯给出的这种解释,我们应该可以在第 98 章中找到有关同盟"真正的目的"的陈述(因为修昔底德相信雅典人看到了这一点)。然而我们没有找到"真正的目的",只找到了一个包含四个行动的简短清单。在罗林斯看来,修昔底德从所有行动中选出的这四个特殊的军事行动暗示了"真正的目的"。这四个行动都是在同盟的头十年里由同盟者进行的,它们与"劫掠波斯领土"无关,而主要与雅典以牺牲其他希腊城邦为代价的扩张有关。

为了检验罗林斯论点的正确性,人们必须思考修昔底德对这四种行动的选择是否可以用其他方式来解释。这个问题本身引起了人们对这位历史学家在《五十年记》中的著史目标和行文方法的关注。既然同盟宣布的计划是劫掠

---

① 为了节约篇幅,我简化了罗林斯的论点。他解释了他论点中一个明显的例外,他给出的理由是"proschema"有两种含义,来自前缀 pro-的两种含义:"proschema"源于对 pro-=in front of(在…前面)的使用,通常在希罗多德和修昔底德的著作中是指"伪装或借口",而不是"真正的意图"。但是,这个词目前有两种含义可运用的这一事实对修昔底德同时代的人来说肯定是模棱两可的。因此,坚持修昔底德必须在这里使用罗林斯所假设的意义是不合理的,修昔底德著作的受众将不会发现任何歧义。

② "五十年记"(pentekontaetia),希腊语写作"πεντηκονταετία",通常指修昔底德《伯罗奔尼撒战争史》中 1.89—1.118 的历史记载,涵盖了从公元前 479/478 年希波战争结束到公元前 5 世纪 30 年代初伯罗奔尼撒战争爆发前的近五十年的历史时期,故称"五十年记"。——译者注

国王的领土,为什么修昔底德不接着记述这种性质的盟军的重大行动,而只记述了在斯克罗斯、卡利斯托斯和那克索斯的那些明显微不足道的动作呢? 答案涉及修昔底德在其战史中收录《五十年记》这篇文章的目的。

尽管《五十年记》作为我们唯一可靠的历史研究来源而通常被视为公元前479—前435年的雅典简史,但它并不是修昔底德作为袖珍小史来撰写或呈现的。正如修氏所明确指出的,《五十年记》这篇文章的目的是解释他给出的结论——公元前432年斯巴达做出的开战决定与其说是由于公民大会上提出的那些论据,不如说是由于担心雅典的进一步扩张(Thuc. 1.88)。这一结论与前文的判断(1.23.6)相呼应,即伯罗奔尼撒战争爆发的根本原因是心理上的:雅典的所作所为给希腊带来了一种恐怖的气氛,是这种气氛而不是科西拉和波提狄亚的冲突引发了战争。修昔底德暗示,如果没有恐怖的气氛,冲突可能不会产生燎原的大火。修昔底德通过考察雅典人在提洛同盟成立之前(但主要是之后)的行动,证实了他关于这场战争的"真正原因"的观点。她作为霸主的所作所为是至关重要的:就《五十年记》这篇文章的目的而言,雅典在提洛同盟计划的最初纲领之外滥用其领导权的行动比她依规进行的那些行动重要得多。在《五十年记》所涵盖的时期中,盟军舰队每年都在爱琴海巡航;如果修昔底德选择这一时期进行历史研究,并使用他在《伯罗奔尼撒战争史》中惯用的近似尺度,那么该时期的内容会多不胜数。但从大量的行动中,他选择了一个与他的目的直接相关的微小样本。在第97章,他简要地解释了他的选择方法。他提出盟军行动的三种类别,这实际上表明了雅典帝国主义发展的三个阶段。这三种行动分别是针对蛮族人的行动,针对雅典同盟者的行动,以及针对伯罗奔尼撒人的行动。这些行动在时间上相互重叠,但其类别在逻辑演进上是前后相承的。修氏的《五十年记》通过严格选择的事例,旨在表明雅典势力的扩张如何一步步地导致了恐怖的气氛,从而引发了全面的战争。

《五十年记》中建立的历史模型必须加以简化,但为了达到自己的目的,修昔底德对这些模型都进行了充分的说明。为了将自己给出的每一类行动说清楚,修昔底德在早期只举一两个例子。在第98章中,他引用了攻陷爱昂一事作为盟军舰队夺得波斯占领区的直接事例:我们可以肯定,还有很多其他的波斯占领区也被攻陷了。斯基洛斯被囊括进来或许是因为它是首个被雅典人殖民的"解放区",而这一步并没有写在同盟的官方指导方针中。卡里斯图,一个曾与波斯侵略者勾结并因此遭到报复的希腊城邦，被迫加入同盟：正因为这是一种强制行为，所以才有被纳入《五十年记》的价值。我们现在谈到第二类行动，修昔底德引用了那克索斯的案例，它是第一个叛离雅典、又被俘获并"奴役"的盟邦。为了提醒读者注意他的选择方法，修昔底德在这里提到了其他类似的例子；但他同样认为没有必要对这些例子进行详述。虽然如罗林斯所说，对那克索斯的征服在《五十年记》中只出现了五到六句话，它发生在国王阿塔薛西斯继位之前，但从修昔底德 1.137.2（地米斯托克利斯逃往亚洲）来看，显然是发生在不久之前；学者们将那克索斯战役的时间定在公元前 470 年到前 465 年之间，可能有人更倾向于公元前 467 年到前 466 年[①]之间。因此我们不能假设修昔底德打算强调雅典人从一开始就利用提洛同盟来进一步达成帝国主义的目的。修昔底德采用简短的叙述和严格的样本配给来说明一个观点是在履行自己在 1.97 中许下的承诺。一开始，他并没有把太多篇幅用于盟军针对波斯占领区的行动，因为这些行动对他所宣布的目的来说重要性有限。在《五十年记》的后半部分，他确实讨论了在东南部的潘菲利亚（1.100）、塞浦路斯（1.104）和埃及（1.104，109—110，112—113）针对波斯占领区的那些更加恢弘的行动。那些行动展现了雅典势力的增长、雅典的英勇和她所遭遇的挫折；但其结果对希腊的境况来说有副作用，因此它们也变得与《五十年记》的写作目的直接相关。《五十年记》证实了修昔底德对"最真实的原因"的判断，因为同盟如今已成为了一种武器，被用来对付那些曾加入同盟而如今又想摆脱同盟的希腊人，也成为了希腊日益忧惧的原因。

修昔底德在《五十年记》中关注的是雅典如何向希腊各城邦施加如此可怕的压力，并从而产生一种恐怖的气氛：他揭示的是帝国扩张的机制而不是动机。在别处（1.75），他对雅典人的动机进行了仔细的分析：这种分析以演说的形式进行，不一定代表这位历史学家的观点。但这种分析与《五十年记》所记载的史事是一致的，因此是可信的。雅典人辩解说，帝国不是靠武力得来

---

① 当波桑尼阿斯因涉嫌叛国罪被捕时，在审讯中所获得的证据表明被流放到阿尔哥斯的地米斯托克利与此事有牵连，地米斯托克利随后摆脱了被派来逮捕他的雅典官员，被风暴吹向了被雅典舰队包围的那克索斯（Thuc. 1.137.2）。他逃到了亚洲，并向刚成为国王的阿塔薛西斯（其他地方记载的日期为公元前 465—前 464 年）呈上信件；关于日期的讨论见 M. E. 怀特，*JHS* 84（1964）140—149。

的;盟邦要求雅典承担领导责任是自愿的①,但是一旦手握权威,雅典就发现自己成为了环境的囚徒,他们越来越不可能放弃他们所获得的权力,因为他们害怕就这样放弃会给自己带来的后果。随着命运的转变,驱使他们的动机也发生了变化。一开始的动机是恐惧;然后变成了对声名的渴望;后来又有了利己主义的刺激。一旦雅典用帝国手段赢得了不信任和猜疑,放手就是危险的。她在公元前432年达到如今的地位,并不是有意为之,也不是出于邪恶的野心,而是因为权力的冲力驱使着她前进。

他们在该场合的辩解与他们在其他地方发表的观点是一致的,即一旦一个国家发现自己处于统治者的地位,就再无回头路可走了;事实上,雅典已经骑虎难下。② 总的来说,权力是动态的,必须不断扩大;权力永远不会保持静止。与希腊的僭主们一样,雅典运用权力主要是为了获得更多的权力:帝国主义一旦开始发展,就进入了一个自我维持的过程。

《五十年记》中所阐述的帝国扩张机制与修昔底德在1.75所描述的雅典人的动机组合成了一幅连贯的画面。帝国的野心只会随着条件的变化而逐渐发展。雅典向帝国主义的过渡既不是有计划的,也不是受控制的,而是一个几乎机械的、非自愿的过程。该观点与那种认为提洛同盟从一开始就抱有建立帝国的野心的观点截然相反。

我们可能会问,这两种解释——对形势变化的渐进反应,还是帝国主义的长期计划——哪一种更符合修昔底德在别处的叙述,甚至更符合他对人类事务的大体处理。特别是1.73—78中所记述的雅典人在伯罗奔尼撒大会上的演说,我们能给予多大程度的重视? 它仅仅只是一种报告文学,是对一场辩论所做贡献的记述,在辩论之外就没什么特殊的意义吗? 还是说修昔底德将其作为自己对雅典人自我认知中的动机的看法而插入? 这个问题不能简单地一概而论,修昔底德使用这些演说的整个问题都牵涉其中。但有些要点需要评价。一个雅典的演说者到底应该为一场伯罗奔尼撒的辩论做出什么贡献,这真是一个谜团。这篇演说并不在争论的范围内,也没有涉及针对雅典的指控。

---

① 雅典人声称(1.75.2)他们是应盟邦的要求接管了希腊联盟的领导权;修昔底德本人证实了(1.96.1)盟邦对雅典领导权的默许是自发的。

② 参见430年伯里克利对雅典观众所说的关于他们帝国地位的告诫。"你们再也不可能摆脱它了……你们占有它就像一个暴君占有他的权力一样;拥有它或许是错误的,但现在放弃它就太危险了。"(Thuc 2.63.2)

由于该演说显然对所做出的决定没有任何影响,因此将其纳入战史中的主要理由似乎是因为它体现了修昔底德本人认为雅典人是如何看待当时的形势的,也就是说,它作为一种提供给读者的信息比作为对现实辩论的贡献更具历史意义。演说中所表现出的情感与修昔底德叙事中的其他地方所表现的情感是一致的。总的来说,我们有很好的理由相信,在修昔底德看来,这就是雅典人对形势的看法。①

关于罗林斯的论文所提出的观点,修昔底德的文本中是否有足够的理由来使我们可以假设他将雅典帝国主义的进步视为实现了雅典领导人在公元前477年所看到的目标? 难道同盟的官方目的仅仅是为了掩盖一个更险恶的目的? 支持这一观点的理由似乎没有说服力,因为来自修昔底德文本的证据实际上可以在不需要理论的情况下得到解释。但这个问题仍然很重要。雅典的决策者是在什么时候将提洛同盟作为帝国主义的工具来使用的? 建立帝国的意图在同盟成立之初就存在吗? 还是说,同盟之后的发展主要是对充满变数和难以预测的一系列情况的反应?

在修昔底德的著作中很难找到证据明确指出这种情况下的初始意图理论;或者说,找到历史通常是由初始意图的实现所构成的理论。相反,这位历史学家对证据的选择似乎暗示着截然不同的意思。他的著作非常强调机遇对人类事务的干涉,并一再倾向于提及事态发展的矛盾性。以《五十年记》为例,真正危险的阶段始于修昔底德笔下第三种类型的行动,即对伯罗奔尼撒半岛的战役。但是导致雅典转变政策的一系列事件是由一个纯粹的意外,大地震,以及一系列无法预测的后果造成的:斯巴达无力应对奴隶起义,他们对雅典的呼吁,雅典人远征及其惊人的结果。它是历史的转折点,就像派罗斯远征引发了一连串非同寻常的后果,或阿奇达姆斯战争期间雅典爆发的瘟疫一样出人意料。

罗林斯的观点与修昔底德对历史的整体态度有关。人们能相信人类创造了历史吗? 从这个意义上来说,历史上所出现的一切都是计划、野心和策略的成果? 一个民族的历史是否在某种程度上类似于一个人的生命,也就是说,当他达到 X 点时,把他的行为追溯到一个早年间的抱负是合乎情理的,而他的

---

① 关于修昔底德意图的分析,见 J. de Romilly 的探讨,*Thucydides and Athenian Imperialism* (tr. P. Thody, Oxford (1963) 242 - 254:我赞同她的观点。

成功就是最终将这种早年的抱负化为现实。历史在多大程度上主要是国家目标的成与败,是人们思想观念化身? 或者与此相反,一个民族的历史更应该被看作是一团由错误的步伐、错失的机会、变化的目标和混淆的目的所糅合而成的乱麻,换句话说,是一套前后矛盾的即兴创作,以应对错综复杂的意外事件? 如果一个人的观点更接近后一种理论,那么试图将最终结果追溯到任何一种初始设计(数量繁多且变化多端)和任何一种持续的长期政策中都是徒劳的。这两种极端的历史观哪一种更接近于修昔底德? 批评家们可能在这个问题上持不同看法,但修昔底德的著作提供了大量证据证明了他对这样一种理论并不陌生——机遇在历史上是比人类设计更强有力的原则,那些历史创造者的天资最清晰地表现在他们面对无法避免的意外时即兴发挥的能力上。

有人可能会认为,一位如此重视偶然性在人类历史中所起作用的历史学家,不太可能将最终结果归因于坚定的意图,因为最终结果应被归于一群反复无常的选民所做的最后一搏。修昔底德对公元前 478 年雅典人的动机没有明确表态:若我们要推测雅典人真正的意图的话,修氏著作中 1.96 这一节对我们并无多大帮助。然而这并不能阻止我们对雅典人接管同盟领导权的动机中的利他主义产生某种怀疑,正如罗林斯指出的(7—8),希罗多德显然也持这种怀疑态度(8.3.2)。我们不难相信,在战后那段艰难的时光里,雅典人一定会千方百计地利用这种混乱的局势。雅典失去了两次收成,经济状况很糟糕;供给线暂时中断,人们普遍需要救济物资;曾经在爱琴海进行大批运输贸易的伊奥尼亚诸邦由于起义和战争的影响丧失了大部分运输能力。当时的局势使得海军力量和对海上航道的控制受到重视;雅典最大的财富是她先进的舰队和后勤补给船,而它们的数量很可能因为缴获了战利品又大大增多了。利用这种混乱局势就意味着要为了雅典的利益最大限度地利用舰队。理想的目标是保护和挪用物资,掠夺金钱和财富,为殖民者夺取土地。同盟的领导权显然让雅典人实际上能够决定盟军舰队的部署地点、部署方式,以及战利品分配的方式,因此具有直接价值。[①] 雅典在战争中损失惨重,但其战后的经济复苏令人震惊:她利用盟军舰队挽回了自己的损失。因此,在眼前问题的压力下,雅典

---

① 地米斯托克利在爱琴海地区的劫掠参见 Hdt. 8.110 - 112,121;客蒙对战利品的分配参见 Plutarch *Cimon* 9。

迈出了走向帝国主义的第一步：随着时间的推移，她发现自己并无意愿放弃已收入囊中的优势和权力，且放弃也变得愈发危险。这或多或少就是修昔底德 1.75 中那位无名雅典辩护者所给出的解释，它至少是合乎情理的，因为它与我们所掌握的证据相一致，也符合当时的总体情况。

　　译者简介：柳叶儿，西南大学历史文化学院、希腊研究中心硕士研究生；徐海涛，TESOL 硕士，任职于上海朗阁教育集团。

希腊文明是以奴隶劳动为基础的吗?[①]

M. I. 芬利 著 李天舒 译

[编者按] 本文译自 M. I. 芬利于 1958 年 8 月在剑桥大学举办的古希腊罗马社会联合研究会上宣读的论文《希腊文明是以奴隶劳动为基础的吗?》。M. I. 芬利(Moses Israel Finley, 1912 - 1986)是 20 世纪西方最有影响力的古史学家之一,剑桥大学古代史教授,他的主要研究领域是古希腊乃至整个古代世界的历史。芬利模式是西方学术界对芬利古代社会经济理论的概括,它初步形成于芬利批判古史现代化学派的初期,后随着芬利对古希腊罗马社会经济问题研究的深入而渐趋成熟。M. I. 芬利尝试从社会整体与历史发展角度阐释古代社会奴隶制,他的研究激起了西方学术界对古代奴隶制问题的重视,对古代奴隶制问题的研究也开始从古希腊罗马社会的独特性出发,从不同的历史角度和研究思路进行全方位探索。在古希腊的城邦世界中,除了少数例外情况,任何时期、任何地区无论生产性或非生产性的、公共或私人的所有社会活动,都有奴隶的参与;奴隶的数目并不比自由民多,他们被雇用到需要劳动力的场所参与社会劳动,拥有一定财产权,但没有土地与政治权,并有着与其劳动贡献不相符的社会地位。《希腊文明是以奴隶劳动为基础的吗?》一文论证了奴隶是希腊自由民的动产,是维持城邦正常生产活动必不可少的存在,古希腊城邦历史是在自由民与奴隶的共同推动下进步的。

[①] 本文是 1958 年 8 月 11 日于剑桥大学举办的三年一届的古希腊罗马社会联合研究会上宣读的论文基础上的扩充修改版。遗憾的是我并未能提供完整的注释,也未能囊括最新的研究动向。十分感谢 A. H. M. 琼斯教授与剑桥大学的 M. 波坦教授,还有来自新学院的 G. E. M. de Ste. Croix 先生和来自奥比尔学院的 P. A. 布朗特先生,他们都为我的写作提供了极为重要的指导。

一

本文的主旨可以概括为两点：第一，无论何时何地，希腊人都要使用劳工来满足公共或私人领域的劳动需求。我认为，希腊人若是想满足城邦农业、贸易、制造业、公共劳动与战备生产等领域的生产需求，就必须使用具有人身依附关系的劳工。在我看来，所谓的具有人身依附关系的劳工是指那些被迫参与劳动的人，而不是那些出于某些亲属关系或公共义务而自愿参与劳动的人。[①] 第二，除了一些极为罕见的情况，大多数自由民从事生产性的劳作，我的意思不是说他们作为自由人被雇用，而是他们在自己（或租赁）的土地上耕作，或在自己的店铺或家庭作坊中从事手工业生产经营活动。我们可以在这两点概括所创造的框架内去寻找奴隶在古代社会中的地位这一问题的答案。最后，我认为奴隶身份在法律和公众视角下指的是一个人的社会地位，也就是说奴隶是自由人的财产，而且是一种动产。[②]

任何阅读过希腊文献的人，都能看出古希腊人皆认为奴隶制的存在是理所当然的。在荷马史诗中，被俘虏的女性会被当作奴隶卖掉，还有那些男性奴隶——他们有些是假扮成腓尼基商人的海盗劫掠行为的受害者——也会随时被卖掉（后来这种行为被证实存在）。公元前 7 世纪，波奥提亚的"农民"诗人赫西俄德在自己的著作《田功农时》中记载了许多富有实践性的建议，他告诉他的兄弟如何正确地使用奴隶，虽然他所认为合理的奴隶使用方式是通过假设实现的。[③] 色诺芬在《家政论》中写给农民绅士的指南也与之相同。公元前375 年左右，一个雅典的跛子对政府放弃给予他救济金的裁决进行上诉，他在议事会上说："我经营一个可以给我带来微薄收入的小生意，但是我几乎不能自己独立工作，我也没钱雇用一个人来替我工作。"[④]创作于公元前 4 世纪末至前 3 世纪初的伪亚里士多德《家政论》的第一章中，平白而淡漠地表达了作者

[①] 同样不包括雇用劳动体系中的"经济强制"现象。

[②] 这显然不是对"奴隶是否是一个正常的人"这一问题的有效论断。奴隶制问题研究经常被外界施加压力，迫使学界对奴隶群体的人格做出一定程度的认可，比如承认他们拥有庇护权与婚姻权。

[③] 我认为 Il. 602 - 603 中的ἔριθος和θῆς指的都是奴隶，尤其从语境上来看，这两个词也许都是代指奴隶。奴隶一词在诗歌作品中很常见，如果有人质疑我的观点，那么像 W. L. 威斯特曼在他所著的《古希腊罗马奴隶制》(Philadelphia 1995)一书中描写的"赫西俄德口中的普通农民很可能使用奴隶，同时他们也使用雇工"这种用其他词汇来代指奴隶的做法也是不对的。

[④] Lysias 24. 6.

对家政的观点:"对于资产而言,首先最需要管理好的是人力资源。因此,第一步是购买质量上乘的奴隶。奴隶的类型有两种,即监工与劳工。"①波里比阿在讨论拜占庭的战略形势中十分随意地提到来自黑海地区的一种说法"生活的必需品是——家畜与奴隶"。② 还有其他许多类似的看法。

在希腊语中,表示"奴隶"的词汇有很多,我所掌握的知识不足以完全概括。③ 在早期文本中,荷马与赫西俄德使用两种基础性词汇来表示奴隶,分别是dmos 和 doulos,这两个词语在使用上几乎没有区别,两者的词源也都不明确。dmos 一词很快就消失了,仅存在于诗歌作品中,而 doulos 一词被保留下来,作为一种基础性词汇贯穿整个希腊历史,并在此基础上形成了词汇 douleia,表示"奴隶制"。《荷马史诗》在一篇正文中出现了 andrapoda 一词(复数),这个词可能是在词语"tetrapoda"的基础上形成的,后来被十分广泛地应用。④在希腊化时代,当"soma"("身体")一词没有被其他形容词限定时便开始用于表示"奴隶"。

这些词汇完全表示奴役,但却无"雅典人奴役了盟邦"这类用法。从语境上来看,希腊有一组词既可以用在自由民身上,也可以用在奴隶身上,比如来自家庭的词汇 oikos 与其三个派生词 oikeus、oiketes 和 oikiatas,它们的应用方式多样、复杂,且有的用法尚不明确。例如,克里特的 oikeus 一词相比我所知道的希腊历史上出现的其他词汇来说更像是一个技术性术语,类似于"农奴"。即使在克里特,这个词汇也是十分古老的,且在前 5 世纪的文献中消失了。在其他情况下,oikos 有时仅仅表示"仆人"或是一般意义上的"奴隶"。有时,表示奴隶的词汇之间的区别很小,例如家生奴隶(与购买所得的不同)或私有奴隶(与希腊化时代贵族拥有的奴隶不同)。⑤

---

① Ps. -Aristotle, *Oec*. I. 5. I, 1344a22.

② Polyb. 4. 38. 4.

③ 我并没有将当地表示希洛人的词汇考虑进去,虽然希腊人自己习惯称这些人为"奴隶"。

④ Homer, II. 7,475.

⑤ 这些术语还需要再进行系统性的研究,我仅仅列出了其中的一部分例子。关于词汇的国别区域性变化,请参阅 Erika Kretschmer, "*Beiträge zur Wortgeographie der altgr. Dialekte. I. Diener, Sklave*", Glotta XVIII (1930),71 - 81。关于古典时代雅典表示奴隶的词汇使用情况,请参阅 Siegfried Lauffer, *Die Bergwerkssklaven von Laureion* (2 vols., Akad. Wiss. Mainz, Abh. Geistes-u. Sozialwiss. Kl. 1955, no. 12; 1956, no. 11), I 1104 - 8; cf., E. L. Kazakevich "*The Term δοῦλος and the Concept 'Slave' in Athens in the Fourth Century B. C.*" (in Russian), VDI (1956), no. 3, pp. 119 - 136, summarized in Bibl. Class. Or. II (1957),203 - 205。(一个学生,Mr. Jonathan Frankel,为我摘录了后一篇文章的相关内容。)

　　如果我们想象古代社会是由一系列不同的阶级谱系组成的,自由民处于这个谱系的一端,而奴隶则处于另一端,两者之间存在着大量未知的依附关系,那么我们可以发现其中存在两条谱系,即奴隶和克里特与农奴相似的 oikeus。另外,还可以加入四个不同的类型:希洛人(类似于色萨利的 penestes);债务奴隶,虽然他们并不是天生的奴隶,但他们会在某种情况下被卖到外国当奴隶;除此之外,还存在着在某种条件下被迫屈服的奴隶;最后,还有自由民。这六种不同的类型很少同时出现在一个城邦内,在希腊历史的不同时期他们的重要性也不尽相同。总而言之,奴隶劳动在经济和政治高度发达的城邦中起着决定性作用(假设在排除其他因素干扰的情况下)。希洛人和债务奴隶在比较传统的社会中才有所保留,例如克里特和斯巴达,甚至是在晚期的色萨利,还有梭伦改革前的雅典。不同种类的依附性劳动与其功能之间存在一定相关性,虽然这种相关性并不是十分完整的。奴隶劳动是古代社会最灵活的一种劳动形式,几乎存在于所有劳动领域中。除此之外,希洛人或其他类型的奴隶适合被投入到农业、畜牧业生产和家庭劳作中,相比之下,他们在制造业和贸易活动中发挥的作用却小得多。

二

　　除了少数例外情况,希腊任何时期、任何地区的所有社会活动,不论是生产性或非生产性的、公共或私人的、还是轻松或是繁重的,都有奴隶的参与。当然,例外情况主要出自政治领域:奴隶不能担任公职,也不能进入司法审议机构(虽然奴隶被普遍地雇用为"公职人员",任秘书、办公员、警察和监狱看守等职务)。奴隶一般不会主动为自己抗争,除非是为了获得自由(虽然希洛人似乎会这么做),他们很少从事包括医药行业在内的自由职业。从另一方面说,希腊社会所有活动都有自由民的参与。这种观点有时被否认,因其基于一种严重错误的理念,即无法分辨出一个人为自己劳动和被雇用为他人劳动之间的区别。在希腊人的价值观念中,最关键的并不是工作本身的性质(当然是在一定程度内),而是工作的条件与其社会地位的高低。[①] "成为自由民的条件,"亚里士多德说,"是指一个人并不活在其他人的控制下。"[②] 在这一点上,

---

① 参考 A. Aymard, *"L'idée de travail dans la Grèce archaïque"*, J. de Psych. XLI (1948), 29 - 45.

② Rhet. I, 9, I367a32.

亚里士多德表达了一种具有普适性的希腊价值观念。我们发现,希腊自由民大多从事各种各样的工作,也出现过拥有工资收入的自由民为另一部分人工作而"被束缚"的情况,但这种情况并不常见,在整个劳动领域中处于次要地位。[1]

古希腊世界最基础的经济活动当然是农业。在整个古希腊的历史中,绝大多数公民的财富集中在土地上。他们大多是小生产者,依靠自己与其他家庭成员的劳动、附近其他小生产者偶尔的帮助(在一年收获之时)与农闲时期出租土地所获得的收入维持生计。在这些小生产者中,有一部分人拥有一个或两个奴隶,虽然我们无法确定这些奴隶人口占总人口的比例,但这个数值显然不是最关键的问题。另一方面,大土地所有者构成了古希腊世界政治精英(通常是知识分子)群体,我收集到的证据显示,他们中的极少部分人不再依靠土地进行劳作。在古希腊的历史中,拥有土地的精英阶层越来越成为一个重要的群体;无论是在希腊城邦历史的早期还是晚期,无论他们是在自己的土地上劳动还是在城市里工作,他们的土地都将凭借依附性劳动力进行生产,这成为了一项基本原则(即使是在允许土地租赁的情况下也是如此)。某些地区采取了使用希洛人进行生产的方式,在古风时代流行的债务奴隶制也是一种较为彻底的奴隶制度。

当然,据我所知希腊农业奴隶制问题一直饱受争议。尽管如此,我接受了从赫西俄德到伪亚里士多德《家政论》等有关作者的观点;他们的写作均基于当时的历史事实,并不是一种乌托邦式的假想或是带有推测性的陈述。如果奴隶劳动不是当时社会大环境下的一种常见劳动形式的话,那么我就无法想

---

[1] 像劳动市场中的小农或小工匠花费几天或一周的时间去进行庙宇建设这种非常偶然的现象不会推翻这种理论。在雅典这样的城邦中存在着大量成年男性,他们中的绝大多数人都没有一技之长,靠打零工维持生计(当他们不在舰队中服役或被国家征用时会去做这些事情),例如那些每天聚集在Κολωνὸς μίοθιοςς(参考 A. Fuks, *in Eranos* XLIX, 1951, 171–173。)中的人群。在任何文献中都没有私人机构雇用工人劳作的记载,公共劳作经常被用来作为相反的例证,但我认为其没有足够的说服力。首先,更常见的做法似乎是劳工与工场主签定合同(即使只有他一个人工作),但劳工们并不单纯是为了获得工资而被雇用;参考 P. H. Davis, "*The Delian Building Accounts*", Bull. Corr. Hell. LXI (1937), at pp. 110–120。其次,根据我们收集的证据(大多来自狄洛斯岛)可以推断出,他们做的这类工作比较零散,且除了极少数例外情况将其作为谋生手段是不妥当的。这与以下观点相一致:在大多数在账目中出现的工匠是独立的泥瓦匠和木匠,他们有时会接受国家交给他们的工作,就像接受私人客户的订单一样。整个问题的关键在于,缺乏对雇用自由民组成正规劳动力的工场主的详细记载。

象赫西俄德、色诺芬与柏拉图等人的所作所为,也无法理解为什么许多希腊人去阅读他们的作品。① 一个相似的证据值得被提出,克洛诺斯节是古希腊人庆祝丰收的节日,每年都会在雅典与其他地方(尤其是在伊奥尼亚人之间)举行。普鲁塔克认为,这种节日的一个特点是"家主与为家庭劳动做出贡献的奴隶们在同一张桌子上分享粮食与水果,因为神明也对奴隶们的辛勤劳动表示赞许"。② 不论是当时的事实还是普鲁塔克的解释,都无法支撑现代某些作家所认为的奴隶无法在农业劳动中发挥作用的观点。

我应当在这里澄清的是:我并不认为奴隶在农业领域中的数量多于自由民、或大部分农活是由奴隶完成的,但奴隶确实主宰了当时的农业劳动,他们在一定规模的农业劳动中发挥的作用甚至超越了奴隶主及其儿子们。同样的,我认为存在被雇用的自由劳动力,但与之相比他们发挥的作用没有这么明显。另外,如果雇主的财力足够充裕且没有多余的时间和精力亲自督管自己的产业,会让部分奴隶成为监工。"对奴隶来说,"《家政论》的作者色诺芬认为,"他们有两种类型,即监工和工人。"

然而,在采矿业与采石业中出现了另一种情况:雅典部分自由民租赁了一些小型矿场并亲自去经营它们,同时引入了一部分额外劳动力(这是一种常见的现象),这部分劳动力主要是由奴隶组成。雅典最大的私有奴隶群体是在矿场劳动的工人,前5世纪的一位将军尼基阿斯③,他曾出租一千余名奴隶到矿山工作。还有人指出在雅典的某一时期,在银矿和小作坊里工作的奴隶可能多达3万余名。④

雅典的制造业与农业的情况相似(甚至更为独特),其工作主要是由自由工匠与他们的家庭成员和奴隶共同完成的。这种劳动方式与奴隶制的联系非常紧密(且没有免费的雇用劳动力),例如德摩斯提尼所说的"他们导致了作坊

---

① 那些认为奴隶制在农业中无足轻重的学者完全忽略了"家庭生活指南"所记载的内容和其他一些类似的证据,同时,他们试图通过不明确的、没有说服力的史料来证明自己的观点(参见 G. E. M de Ste. *Croix in Class.* Rev. , n. s. VII, 1957, p. 56),其中部分内容参考纸草上的记载。由于罗马统治下的托勒密埃及的农业制度与希腊地区有所不同,因此无法据此对后一种观点进行有力的批驳,参见 M. Rostovtzeff, *The Social & Economic History of the Hellenistic World* (3 vols. , Oxford, repr. 1953), I. 272 - 277。

② *Pholcohours* 328 F 97, ap. Macrob. Sat. I. 10. 22.

③ Xenophon, *Poroi* 4. 14.

④ 参考 Lauffer, op, cit. , II 904 - 916。

的消失",之后他还使用不会被误解的同义句"他们导致了奴隶的消失"①进行阐述。另一方面,与独立工作的自由工匠相比,这个领域使用奴隶的比例要比农业领域中更大一些,与采矿业中奴隶的使用情况相似。其他一些商业领域中的职员通常是奴隶,有些奴隶甚至成为了"钱庄管理员",但他们的数量很少。

最后,在家庭层面,对于可以支付起另一个人生活所需费用的自由民来说,拥有一个奴隶仆从的行为是合法的,并且他们可以让奴隶仆从在出国旅行(甚至在服兵役期间)时陪同自己,这个奴隶可以是女奴或家奴。没有比较可靠的方式来准确估计这些自由民的数目或拥有这些自由民城邦的数量,但事实上奴隶的使用情况经常在文献中被提及,奴隶劳动也被认为是一种古代社会理所当然的劳动方式,我相信许多人即使买不起奴隶也可以拥有奴隶(可以想到与之相似的一些现代观点)。我强调这点的原因有两个:首先,当人们研究诸如奴隶劳动效率与成本问题时,对家养奴隶的需求(通常是非生产性的)应该被当作一种参考;其次,家养奴隶的劳动绝不是完全没有效益的,特别是在农村地区,当然也可以是在城镇中:以直接生产提供家庭消费为基础的两种重要产业掌握在被大家族控制的奴隶手中,我倾向于认为这两种产业分别是烘焙业与纺织制造业。中世纪时,在巨大商业利益的刺激下,纺织业逐渐从家庭生产中独立出来。②

如果我们可以通过某种方式去了解,希腊城邦世界中有多少奴隶被用于生产劳作以及他们被怎样地分配于不同的生产领域,会对我们的研究有很大帮助。不幸的是,我们无法在绝大多数城邦中找到与之相关的确切数字。我认为,可以根据一种合理的计算方法推算出,在公元前 5 世纪到前 4 世纪的高峰时期,雅典奴隶的总数达到了 8 万至 10 万人。③ 雅典是古代希腊世界中人口最多的城邦,其拥有的奴隶数量也是最多的。修昔底德认为在他生活的时代,开俄斯岛上的奴隶数目比除了斯巴达外的任何希腊城邦中的奴隶都多。④

---

① Dem. 27. X. 9, 26; 28. 12; 参考 Finley, *Studies in Land and Credit in Ancient Athens* (New Brunswick 1952), 67. 至于另一篇具有决定性意义的文章,参考 Xen. *Memorab*. 2. 7. 6。

② 对于家庭奴隶作为女佣和教师的重要性,参考 Joseph Vogt 的教区演讲 "*Wege zur Menschlichkeit in der antiken Sklaverei*", Univ. Tübingen Reden XLVII (1958), 19 - 38. (Dr V. Ehrenberg 让我注意到了这篇出版物。)

③ Lauffer, op. cit., II 904 - 916.

④ Thuc. 8. 40. 2.

但我认为他所记载的是奴隶人口相对于自由民的密度大小，并不是单纯的奴隶总数（在斯巴达他记载的是希洛人，而不是作为动产存在的一般奴隶）。在其他地方，例如埃伊那或科林斯，也许曾经拥有过比雅典更高的奴隶占比。与此同时，也存在着奴隶更加稀少的城邦。

除此之外，我们几乎无法说出奴隶的确切数目，但我认为这已经足够了。不同文献中存在着太多对奴隶数量饱含争议的论述，好像仅仅依据奴隶人数就能得出对奴隶制及其附带的诸多复杂问题的解释一样。我认为，雅典的自由民家庭平均可以拥有不少于三到四个奴隶（所有的自由民都被计算在内，无论他们是否是公民）。即使是被某人提出的最小数值——德摩斯提尼时期①存在的 20 000 名奴隶——差不多相当于每名成年公民都能拥有一名奴隶；虽然我认为这个数目还是太少了，但其比例已经十分可观。在较为宽广的研究范围内，奴隶的数目与重要的问题关系不大。例如，斯塔尔在反对"夸大猜测"时回答说"最为谨慎的估计是……将奴隶的数目减少到远低于总人口数的一半，最多只有三分之一或四分之一"②。然而，他的想象远超其实证结果。没有人真正认为奴隶在雅典（或除斯巴达外的所有希腊城邦）从事所有类型的劳动，当一个人以某种方式估计城邦中奴隶的数量已经缩减到之前的三分之一或四分之一时就会对这个问题产生误解。③ 官方的人口普查数据显示，在 1860 年美国蓄奴州总人口中，奴隶占比只有不到总人口的三分之一，此外"近四分之三的自由南方人无论是通过家庭关系还是直接占有，都无法与奴隶制取得联系"，"典型的南方人是小农生产者，而不是奴隶主"。④ 然而没有人会否认，奴隶制在美国南方社会经济中起着决定性作用。通过这种比较可以证明，希腊世界自由民对奴隶的占有更具广泛性，奴隶的使用更为多样化，且奴隶占雅典总人口的比例并未低于美国南方的奴隶占比。简言之，足够多的奴隶对希腊社会生产起到了至关重要的作用，是社会生活中不可或缺的因素。

---

① A. H. M. Jones, *Athenian Democracy* (Oxford 1957), 76 - 79; cf. his "*Slavery in the Ancient World*", Econ. Hist. Rev. , 2nd ser. , IX (1956), at p. 187.

② C. G. Starr, "*An Overdose of Slavery*", J. Econ. Hist. XVIII (1958), at pp. 21 - 22.

③ 值得注意的是，斯塔尔在他富有批判性的文章中完全忽略了这一点。虽然他不断强调奴隶制在古代没有"主导性"，但除了他所认为的奴隶不能从事所有类型的劳动的观点外，我在他的文章中找不到严格的论据来证明其理论的合理性。

④ Kenneth M. Stampp, *The Peculiar Institution*: *Slavery in the Ante-Bellum South* (New York 1956), 29 - 30.

　　奴隶有两个重要的来源,其中之一便是战俘或海盗的劫掠活动。古代世界普遍存在的真实情况是,战胜方对被征服方拥有绝对的财产与人口的控制权。[①] 这种权力并非每次都能得到充分行使,但战胜方经常利用这种权力将大规模的男女老少投入奴隶市场。通过商人贸易活动得到的所谓"蛮族人"——色雷斯人、斯基泰人、卡帕多西亚人等,他们源源不断地作为战俘进入希腊人的世界,就像是来自非洲的黑奴进入近代世界的新大陆一样。他们中的许多人是与其他异族人战争中的受害者,其他人则是以相对和平的方式来到城邦里的,例如希罗多德记载的色雷斯人卖掉他们的子女为奴。[②] 第一种方式完全发生在希腊的势力范围之外,在我们所能了解的信息中几乎没有对此详细的记载,但毫无疑问的是当时庞大的奴隶数目和与之相应的大规模奴隶交易被提及,否则没有其他方法可以解释阿提卡银矿中来自帕夫拉戈尼亚和色雷斯的奴隶(他们中许多人是专业技术人员)的来源,同样也没有办法解释由 300 名斯基泰人构成的弓箭手(他们都是国有奴隶,构成了雅典的警察部队)的来源。

　　为了完善整个研究,我们需要对服劳役者与被抛弃的孩童情况进行调查。然而除了少数被提及的情况外,他们的存在被认为是微不足道的。除此之外,另一个重要的来源便是生育繁殖,这也是个难题。阅读文献可知,在希腊人的记载中很少有关于奴隶(其中并不包括希洛人)生育情况的描述,因为在古希腊独特的条件下,购买奴隶的成本比养育他们的成本要低得多。我并不满足于现有的证明这种观点的证据,并且完全不认同证明这种观点所使用的经济学理论。在某些特定情况下,奴隶的繁育数量很少,但这与单纯的经济问题无关。例如,在矿井中劳动的奴隶都是男性,所以那里的奴隶繁育率低;但为什么在家养奴隶中,女性所占的比例高但生育率低呢? 我并不想去解答这个问题,但我要试图去解开一个长期被误传的观点,即人们利用人口统计学的理论来解释任何奴隶都不能够自我复制、必须从外部得到补充,并且"可以完全根据南方各州可信的统计学数据来进行判断"——显然,这种理论是不现实的。

---

① 参考 A. Aymard, *"Le partage des profits de la guerre dans les traités d'alliance antiques*," Rev. hist. CCXVII (1957),233 – 249。

② Herod. 5. 6。

三

在希腊人的传统观念中,奴隶大多是外邦人;在某种意义上来说,他们的确都是外邦人。也就是说雅典人在雅典、科林斯人在科林斯不会被当成奴隶,这种观念逐渐成为了一种准则(债务奴隶制除外)。然而,我指的是更基础层面上的问题,即绝大多数奴隶不是希腊人,而是希腊世界外的男人和女人。单纯地推测奴隶人口的数目是没有意义的,但可以肯定的是我们无法质疑他们在数量上所占的绝对优势。在某些较小区域内的奴隶数量却很多,阿提卡的劳里昂银矿就是极好的例子。在色诺芬生活的时代,劳里昂银矿中来自色雷斯的奴隶数目比一些小城邦的人口总数还要多。

难怪有些希腊人会将奴隶与异族人(所有非希腊人)区分开来。为了证明奴隶劳动是自然形成的一种社会现象,迄今为止我们所能知道的最严谨的论证是从亚里士多德《政治学》的第一卷中找到的:由于各种原因,我们无法从中得出最有价值的论断,但最为明显的事实是,就像亚里士多德所承认的那样,许多人是由于战争或海盗劫掠等行为而"偶然"成为奴隶的。后来,奴隶制是自然产生的这种观点被摒弃了,取而代之的是一种更为实用的观点,即认为奴隶制是古代社会生活的本质,是一种传统的社会习俗。正如罗马法学家弗洛伦蒂努斯指出的:"奴隶制是万民法中的一种与自然相对的、一个人受制于其他人的制度。"①这种观点(甚至更为尖锐的表述)可以追溯到前 5 世纪受智者运动影响的希腊悲剧家创作的文学作品中。我之所以选择论述弗洛伦蒂努斯的观点,是因为他在《汇编》中对奴隶制的描写十分深刻,他将罗马奴隶制法称为"罗马富有智慧的产物中最具特色的一部分"。② 我们无法想象,没有奴隶制存在的古代社会是什么样的。

希腊世界存在着无休止的争论与改变。在知识分子眼中,没有哪种想法或观念是理所当然的:每一种观念都迟早会受到新的冲击——宗教信仰、道德价值观、政治经济制度,甚至是家庭与私有财产观等皆是如此。对奴隶制的理解在一定程度上也不断受到新的冲击,但其最终结果远不及废奴主义者的意愿。柏拉图相比其他任何思想家来说都更加严厉地批判社会,即便如此他

---

① Dig. I. 5. 4. 1.

② W. W. Buckland, *The Roman Law of Slavery* (Cambridge 1908), v.

始终在《理想国》中承认奴隶制的地位。在柏拉图的《法律篇》中,存在"许多相关的法律条文……在奴隶制问题上作出的规定是十分庞杂的"。与奴隶制相关的法律通常比当时雅典的其他法律都要严格。"一方面,它们(法律)的作用是为了赋予奴隶主对奴隶更大的管制权;另一方面,这些法律则是为了强调自由民与奴隶身份的不同之处。"①与之相矛盾的是,信奉"人人皆兄弟"理念的宗教性质团体(无论是犬儒学派、斯多葛派还是早期基督徒)都不反对奴隶制的存在。在他们看来,所有包括社会地位在内的物质因素都是无足轻重的。据说,狄奥根尼曾被海盗劫持,之后他被带到克里特岛出售,在拍卖会上他指着买家中的某个科林斯人说:"把我卖给他,他需要一位足智多谋的管家。"②

我们必须要解决的问题是,对于那些既不是哲学家也不是富有贵族阶级的人,他们对奴隶制的看法与奴隶制问题的研究有何相关性? 小人物是如何看待奴隶制的呢? 我们不能仅仅"将哲学学派中有关政治家的理论视为'关于奴隶制思想的主线'"。③ 因为没有人会认为,柏拉图与亚里士多德的理论可以代表所有希腊人的想法,但也不能因为诗人与哲学家大都来自贵族阶级而否认希腊哲学与文学记载中社会下层人民生活的真实性。由此可见,有关意识形态和信仰的历史是十分复杂的。小人物能够过上的最完美的生活存在于他们的想象中,而不是在他们的现实生活里,这是一种司空见惯的现象。总而言之,所有历史时期的绝大多数人都把社会的基本制度视为理所当然的事物,人们通常不会询问自己一夫一妻制婚姻或警察制度是否有必要存在于他们的生活中。事实上,他们潜移默化地接受着一系列社会体制的影响。只有当面对来自某个内部或外部因素所带来的例如饥荒或瘟疫的挑战时,这些问题才会引起他们的思考。

很大一部分希腊人在贫困线上挣扎,他们通过努力工作维持生计,且不期

---

① Glenn R. Morrow, *Plato's Law of Slavery in Its Relation to Greek Law* (Univ. of Illinois Press 1939), II and I 27. 莫罗有力地反驳了这样一种观点,即"柏拉图并不赞同奴隶制,将其引入《法律篇》只是为了迎合他所处时代的需求"(pp. 129 - 130)。Cf. G. Vlastos, "*Slavery in Plato's Thought*", Philos. Rev. L (1941),293:"无论是在他的名著《理想国》还是其他任何书籍中,都没有丝毫迹象显示,柏拉图想以任何方式轻视或无视奴隶制。"这是奴隶与自由劳工之间的重要区别。

② Diogenes Laertius 6. 74. *On the Cynics*, *Stoics*, *and Christians*,参考 Westermann, op. cit. , pp. 24 - 25,39 - 40, 116 - 117. 149。

③ Westermann, op. cit. , p. 14 n. 48.

待社会的进步为他们的劳动带来更多回报。相反的，如果不劳动，他们的处境
会更糟。出现社会危机是希腊历史中普遍的现象，饥荒、瘟疫、战争与政治斗
争都是潜在的威胁。然而在几个世纪内，没有任何象征"劳动"的意识形态出
现，也没有任何东西可以与贵族文学作品中所描写的有关负面评价相抗衡。
在古希腊语中，既没有一个明确表示"劳工"的词汇，也没有一个词汇可以来形
容这一阶级。① 有着许多不和谐声音的同时，也存在着对工艺的自豪感——
希腊人认为如果没有工匠参与社会劳动，人们将无法正常生活。但是，这些情
感没能发展成一种信念，对现实的不满与抱怨不会成为对懒惰有效的惩
戒——"你脸上的汗水不能使你停止对面包的渴求，同样也不要吝啬美好的工
艺，要尽可能地施展它们。"我们可以从赫西俄德的著作《田功农时》中找到对
此最为接近的叙述，事实上，赫西俄德确信农民会拥有适当数量的奴隶劳工来
辅助他们进行生产劳作。

而贫民的思想却与之相反："我们生活在铁器时代，人们不会在白天休息
或陷于徒劳的悲伤中，因而不会在夜晚灭亡。"因此，辛勤劳动比虚度光阴要好
很多——但如果我们有条件的话，也可以借助奴隶进行劳动。即使是在想象
中，赫西俄德也无法将奴隶之外的东西视为对劳动的补充，因为他所处的公元
前7世纪正值奴隶制的早期。大约在公元前400年，吕西亚斯记载一个跛子
在雅典民众法庭中提起诉讼，说他需要救济金的原因是无力购买奴隶为自己
工作。② 半个世纪之后，色诺芬提出一个构想，即每个公民都归城邦所有，他
们的收入主要依赖于矿场中公共奴隶的劳动所得。③

当讨论到具体的实践时，即便城邦危机演变成了内战与革命，奴隶制也不
曾被废除。在整个希腊的历史进程中，最稳定的需求是"取消债务奴隶制并重
新分配土地"。据我所知，即使是在最严重的城邦危机中，贫穷的自由民从来
没有主动针对奴隶参与劳动一事发起过抗议。但毫无疑问的是，奴隶劳动一
定程度上剥夺了自由民的生计，或强迫自由民以较低的工资和较长的工时进

① 参考 J. -P. Vernant, *"Prométhée et la fonction technique"*, J. de Psych. XLV (1952), 419 -
429; "Travail et nature dans la Grèce ancienne", J. de Psych. LII (1955), 18 - 38.
② Lys. 24. 6 τὸν διαδεζόμενον δ᾽ αὐτὴν οὔπω δύναμαι χτήσασθαι.
③ Xen. Poroi 4. 33; cf. 6. 1. 当然，阿里斯托芬在这里提出了一种乌托邦式的假想。在 Eccl. 651 -
661 和 Plut. 510 - 526 中均有所记载，但我更倾向于不要过度地在喜剧中探讨这些问题。

行工作。① 当时没有与现代相似的工人规划,劳工们没有对工资数额的具体要求、也没有关于工作条件或政府就业措施的讨论。在雅典这样的城邦中有比较多的就业机会,公民拥有权力,他们大多十分贫困,并且有领导者指挥他们进行劳动。经济援助的形式包括公益捐助、舰队的军事援助、免费进入大剧院(所谓理论上的基金)以及发放各种形式的救济金;而经济立法局限在控制货物的进出口规模、重量、方式与价格等方面。② 即使是每一位阅读过阿里斯托芬和柏拉图著作的读者都能了解到的那些不受任何约束、最该被谴责的社会暴力的煽动者——平民领袖,也不曾损害劳动者们的利益或存在对奴隶制的偏见。在公共领域,没有自由民与奴隶的对立出现。③

事实上,贫穷的自由民并没有加入到奴隶起义的行列中去。例如在公元前 6 世纪初,梭伦改革废除了雅典的债务奴隶制,被贩卖到国外为奴的雅典人也得以返回故乡,但并没有释放雅典城邦中被奴役的非雅典人。几个世纪后的公元前 4 世纪,爆发了从罗马西部蔓延到希腊东部的奴隶起义大浪潮,但起义者中并不包含贫穷的自由民。自由民似乎认为这些起义与自己无关,因为不论起义的结果如何,他们都无法从中获益。一定数量的自由民也许会趁着混乱的局面通过掠夺等方式聚敛财富,事实上他们在各种军事活动中采取的行动就是如此。总的来说,当时的奴隶起义与自由民没有直接关系。④

公元前 464 年,一场规模浩大的希洛人起义爆发了。前 462 年,雅典人派

---

① 虽然存在着一定的孤立性(并且很混乱),相关记载依然存在,Timaeus 566 F II, ap. Athen. 6.264D, 272B. 中记载的亚里士多德的朋友 Mnason 的故事就是其中之一。佩里安德废除奴隶占有制(Nicolaus of Damascus 90 F 58)的行为听起来更像是专制暴君采取的让科林斯公民得以居住的另一项措施(正如尼古拉斯提出的那样)。如果记载存在一定真实性,那么"奴隶"实际上可能是债务人,因为佩里安德所处的时代背景是古老的农业社会。参见 Etdouard Will, *Korinthiaka* (Paris 1955),510–512。

② 当然,普鲁塔克在 *Pericles* 12.4–5 中描述的前 5 世纪雅典伟大的寺庙建设活动,那是一个已经计划好的工程。我能了解到的是,在当时的资料中没有类似的描述,且亚里士多德在 Ath. Pol. 24.3. 的记载也是明显缺失的。即使普鲁塔克的记载是真实的,公共建设最多只能提供补充收入(见第 3 章)。雅典人使用奴隶进行此类劳作,从而进一步佐证了我的看法。普鲁塔克的论述也同样不适用于雅典以外的许多城邦(如果有的话)。

③ 我所怀疑的是,是否可以用具体的例子来证明公民和奴隶共同劳作的真实性,例如证明他们在田野、作坊和公共工程中并肩工作,或他们曾出现在同一个宗教集会中。这种现象在奴隶制存在的任何地方都很普遍存在,包括美国南部地区。

④ 参考 Joseph Vogt, *Struktur der antiken Sklavenkriege* (Mainz Abh. 1957, no. i), 53–57; cf. E. A. Thompson, *"Peasant Revolts in Late Roman Gaul and Spain"*, Past & Present, no. 2 (1952),11–23。

出客蒙领导的一支重装步兵,帮助斯巴达人镇压奴隶起义。五年后,斯巴达的大规模奴隶起义被镇压,一群起义者被允许移居海外,雅典人为这些人提供避难所,并将他们安置在纳夫帕克托斯。伯罗奔尼撒战争的第一阶段也发生过类似的情况,前 425 年雅典人占领了伯罗奔尼撒半岛西海岸的一个港口派洛斯。雅典派出的驻军规模很小,因为派洛斯对雅典而言并不是一个重要的港口,然而斯巴达对雅典的所作所为感到十分恐惧,斯巴达人渴望拥有和平,他们认为雅典人一系列军事行动的立足点十分危险且复杂,并将导致美塞尼亚奴隶的反抗。雅典最终与对方在前 421 年达成和平,后立即与斯巴达结盟并缔结条约,其中一个条目是:"如果奴隶发动叛乱,雅典人将全力协助拉栖代梦人予以镇压。"①

　　显然,一个城邦对另一个城邦奴隶的态度很大程度上不在我的研究范围之内。当雅典与斯巴达结盟时,雅典同意帮助镇压斯巴达的希洛人起义;当双方处于战争中时,雅典反过来鼓励希洛人反抗斯巴达的统治——这反映了一种国家间的基本战术,而不单单是一种对待奴隶制的态度。斯巴达的历史中反复出现的真实情况是:在国家内部的权力斗争中,希洛人常常被当作砝码而释放。在前 4 世纪的希腊,这种情况十分普遍,但除了亚历山大和希腊人联盟之间制定的有关协议外,没有其他任何内容可以去了解如何约束成员以保证他们"不存在"违反其他城邦法律的行为,因为没有明确"城邦之间是否存在没收财产、土地再分配、没有取消债务或为国内革命的目的释放、杀戮或流放奴隶的行为"。② 这仅仅是城邦国家之间的战略而已。奴隶是资源,他们在特定的条件下可能有用。有一些特殊的奴隶,是可以在某些时刻恰好发挥作用的;他们一般不是奴隶,或不全是奴隶、将来也不会成为奴隶。一些奴隶被释放了,不会对整个社会的奴隶体制造成影响。与此相反的情况下也可以找到相似的行为,例如一个城邦国家(或统治阶级)呼吁奴隶群体来保护其安全。通常在一场军事危机中,奴隶会被大量释放,他们被征收到陆军或海军的编队

---

① 相关内容出自 *Thucydides* 4.41,55,80;5.14;5.23.3;7.26.2.,这里的"奴隶阶级"当然是指希洛人。在我的文章中很快会出现对"战争奴隶"的有关说明,我同样认为"奴隶"包括希洛人,在这里暂时忽略他们之间的区别。

② Ps. -*Demosthenes* 17.15. For earler periods, cf. Herod. 7. I55 on Syracuse and Thuc. 3.73 on Corcyra(需要注意的是,修昔底德没有意识到他并未抓住其后续问题的关键)。

中为国而战。^① 通常的结果是,一定数量的奴隶被释放而国家的运行机制一成不变。

　　总而言之,在面临城邦危机或其他紧张局势的情况下,社会(或其中的一部分)面临着价值观和信仰体系的冲突。因此,出于对国家安全或政治利益的考虑,适当地改变奴隶的使用方式是很有必要的。每当这种情况发生时,奴隶制得以保存下来且不会被削弱。事实上,这种行为产生的影响也很重要。几乎在所有的、甚至包括斯巴达人在内的希腊人中,都不会出现类似于其他社会中存在的对奴隶根深蒂固的恐惧感,这种恐惧感导致城邦社会中不会出现大量解放与武装奴隶的现象。有些奴隶愿意为他们的主人作战,这也是奴隶本身很重要的特质之一。

　　没有什么比奴隶的心理更难琢磨的了。在美国南方地区,似乎保留了许多可供调查的文献资料,例如奴隶写的自传、来自非奴隶制社会的人对奴隶制社会各种现象的记载等——但这些史料的可信度较低。^② 古代文献中相关的记载都是间接的、不连贯的,而且十分不容易被解读。因此,最常见说法的是:除了斯巴达拥有非常特殊的情况外,文献材料既不记录奴隶起义的缘由与经过,也不记录国家和人民对奴隶起义的恐慌情绪。尽管事实的确如此,史料的来源与性质的真实性也不能够确定,得出理想的结论并不容易。即使在美国南方各州,奴隶也几乎没有反抗过他们的主人。^③ 大规模的奴隶叛乱是不可能组织和实施的,除非是在非常特殊的情况下。真实的情况出现于古罗马的历史中,在罗马共和国晚期,意大利和西西里岛曾有过许多奴隶,其中的一部分奴隶无人看管,其他奴隶多是具备充足作战经验的战士(角斗士)。当时整个社会处于动荡之中,道德价值观受到十分猛烈的冲击。^④

　　我们有必要回想一下,在某些关键方面,希洛人与作为动产而存在的一般奴隶是有区别的。首先不容置疑的是,希洛人拥有来自亲属关系与民族内部

① 参见路易·罗伯特(Louis Robert)编纂的材料: *Etudes épigraphiques et philologiques* (Bibl. Éc. Hautes Ét. 272, Paris 1938), 118 – 126。Xenophon, Poroi 4. 42,利用奴隶潜在的军事价值与其在海战中的能力作为支持国家购买数千名奴隶并雇用他们在矿井中工作的依据。希佩里德斯(Cf. Hypereides)建议释放所有的希腊奴隶并武装他们(See fragments of his speech against Aristogeiton, Blass no. 18, and Ps. -Plut., Hyper. 848F – 84gA.)。
② 参考 *Stampp*, op. cit., pp. 86 – 88。
③ Ibid., pp. 132 – 140.
④ Vogt, Sklavenkrieg.

的团结性,他们不是外邦人,而是拥有自己的土地的、被奴役状态下劳动的人。希腊世界的奴隶缺乏这种复杂的关系,伪亚里士多德《家政论》中有一种观点,即认为希腊的个人和城邦都不应该拥有许多相同国籍的奴隶。① 其次,希洛人拥有一定的权利:至少,法律允许希洛人保留除了固定交予主人的那部分外其余所有他们自己生产的东西。最后,希洛人比希腊地区其他城邦的自由人口规模都要大。在我看来,这些特殊的因素是被用来解释希洛人的叛乱以及斯巴达对希洛人起义问题的持续关注的,而不仅仅是对斯巴达的残酷暴政的记述。② 奴隶叛乱的威胁随着奴隶所受苦难和压迫的加强而增加的观点是一种谬论,饥饿与酷刑摧毁了奴隶的精神,但他们最多只会爆发例如逃亡(包括背叛同族)等一些纯粹的个人行为,因为大型的奴隶起义需要严密的组织、足够的勇气与坚定的决心。弗雷德里克·道格拉斯在 1855 年创作了一篇有关解释奴隶问题的文章,从心理学角度提出了一系列观点:

"殴打并铐住你的奴隶,让他饥肠辘辘、精神萎靡,他就会像狗一样拴在主人的链子上;同样的,主人也可以好好喂养他、给他衣服穿,并实行比较温和的工作制,用物质奖赏安慰他以及满足他对自由的渴望。如果给他一个坏主人,他期望能得到一个好主人;如果给他一个好主人,他就愿意为对方服务。"③

除起义外,奴隶还可以通过其他方法争取自身权益。④ 特别的是,他们可以选择逃亡,虽然我们没有确切的数据来证明这一点;但似乎可以肯定的是,希腊城邦中存在着大量逃亡的奴隶,这是一个相对稳定的现象。⑤ 据修昔底德估计,在伯罗奔尼撒战争的最后十年有超过 2 万名雅典奴隶逃亡,与此同时,修昔底德也对雅典奴隶被驻扎在德凯里亚的斯巴达人鼓动造反的情况进行了详细介绍。很明显的是,修昔底德认为雅典从中遭受了巨大的损失,因为

---

① Ps. -Arist. , Oec. I. 5,1344b18; cf. Plato, Laws 6. 777C - D; Arist. , Pol,. 7. 9. 9. , I33oa, 25 - 28.

② 需要注意的是,修昔底德在《伯罗奔尼撒战争史》8.40.2 中认为大部分开俄斯奴隶都应将他们的苦难归咎于离开雅典人的统治。

③ *My Bondage and My Freedom* (New York 1855),263 - 64, quoted from Stampp, op. cit. , p. 89.

④ Stampp, op. cit. , ch. III:"*A Troublesome Property*",应该可以用来解释这个问题。

⑤ 我认为,尽管事实证据比较确凿,但事实上并没有系统的史料可以对此进行详细解释。针对战时航程的情况,参考 e. g. Thuc. 7. 75. 5;8. 40.

很多参与起义的奴隶是技术娴熟的工人。① 我关注的是奴隶自身的情况,应该强调的是许多技术熟练的奴隶(假定他们中的大多数人都受到了很好的对待)试图冒着风险逃亡,其中异族人冒的风险会更大:没有人相信在波奥提亚和色萨利以及雅典的农村地区发生过大型的奴隶逃亡事件。事实上有迹象表明,在斯巴达人释放这 20 000 名或更多的奴隶后,他们可能会受到非常恶劣的待遇。一位比较可靠的、生活于前 4 世纪的历史学家将前 5 世纪末底比斯的繁荣归结于底比斯人在斯巴达占领德凯里亚期间,以非常低的价格从雅典人手中购买了奴隶和其他物资。② 但我们无法确定这是否是对 20 000 名奴隶人数的确切参考,对此的质疑也是十分明显的。除了道德外,没有任何法律条目防止被释放的奴隶再次被奴役,即使他们被承诺获得自由。

伪亚里士多德《经济学》总结了奴隶的基本生活要素,主要包括三个方面:劳作、受罚和吃东西。③ 贯穿希腊文献中有关奴隶所受鞭打甚至酷刑的描写很丰富,但除了有怪癖的人(如虐待狂等)之外,对奴隶的惩罚往往只是为了敦促他们去完成工作。那么与之相反,奴隶主也会采取一系列奖励措施。高效的、技能熟练的、诚实可靠的奴隶可以去从事管理性质的工作。特别是在城市里,作为一个满足上述条件的奴隶,他通常可以过上一种特殊的独立生活并拥有自主工作的权利;他可以从自己的主人那里获取一定数额的工资,不断积累财富最终为自己赎身。当然,基于主奴感情而获得自由是所有奴隶最大的愿望。我们不禁再一次对数据的缺失而感到遗憾,但无可争议的是在大多数希腊城邦中,主人与奴隶之间产生深厚感情是一种很普遍的现象。这是希腊奴隶与希洛人或美国黑奴之间的重要区别,也是所谓"接受"古代社会奴隶地位程度的重要依据。④

四

现在,是时候尝试将所有因素结合起来对该问题作出一些基础性判断了,

---

① 需要注意的是在这里修昔底德是如何强调预期损失的(I. 142.4;6.91.7),具体数据出现在 7.27.5 之前的篇章中。

② *Hellenica* Oxyrhynchia 12.4.

③ Ps. -Arist., Oec. I. 5,1344a35.

④ 当然,在无数博物馆的遗址中,我们可以欣赏到奴隶们创作的大量技术精湛的作品。这是该制度一部分复杂性和模糊性的体现(将在下一节中讨论),它们会深刻地影响到奴隶与其主人的关系。

但在一般情况下我们很难做到面面俱到。由于现代社会强加的两个外在因素,我们几乎不可能实现准确定义:首先,人们在历史研究中对奴隶制的道德判断很混乱。作为现代人的我们谴责奴隶制,因此对希腊人的所作所为感到不解,于是倾向于低估奴隶制在希腊社会生活中所起的作用,或选择完全忽略它,希望它能以某种方式悄然消失。其次是一个更具政治性的因素,至少可以追溯到1848年,当时《共产党宣言》指出:"迄今为止,所有社会的历史都是阶级斗争的历史。自由人和奴隶、贵族和平民、领主和农奴、行会主人和熟练技工等,都是压迫者与被压迫者彼此之间的互相斗争……"从此以后,古代奴隶制问题一直是马克思主义者和非马克思主义者之间争论最为激烈的战场,逐渐发展成了一个政治议题而不是单纯的历史问题。

据我们观察可知,希腊世界中的相当一部分人口由奴隶或其他种类的依附性劳动力组成,他们大多是异族人。总的来说,每个城邦的贵族阶级都拥有许多空闲时间,他们可以完全不为任何经济问题发愁,这主要归结于他们购买来的充足劳动力使其产业得以顺利运转。与此同时,他们还拥有足够的产权,我们可以称之为物质产权。被奴役的人包括男人、女人与孩童,他们不论身份高低与财富多少,一旦发生战争和其他一些不可预测的情况时都无法轻易逃亡。如果我们的研究能够摆脱无关道德、智力和政治方面的影响,就能毫不犹豫地判定奴隶制是希腊文明的基本构成要素之一。

迄今为止,此结论应该作为分析奴隶制问题的一个起点,而不是论证的最终结果。同样的,我们最好应该避免使用"基本"这一词汇,因为它已经被马克思主义历史理论视为一种技术术语抢先使用了。在本文所涉及的问题中,使用它的人们都将因其知识(或政治)立场的不同而被迫在"我们提出的一种基本制度"(a basic institution)和"马克思总结的基本制度"(the basic institution)之间做出区分。然而,实际上学术界发生的是在对古代奴隶制进行讨论的幌子下,现代学者对马克思主义理论进行的一场断断续续的争论,但没有任何一方能够对马克思主义或奴隶制进行详细准确的阐述。我们对历史进程的理解和古代社会的认识,都不能只是通过一些反复和反驳的论述或表示肯定和否定的命题得来。"古代社会以奴隶劳动为基础",我们并没有从关于其原因的相关讨论中得到更多有用的收获,奴隶制是希腊社会技术衰落的原因吗?还是城邦社会松散的性道德导致的?或者是蔑视有酬职业而产生的?这些问题在本质上没有意义的,是被强加了一种天真的伪科学思维而得出的。

　我认为最富有成效的方法是对研究目的进行探索，伊曼努尔·康德从奴隶制问题的意义与功能方面进行思考，在他的引导下，多数社会人类学家接受了他的理念。针对奴隶制的最有意义进行论证的问题不是判断奴隶制是否是古代社会的基本构成要素、或是它导致了怎样的结果，而是调查奴隶制本身是如何起作用的。[1] 这避免了判断奴隶制或其他要素在历史上出现的先后顺序的无效尝试，也避免了我们在进行历史判断之前被道德观念所束缚，还避免了我称之为自由意识判断错误的陷阱。埃米尔·迪尔凯姆有一句格言："一个实践或机制的自我能动性永远不应该被事先假定成立。"[2]奴隶制的确存在，同时它被赋予了一种时代特性，因为我们无法亲身体会希腊当时的情景，因此认为希腊人的这种选择是社会和心理强加给他们的。在《追忆苏格拉底》中，色诺芬曾说过"那些能够这样做的人可以购买奴隶，并拥有私人劳工为他们服务。"[3]这句话经常被用来证明一些希腊人没有奴隶，但更恰当的做法是以此证明那些能够购买奴隶的人确实存在——色诺芬显然已将此问题置于必要的研究范围之内。

　对于奴隶制功能问题的回答不是单一的，上下文蕴含的答案有很多：例如奴隶制有什么功能？奴隶制在什么时候起作用、可以在哪里起作用？巴克兰在研究罗马奴隶制的有关法律时指出"在任何一种法律中，几乎不存在任何对这些问题的合理解释，其最终的解决可能不会对交易方之一的奴隶产生任何影响"。[4] 这种理论用最简单明了的方式进行了总结，从希腊和罗马法的角度来看都是合理的。除此之外，我认为在某种程度上，希腊社会中的大多数人在特定情况下没有以某种方式成为（或曾经成为）奴隶。这种联系并不总是简单或直接的，其影响也不一定是"坏的"（或"好的"）。历史学家的任务恰恰在于揭示这些联系的具体性和复杂性特质、判断它们的好坏或是否存在道德上的中立性。

---

① Cf. Vogt, *"Wege zur Menschlichkeit"*, pp. 19 - 20："我们所缺乏的是对古代奴隶制作用的清晰认识，以及对其在文化的兴起、发展和衰落过程中所起作用的批判性评价。"

② E. Durkheim, *The Rules of Sociological Method*, transl. from 8th ed. (repr. Glencoe, IU., 1950), 28.

③ Xen., *Mem*. 2.3.3.

④ Op. cit., p. v.

我们会发现,人们对奴隶制的认识总是模棱两可的。当然,希腊人对此的描述也是十分简短且含糊不清的,而且很少有对他们看法的详细描写。尼采认为,希腊人认为手工劳动和奴隶制都是"人类必然的耻辱,它们必然存在、让每个人都感到羞耻"。① 还有很多与此相关的讨论,尽管最后没有以废奴主义作为此类研究的结论,传世文献中的相关记载也是相对清晰而全面的。在罗马法中,"奴隶制是现存资料中唯一有记载的事件……,在万民法和自然法之间都存在着与此有关的争议"。② 从某种程度上说,奴隶制的存在导致了一场持久的学术争论。没有任何社会可以容纳并围绕着如此重要的一系列信仰与制度冲突而存在,如果无法将冲突中产生的压力有效释放出来,那么今后无论多么遥远、看起来与此并无直接关联的社会动荡也可能来自最初的小冲突。我们也许可以从史料中看到对此直接的记载,如公元前 4 世纪其他民族摆脱希腊人的奴役等。③ 这些民族最终在希腊化的世界中消失,我认为这一系列事实可以充分揭示亚历山大统治之后希腊地区的文明状态。④

值得注意的是两个存在歧义的例子,它们都没有得到应有的重视。第一个是意大利南部的希腊殖民地——母系氏族社会的洛克里斯,关于此地的相关记载出自亚里士多德的历史著作中。亚里士多德认为,造成这种现象的原因是该地最初是由自由女性的子女和奴隶建立的。针对这种"带有侮辱性的"论断,蒂迈欧斯通过记述历史上发生过的有关暴力活动进行批驳。相反的是,波利比乌斯则在一个漫长的论述过程中为亚里士多德辩护,但不幸的是只有少数片段保存至今,其中一个评语特别值得注意:"对于蒂迈欧斯来说,作为拉栖代梦人盟友的奴隶,维持与其后来主人的友好关系与接受他们的友情是一种十分愚蠢的行为。但随着时间流逝,那些曾经作为奴隶且足够幸运地拥有了自由的人们不仅愿意接受前主人对他们的情谊,而且还努力维持他们热情

---

① *The Greek State*: *Preface to an Unwritten Book*, in *Early Greek Philosophy & Other Essays*, transl. by M. A. Mugge (London & Edinburgh 1911), 6.

② Buckland, op. cit. , p. i.

③ 参考 F. Kiechle, "*Zur Humaniätt in der Kriegfuhrung der griechischen Staaten*", Historia VII (1958),129 - 156,他收集的材料往往因将史实和道德标准混淆而变得无效。更特别的是,就像他在(p. 140 n. 1)中所论证的那样,对大规模奴役行为或大屠杀的记载不能过于字面化:因为其中有些人总是会设法逃脱的,或像是对波利比乌斯使用ἀναγμάζουσιν而不是χελεύουσιν这一毫无意义的讨论一样。

④ 参考 Rostovtzeff, op. cit. I 201 - 208。

好客的传统和对血缘关系的传承。事实上,他们的目的是让彼此保持比在自然基础上的更加紧密的关系,这么做是为了消除他们以前拥有过的堕落和卑微的记忆,因为他们希望扮演的角色是主人的后代而不是被释放的奴隶。"①

在蒂迈欧斯富有争议的论述中,他曾说过"早期的希腊人不习惯接受他们购买所得奴隶的服务。"②这种在被买来的奴隶和被捕获的(或从俘虏中培育出来的)奴隶之间的区别被赋予了浓重的道德感情色彩。特别的是,现代人在开俄斯岛上找到了古希腊人购买奴隶这一行为的历史源头。历史学家塞奥彭普斯是岛上土生土长的原住民,他曾做过这样的表述:"开俄斯人是继色萨利人和斯巴达人后第一个拥有奴隶的希腊民族,但是他们获得奴隶的手段与前两者完全不同;色萨利人和斯巴达人将那些以前居住在他们领土上的希腊人变成奴隶,分别正式称呼他们为希洛人和佩内泰斯人;但开俄斯人却是通过征服异族人的方式强迫对方成为他们的奴隶的,并在交易中不断积累财富。"③公元前 200 年左右,这种观念被阿忒那奥斯所认可,他认为开俄斯人由于随意解释旧有理念而受到神的惩罚。他描述的这些故事十分有趣而且富有创意,可以被用来作为论据,但是我不想花费时间去专门研究这些。

这并不是一段十分美好的历史,但却极其重要。巧合的是,开俄斯人为我们提供了希腊世界民主制存在的最早证据:在公元前 575 年至公元前 550 年的相关铭文记载中,有一个明显受欢迎的议事会和"有关平民的法律(或条例)"④出现。我不希望对这个巧合赋予除象征性外的其他任何定义,但它的确是一个具有巨大影响力的存在。在前文我已经指出,希腊城邦的社会制度越先进,我们就越能从中发现真正的奴隶制,而不是像其他地方那样存在"混合"型的农奴制。更直接地说,雅典是自由程度最高的城邦,同时也是将奴隶作为动产的最繁荣的古代城邦。众所周知,希腊人既发明了个人自由的观念,也发明了可以将其实现的社会制度框架。⑤ 前希腊人的世界——包括苏美尔人、巴比伦人、埃及人和亚述人的世界,我无法避免地加入了迈锡尼人的世

---

① Polyb. I2.6a (transl. by E. S. Shuckburgh).

② 566 F II, ap. Athen. 6.264C; cf. 272 A-B.

③ 115 F 122, ap. Athen. 6.265B-C.

④ 对于最新的争论,参考 L. H. Jeffery 在 *Annual of the Brit. Sch. Athens*, LI (1956), 157-167 中的相关论述。

⑤ 几乎没有必要补充说明,"自由"这个词汇在希腊语世界中仅限一小部分伊奥尼亚人使用,且往往是男性总人口中的一小部分。

界——从非常深刻的意义上讲是一个没有自由人存在的世界,西方学界已对此做出一定程度的证实。同样,作为动产的奴隶无法在古代社会中占据重要地位,这也是希腊人的发现之一。简而言之,在某种程度上来说,古希腊历史是在自由民与奴隶的共同推动下进步的。

译者简介: 李天舒,西南大学历史文化学院、希腊研究中心硕士研究生。

古史新探

塞种人、萨卡和斯基泰人关系辨析

刘建波

摘要：汉代文献中提到的"塞种"渐成国内外研究热点，由于缺乏深入细致的考究，许多研究者将塞种认定为波斯人眼中的萨卡，又根据希罗多德《历史》中一句波斯人把所有的斯基泰人都认定是萨卡人的论述，从而将塞种、萨卡和斯基泰人混淆。萨卡一词出现在波斯大流士一世和薛西斯贝希斯顿、波斯波利斯及苏萨等铭文中，指的是公元前五世纪前后生活在锡尔河右岸索格底安那人对面的斯基泰的特定部族，并非所有的斯基泰人都叫萨卡人；而塞种人是出现在《汉书·西域传》中的少数民族，生活在伊犁河楚河流域，公元前二世纪前后始被大月氏等部族侵占故地而西迁和南下到帕米尔地区。从时间和地域上可以清楚看出，萨卡人和塞种人或同属于一个民族，但却不是一个部族，不可混淆。

关键词：斯基泰　萨卡　塞种　锡尔河　伊犁河

近年来，随着"一带一路"研究的深入，中亚文明的研究渐成热点，而与此相关的斯基泰人、萨卡人和中国古代文献中所出现的塞种人也广为学者们所关注，尤其关于塞种人的研究，从日本学者丰田藤八和白鸟库吉等算起至今，已有百年历史了，近年来更成为研究热点。遗憾的是，由于缺乏深入细致的考据，许多论著在涉及三者时，在概念的使用上存在含糊不清的现象，很多学者甚至将塞种人、萨卡人和斯基泰人直接混用，造成了学术上的混乱。如国际关系学院曾宪法先生认为："所谓塞种，就是波斯人所说的 Sacae（撒卡依），时又称作 Sagas，拼写作 Saka。希罗多德指出，'波斯人是把所有斯奇提亚人都称为撒卡依人的'。① 因此历史上所说的塞卡(Saka),就是指 Scythia,塞卡人就指的是 Scythians。但散见各书的 Scythia 和 Scythians 拼写不一,有斯奇提亚、斯基泰……西徐亚,有的还拼写为 Semites,并译为塞米或山米……汉语较早时多为斯基泰,如今趋向统一的音译是西徐亚。"②曾先生的这一结论,将塞种、萨卡和斯基泰人直接划了等号;李铁匠先生在翻译古希腊史学家斯特拉博的《地理学》时,直接将萨卡人翻译成了塞种人。其他各种论著中将斯基泰人、塞种人关系混用的比比皆是,不胜枚举。

西域史地学者王炳华认为:"'塞人'之'塞',古读音为'sak',同于古代波斯文献中的'萨迦'。"③著名塞种史研究专家余太山先生也说:"一般认为,'塞种'即西史所见 Saka。"④塞种人与 Saka 人有某种关联今人多持赞同观点,而Saka 人属于斯基泰部族也似乎无甚争议,但三者之间不能划等号。要厘清个中关系,我们还需要从本源出发,结合史料进行深入细致的考证。

一、萨卡(Saka)人

1. "Saka"一词最早见过阿喀美尼王朝(Achaemenids)大流士一世(Darius I,前 521—前 486 年)的贝希斯顿(Behistum)铭文。该铭文第一栏第12—20 行载:

"国王大流士说:按照阿胡拉马兹达(Ahuramazda)的意旨,下列诸郡归属于我,我成为他们的王:波斯(Parsa)、埃兰(Uvja)、巴比伦(Babiru)……埃及(Mudraya)……巴克特里亚(Baxtri)、索格底亚那(Sugda)、乾陀罗(Gandara)、萨卡(Saka)……凡二十三郡。"

2. 第二栏第 5—8 行:

"国王大流士说:我在巴比伦时,下列诸郡背叛了我:波斯、埃兰、米底、亚述、埃及、帕提亚、马尔吉亚(Margu)、沙塔吉提亚(Satagu)、萨卡。"

3. 第五栏第 20—30 行⑤:

---

① 原文引著希罗多德著:《历史》,王以铸译,北京:商务印书馆,1959 年,下册 494 页。本文作者引用的《历史》为徐松岩译,上海:上海人民出版社,2018 年。

② 曾宪法:《先秦时期塞种人之族源及其东渐问题》,《国际关系学院学报》2001 年第 2 期,第 47 页。

③ 王炳华:《古代新疆塞人历史钩沉》,《新疆社会科学》1985 年第 1 期,第 48 页。

④ 余太山:《塞种史研究》,北京:商务印书馆,2012 年,第 17 页。

⑤ 第五栏铭文共 36 行,为大流士远征斯基泰亚后加入,内容与前者无关。现在人们也把它看成《铭文》的一部分。

"国王大流士说：后来，我的军队一起向萨卡人进发。于是，他们——戴尖帽的萨卡人向我推进，我来到海边，用木船全军一起渡河，接着，我猛烈攻击萨卡人……俘获其族首，……我杀了他们。他们的首领斯昆卡(Skunxa)被俘带到我这里。于是，如我所愿，我使另一人成为首领。从此，这个郡成了我的。"

"大流士说：这些萨卡人是不义之人。他们不崇拜阿胡拉马兹达。我崇拜阿胡拉马兹达。赖阿胡拉马兹达之佑，我惩罚他们一任己意。"

4. 大流士一世的纳克泽·罗斯塔姆(Naqs-e Rostam)铭文第15—30行：

"国王大流士说：按照阿胡拉马兹达的意旨，波斯之外，下列诸郡归我掌握，他们给我带来贡品，执行我的命令，遵守我的法律：米底、埃兰、帕提亚、阿列亚、巴克特里亚、索格底亚那、花剌子模……乾陀罗、印度、崇拜豪麻的萨卡(Saka haumavarga)、戴尖帽的萨卡(Saka tigraxauda)、巴比伦、亚述、阿拉比亚、埃及……海对面的萨卡……"

5. 大流士一世苏萨(Ssusa)铭文 e 第14—30行：

"国王大流士说：按照阿胡拉马兹达的意旨，波斯之外，下列诸郡归我掌握，他们给我带来贡品，执行我的命令，遵守我的法律：米底、埃兰、帕提亚、阿列亚、巴克特里亚、索格底亚那、花剌子模……乾陀罗、印度、豪麻萨卡、尖帽萨卡、巴比伦、亚述、阿拉比亚、埃及……德拉基亚和马其顿、利比亚、埃塞俄比亚、卡里亚人"。

6. 薛西斯一世(Xerses I，前486—前465)波斯波利斯(Persepolis)铭文 h 第13—18行：

"国王薛西斯说，按照阿胡拉马兹达的意旨，波斯之外，下列诸郡归我掌握，他们给我带来贡品，执行我的命令，遵守我的法律：米底、埃兰、阿拉霍西亚、亚美尼亚、德兰癸亚那、帕提亚、阿列亚、巴克特里亚、索格底亚那、花剌子模、巴比伦、亚述、沙塔吉提亚、萨尔底斯、埃及、住在海滨的伊奥尼亚和住在海对面的人、马克兰人、阿拉比亚、乾陀罗、印度、卡帕多细亚、达海(Daha)、豪麻萨卡、尖帽萨卡、斯库德拉(Skudra)、阿考法卡(Akaufaka)、利比亚、卡里亚、埃塞俄比亚人。"[1]

① 以上铭文转引自余太山：《塞种人研究》，北京：商务印书馆，2012年，第16—21页。关于贝希斯登(Behistum)碑文，参见 R. G. Kent, *Old Persia: Grammar, Text, Lexicon*, New Haven: American Oriental Society, 1953。

揭示萨卡人和斯基泰人关系的是希腊著名历史学家希罗多德(Herodotus)。他在著作《历史》一书中也提到萨卡(Saka)一词。在公元前481年秋,波斯国王薛西斯出兵征讨希腊时,萨卡人是被编在巴克特里亚人的队伍之中的。"萨卡人或者说斯基泰人,下身穿着裤子,头戴一种尖而直挺的高帽子。……说实话,这些人是属于阿米尔吉伊的斯基泰人,但是波斯人却称他们为萨卡人。因为波斯人把所有的斯基泰人都称为萨卡人。"(Ⅶ, 64)希罗多德的这一论述,为我们揭示了萨卡人与斯基泰人的关系。但也造成了误解,一些学者未作深入考据,据此将斯基泰人认定为萨迦人,又因学界渐成一致,认定"塞种"即萨卡,遂引发了概念使用上的混乱。

二、斯基泰人

希罗多德在他的著作《历史》一书中提供了研究斯基泰人的宝贵资料。他详细描绘了斯基泰人生活的环境、风俗习惯,以及波斯国王居鲁士、大流士和亚历山大大帝等人对括马萨革泰人、斯基泰人的进攻。希罗多德把斯基泰人分为"游牧斯基泰人""从事农耕的斯基泰人""王族斯基泰人"和"希腊-斯基泰人""自由的斯基泰人"等几种。

希罗多德描述了斯基泰人的起源、习俗及地理分布。根据他的记载,斯基泰人曾入侵米底,并获得了28年的统治权。希罗多德说,斯基泰人认为他们的祖先叫塔吉塔乌斯,是宙斯和波里斯提尼(第聂伯河)的女儿所生;当时他们的境内是无人居住的荒漠,结果天降了四件金器。斯基泰人由三兄弟分治三国,其中最大的王国就是王族斯基泰人,负责看管金器;斯基泰亚中央以北的地区,是卡里皮代人,即希腊-斯基泰人;与他们毗邻住在内陆的,是阿拉佐涅斯的部族,"这两个部族在其他方面和斯基泰人相似,只是他们要播种,以麦子为食,还食用洋葱、大蒜、扁豆、小米。在阿拉佐涅斯人上方(北方),居住着农耕的斯基泰人,他们种麦子不仅为了食用,还是为了出售"。"跨过潘提卡佩斯河,由农耕的斯基泰人居住区向东,我们就到了游牧的斯基泰人地区,这些斯基泰人既不耕田,也不播种,整个地区,除了伍德兰(Woodland,当为某片森林),都是没有林木的。"从希罗多德的描述上看,几种斯基泰人分布广泛,生活方式不同,所处的地理位置是不同的。

希罗多德把斯基泰人生活的土地,称为斯基泰亚,显然属于一个王国。按照斯基泰人自己的说法,"从他们的第一任国王塔吉塔乌斯算起,到大流士前来侵犯他们的国土期间,这段时间不多不少刚好是 1000 年"(IV,7)。大流士入侵斯基泰时为公元前 512 年,那么斯基泰王国建立的时间即为公元前 1500年。当然,这只是斯基泰人自己的说法,不仅希腊人不认同,连希罗多德也不相信:"我现在要讲的是另一种不同的传说,我个人认为,这种传说比其他说法更为可信。根据这种说法,游牧的斯基泰人曾经居住在亚细亚,他们在与马萨革泰人交战中遭到挫败,于是他们不得不背井离乡,越过了阿拉克塞斯河①,逃入金麦里亚人的境内。斯基泰人现在所居住的地方,很久以前就是金麦里亚人的土地。"(IV,11)为此,希罗多德还用了多处金麦里亚的遗迹来佐证,因而可信度更高。

希罗多德专门给出了斯基泰人的生活区域的位置:"过了塔乌利卡,就是斯基泰人所居住的地方了。他们居住在塔乌利卡以北,濒临东海,在金麦里亚的博斯普鲁斯海和麦奥提斯湖(今亚速海)以西,一直延伸到注入该湖最北端的塔奈斯河(即顿河,The Don)。"(VII,100)

希罗多德笔下的斯基泰亚并不辽阔,只是指黑海和亚速海北岸向内陆延展的一片正方形的土地,正方形的每边有二十日程(约合 700 公里)。后人根据希罗多德的描述,画出了相关的地图,有利于我们更加精准地理解斯基泰人的位置。② 在《斯基泰亚》一图中,我们可以清楚地看到,麦奥提斯湖的北岸,是王族斯基泰人;西部和再往北,是游牧的斯基泰人;再向北,在希罗多德的地图上为"沙漠"的南部,波里斯提尼(第聂伯)河的最南端,是农耕的斯基泰人。其大概位置,南起黑海,塔斯河(顿河)萨乌洛马泰人的地界,西至海帕尼斯河(布格河)纽利人的地界,东与布迪尼人、提萨革泰人为界。

斯基泰人有多少人口呢? 希罗多德说他未能得到确切的数据,"有些人说他们人口很多,还有人说,真正称得上斯基泰民族的只是少数","但是,他们的人数究竟有多少,还是由我亲眼所见的来证明吧!"(IV 81)希罗多德记载了埃克桑帕尤斯的苦泉有一个青铜釜,斯基泰国王阿里安塔斯要求每一个斯基泰

① "对于居鲁士二世征讨马萨革泰人时所跨过的 Araxes 河,学界有不同解释,罗林森、歌德利、奥斯文·穆瑞和卡梅伦等认为是阿姆河,豪和威尔逊和我国学者余太山先生认为是锡尔河。笔者认为居鲁士二世时期波斯与马萨革泰人以阿姆河为界。"张龙海:《马萨革泰人、萨卡人及二者关系探论》,《科学 经济 社会》第 35 卷总第 147 期 2017 年第 2 期,第 80 页注。
② R. M. 哈钦斯总主编:《西方世界名著》(R. M. Hutchkns, *Great Books of the Western World*),第六卷(收录了希罗多德的著作),伦敦:大英百科全书公司;芝加哥:芝加哥大学出版社,1988 年。上海人民出版社 2018 年徐松岩译注版收录了该部分地图。

人必须上交一个箭镞,违令者处死,这个青铜釜就是用全国缴上来的箭镞熔制而成,厚度达6指,容积是600安波列乌斯(5400加仑,约合24500升)。有了这个我们不难算出这个釜自身的体积。

为了便于计算,我们以水为参照,24500升合24.5立方米。设定釜的外径体积为V1,内径体积为V2,釜的体积为V;内径为R2,内外径的厚度为6指,成年人的一指为约2厘米,则6指的厚度约为12厘米,即釜的内外半径差为12厘米(0.12米),外径R1＝R2+0.12。我们设定釜的高度为2米,则$R1^2$=24.5÷(3.14×2)=3.90,R1=1.975,R2=2.095,V=3.06(立方米)。从视角上看,釜的直径约为4米,高度为两米,高度接近于半径,符合一般制作釜形容器的比例。我们以此为参照,如果按每个箭镞的体积熔化后为1.5立方厘米,很容易计算出这只釜大约由200万支镞熔成。同样,如果设定釜的高度为1.5米,由其内半径约为2.28米,外半径约为2.4米,体积约为2.629立方米,按每个箭镞1.5立方厘米算,约需175万个箭镞。而直径为2.5米、高为1.5米的釜器形粗浅,比例并不协调,但使用材料基本上也接近200万个,所以斯基泰人口的数量,大致在200万左右。

除此以外,在斯基泰亚生活的,有和斯基泰人紧密相邻的塔乌利人,有喜欢佩戴黄金饰物的阿伽塞尔西人,有深受蛇害的纽利人,有"全人类当中生活方式最野蛮的民族"、不信守正义也不受任何法律约束的食人族康巴尔人,有黑衣族麦兰克莱尼人,还有人口众多的强大民族布迪尼人,还有斯基泰人入赘的女儿国萨乌洛马泰人,等等。

按希罗多德的说法,斯基泰人最早是生活在亚细亚,后来被马萨革泰人打败才西徙占领了金麦利亚人的土地,还占领了米底28年的时间,这引来了大流士的报复。大流士出兵远征斯基泰人的另一个重要的原因就是对亚细亚富饶土地的觊觎。为此波斯国王大流士于公元前512年出征斯基泰亚。"大流士现在所要进攻的黑海周边地区,这里居住的诸民族,除了斯基泰人外,还居住着世界上最粗野的民族……他们比其他民族更有智慧,他们巧施计谋,使得任何入侵者都难免遭受重创,除非他们自己愿意和敌人交战,否则敌人永远找不到他们的踪影。原来,他们既不修建城市,也不构筑要塞,他们走到哪里,家就搬到哪里,而且,他们个个都精于骑射之术;他们不是以农耕为业,而是以畜牧为生,他们的战车就是他们唯一的家,这样的人们何以不能所向披靡,何以不能无坚不摧呢?"(IV,46,)事实上,根据希罗多德的描述,勇猛的大流士这次出征携带了 70 万大军(IV, 87),却败在了斯基泰人的手下。

斯基泰人的老家在哪里呢? 希罗多德认为是在阿拉克塞斯河右岸,马萨革泰人占据的地盘。因为与马萨革泰人交战失败他们才被迫离开故土的,马萨革泰人占据了他们的地盘。《历史》中有这样一段记载:"居鲁士在成功降服了巴比伦人之后,他又想把马萨革泰人收归自己的统治之下。据说,这时的马萨革泰人是一个强大而好战的民族,他们居住在东方,朝着日出的方向,在阿拉克塞斯河以外,和伊塞冬斯人相对的地方。许多人认为他们是属于斯基泰族的。"

综上,我们可以总结出斯基泰人的如下特点:

1. 来自东方阿拉克塞斯河东岸,被马萨革泰人打败迁徙到黑海北岸;

2. 人口约 200 万,国土面积约 50 万平方公里;

3. 深受希腊文明影响却又排斥异族的生活方式——首先信奉赫斯提亚(在斯基泰语里叫塔比提 Tabiti),其次是宙斯(斯基泰语叫帕派乌斯Papaeus)、格埃(大地之神,斯基泰语叫阿皮亚 Apia),再次是阿波罗、凯列斯提的阿佛洛狄忒,王族斯基泰人还信奉波塞冬(IV, 59)。

然而斯基泰非常憎恶异族人的各种风俗,尤其是憎恶那些在希腊人中流行的风俗,安那卡尔西斯因举行异族人的祭神仪式而被斯基泰国王萨乌琉斯一箭射死;国王斯库拉斯当了斯基泰国王后因为不喜欢斯基泰人的生活方式,却更偏爱希腊人的生活方式,甚至娶了一个希腊女子而引来杀身之祸。"奥克塔玛萨德却就地砍掉了斯库拉斯的头。斯基泰人就是这样非常严格地遵守本民族的风俗习惯,对于那些采用异族风俗习惯的人,他们就是这样严厉地加以惩罚的。"(IV, 78 - 80)

4. 喜爱黄金。斯基泰人立国时有天降四金之说,其金犁、金轭、金斧、金酒杯正好代表的是耕具、马车、战争和享乐四个方面,国王下葬时也会用金杯——"因为斯基泰人既不用白银也不用铜"(IV 71);把最痛恨的敌人的头盖骨取下来处理干净镶上黄金;等等。

5. 英勇善战,而且嗜血,要喝掉杀死的第一个敌人的血;喜欢用敌人的头皮鞣制成手巾甚至做成衣服,把敌人的头盖骨取下做酒器。

6. 喜欢吸食豪麻。

7. 歃血为盟。

三、萨卡人和斯基泰人的关系

根据希罗多德所述,斯基泰人与大流士进行了长久的游击战,大流士找不到斯基泰人的踪影,非常恼火,就派骑手给斯基泰国王送信,劝他不要四处逃蹿,留下来一决雌雄。结果斯基泰国王伊丹泰尔苏斯答复说,他们不是逃跑,只是斯基泰人的一种生活习惯而已,"我们斯基泰人既没有城市也没有耕地,我当然没有必要急于和你交战了"(IV,126-127)。可见大流士征战的,显然是游牧的斯基泰民族。整个战争过程中希罗多德都没有提及王族、希腊、农耕斯基泰人,所以我们更倾向于大流士眼里所谓的萨卡人,为游牧的斯基泰人。

根据希罗多德的描述,斯基泰人受到阿伽塞尔西人的警告而没有进入其国土,故斯基泰人纵横范围基本不出黑海向北向东、高加索山脉以北(萨乌洛马泰人的地盘),以及里海北岸伏尔加河一线区域。

值得注意的是,大流士在他的铭文中说萨卡人的国王叫斯昆卡,且贝希斯敦的浮雕上还刻有斯昆卡被俘的雕像。但希罗多德说斯基泰人的国王叫伊丹泰尔苏斯(IV,127),又说领兵打仗对抗大流士的国王叫塔克萨基斯(IV,120)。大流士在铭文中明确提到,他在巴比伦时萨卡人背叛了他;希罗多德在《历史》第四卷《麦尔波门涅》开篇就讲,大流士在攻克巴比伦之后,又统兵出征斯基泰亚。大流士铭文中讲他征讨萨卡人大获全胜,而希罗多德说大流士铩羽而归。大流士勒石记载的丰功伟绩,加上有斯昆卡被俘的雕像,似不会造假;希罗多德以一章的重墨描述大流士与斯基泰人的战争,可信度也比较高。为什么会出现上述矛盾呢?笔者认为,此次大流士出征,目标是斯基泰亚,但攻打的不仅仅是斯基泰人,斯基泰亚的领土,以及周边的众多民族,都在他70万大军的铁蹄践踏之下。

从希罗多德的记载可以看出,战前,斯基泰人说服了格洛努斯人、布迪尼人和萨乌洛马泰人结成了同盟;战斗中又把波斯人引入了拒绝和他们结盟的康巴尔人(食人族)、纽利人的领土,让各民族卷入战争,使波斯人疲于奔命,消耗他们的给养和士气。只是黑衣族、食人族和纽利人在波斯人到来之前就跑到了北方的沙漠中去了,大流士占领他们的领土是情理中的事情。

而且我们有理由相信斯基泰人让战火烧到了离开他们国土的更远的地方,按照希罗多德的描述,塔奈斯河就是斯基泰亚的边界,过了河是萨乌洛马泰人的地盘,两只北再向东,就到达了提萨革泰人居住的地区,再向东,就是一个从王族斯基泰人中叛逃出来的斯基泰人的一个部落,再向东,就是秃头族阿吉派伊人。秃头族东北,住着伊塞冬斯人。希罗多德明确记载着大流士和斯基泰人在高寒地区的战斗,可见这场战争波区的范围必定是相当广的,绝不仅限于斯基泰亚。所以大流士铭文中记载着他俘虏的斯基泰人的两个王,如果希罗多德记载无误的话,未必就是前文中所说的斯基泰亚的国王,也许是大流士所征战的某些斯基泰部族中的领袖。

另外,我们研究一下大流士的几个著名的铭文,也能发现问题。在纳克泽·罗斯塔姆铭文、苏萨铭文和薛西斯一世波斯波利斯铭文中,萨卡变成了尖帽萨卡和豪麻萨卡两个部族。而且在罗斯塔姆铭文中,豪麻萨卡在前,在苏萨铭文中,尖帽萨卡在前,而在波斯波利斯铭文中,印度、乾陀罗之后;而在苏萨铭文中,则排在乾陀罗、印度之后,但都在巴比伦之前——而在贝希斯顿铭文的第一栏中,巴比伦紧跟在波斯和埃兰之后。这说明大流士时代,波斯人已经认识到了两种萨卡人的存在,而且从排名上看,其地域接近于印度和乾陀罗,去巴克特里亚和索格底安那不远:大流士一世波斯波利斯铭文 h 第 3—10 行称:"大流士领有的王国,从索格底安那(粟特)对面的萨卡族,直到埃塞俄比亚(Kusa),从印度到萨尔底斯。"在这里大流士明确地说到萨卡是在索格底安那对面,这个位置和希罗多德描绘的斯基泰亚完全不同,这说明大流士眼里的萨卡,并非前文中所说的斯基泰人,而是另有所指。这就不难理解为什么希罗多德记载的斯基泰人的国王叫塔克萨基斯或伊丹泰尔苏斯,而大流士俘虏的萨卡王叫斯昆卡,二者根本就不是一个部族。大流士的铭文中专门雕刻了斯昆卡的像,而且将萨卡排在巴比伦的前面,可见大流士对征服萨卡人还是非常看重的。

甚至,我们可以得到结论,大流士并非像希罗多德所说的那样,把整个斯基泰人或整个斯基泰亚王国中的居民都称为萨卡,而仅仅是把索格底安那对面的特有部族称为萨卡。

再重新回顾一下《历史》,不难发现,希罗多德关于萨卡人的论述也是非常谨慎的:他说,在薛西斯时代,跟随巴克特里亚士兵出征的阿米尔吉伊地区的斯基泰人被波斯人称为萨卡人,而且是"戴尖帽的萨卡人";此时的萨卡人位于阿米尔吉伊地区,和巴克特里亚人编在一起,在位置上和前面说到的索格底安那也非常接近。

从另一部著名的史书、阿里安的《亚历山大远征记》也可以找到明证。该书中明确提到了"欧洲斯基泰人",说他们是欧洲最大的民族;并提到亚洲斯基泰,被称为"Abian 斯基泰",他们定居亚洲,"是个自由的民族"(IV,1)。遗憾的是阿里安对亚洲斯基泰人描述很少。不过在同一书中,阿里安谈到,和亚历山大对垒的大流士(III世)的部队"之所以这样庞大,是因为有大批援军,有巴克特里亚边境上的一些印度部族,加上索格底亚那人和巴克特里亚人,……还有居住在亚洲斯基泰人当中的一个叫萨卡(Sacae)的部族"(III,8)。在阿里安的表述中,萨卡人只是亚洲斯基泰中一个部落,这就侧证了我们前面的推测。

此外,古罗马史学家普林尼《自然史》①载:"(锡尔河)对面是若干斯基泰部族,波斯人将这些离波斯最近的部族一概称为萨卡(Sacae)……(斯基泰人)有无数部族,人数之多足与帕提亚人相比。其中最著名的是萨卡(Sacae)、马萨革泰(Massagetae)人、达海(Dahae)人和伊塞冬斯(Essedones)人。"普林尼认为,萨卡人只是和马萨革泰人、达海人及伊塞冬斯人一样为斯基泰的一个部族。

斯特拉博验证了波斯波利斯铭文中关于萨卡人位置的记载。他在《地理志》则明确讲,萨卡和索格底亚那(粟特)人和他们的全部领土正对着印度,药杀水把萨卡人和粟特人互相分开,乌浒河把粟特人和巴克特里亚人相互分开(XI,8)。这就进一步确定了萨卡人的位置,也侧证了被马萨革泰人打败而入侵金麦利亚的斯基泰人并非波斯人眼中的萨卡人。

法国当代学者鲁保罗有一段关于亚历山大征战萨卡的人描述。"公元前330年8月的初春,马其顿亚历山大大帝带着浩浩荡荡的大军,混杂着商人、奴隶贩子、兑换商、学者、拉皮条者、妓女,一路向东,越过阿拉索济(Arachaosie,即今天的坎大哈)、到达迦比试(Kapic,今天的喀布尔),并于第二年4月冒冰雪穿越了兴都库什山脉,渡过阿姆河攻击大夏,占领了康居地区,之后亚历山大又忍着身患痢疾,腿上被流箭射伤、颈部被石块砸伤之痛,渡过药杀水(Jaxartes,锡尔河),一直攻击到萨卡人的地盘塔什干地区,逼迫萨卡人向他缴纳金粉以及塔里木诸绿洲的物产,接受希腊的金币和黄铜容器。② 此时的萨卡人,则位于塔什干地区。

---

① H. Rackham, tr. Pliny, *Natural History*, with an English translation, London, 1949.
② [法]鲁保罗著:《西域的历史与文明》,耿昇译,乌鲁木齐:新疆人民出版社,2012年,第67—69页。

以上六种，可以互相印证，波斯人眼中的萨卡人，就是位于锡尔河右岸的斯基泰人的一个特定的部族，而绝非整个斯基泰人。

四、塞种与萨卡

前面说过，"塞"这个概念源自波斯人概念中的萨卡，已是学界共识。只是，中国古籍中提到的塞种，是不是就是萨卡人呢？笔者认为，塞种人与萨卡人或为同一种族，但绝非同一部族。

"塞"的概念出自《汉书·西域传》："乌孙国……本塞地也，大月氏西破走塞王，塞王南越悬度，大月氏居其地。后乌孙昆莫击破大月氏，大月氏徙西臣大夏，而乌孙昆莫居之，故乌孙民有塞种，大月氏种。""休循国，王治鸟飞谷，在葱岭西①，去长安万二百一十里，至捐毒衍敦谷二百六十里，民俗衣服类乌孙，因畜随水草，本故塞种也。""捐毒国，王治衍敦谷，……南与葱领属，无人民。北与乌孙接。衣服类乌孙，随水草，依葱领②，本塞种也。"③

《汉书·西域传》大月氏条云："大月氏本行国也，随畜行色移徙，与匈奴同俗，控弦十余万，故强轻匈奴。本居敦煌、祁连间。至冒顿单于攻破月氏，而老上单于杀月氏，以其头为饮器，月氏乃远走，过大宛，西击大夏而臣之。""时，月氏已为匈奴所破，西击塞王。塞外南走远徙，月氏居其地。""昔匈奴破大月氏，大月氏西君大夏，而塞王南君罽宾④。塞种分散，往往为数国。自疏勒以西北，休循、捐毒之属，皆故塞种也。"

《西域传》关于塞种的着墨不多，但可以清晰地看出，乌孙国本是塞种的领地，后被大月氏侵占，再后来以乌孙昆莫又占据了这个地方，塞王南越悬度，君罽宾；而大月氏侵占了大夏。葱岭西的休循国，葱岭北、乌孙南的捐毒国也都是塞种人生活的区域。

乌孙处于何方呢？据黄文弼先生考，"汉招乌孙居浑邪故地，是在今肃州

① （唐）李贤等注：《后汉书》卷八十八，《西域传》第七十八注："葱领，山名也。西河旧事云：'其山高大，生葱，故名。'"第1970页。
② 又《大唐西域记》中载："葱岭者，据赡部洲中……寒风劲烈，地多出葱，故谓葱岭。又以山崖葱翠，遂以名焉"。据新疆史地学家陈步青考究，葱岭为今帕米尔及周边地区。
③ （汉）班固撰，（唐）颜师古注：《汉书》卷九十六上，《西域传》，北京：中华书局，2000年，第2872页。
④ 黄文弼：《汉西域诸国之分布及种族问题》："罽宾，大国也，今阿富汗境。王治循鲜城。西北与大月氏，西南与乌代山离接。"《西域史地考古论集》，北京：商务印书馆，2015年，第188页。

一带,原为乌孙故地。据此,上乌孙与月氏分地,乌孙在肃州以西至敦煌,月氏在肃州以东至张掖"。后西迁至伊犁河谷,"按乌孙地即今伊犁河谷,是大月氏之西迁,先居伊犁河谷,伊犁在天山之西端,西接葱岭,南与焉耆,库车相接"。① 王炳华先生则论道:"根据《汉书》有关塞人的记录,我们可以得到两个主要的概念。一是塞人在新疆活动的主要区域,就是汉代乌孙、休循、捐毒在新疆地区的活动地域,……主要在'天山到伊犁河之间','广阔的草原地带','如昭苏、特克斯、新源、巩留、尼勒克等县,就是乌孙活动的中心地区。休循,其活动地域大概在帕米尔山中,捐毒,活动地域大概在塔什库尔干地区。总得来看,汉代以前,塞人在新疆地区的主要活动地域应伊犁河流域并及天山及更南的阿赖岭、东帕米尔等地。二是公元前三世纪大月氏西迁伊犁河流域前,这里本为塞人领地。"②

大月氏攻占塞地的时间,据余太山先生考,大约在公元前 177/176 年:"既然乌孙之地在伊犁河、楚河流域,所谓'塞地'亦应为伊犁河、楚河流域。传文所谓'大月氏西破走塞王'乃指公元前 177/176 年大月氏被匈奴所逐西迁伊犁河、楚河流域一事;'乌孙昆莫击破大月氏'则发生在公元前 130 年左右。"③大流士平定萨卡人叛乱发生在公元前 512 年(余太山先生认为是在公元前 519年),之后萨卡被划为郡,年年纳贡;到大流士三世与亚历山大对垒时,萨卡仍在同一区域,只是被编入了巴克特里亚人的队伍中,说明此时的萨卡,力量已不如从前强大了。鲁保罗的描述告诉我们公元前 229 年萨卡人盘踞在塔什干地区。而此时的塞种人,正在伊犁河、楚河流域安居乐业,直到三百余年后被大月氏驱逐而离开故地,往帕米尔一带迁移,塞王甚至带人南下建立了罽宾国。由此可见西方史学家和波斯人眼中的萨卡,和我国古文献中的"塞种",显然不是一个部族。

另外,1976—1977 年在中国新疆塔什库尔干县香宝宝墓地的考古,"对墓葬中一个保存稍好的头骨进行鉴定的结果,认为具有欧罗巴的特征"。④ 考古学家测定的该墓葬的时间公元前五至前四世纪,为中国春秋战国时代。这说

---

① 黄文弼:《大月氏故地及西徙》,《西域史地考古论集》,北京:商务印书馆,2015 年,第 246—247页。

② 王炳华:《古代新疆塞人历史钩沉》,《新疆社会科学》1985 年第一期,第 49 页。

③ 余太山:《塞种人研究》,北京:商务印书馆,2012 年,第 10 页。

④ 新疆社会科学院考古研究所:《帕米尔高原古墓》,《考古学报》1981 年第 2 期,第 212 页。

明早在大流士大帝征讨斯基泰人时代,帕米尔高原已经有塞种人居住;另外2013—2014年在塔什库尔干县曲诗曼发掘了24座青铜器晚期墓葬(距今2600—2300年),发现了大量的拜火教的遗址和文物①,说明早在公元六至前五世纪,拜火教在帕米尔高原上有了广泛的信仰,这和大流士一世铭文中写到的萨卡人不信阿胡拉马兹达不相符,也可证明塞种与萨卡并非一个部族。

当然,中国古代的史学家们必定是注意到了塞种人与萨卡人在人种相同或相近而命名为"塞"。由于千百年来草原民族之间互相影响,风俗习俗相似甚至相同不足为奇,如前文中所述的月氏、匈奴同俗,也和斯基泰人一样喜欢以人头为饮器。但雅利安人的面貌却是特征分明的。颜师古在注《汉书》"乌孙"一条云:"乌孙于西域诸戎其形最异。今之胡人青眼、赤须,状类弥猴者,本其种也。"《大唐西域记》中《达摩悉铁帝国》中有"眼多碧绿,异于诸国"的描述,可见"塞种"的面貌特征尤其是眼睛的颜色是异于其他民族的,这也塞种之异于胡、羌、月氏、匈奴等族的主要特征,中国古人以"塞"称之,就是注意到了这点差异。但我们不能因为斯基泰人、萨卡人和塞种人源自于同一种族就将其混淆,就好比于东亚人之中国、日本、韩国,不能因为人种相同、地缘相近、文化相似就混为一谈。

作者简介:刘建波,济南大学教授、博士,资深媒体人,摄影家、文化旅游专家。现任济南大学文化与旅游学院院长、《旅游世界》杂志社社长、总编辑、山东省旅游摄影协会会长,多年从事坦吉克族的拍摄与研究工作,主持多项课题研究,发表多部作品并出版数部专著。

① 中国社会科学院考古研究所新疆工作队:《新疆塔什库尔干吉尔赞喀勒墓地发掘报告》,《考古学报》2015年第2期。

事实抑或谣言

——再议尼卡暴动中查士丁尼之逃亡

李旭阳

摘要：尼卡暴动中狄奥多拉的演说往往被视为整个事件的转折点，查士丁尼由此放弃逃亡决定镇压，其中"紫袍是最好的裹尸布"流传甚广，而研究者们也多遵从普罗柯比的这一记述。但在其他史料中，皇帝的逃亡却一直以坊间谣言的形式存在，皇帝是否具有逃亡意图仍存在争议。近年来一些学者将暴动置于以往被忽略的皇帝视角下，发现了皇帝本人对事件进程的影响。由此，再次审视普罗柯比的文本记述，特别是对狄奥多拉演说的辨析与当时具体情况的推定，能够发现普罗柯比默认皇帝逃亡的记叙可能是由于自身阶层的政治立场以及对皇帝政权的不满。皇帝并无逃亡的理由，"逃亡谣言"的流传很大程度上与暴动后的政治宣传关系密切，其本质是为皇帝践行的非洲战略奠定政治基础。

关键词：查士丁尼　尼卡暴动　普罗柯比　谣言

公元532年1月18日，君士坦丁堡内的大竞技场中发生了一起帝国军队针对暴民的屠杀事件，据说有3万人丧生于此，持续了近一周的尼卡暴动就此终结。但让人觉得吊诡的是，作为屠杀事件始作俑者的查士丁尼，竟在屠杀发生前被传出了已然逃往色雷斯的谣言。而普罗柯比《战史》对此的解释是皇帝确有逃亡的意图，但最终选择了镇压，并且促使皇帝态度发生巨大转变的原因竟然是皇后狄奥多拉的一段演说。在其他史料中①,普罗柯比记述的"狄奥多拉时刻"却不曾出现,甚至皇帝的逃亡也一直是不能被证实的谣言,这就不由得让人思考查士丁尼的逃亡究竟是实情还是谣言?

关于"皇帝逃亡"的讨论,学界长期以来一直是以普罗柯比的记述为主,认定"皇帝逃亡"是实情。约翰·伯里(John Bagnell Bury)是较早将尼卡暴动单独作为研究对象的学者,他在1897年就以"尼卡暴动"为题论述了这一事件的史料来源、事件顺序及地形信息,为此后的尼卡暴动研究打下了坚实基础。②但在他的代表作《晚期罗马帝国史》中却几乎没有对查士丁尼的正面描述,他在记述皇帝罢免朝臣时说:"示威的对象是城市长官尤戴蒙,司法大臣特里波利安,财政大臣卡帕多西亚的约翰,局势变得如此严重,皇帝决定投降。"之后在皇帝驱逐皇宫内的议员时,他又说道:"查士丁尼不信任他的卫兵,他强烈地怀疑周围的许多议员都是叛徒。"最后他继续绘声绘色地描述了宫廷内皇帝即将逃跑。③ 不仅伯里认同皇帝的逃亡,另一位研究古代晚期的知名学者琼斯(A. H. M. Jones)也持此观点,知名拜占庭学者乔治·奥斯特洛格尔斯基(George Ostrogorsky)以及瓦西列夫在各自著作中都有皇帝准备逃亡的叙述。④ 国内学者也偏向于认同皇帝具有逃亡意图,陈志强教授的《拜占庭帝国史》在叙述这一段时说道:"紧急时刻,查士丁尼一见形势不好,从地道逃离大

---

① 本文主要运用的原始史料,包括普罗柯比(Procopius)《战史》(*History of The Wars*)、《秘史》(*The Secret History*);约翰·马拉拉斯《编年史》(*The Chronicle of John Malalas*);塞奥法尼斯《编年史》(*The Chronicle of Theophanes*);马塞林努斯《编年史》(*The Chronicle of Marcellinus*);《复活节编年史》(*Chronicon Paschale 284 -628AD*)。这里的其他史料指出除普罗柯比著述外的其他《编年史》。关于尼卡暴动史料最为详实的梳理是伯里于1897年以尼卡暴动为题目发表的文章,文中梳理了记述过尼卡暴动的十一部史料,并分别对此进行了甄别。参见:J. B. Bury, "The Nika Riot," *The Journal of Hellenic Studies*, vol. 17(1897), pp. 92 -106;德国学者米萨·迈耶在伯里研究中进一步辨析,指出关于尼卡暴动的记述最为详尽的是普罗柯比《战史》,塞奥法尼斯《编年史》,约翰·马拉拉斯《编年史》,《复活节编年史》,其他史料内容多来源于此。参见:Mischa Meier, "Die Inszenierung einer Katastrophe: Justinian und der Nika-Aufstand," *Zeitschrift für Papyrologie und Epigraphik*, Bd. 142(2003), pp. 276 - 286。

② J. B. Bury, "The Nika Riot," *The Journal of Hellenic Studies*, vol. 17(1897), pp. 92 - 119.

③ J. B. Bury, *History of The Later Roman Empire*, vol, 2. New York: Dover Publications, 1923, pp. 41 - 44.

④ A. H. M. Jones, *The Later Roman Empire 284 - 602*, vol. 1. Norman: University of Oklahoma press, 1971, p. 272;乔治·奥斯特格格尔斯基:《拜占庭帝国》,陈志强译,西宁:青海人民出版社,2006年,52页;A. A. 瓦西列夫:《拜占庭帝国史》,徐家玲译,北京:商务印书馆,2019年,157页。

竞技场,准备弃城出逃。"①徐家玲教授也持有类似观点,在其著作《早期拜占庭与查士丁尼时代研究》中也说道:"查士丁尼束手无策,决定逃跑。"②由此可见,国内外学者对查士丁尼在尼卡暴动中的主流观点及普罗柯比的记述,皆默认了皇帝具有逃亡意图,且没有注意到"皇帝逃亡"更多地只是坊间谣言。

然而,这种传统观点在阿兰·卡梅隆(Alan Cameron)关于竞技党的研究出现后发生了变化,他论述尼卡暴动的过程中省略了这一谣言并未提及皇帝的逃亡,但他将尼卡暴动中矛盾激化的过程归结于皇帝的不作为,这种观点后来多有学者承袭。③虽然阿兰·卡梅隆的研究并非以皇帝为核心,④但该研究揭示了尼卡暴动的激化过程更多是由于皇帝自身因素,而非受到外部民众的影响。后来的学者在研究尼卡暴动时也受此启发,更多关注到皇帝本人在这一事件中扮演的角色,⑤并尝试从之前一直被忽视的皇帝视角看待尼卡暴动,而皇帝视角间接促进了人们对于"逃亡谣言"的认识。其中最具代表性的研究来自格雷崔克(Geoffrey Greatrex),他将尼卡暴动纳入竞技党传统之中,并且借鉴了霍布斯鲍姆论述原始骚乱时提出的"政治模式"⑥和阿兰·卡梅隆的研究,将事件详尽分为十个阶段,在每一阶段都结合以往竞技党骚乱的特点和皇帝的处理方式进行分析,着重强调了皇帝在尼卡暴动中扮演的角色,最终得出"这篇文章的目的是要论证,使尼卡暴动与众不同的一连串事件在很大程度上

① 陈志强:《拜占庭帝国史》,北京:商务印书馆,2003年,第135页。
② 徐家玲:《早期拜占庭查士丁尼时代研究》,沈阳:东北师范大学出版社,1998年,第178页。
③ 参见:Alan Cameron, *Circus Factions: Blues and Greens at Rome and Byzantium*, Oxford: Clarendon Press, 1976, p. 280; Hugh Elton, *The Roman Empire in Late Antiquity: A Political and Military History*, Cambridge: Cambridge University Press, 2018, p. 262; Geoffrey Greatrex, "The Nika Riot: A Reappraisal," *The Journal of Hellenic Studies*, vol. 117 (1997), pp. 60–86。
④ Alan Cameron, *Circus Factions: Blues and Greens at Rome and Byzantium*, Oxford: Clarendon Press, 1976, pp. 309–311.卡梅隆通过说明皇帝的不作为刺激了民众们的流氓主义与激情犯罪,民众的行为并没有政治参与的成分,借以证明他将竞技党骚乱与政治宗教剥离的主题。
⑤ 类似的观点还有 Stephen Mitchell, *A History of the Later Roman Empire*, *AD284–641*, Oxford: Blackwell Publishing Ltd, 2015, pp. 146–147; J. A. S. Evansye肯定过皇帝在镇压尼卡暴动中的作用,认为这一切不光只是狄奥多拉和贝利撒留的功劳。参见:J. A. S. Evans, *The Age of Justinian: The circumstances of imperial power*, New York: Routledge Press, 1996, p. 124.
⑥ 艾瑞克·霍布斯鲍姆:《原始的叛乱》,杨德睿译,北京:社会科学文献出版社,2013年,第129—150页。

是偶然的：统治者和人民之间的关系因一系列误解而破裂。"①这一结论强化了阿兰·卡梅隆的观点，突出了皇帝行为的矛盾性是将暴乱引向政变的关键环节。这种皇帝视角也体现在他对于"皇帝逃亡"的论述中，他赞同皇帝本人从未丧失意志信念，且皇帝想要出逃的想法很可能只是打算与即将发生的屠杀保持距离，②从而避免屠杀对自身统治带来的不利影响。

受格雷崔克的影响，德国学者米萨·迈耶(Mischa Meier)将皇帝在该事件中的影响进一步扩大，在他的重构中，尼卡暴动从塞奥法尼斯记载"对话"③时就逐步进入了查士丁尼预先设计好的计谋之中，直到最后的镇压与屠杀。在这一观点的影响下，迈耶对于"逃亡谣言"的解释更加能够体现其政治意图，他在文中多次提到查士丁尼将尼卡暴动极力作为一种政治宣传手段，而"逃亡谣言"则是皇帝放出的示弱信号，目的是刺激被拥立为"新皇帝"的伊帕提乌斯，从而明确坐实其篡位者的形象，以配合政治宣传。④

上述学者之所以在"皇帝逃亡"是实情还是谣言这一问题上产生争议，最主要的原因在于他们对这一事件中皇帝的认识不同。传统观点接受了普罗柯比的记述，忽视了皇帝在这一事件激化过程中扮演的角色，从而认定"皇帝逃亡"是实情。自阿兰·卡梅隆后，皇帝本人在尼卡暴动中的作用被学者发现，皇帝视角下对尼卡暴动的解释获得了部分学者的支持，《牛津古代晚期词典》也参考了格雷崔克和迈耶的观点，关于"尼卡暴动"的词条明确提到了皇帝是

---

① Geoffrey Greatrex, "The Nika Riot: A Reappraisal," *The Journal of Hellenic Studies*, vol. 117 (1997), p. 80.

② Geoffrey Greatrex, "The Nika Riot: A Reappraisal," *The Journal of Hellenic Studies*, vol. 117 (1997), pp. 77 - 78.

③ 对话的内容大致是，在竞技场中的绿党向皇帝抱怨蓝党对他们的暴行，但皇帝的传令官不以为然，后来蓝党也参与进来并指责绿党的过错，皇帝的传令官赞同蓝党的观点，绿党负气离去，皇帝和蓝党继续观看比赛。参见：Theophanes, *The Chronicle of Theophanes Confessor*, translate by Cyril Mango and Roger Scott, Oxford: Oxford University Press, 1997, p. 277; Michael Whitby and Mary Whitby trans. by, *Chronicon Paschale AD284 - 628*, Liverpool: Liverpool University Press, 1989, pp. 144. 但这段对话是否发生在尼卡暴动前夕尚存在争议，大多数学者不将这段对话作为尼卡暴动的一部分，但迈耶却将其视为尼卡暴动的重要原因之一，并推测其发生在 1 月 3 日前后。参见：Mischa Meier, "Die Inszenierung einer Katastrophe: Justinian und der Nika-Aufstand," *Zeitschrift für Papyrologie und Epigraphik*, Bd. 142(2003), p. 286。

④ Mischa Meier, "Die Inszenierung einer Katastrophe: Justinian und der Nika-Aufstand," *Zeitschrift für Papyrologie und Epigraphik*, Bd. 142(2003), pp. 275,295.

否激化骚乱的争论。① 但从皇帝视角看待尼卡暴动仍存在问题：虽说格雷崔克已经开始关注皇帝的作为，但他还是受到了阿兰·卡梅隆的影响，认为整个事件仍是一个皇帝和民众共同参与的偶然事件；而迈耶将整个事件都解释为皇帝的计谋，且忽视了这一过程中出现的很多偶然因素，无疑陷入了"英雄史观"的囹圄。虽然他们的研究存在可商榷之处，但对学界重新审视"皇帝逃亡"具有重要意义。从皇帝视角下观察"逃亡谣言"，学者难免会质疑出自普罗柯比之手的皇帝具有逃亡意图的传统观点，从而确定"皇帝逃亡"只是民间流传的谣言，在此基础上可以进一步思考谣言的流传与皇帝政权之间的联系。为了说明"皇帝逃亡"确系谣言，并非事实，我们必须回到原始史料本身，寻找"皇帝逃亡"的文本记述。

一、"逃亡谣言"的史料溯源

在普罗柯比的表述中，他明确了尼卡暴动中的皇帝具有逃亡意图，但在皇后的一席话之后，情况陡然间反转：

> 皇宫中的查士丁尼这时正举棋不定，是留在宫中，还是乘船逃跑？两种做法各有利弊，难以取舍……皇后的一席话说得大家热血沸腾，决定进行抵抗，谋划怎样挫败暴乱分子的围攻。②

由此可见在普罗柯比的记述中，皇后的演说是使皇帝坚定镇压的决定性因素，但在其他史料的记载中，扭转时局的演讲却从未提及，甚至没有任何关于皇后的记述出现，就连可以证明皇帝具有出逃意图的记述也只出现在塞奥法尼斯（Theophanes）的《编年史》中：

> 皇帝惊恐万分，想把他的钱装上战舰（dromon），然后逃到色雷斯的

---

① Stephen Mitchell, *A History of the Later Roman Empire*, AD284 – 641, London: Blackwell Publishing Ltd, 2015, p. 146; Oliver Nicholson ed., *The Oxford Dictionary of Late Antiquity*, vol. 2, Oxford: Oxford university Press, 2018, p. 1076.

② Procopius, *History of the Wars*, Vol I, translated by H. B. Dewing, Loeb Classical Library, London: William Heinemann Press, 1914, pp. 231 – 233；普罗柯比：《战史》，崔艳红译，郑州：大象出版社，2010 年，第 52 页。

> 赫拉克利亚……当皇帝夺取了奥古斯塔号（Augusta）前往色雷斯的谣言传开后，他们宣布贵族伊帕提乌斯为皇帝……①

塞奥法尼斯的编年史确实记述了皇帝逃亡的意图，但皇帝为何放弃这一意图却并未提及，也并未提及皇后的演讲，文中只记载了皇帝在听说伊帕提乌斯成为新帝后就立即开始了镇压计划。② 虽然普罗柯比和塞奥法尼斯都记述了皇帝的逃亡，但有一点值得关注，就是塞奥法尼斯在叙述完皇帝的逃亡的意图后，紧接着提到皇帝"逃亡谣言"的传播，但这一谣言却是在普罗柯比的记述中不曾体现的。这或许是由于塞奥法尼斯认为皇帝的逃亡只是谣言，所以并未解释皇帝为何要放弃逃亡意图；但普罗柯比并不认同"皇帝逃亡"是一个谣言，在他以"宫廷视角"建构的尼卡暴动中，他默认了皇帝逃亡的意图，并用狄奥多拉的演讲作为回应，如此记述的原因很可能是基于其在《秘史》中的个人立场。

实际上，纵观史料唯有普罗柯比对皇帝逃亡意图的转变做出了解释，他认同皇帝企图逃亡的行为，并用皇后演说作为回应，但在其他史料中，关于"皇帝逃亡"的记载很大程度上只是一个坊间流传的谣言。约翰·马拉拉斯（John Malalas）的《编年史》虽并未直接叙述谣言的出现，但他记述道："伊帕提乌斯（Hypatius）知道皇帝已经走了，就坐在皇帝包厢（Kathisma）中，大胆地出来造反。"③这时的皇帝其实没有逃离，但暴民中却已经传出了皇帝已经出逃的谣言。有关谣言传播的细节在《复活节编年史》（Chronicon Paschale）中有过记述，大致为伊帕提乌斯不想成为皇帝，于是派亲信给皇帝报信，但这一过程中却被皇帝的御医托马斯（Thomas）告知，皇帝已经逃跑，于是谣言便传播开来。④ 虽然这一事件的真伪我们不得而知，但在马拉拉斯和《复活节编年史》

---

① Theophanes, *The Chronicle of Theophanes Confessor*, translate by Cyril Mango and Roger Scott, Oxford: Oxford University Press, 1997, p. 279.

② Theophanes, *The Chronicle of Theophanes Confessor*, translate by Cyril Mango and Roger Scott, Oxford: Oxford University Press, 1997, pp. 279 – 280.

③ John Malalas, *The Chronicle of John Malalas*, translate by Elizabeth Jeffreys et. al., Melbourne: Australian Association for Byzantine Studies Department of Modern Greek, 1986, p. 279.

④ Michael Whitby and Mary Whitby trans. by, *Chronicon Paschale AD284 – 628*, Liverpool: Liverpool University Press, 1989, p. 122.

的记述过程中，"皇帝逃亡"一直是以谣言形式存在的，并且也没有出现普罗柯比为解释谣言而设计的皇后演讲。

除普罗柯比外，塞奥法尼斯、马拉拉斯、《复活节编年史》在记述皇帝决定镇压前，没有任何的情节铺垫，都是在伊帕提乌斯得知"逃亡谣言"后就立即开始行动的，这一过程中并未有过多的犹豫被记录下来，而在与普罗柯比同时代的另一位编年史家马赛林努斯（Comes Marcellinus）的记述中，甚至连逃亡的谣言都不曾出现。[①] 综上所述，在记述查士丁尼的逃亡时，只有普罗柯比暗指皇帝具有逃亡意图，而其他史料中皇帝的逃亡更多是以一种在坊间流传的谣言形式出现，并且普罗柯比对此的解释是皇后演说，然而，该段演说连同皇后本人在其他史料中从未出现。

通过对史料的梳理，很明显的发现普罗柯比的记述与其他史料差异较大，而普罗柯比默认皇帝具有逃亡意图很可能是由于其上层贵族的政治立场，他本人与尼卡暴动中的参与者一样对查士丁尼政权心存不满。在这一前提下去思考普罗柯比关于皇帝夫妇的记述，传统观念中认为"皇帝逃亡"是事实的说法就值得商榷。我们也更有理由相信"皇帝逃亡"只是民间流传的谣言，在此基础上可以进一步思考致使谣言出现的原因。

二、记述的背后：普罗柯比的个人立场与事实情况

普罗柯比《战史》对尼卡暴动的描述主导着学界对该问题的看法，特别是他默认了皇帝的逃亡行为确实存在，而力挽狂澜的狄奥多拉更是为后人津津乐道，但不得不说这一记述很可能存在问题。在其他史料中，皇帝想要逃亡的说法皆只流于谣言层面，且没有与狄奥多拉的言行发生关联，皇帝在谣言传播开后就立即开始了镇压。对比约翰·马拉拉斯和普罗柯比的记述，我们会发

---

① Comes Marcellinus, *The Chronicle of Marcellinus*, translate by Brian Croke, Sydney: Australian Association for Byzantine Studies Department of Modern Greek, 1995, p. 126. 根据 Brian Croke 在本书前言的介绍，马赛林努斯实际上已于 527 年离开了查士丁尼的政府，很可能已经退休。其《编年史》第一版于 518 年截止，后来第二版又扩展到 534 年。这部《编年史》是为其前雇主查士丁尼写的，当时查士丁尼在非洲战胜汪达尔人，534 年在君士坦丁堡庆祝胜利。依 Brian Croke 的说法，在尼卡暴动发生时，马赛林努斯并不在核心圈内，并且他对于尼卡暴动的叙述更多和官方宣传的贵族篡位政变内容一致，其第二版的内容是为查士丁尼在非洲战略歌功颂德，所以不可能出现不利于皇帝的内容，因此也就不涉及"皇帝逃亡"的谣言。

现马拉拉斯比普罗柯比在时间和内容上要详尽得多①,但普罗柯比作为事件亲历者,没有理由在许多叙事细节上不如马拉拉斯的二手转引。造成普罗柯比如此记述的原因很有可能是作者对尼卡暴动的政治考量,此类因素影响了其著史的真实与客观,叙述尼卡暴动与叙述《战史》中的绝大多数事件不同,他不再能够作为一名"战地记者"②来客观记述战斗经过,而是作为一名利益受损的上层贵族与暴动直接相关。

崔艳红在分析普罗柯比关于尼卡暴动的记述时说:"普罗柯比对尼卡暴乱的态度十分矛盾:一方面他站在元老院贵族阶级的立场上反对查士丁尼的对内对外政策;另一方面他又不主张通过暴乱这样激进的革命手段去推翻查士丁尼的统治。因此在《战记》中他只字未提元老们的参与,以免招致查士丁尼皇帝的怨恨,而私下里在《秘史》中发泄心中的怒火。"③在记述尼卡暴动的过程中,普罗柯比文本中上层贵族参与暴动的缺失说明《战史》内容并非完全客观,并且这种态度也体现在他关于谣言的叙述中,他对"皇帝逃亡"一说的默认很可能源于《秘史》中对查士丁尼政权的批判立场,他在《秘史》中叙述竞技党暴行时说:

> 接下来,正是查士丁尼通过煽风点火公开怂恿蓝党人去捣乱,使得整个罗马帝国根基动摇,仿佛经历了一场地震和大洪水的破坏,或者如同所有那些被敌人占领地区的城市。一切都被破坏了:他没有留下一处安宁之地。整个帝国一片破败景象,法律和秩序完全被颠覆了。④

《秘史》中的叙述表明了普罗柯比对于查士丁尼执政早期的批判态度,这种态度直接影响到其对尼卡暴动的记述,具体表现为对"逃亡谣言"的肯定,突出了皇帝的无能与懦弱,十分符合普罗柯比在《秘史》中对于查士丁尼夫妇形象的建构。此外,用以解释皇帝放弃逃亡前的皇后演讲,也并非出于对狄奥多

---

① 马拉拉斯的《编年史》包含了尼卡暴动发展过程中的具体日期,比较清楚地记述了从1月初到1月18日的基本情况,但普罗柯比的《战记》只简单记述了尼卡暴动的起因,对中间发展的过程一笔带过,着重描绘了最后一日镇压的情况。

② Averil Cameron, *Procopius and the Sixth Century*, London: Routledge Press, 1985, p. 241.

③ 崔艳红:《普罗柯比〈战记〉研究》,博士学位论文,南开大学历史学院,2003年,第155页。

④ 普罗柯比:《秘史》,吴舒屏、吕丽蓉译,上海:上海三联书店,2007年,第31页。

拉的称赞。

现代学者对"狄奥多拉时刻"的真实性也多持怀疑态度，[1]约翰·摩尔海德(John Moorhead)如此评价这段演说："这是一个很好的故事，但不幸的是，我们有充分理由不相信普罗柯比的说法，因为它不能从任何其他史料证实。没有哪位古代或中世纪作家期望演说被字面意义解读，尤其是因为，普罗柯比几乎不可能出现在当时的宫廷，演说似乎反映出作者对皇后权力和政府性质的不安，因为最后的结束语是错误的。据说狄奥多拉曾引用过一句谚语：'暴政是最好的裹尸布'，虽然普罗柯比并没有把这段谚语归于狄奥多拉，但我们更有可能相信，通过改变一个词，普罗柯比是在告诉读者他对狄奥多拉的不满，或许还包括查士丁尼的政权。"[2]这段论述让我们注意到演讲中的一个特殊之处："καλὸν ἐντάφιον ἡ βασιλεία ἐστί"(皇权是最好的裹尸布)，实际上，根据伯里的考证这句话出自伊索克拉底，原文是"καλόν ἐστιν ἐντάφιον ἡ τυραννίς"(暴政是最好的裹尸布)。[3]

狄奥多拉演说中的内容很明显是错误引用，这句话的内容更多来自贝利撒留或其他人之口。实际上，这一记述风格源于自修昔底德以降的古典传统，修昔底德强调"把每个演讲者在特定局势下最可能表达的观点还原到他的口中"，[4]他笔下的演说词既包括了说过的话语，也包括了可能或应该说的话语。所以，深受古典传统影响的普罗柯比完全可能根据当时的传言而予以改动，伊文斯(J. A. S. Evans)在分析普罗柯比转述的狄奥多拉的演讲时，明确指出这句话原本是对暴君的规劝，出现在这里并不合适，拜占庭世界是知道暴君和真正的皇帝之间的区别，但普罗柯比故意这么写，一方面出于身为元老院贵族嘲笑出身低微的皇后，另一方面是用来讽刺查士丁尼的暴政。[5] 这也符合普罗

---

[1] John Moorhead, *Justinian*, London: Routledge Press, 1994, p. 47. 类似的论述另见: Averil Cameron, *Procopius and the Sixth Century*, London: Routledge Press, 1985, pp. 166 – 167; Peter Heather, *War and Empire in the Age of Justinian*, Oxford: Oxford university Press, 2018, p. 113。

[2] John Moorhead, *Justinian*, London: Routledge Press, 1994, p. 47.

[3] J. B. Bury, *History of The Later Roman Empire*, vol. 2. New York: Dover Publications, 1923, p. 45.

[4] Thucydides, The Peloponnesian Wars, 1. 22. 参见恩斯特·布赖萨赫著:《西方史学史: 古代、中世纪和近代》(第三版)，黄艳红、徐翀、吴延民等译，北京: 北京大学出版社，2019 年，第 22 页。

[5] J. A. S. Evans, *The Age of Justinian: The circumstances of imperial power*, New York: Routledge Press, 1996, p. 124.

柯比在《秘史》中的立场,埃夫里尔·卡梅隆(Averil Cameron)在《普罗柯比和六世纪》中认为:"普罗柯比对女性,尤其是获得权力的女性怀有深深的怀疑,从一开始就对狄奥多拉怀有敌意。"①因此,插入这段演讲不但可以显示狄奥多拉皇后的无知,也可以显示出皇帝的无能,因为他的决断力甚至不如皇后,饱含着对查士丁尼的讽刺。

通过对狄奥多拉演讲内容的甄别,我们不得不更加慎重对待普罗柯比的记述:特别是默认皇帝具有逃亡企图的说法,因为这可能是对当局不满以及古代修辞学传统影响的体现,且其他史料中既没有明确表明皇帝逃亡的意图,也没有对此作出回应;只有普罗柯比自行安插了狄奥多拉演说作为解释。演讲词可能还包含对皇帝和皇后的讽刺,考虑到普罗柯比出身上层阶级,与尼卡暴动中反对派属同一阶层,他对尼卡暴动的叙述本就包含着出于阶级视角的非客观性,所以,我们有理由认为普罗柯比对于尼卡暴动的叙述很可能与历史客观存在偏差,如果我们更加关注暴动事件本身,也能找到皇帝不必逃亡的理由。

首先是尼卡暴动的严重性。至少暴动初期并没有比过往的骚乱更加严重,②实际上,这次暴动极具影响力的观点其实源于涉及这一事件的丰富史料,这些内容其实是皇帝在暴动后进行的广泛政治宣传。并且我们可以从马拉拉斯的叙述中发现,在最终镇压发生前,竞技场中仍有查士丁尼的支持者:

> 许多人呼喊希望他(查士丁尼)成为皇帝,但也有一些人参与暴动,呼喊着伊帕提乌斯的名字……纳尔西斯(Narses)趁人不备溜了出去,并通过分发金钱贿赂了一些蓝党人。一些暴徒开始制造混乱,高呼要让查士丁尼成为皇帝。于是暴民们发生了分裂,互相攻击。③

这些支持者在皇帝贿赂蓝党事件前就已存在,由此可见,当时仍有部分人

---

① Averil Cameron, *Procopius and the Sixth Century*, London: Routledge Press, 1985, p. 80.

② Geoffrey Greatrex, "The Nika Riot: A Reappraisal," *The Journal of Hellenic Studies*, vol. 117 (1997), pp. 70 – 71.

③ John Malalas, *The Chronicle of John Malalas*, translate by Elizabeth Jeffreys et. al., Melbourne: Australian Association for Byzantine Studies Department of Modern Greek, 1986, pp. 278 – 279. 另见: Michael Whitby and Mary Whitby trans. by, *Chronicon Paschale AD284 – 628*, Liverpool: Liverpool University Press, 1989, pp. 121 – 124.

支持皇帝,此时参与骚乱的暴民已出现了分裂趋势,在这种明显有利于皇帝的情况下,皇帝大概率不会做出逃跑的决定。

其次是军事原因。根据《复活节编年史》记载,在屠杀发生的前日(1月17日),勤王大军就已抵达,但这一细节却常被学者忽视。并且我们能够从《复活节编年史》的叙述中发现援军抵达后与暴民发生冲突的记载:

> 许多竞技党的成员在战斗中丧生。当人们看到自己被袭击时,他们进入了八角形教堂……而士兵们进不去,就往他们身上投掷火把,最终点燃了这个建筑……①

由此可见,屠杀前日的战斗中援军取得了优势,但仍不足以平定骚乱,理由是因为城市巷战,在君士坦丁堡这样大城市的巷战中军队是不可能短时间内取得完全胜利的。② 但当第二天民众都聚集在大竞技场中时,影响胜利的巷战因素就不存在了,皇帝也就轻易得取得了胜利。所以在17日取得军事优势的情况下,皇帝要解决的首要问题其实是如何避免巷战、而非如何逃离首都。

可以估算一下冲突当日(1月18日)首都的军队人数,这时的皇帝并不屠弱,军队包括本就在皇帝身边的贝利撒留以及蒙顿(Moundos)的蛮族军队,这类军队都是常年征战的精锐部队,至少有1500人,③此外,还有在宫中轮值的一个禁卫军团(Scholae Palatinae)约500人。④ 最重要的是来自色雷斯的援军,这支部队很可能就是驻防于色雷斯的禁卫军另一部,一个参考数值是其规模在查士丁尼时代扩大到5500人⑤,虽然无法确定暴动前亦是这一编制,这

---

① Michael Whitby and Mary Whitby trans. by, *Chronicon Paschale AD284 – 628*, Liverpool: Liverpool University Press, 1989, pp. 119 - 120.

② Mischa Meier, "Die Inszenierung einer Katastrophe: Justinian und der Nika-Aufstand," *Zeitschrift für Papyrologie und Epigraphik*, Bd. 142(2003), p. 294.

③ J. B. Bury, *History of The Later Roman Empire*, vol, 2. New York: Dover Publications, 1923, p. 43. 另见: James Allan Evans, *The Emperor Justinian and the Byzantine Empire*, London: Greenwood Press, 2005, pp. 17 - 18。

④ Michael Whitby and Mary Whitby trans. by, *Chronicon Paschale AD284 – 628*, Liverpool: Liverpool University Press, 1989, pp. 117.

⑤ Michael Whitby and Mary Whitby trans. by, *Chronicon Paschale AD284 – 628*, Liverpool: Liverpool University Press, 1989, pp. 117.

支军队只是在理论上属于平叛军队的战斗序列,因为普罗柯比提到这支军队的战斗职能早已退化,仅承担礼仪职能,现代学者约翰·哈尔顿(John Haldon)也对此表示认同。① 无论如何这些人仍属职业军队,即便承担礼仪职能,但仍可在紧急时刻维持首都治安。此外,查士丁尼时代晚期在色雷斯还有两支边防部队专门负责保卫君士坦丁堡②,由此可见,驻军于色雷斯是拱卫君士坦丁堡的重要举措,并且军队数量必定不在少数。在塞奥法尼斯的记述中,皇帝曾要求蒙顿率领 3000 人护卫皇宫,这在侧面说明了皇帝可控的军队至少有 3000 人以上。③ 色雷斯援军抵达前,皇帝的军队包含贝利撒留和蒙顿的军队 1500 人、外加 500 人的禁卫军,共约 2000 人。此外,17 日抵达的色雷斯援军数量一定不在少数,因为塞奥法尼斯提到了 3000 人这一数值,皇帝本人还要携带不少护卫随从,这些人中一定含有贝利撒留的军队约 800 人,所以保守估计皇帝军队最少为约 4000 人。实际上,当时聚集于首都的军队可能远高于这一数值,如果调集全部禁卫军 5000 人,外加部分可能驻扎在色雷斯的边防军,那么此时可供皇帝调遣的军队人数约上万人,这是一支不可忽视的军事力量,也是暴乱为何能在短短一日内被迅速平定的重要原因,由此观之,三万人伤亡的说法并非夸张。反观骚乱者的武装力量,我们只能看到 250 个被明确记载下来携带武装的绿党士兵,④他们试图冲击宫殿,但没有成功,并且在整个暴乱过程中,反对者们都没有成功威胁到皇宫,至多只是在宫外能自由出入的地方实施纵火破坏,没能直接威胁到皇帝本人的安危,皇帝一直处在一个相对安全的环境。由此可见,骚乱者人数虽众但善武力者少,皇帝没有惧怕的理由,更没有逃亡的理由。

从骚乱的严重性和军事情况,我们基本可以确定皇帝想要逃亡的说法是源于普罗柯比对皇帝及其政权的不满。但我们仍需关注查士丁尼个人因素。

---

① John Haldon, *Warfare, State and Society in the Byzantine World, 565-1204*, London: UCL Press, 1999, p. 68.

② John Haldon, *Warfare, State and Society in the Byzantine World, 565-1204*, London: UCL Press, 1999, p. 67.

③ Theophanes, *The Chronicle of Theophanes Confessor*, translate by Cyril Mango and Roger Scott, Oxford: Oxford University Press, 1997, p. 279.

④ Michael Whitby and Mary Whitby trans. by, *Chronicon Paschale AD284-628*, Liverpool: Liverpool University Press, 1989, pp. 123; Theophanes, *The Chronicle of Theophanes Confessor*, translate by Cyril Mango and Roger Scott, Oxford: Oxford University Press, 1997, p. 279.

在暴动发生前,查士丁尼已有数十年的从政经验,并且从公元 500 年开始就已经在君士坦丁堡生活且经历过阿纳斯塔修斯时代的多次竞技场骚乱;在执政早期他也锐意改革,颁布法令,策划收复西部的战争,这一切都说明查士丁尼具有镇压一场首都骚乱的能力和魄力。

通过对普罗柯比的相关文本以及对历史客观情况的分析,我们几乎可以确定普罗柯比默认"皇帝逃亡"的说法并不成立,他的记述很大程度基于其所处阶层对政治的不满,皇帝的逃亡仅是坊间谣言,并非符合客观历史。但为何《战史》却能如此堂而皇之的允许这种诋毁皇帝形象的记录出现呢? 皇帝逃亡的谣言又是如何在民间传播呢? 这一谣言的传播又意味着什么呢?

三、皇权的产物：时代主题下的"政治宣传"

可以先回顾"皇帝逃亡"谣言的出现,《复活节编年史》记录了这个过程:

> 而伊帕提乌斯本人,预见到人们的善变,皇帝将重新获得控制权,于是秘密派遣他所信任的继承人爱弗莱姆(Ephraem)给查士丁尼带话:"看,我已照您的吩咐将所有的敌人聚集在竞技场了。"当他前往皇宫想要将消息带给皇帝时,一个密臣托马斯(Thomas)见到了他,他是皇帝的御医,尤其得宠。托马斯问他:"你要去哪里? 里面没有人,因为皇帝已经离开这里了。"于是他离开皇宫回去对伊帕提乌斯说:"主人,上帝希望您做皇帝,因为查士丁尼逃走了,宫殿里一个人也没有。"①

自此,谣言便在民间传播开,这则记述明显将谣言传播的源头指向了托马斯,但鉴于史料有限,我们并不清楚托马斯为何说谎,或许他本身就对皇帝心怀不满,想借暴动为契机,推翻查士丁尼;此外,其言行也可能出于皇帝的授意,目的是为让伊帕提乌斯坐实篡权之罪名。鉴于相关史料并未提及其他信息,因此我们无法进一步得知并探讨托马斯的真实意图,且托马斯本人和伊帕提乌斯及庞培乌斯在暴动平定后不久既被处死,历史信息在此出现断裂。

---

① Michael Whitby and Mary Whitby trans. by, *Chronicon Paschale AD284 - 628*, Liverpool: Liverpool University Press, 1989, p. 122.

通过分析,我们可以认为皇帝大概率不会逃亡,所以托马斯的言论必定另有意图。托马斯最终被判刑的原因可能是因为散布皇帝逃亡的谣言,有对皇帝不忠的表现,损害皇帝威信。但纵观相关论述,皇帝似乎并不在意逃亡谣言的散播,因为流传广泛的《战史》[①]就默认了皇帝的逃亡,相较于一时的谣言,他甚至不在意后世对他的负面评价,很难理解重视形象建构的查士丁尼为何对此毫不在意,因为普罗柯比的《建筑》几乎可以确定是受到了官方支持,其写作目的很可能是给查士丁尼歌功颂德。[②] 查士丁尼十分在意自己的形象,但却默许了《战史》中尼卡暴动中的负面描写,这或许是因为《战史》的负面记载契合了皇帝的政治需求。

尼卡暴动发生的历史背景有助于说明皇帝的真实政治意图,需要关注的是查士丁尼征服计划的第一个环节暨汪达尔王国。根据吉本的记述,公元532年之前的汪达尔王国并不太平,公元523年汪达尔王国的希尔德里克(Hilderic)即位皇帝,他是一位极为宽厚的皇帝,但他本人的宗教态度以及其侄子征服摩尔人的失利激起了民众的不满。于是在530年杰利默(Gelimer)借机推翻了希尔德里克,但希尔德里克的追随者在王国边界挑起叛乱。尼卡暴动后查士丁尼出兵汪达尔之借口即为恢复希尔德里克的统治,而汪达尔动荡的时局是贝利撒留顺利攻取迦太基的重要原因。[③]

另一个需要考虑的是在帝国东方的波斯,在532年前,双方一直处于战争状态,但这一切在尼卡暴动前有了变化,波斯皇帝卡巴德(Kabad)在531年秋去世,其子科斯劳一世(Khosrau)即位后改变战略谋求和谈,在531年的冬天,

---

① 普罗柯比在《战史》第八卷记述道:"The narrative that I have written up to this point has been composed, as far as possible, by separating the material into books that focus on the different theaters of war, and these books have already been published and have appeared in every corner of the Roman empire."参见:Prokopios, *The Wars of Justinian*, translated by H. B. Dewing, Indianapolis: Hackett Publishing Company, 2014, p. 463. 另外在 Anthony Kaldellis 为本书所作的前言介绍中也赞同《战史》在出版后就获得了广泛的传播并经常被抄写。

② 伊文斯在曾提到《论建筑》很可能是在查士丁尼统治末期,为了挽回声誉,在政治宣传上的努力。参见:J. A. S. Evans, "Justinian and the Historian Procopius," *Greece & Rome*, vol. 17(1970), p. 233;王云清也持这一观点,并且他提到普罗柯比在论述时很明显使用了很多官方档案,这些也可以作为普罗柯比《建筑》获得官方大力支持的证据。可参见王云清:《拜占庭历史学家普罗柯比〈建筑〉研究》,博士学位论文,南开大学历史学院,2011年,第44—45页。

③ 爱德华·吉本:《罗马帝国衰亡史》第四卷,席代岳译,长春:吉林出版集团,2008年,第84—87页;J. B. Bury, *History of The Later Roman Empire*, vol. 2. New York: Dover Publications, 1923, pp. 113-115。

帝国的东方已经结束战事,并于 532 年夏天双方签订"永久和平"协议,也就是说在 532 年初尼卡暴动发生时,双方正在和谈中。① 由此我们可以清晰了解到当时的时代背景,查士丁尼正积极与波斯和谈并急于结束东方战事,原因十分明确,其目标正是北非时局动荡的汪达尔王国,G. P. 巴克曾经直接将尼卡暴动的原因归于民众对于皇帝非洲战略的反对。② 在当时的君士坦丁堡,皇帝的这一战略推行得并不顺利,反对皇帝的声音占了绝大多数,甚至连皇帝的首席顾问卡帕多西亚的约翰也站到了皇帝的对立面,但皇帝不顾所有顾问和元老的反对,坚决实施出征汪达尔的非洲战略。③ 除了 G. P. 巴克,约翰·巴克(John W. Barker)也将尼卡暴动直接与汪达尔战争联系起来,他在论述尼卡暴动带来的影响时提到:"查士丁尼雄心勃勃的举措是在尼卡暴动后才开始的,这并非巧合。他大胆计划的最后阻碍现在已经消失。正是从镇压骚乱后,我们才可以确定查士丁尼时代的真正到来。"④所谓"大胆计划"正是对非洲的战争,他在后文论述汪达尔战争前也提到了征服汪达尔条件成熟的两个前提:波斯的"永久和平"协定以及尼卡暴动后政权的巩固。⑤

正如两位巴克所言,皇帝的非洲战略能够顺利实施确实与 532 年初发生的尼卡暴动关系密切,因为在这之后对皇帝的反对声音几乎销声匿迹,大多数反对派都在屠杀中被抹除,无论是君士坦丁堡还是整个帝国都回荡着皇帝的威名,皇帝的非洲战略几乎不再受到阻碍,并于 533 年正式实施。但问题是尼卡暴动中如此大规模的屠杀为何没有激起民愤? 为何会成为巩固皇权的重要举措? 为此我们不得不提到格雷崔克对于尼卡暴动的研究,在他的文章中明确表达了"逃亡谣言"的传播实际上是皇帝想与即将发生的流血事件保持距

---

① Geoffrey Greatrex and and Samuel N. C. Lieu eds., *The Roman Eastern Frontier And The Persian Wars*, London: Routledge Press, 2002, p. 96.

② G. P. Barker, *Justinian: The Last Roman Emperor*, New York: Cooper Square Press, 2002, p. 88.

③ G. P. Barker, *Justinian: The Last Roman Emperor*, New York: Cooper Square Press, 2002, p. 80.

④ John. W. Barker, *Justinian and The Later Roman Empire*, The University of Wisconsin Press, 1966, p. 91.

⑤ John. W. Barker, *Justinian and The Later Roman Empire*, The University of Wisconsin Press, 1966, p. 139.

离。① 这一说法或许就可以解释为何屠杀对于皇帝的负面影响并不强烈，正是因为皇帝逃跑的谣言在民间的传播，民众接受了一个面对暴动怯懦无能的皇帝，一个在暴民政变中被迫远走的受害者。即使在屠杀发生后，皇帝逃跑的谣言也可以给予他一个很好的借口：皇帝并不是有意屠杀反对者，在这一过程中他一直处于弱势，甚至濒临逃亡，屠杀行为只是迫于形势而做出的反击。在流传广泛的《战史》中，这一决定在很大程度上还是和皇后的演讲有关，与皇帝本身并没有什么关系，他只是在迫不得已的情况下才使用武力处理反对者，既如此"血腥的屠杀"就变成了"正义的勤王"，同时狄奥多拉的演说也可起到分摊责任的作用，进而使民众对皇帝的反对降到低点，于是皇帝再经由顺利镇压暴动，宣传皇权之威严，为之后出兵非洲奠定政治基础。

事实上查士丁尼就是这么做的，迈耶曾在文中多次提到尼卡暴动后皇帝的政治宣传，并指出镇压暴动后皇帝的第一个措施就是向各大城市通报自己的胜利。② 根据马拉拉斯的记载："皇帝向所有城市宣布了他成功镇压了篡权的叛乱，并承诺重建被烧毁的地方。"③由此可见查士丁尼借助逃亡谣言成功避免了镇压行动及流血事件对自己统治的负面影响，甚至通过广泛的政治宣传而为其非洲战略打下基础，这也是尼卡暴动留下的史料较为丰富的原因之一。最终，查士丁尼借助屠杀与谣言后的政治宣传几乎没有阻碍地践行了自己的计划，于533年派出贝利撒留出兵汪达尔，并于次年就取得了胜利。

结语

在分析尼卡暴动中关于皇帝的"逃亡谣言"时，如果我们充分注意到普罗柯比在叙事中体现的阶级政治立场，就会发现皇帝在整个暴动事件进程中的行为并不反常，并采取了积极的应对措施，这是为何后来学者们开始从皇帝视角，重新解读这一事件的重要原因。对皇帝逃亡谣言的重新思考体现出我们对待经典史料时，同样要客观分析作者的记叙意图，将作者的主观倾向从事件

---

① Geoffrey Greatrex, "The Nika Riot: A Reappraisal," *The Journal of Hellenic Studies*, vol. 117 (1997), pp. 77 - 78.

② Mischa Meier, "Die Inszenierung einer Katastrophe: Justinian und der Nika-Aufstand," *Zeitschrift für Papyrologie und Epigraphik*, Bd. 142(2003), pp. 275 - 276.

③ John Malalas, *The Chronicle of John Malalas*, translate by Elizabeth Jeffreys et. al., Melbourne: Australian Association for Byzantine Studies Department of Modern Greek, 1986, pp. 280 - 281.

中剥离,不能简单地遵从史料的内容,要对比多种史料与分析时代背景,特别是像"狄奥多拉时刻"这种激动人心的记述,我们更要冷静地观察,看到隐藏在光环背后的真相。

通过本文的论述,皇帝"逃亡谣言"并没有对查士丁尼产生明显的不利影响,反而促使了君士坦丁堡中暴民们的最后狂欢,暴民们在得知皇帝已经逃亡后,更加坚定了能够推翻查士丁尼政权的信念,也使得伊帕提乌斯放弃了之前的犹豫,最终成为尼卡暴动后在政治宣传中明确的反叛领袖;此外,对于整个帝国内的其他民众而言,他们会坚信皇帝的威严,更加巩固查士丁尼的政权;最后对于查士丁尼本人而言,他甚至可以借助这一谣言在最后的屠杀中全身而退,从而为自己积累非洲战略的政治资本。

对后世来说,正是由于查士丁尼在尼卡暴动中逃亡的记述,人们才会更加关注到那个"临危不惧"的皇后,那句脍炙人口的"紫袍是最好的裹尸布",皇帝的"逃亡谣言"在一定程度上促进了后世研究者对狄奥多拉的关注,让人们意识到贵族妇女在拜占庭政治活动中的参与。此外,皇帝的"逃亡谣言"也深刻影响了后世对尼卡暴动中查士丁尼的认识,人们很容易先入为主得忽视皇帝的主动性,从而忽略尼卡暴动中皇帝所起的作用,不能认识到这一谣言对于宣传皇权的重要影响,甚至是由此才开启的绵延整个查士丁尼时代的主题——收复西方,复兴罗马。

作者简介:李旭阳,上海师范大学硕士研究生,主要研究方向为世界古典文明史。

学术龙门阵

《论语·学而》首章阐微
——一种解释经典的尝试

梁中和

子曰:"学而时习之,不亦说乎? 有朋自远方来,不亦乐乎? 人不知而不愠,不亦君子乎?"

我们选择这章精读是有理由的,首先是承认《论语》编撰的顺序的特殊意义,其次是努力追寻这种意义在"己"的显现,最后回归这种意义的永恒性。我们在本文中将进行文本互释,考虑每个字在整部《论语》中的意思,结合其他地方出现的字意对首章的用字进行阐释,以期探寻一条解释经典的可能路径。

一、释"子"

据杨伯峻先生统计,有 375 次特指孔子,其他指子女、对人的敬称等数十次。当特指孔子时又可以看出三种口气,一是孔子门人们对自己的学生讲自己老师思想时称的,即"先师""我的老师孔子";另一口气是孔子门人们的学生回忆起老师讲述孔子思想言行时说的,即"先师孔子";还有就是孔子门人们之间相互印证时用的称呼。第一种口气是表达出门人对老师的敬意,门人以自身对孔子之言的体认来展示给自己的学生,是己有得而与人共享;第二种是孔子门人的门人等等直陈孔子之教的意向和行动,孔子之语此时已然成为传递下来的智慧之言、大道之音,门人们以聆听的姿态说出此语,这里是将包括其师在内的所有尊信孔子者拉入一境域中领会;第三种是孔子门人间在孔子不在场或不在世时相互印证所学时深有体会后忆及的箴言,这些箴言在一同听到的门人间可以直接相互印证,在间接听到的门人间可以传递智慧。

无论如何,弟子们将《论语》第一句就安排此语,必是认为有不得不以此为首的缘由,或为孔子强调或为门人深得,或是时所共鸣最强最迫切者。而这里的"子"与后世读者又建一语境,后学对先师的尊敬表达了"我"对此道传承的自觉献身,这时说"子"便贯通古今往来,直入一涌动的命脉中。

二、释"曰"

有两个意思:一为"说、道",一为"叫做、为、是"。要和"谓"相区别,谓有三意:一是"叫做"①,二是"说给某某听"②,三是评论、谈到等③。

"曰"在当时讲话时并非今人理解的单纯的物理上的空气震动传给别人声波,而必是承载了道音的,可解为"按先师孔子对道的体认他会说出这样的话"。"曰"和"子"相应也有不同情形的境遇,一是孔子门人对自己弟子说"子曰"时,自己心中浮现先师音容笑貌及整个语境处境,在回忆中亲切地说给门人们听,首先是自身处于当时处境中,其次以自身深陷其中而使门人们看到听到感受到那种语言带给人的境界,从而愿与老师一同去体味;二是孔子门人们及其再传弟子们说"子曰",这里的"曰"字如大道开口,顿觉全身心浸于其中;三是门人间互证可知,彼此都听到此道音,都为之动,那么彼此间的界限在体会此说时便退场了,作为言的听者、见证者,不光是见证了言之出,更重要的是见证了言在大家自己身上的着落生效,身不同然效应相仿,印证了"曰"出之言是道之音;四是后世说"子曰"便是传统大道开口了,古今皆应如此,听大道于"子曰"中,哪怕不说内容,单说"子曰"便意蕴十足,因为将身家性命浸于其中的人太多太多,它带给人的是浓重而鲜活的历史命脉。

联系着"谓"讲,"谓"是表达正名工作的动词,指"称之为、定名为、应名之曰"等意思,而"曰"出的都是"谓之"之后的,在正名工作中的"曰"大多是在背后有"当谓之"的意思,表示"这样说是妥帖恰当的",有时也表示一种有待正名的实然事实,④弟子们期待的就是"谓之"后"曰"的内容或对"曰"出的实然事

---

① 如"吾必谓之学也"(1.7)——括号内标码取《论语、孟子引得》(洪业等编,上海古籍出版社,1986年)的编码,必要时标出杨伯峻《论语译注》(中华书局,1958年)编码,下同。
② 如"或谓孔子曰"(2.21)。
③ 如"孔子谓季氏,八佾舞于庭"(3.1)。
④ 如"虽曰未学,吾必谓之学矣"。

实进行正名的话语。

三、释"学"

首先讲孔子自己以"学"来说自己的或门人以学来说孔子的一些话。孔子说"吾十有五而志于学"(2.4),他说自己十五岁左右时便以学为"志"行之事,这是他自述一生作为时的首句,说明他的一生是从"志于学"才真正开始的,"学"在作为一个以成圣成君子为指向的人来说有开端意义,也是贯穿一生的作为,如他说"五十以学易"(7.17),他自己身体力行,和别人比较时他说自己在好学方面可以胜过别人,①他担忧的也在于"学之不讲"(7.3),就学的内容讲并不是事事学,有未学的,②在孔子看来也是不该学的或紧迫性和必要性很差的,但学的态度和师承上则是择善而从,并无常师,学也不必总有老师教授,学不是老师与学生之间的简单传授和承接,可以无处不学。孔子并不自视为"多学而识"③的人,他说所学事项繁多但终究是"一以贯之"④的,这里的"一、多"对讲表明孔子很清醒地意识到自己所志的事业不是琐碎的事项学习,知道一些事体的做法,知道一些事理的因由,而是有着贯通学的过程和所学事项的"一",这"一"作为一贯讲便是总是以这样的原则来学,"一"作为目的讲便是指所学之事,学习作为所行的主要事体,是有恒定指向的,是统一的不是零散的。这样说来孔子自己谈到自己之于"学"时说的是,他把"学"作为人生开始的正当和应然的始点,也作为一生始终所做的主要事体,从学不限于一人,不限于人、事,处处可学,事事皆可以学来对待,哪怕是对其不学也是一种学的态度,因为学总是有一定原则,并总有一定指向的,所以总是有选择的,他对自己的肯定之处便是对在以上意义上学的"好",担心的状况也是以上意义的学的"不讲"。

接下来我们看孔子怎么说学,学作为一生主要事体有何特点,以及学的内容有哪些。

孔子没有直接说什么可以"谓之学",子夏曾说"贤贤易色;事父母,能竭其力;事君,能致其身;与朋友交,言而有信。虽曰未学,吾必谓之学矣"(1.7)。

---

① "不如丘之好学也"(5.28)。
② "军旅之事,未尝学也"(15.1)。
③ 15.3。
④ 同上。

这里的"虽曰未学"可能指"一般人都说这不能称为学",不包括孔子,子夏恰恰是承袭了他老师的观点,但这一般人中也可能包括孔子,这样的学就是子夏自己强调的。

孔子只说什么可以谓之"好学",他说好学首先是君子应做的事,当君子"食无求饱,居无求安,敏于事而慎于言,就有道而正焉"(1.14)便可以叫做好学了。"居"和"食"都是对着一个人的身体的基本自然欲望讲的,当君子为学已经到了忽略人的自然欲望时才是好学的境地,但好学不因此而成为纯精神的事,而是要"敏于事""慎于言",好学要求的只是如何去说话做事,说话做事是人能有所为的两大基本事体,孔子区分了说话和做事并不是说说话不如做事重要,恰相反,他要说的是说话不能自轻自贱,不能因为与做事相比较容易完成些而随意说,说话和做事一样重要,做事容易拖沓无功,所以要勤劳敏捷,这样的说话做事是要很用心才行,以至于心思都放在了如何更勤劳敏捷地做事和更谨慎恰当地说话了,无暇顾及身体的基本自然欲望是否满足,孔子这里强调的是往何处"用心"而不是专注精神操持。勤劳敏捷地做事和谨慎恰当地说话还不够,需要"就有道而正",好学也就有了规矩者,道是规矩"学"的,从有道之人那里看自己说话做事是否合于道,这是成就好学的关键。

当有人问孔子弟子中有没有好学的人时,首先表明在他人看来"好学"是从孔子学的一大标志,孔子自谓好学,但他坦言弟子中唯一的一位好学者已死,再没有弟子好学了。他的弟子们并没有因为这句话可能对自己不利或再传弟子也没有觉得对自己老师不利而从论语中删除这条,反而几次提到,可见要达到好学是很难的,但一旦如颜回一样达到了,那么他的表现便可以反过来描述什么是好学,孔子说他是"不迁怒,不贰过"(6.3)。说话做事不会犯两次同样的错误,有愠怒不会使之影响到别人,而且他的确"食无求饱,居无求安",过着"一箪食,一瓢饮,在陋巷"(6.11)的生活,他不光不迁怒而且"不改其乐",不把愠怒向外发也不把乐源向外引,一心做"为己"之学,不为他人而学。

那么,好学本身是无所为的吗?孔子说"笃信好学,守死善道"(8.13),这里"笃信""好学""守死"都是为着"善道"的,三者皆行为,踏踏实实地信任,在说话做事上好学,守护"有死"然可弘道之身,这些都是为了保全道的本来样态——完善。可见好学是有所为的,是为着保全道的本来样态的。由此我们进一步知道我们应该好学,但好学不是最终目的地,而是一无尽的进程,而总是朝向道、保全道的。

由上可知,孔子说的"学"是有其特点的,他也说了同时代他所反对的"学"。如"古之学者为己,今之学者为人"(14.24),他体认到好学的人不是那些学了向别人表彰自己的人,而是踏踏实实提高自己正当地说话做事能力的人。他批评了当时为学的人,说"可与共学,未可以适道"(9.30),当今那些一起为学的人们不一定可以一同踏上通向道的路。因为一同为学的人们不一定都以道为向导,虽然他们学习的事物可能是一样的。

虽说孔子与他人所学事物可能是一样的,但孔子有其特别强调的,首先是区分一种倾向,即只思虑不学习,他说"吾尝终日不食,终夜不寝,以思,无益,不如学也"(15.31)。他自己曾经徒劳地思虑很多该如何做如何说的事,但终归是无益于说与做,于是他领会到,还是应该敏于事,慎于言,就有道而正,这样才能真正有益于言行。他还强调思与学不可偏废而专执,"学而不思则罔,思而不学则殆"(2.15),可见好学势必包含了思学相长的意思。

其次,我们便可以具体看他主张学什么?《学而》第六章他说"弟子,入则孝,出则弟,谨而信,泛爱众,而亲仁。行有余力,则以学文",可见"行"与"学文"是不同的,"学文"是一种学的特殊内容,即文献学习,君子可以"博学于文,约之以礼"(6.27),就可以不悖于道了。虽然这是孔子很推崇的学习内容之一,但并不是学的唯一内容。我们可以先来看他反对的学的内容,前文已提到"军旅之事"是他不学的,从樊迟学稼一章(13.4)可以看出孔子反对从他学农事,他不了解也不愿了解那些事,他体认到学要始终朝着大道,那些细枝末节的无补于道的就可以不学,学习了根本的就不必担心那些细枝末节处理不好。这点从卫灵公篇三十二章也可看出:"耕也,馁在其中矣;学也,禄在其中矣",只是知道耕种,必定蕴涵着饥荒的可能,为学不必担心没有俸禄养活自己。孔子还回答了弟子对如何获取俸禄的问题,他说"言寡尤,行寡悔,禄在其中矣"(2.18)。一样是在讲如何学,如何正当地做事说话,这里孔子不是针对如何获得俸禄说的,他总是说"禄在其中",意思是他并不是专讲获俸禄的技巧,而是讲为学,只要好学,是不必担心衣食的。这与前文引1.14和15.32所说相契。

接下来我们看看孔子正面还支持学习什么。"不学诗,无以言,不学礼,无以立"(16.13),"小子何莫学夫诗"(17.8/17.9杨本),"君子学道则爱人,小人学道则易使"(17.3/17.4杨本),可见孔子提倡学诗,学礼,学道而爱人。学诗可以言,这里的言是指正当地言当言之语;学礼可以立,指学礼可以行为有当然之道而毫不迟疑,卓然而立;学道而爱人是说学习某种事务,比如使民,必要爱人而不是把人民当驱使的工具,相应的,"仁者爱人",学其他事务也必合于仁道。

孔子说学的这一切都是些踏实具体的事务,都称为"下学",但可以"上达"(14.35),即可以在朝向仁道,努力保全大道的"学"中走上通达大道的路,而这大道即仁道。

四、释"而"

杨伯峻解而为"两事相因",①我认为"而"的所谓相因不是指时间和逻辑上的连接,而是情态的关联的可能性,"而"设置了一情态域,人们想到"学"与"时习"相关联并行时将发生的情境和生存样态。

五、释"时"

"时"大致有四种意思:1. 恰当的时候;2. 万物恰处于其自然而应然的时候;3. 历法、季节、人的年岁等;4. 选择特定的时间。

首先孔子常说"有时",如"使民有时"(1.5),食有时(10.6),②言有时(14.13)③。这些都是在讲做事要在自然而应然的时候,也即恰当的时候,"恰当"不是投机性的而是自然而应然的。

孔子对着些鸟儿发出"时哉时哉"(10.21)的感叹,他感叹的就是鸟儿作为万物之一,能够得其时,即能够生活在其自然而应然的时候。相比之下,孔子作为立志为学之人却没有得时。这里的时是一个既外在又内在的因素,它不为万物所愿为转移可谓外在,它又深深得决定着万物生长成就可谓内在。孔子这里的感叹不是"怨天尤人"而是感叹"时"对于他而言是真真切切的没有自然而应然的到场,他没有把"时"当作完全外在与自己努力的"自为"的"他物",而是一种深深嵌入自己处境、遭遇、努力及其效应的事物。

还有"时"指人为或天然的节律。可以指历法④,可以指季节⑤,可以指人

---

① 杨伯峻:《论语译注》,北京:中华书局,1958年,第245页。
② 原文为"不时不食"。
③ 原文为"时然后言"。
④ "行夏之时"(15.11)。
⑤ "四时行焉"(17.17)。

的年龄①,这些有一定节律的时间都是按照自然而应然的时候裁定的,不同的是对人事的裁定和对天然事物的裁定。

"时"还可以做动词,指挑选特定的时候,这是完全可以由人为决定的,可以与自然而应然的时候相合也可以相反。是具体的从事某事务的时刻。如"孔子时其亡也而往拜之"(17.1)。人作为历史时空中的个体总是会常遇到这个意义上的"时",关键不是看他是否把握住了投机性的做成某事的时机而是看他是否主动的去挑选自然而应然的时候去从事某事。

因而句中的"时"可以解为挑选自然而应然的时候去从事某事。

六、释"习"

字面上看的确如杨伯峻看到的,"习"有两个意思:一是温习,演习,实习;一是习染、习惯。

除了句中提到一次外还有两次,一次是曾子说的"传不习乎"(1.4),与这里的"习"意思相近,一次是"性相近,习相远"(17.2)。我认为两个意思可以打通。所谓"温习"解是说在"为学"中必须落实到"个人",这里的"个人"不是有平等权利义务的主体而是个别的以身担道的着落处,而"习染"解恰恰就是同一个意思,是指在着落到"个人"时的差异造成了"个体"的不同,然而被着落者"性"则人人相近。

所以"习"担负的不光是温习所学内容而且更重要的是它可以区分众人,一个以身担道"个人"究竟可以有那些、有多少不同完全取决于"习"的工夫。"习"的任务也就是可以最好地让相近的"性"着落到"个人"身上,在"习"所区分出的众人中最适合以身担道。

七、释"说"

句中同"悦",因此只说这个意义的例子。当悦讲时按杨伯峻解②,有两个具体意思,句中的"悦"是表动作的名词,其他几处都是动词,即"使人高兴"。当"悦"表示高兴时要与"乐"区分,后文具体讲乐,这里只简单的说"悦"在高兴的深度上不及乐,往往只是表外表的情绪。更多的时候指人对待一事物时的

---

① "少之时"(16.7)。
② 《论语译注》,第306页。

表面表现出的精神状态。

八、释"有"

"有"字极其复杂,我在原文中看到了一个价值序列,"有"表示应然、必然、实然和可能性或假设的复杂作用,其价值层级也有不同。

表示应然的有:"必有忠信"(5.28)与"必"字连用往往表示应然或应然的实现或确然了的可能性。如"德不孤,必有邻"(4.25),"必有我师"(7.22),"言必有中"(11.14),"必有近忧"(15.12),"必有可观者"(19.4)

"有德者必有言,有言者不必有德。仁者必有勇,勇者不必有仁"(14.4)"必有"强调前面"有德"中已经包含了"有"的应然之意,德与仁可以构成应然上的引导,是独立的价值要求,而言与勇只是实然或可能性上讲,实然是实现了的可能性,不能独立引导可能性的应然实现。

"有所不行"(1.12),"有耻且格"(2.3),"皆能有养"(2.7),"盖有之矣"(4.6),"如有循","有容色"(10.4),"有杀身以成仁"(15.9),"如有…必有…"(15.25),"侍于君子有三愆"(16.6),"君子有三戒"(16.7),"君子有三畏"(16.8),"君子有三变"(19.9),"君子有九思"(16.10)中的"有"也表示应然、应然引导下的实然化或应然引导下的实然化诉求。

与"无"相对提时也常表"应然",如"人无远虑,必有近忧"(15.12),"有教无类"(15.39)等。

表应然时还需特别注意下面几个章节:

"颜渊死,子哭之恸。从者曰:'子恸矣!'曰:'有恸乎？非夫人之为恸而谁为?'"(11.10)这里的"有"表出现了不应出现的,但从后文可知"不应"恰可以得到一种谅解,此谅解中包含了更深的对应然的体悟和担当,即当实然化了的应然太少,有了又过早逝去,这"逝去"绝非应然,但却实然化了,此时的伤感便不是伤人际之情,而是伤道之失载,应然实然化的阻塞,因此这样的"不应"恰恰是为着"应"而来的,所以可以谅解。

由上面的解释可知"有"还可以表示出现了不应出现的,而下面两章则可知"有"还可表示应然的未实现状态和确然不可能。

"君子而不仁有矣夫,未有小人而仁者也。"(14.6)前一句表示应然要求下的未实现状态,指君子应当仁但没有做到是可能出现的,不是一种单纯的可能性或实然状态;后一句表示应然要求下的确然的不可能性,指小人应该不可能有仁。还有表示应然未实现状态的如"君子亦有穷"(15.2),指君子本不应当"穷"但实然的"穷"了。这里看到一种超出应然引导的力量,有实然化本身的力量,下文还可以看到另一种引导实然的力量,我称之为"必然"。

"苗而不秀有矣夫"(9.22)表示必然的可能性实然化,孔子料定一定有这样的可能性会实现出来,这里的"有"不是应然的意思,而是另一种引导实然化的力量,即"必然"。

"死生有命"(12.5)和"自古皆有死"(12.7)都是讲这种必然性。孔子认为死亡不是应然的而是必然的。"应然"可以引导一种确然性,如"三年有成"(13.10),但"必然"造成的确然性是应然无法实际干涉的,人的寿命没有应不应当之说("仁者寿"只是说如果"仁"则可能寿,或寿与仁在价值上更匹配,属于一个价值序列,但不是说仁者应当寿),生命只有实然的最终自然实现,这样一种实然的自然实现就是"必然"。

有在很多时候表示"实然"即"实际上就这样出现了、发生了、确然的或表实际拥有"。如:"皆能有养"(2.7),"有事,有酒食"(2.8),"有君"(3.5),"有三妇"(3.22),"有能一日用其力于仁矣乎?","游必有方"(4.19),"有闻"(5.14),"邦有道"(5.2),"有君子之道"(5.16),"有父兄在"(12.20),"始有","少有","富有"(13.8),"有惑"(14.36),"有心"(14.39),等等。

值得注意的是常被人误解的两章:"舜有臣五人而天下治。武王曰'予有乱臣十人。'"(8.20)这里的"有"常被解为实然出现或拥有,但实际上是表示一种人的根本关联,不是私有或单纯实有,这章是讲一居君为之人与五个相匹配的臣位之人发生的应然关联,即"君君臣臣"要求的实然状态。下文"乱臣"也表明这种应然关联要求下的实然状态的缺失。

还有"人皆有兄弟"(12.5),也不是说人们实然或必然有兄弟姐妹,而是在"父父子子"系列的应然要求下的人的根本关联,是一种应然的关联。

最后"有"和"如""盖""苟"等连用表示可能性或假设,表示"如果那么",这些可能性都有可能成为现实,即实然化,具体还要看其于应然、必然的关系,这里从略,只举几章示意:"如有复我者"(6.9)"盖有不知而作之者"(7.28)"苟有过"(7.31)。

在应然、必然、实然和可能性或假设之间有一明显的价值层级,应然是在价值上最高的,在效应上不违背它的必然、实然都仅次于它,与应然相悖的必然、实然在价值上又次之,最后是可能性,在价值序列的底层。

在首章中的"有"更多是指"应然、应然引导下的实然化或应然引导下的实然化诉求"

九、释"朋"

"朋"字单独使用只有本章中一次，所以我们不得不考察相关的两个表达："友""朋友"。

"友"主要指主动与人友善，结交。如"无友不如己者"（1.8），"友于兄弟"（2.21），"匿怨而友其人"（5.25），"子贡问友"（12.23），"友其士之仁者"（15.10）等。孔子说"友"："忠告而善道之，不可则止，勿自辱焉。"（12.23）这明显是在说如何与人交往，至于和什么样的人交往就要看上文引过的几章，要友兄弟、士中的仁者，不主动和不如自己的人友善。上文提到兄弟是人际的根本联系之一，属于父父子子的应然要求下的人的根本关联，那么"友"首先在价值上最原初的体现就在于友于兄弟，对待兄弟要"怡怡"（13.28）和睦融洽，推扩开来就是与仁士和在德才等方面高过自己的人友善，这种推扩开的"友"不同于兄弟间的根本关联，这种非根本的人际关联主要是与人的为己之学相关，即见贤思齐意义上的，三人行必有我师意义上的向友人学习，观友人之是非而知何为善恶，因此要"切切偲偲"（13.28）相互责善。

那么友作为名词就只是第二种"友"的人，有益于为学的人，如曾子曰："君子以文会友，以友辅仁"（12.24），只是我们可以通过这章知道孔子教导我们的交友为学都是向着成仁而来的。

"朋友"在文中主要指名词的"友"，具体讲如何对待朋友：一，要同处一真诚而表意一贯的言语境域，即"言而有信"，如1.4、5.26等；二，不可以滥交朋友（4.26），与朋友交往时过于烦琐便会使朋友疏远；三，与朋友的授受要得当，对待礼物不记多寡贵贱，朋友死无葬者要代葬（10.16/10.22杨本）。

首章的"朋"字可以解为"朋友"，即在向着仁努力的为学中"切切偲偲"相互责善。

十、释"自"

"自"有两个意思，一是历史性的，造成事态开启的起点或回溯事态由成的起点（3.10）；一是特指从己起的行动着力点，从"己"——与"人"相待的一方——开始追究正当的行为（4.17、5.27）。

十一、释"远"

"远"主要指"与'己'的一种共在状态",如"远耻辱"(1.13),"远暴慢"(8.4),"远佞人"(15.11),都是说己要与耻辱、暴慢、佞人保持一种"远"的共在状态,这是一种施为,是要去做成的事;而"仁远乎哉"(7.30)就是指"仁"与"己"一定不是在"远"的共在状态,而就在于"我欲",就在于切"己"发现、发用。"慎终追远"(1.9)则是说要以"追"的努力来对待和保持与"己"处于由于时间而造成的"远"的共在状态假相下的先人。"何远之有?"(9.30)是讲"家"与"己"也不是同处"远"的共在状态,而是要以"思"的施为对待由于空间距离而造成的"远"的共在状态的假相。

另外"远者来"(13.16),指为政者正则与其处"远"的共在状态的人们"来",即对于"远"的共在状态的主动消除,这里的"远"更多的是指一种空间距离造成的处境和假相。"不仁者远矣"(12.22)也是这个意思。

最后,"可谓远也矣"(12.6)中的"远"则是"看得清楚"与"明"对讲而意义相成,是指知"是"而远非。

总之,远的共在状态是用于诸"非"的,种种不仁者如耻辱、暴慢、佞人皆要用"远"来对待,首章中朋友自远来就是讲"己"为学行仁而自然为"正",那些"朋友"会自行取消与"己"所处的远的共在状态。

十二、释"方"

一般指一定的去处、处所、位置等,如"父母在,不远游,游必有方"(4.19),专名化后多用"四方"(13.4、13.5),指东西南北,进而代指天下百姓和全国政务。这里的"方"是指一种秩序的厘定,方内或说四方内就是已经有了合理秩序的地域及其住民。相应的"万方"(20.1)就是这个有合理秩序的地、民域的普遍实现。

"方"还有价值上更优先的意思,"夫仁者,己欲立而立人,己欲达而达人。能近取譬,可谓仁之方也已"(6.30)。这里的方就是践道之途,是指道之由行。(11.24也是此意)

还有其他意思如"责备,说人之过"("子贡方人"14.29),"刚刚处于某典型状态"("血气方刚"16.7)。

首章的"方"是说有合理秩序的地、民域中的朋友能因己行仁而自行取消与"己"所处的远的共在状态,因己行仁而愿与己一同踏上践道之途。后一个意思要展转理解,方内友人来到"己"身边就是对原有合理秩序的自行维护和提升。

十三、释"来"

前面已讲过"来"的一个意思,即自行取消与"己"所处的远的共在状态,同一意思的还有 16.1、17.1、19.25 等处。

这里补充一个重要的意思,"告诸往而知来者"(1.15),"焉知来者不如今"(9.23),这里的"来"与"往"、"今"对言,指事态和人、物遭遇的未当下化而又有必然当下化之命运。"往"指事态和人、物遭遇已失去当下效应,今指事态和人、物遭遇的当下化过程本身。

因此,从首章的"来"可以看到远朋可以是尚未当下化的后人,包括我们今天的以及未来的,凡是要作为人活过一会的都是"来"的远朋。也就是说《论语》中的时间不可以线性化,不是无尽以自然数字计算的,一个"来"字就表达了所有未活而要活者,一个"往"字就说尽了已经活过的,一个"今"字就言明了一切活着的,同时这个"今"不限定在孔子自己的时代,"来"与"往"也一样,它们三者早就框定了一种根本事态和人、物遭遇的发生域。

因此,首章的"来"就可以作多层理解,要忽略线性时间的影响。

十四、释"不亦"

"不亦"表强调,一方面是单纯的加强肯定语气,一方面是表示对当时人们的一般常识、俗见的不同。

十五、释"乐"

孔子反对世人的诸多"乐",世人说世上的"乐"只有君王的最是"乐"(13.15),因为他说出的话没有人敢违背,但孔子说只要是"善"言当然不违背是很好的,但如果不善还不违背那不是"一言以丧邦"了吗?(13.15)可见世人将"乐"看作是对私己各种(包括当与不当的特别强调不当的)要求的满足。世人也区分了"笑"和"乐",使得乐变成了一种时机性的表达某种随机情绪的东西(14.13)。在种种世人的"乐"中孔子区分了六种有损有益的:"孔子曰:'益者三乐,损者三乐。乐节礼乐,乐道人善,乐多贤友,益矣。乐骄乐,乐佚游,乐晏乐。'"(16.5)这一方面是在评价性的称述有多种"乐",另一方面孔子是在判定"益"的乐,他发现的"乐"可能会表现为三种"益"的乐,那乐也可以通过这三种"益"乐来培养。

那么孔子发现了什么"乐"呢？他发现了一可以长处的"乐",仁者才可以长处"乐"(4.2),那么这"长处"的乐,"长处"不是指线性时间上的长短,而是一种根本的自然而应然的生存样态的敞现和持守,它不同于时机性的或随机的情绪,也不同于某种从常做的事中得到的满足,这乐是"适度"得恰到好处的,所以"不淫"(3.20);这"乐"是与"贫富"无碍的,它不因贫而稍减不因富而随之来,不同于世人乐富嫌贫(1.15、7.16);这乐是与"约"相伴的,"约"是朴素的自然的无过无不及的守持(4.2);这"乐"颜回是做成了的,长处了的(6.11)。孔子也是"发愤忘食,乐以忘忧"(7.19)也是讲这"乐",它不是某种"乐",不是种种乐中的一种,这里没有种属关系,没有"理念、分有"的关系,而是"乐"的最高价值上的意义的充实和实现。乐于种种乐的区别在于价值上的是否优先,而不是实然的种属归属关系。

孔子还描述了两种人的乐,说智者处于这乐中时就像水一样流动不息变动不宁,而仁者处于这"乐"中时则是像山峦一般泰然常驻(6.23)。

但如前文所讲,孔子有忧时,如忧"学之不讲"(7.3)等,而且在具体的情境中也有不"乐",如孝子守孝时"闻乐不乐"(17.19),但这些与上面的乐没有根本冲突,孔子"忧"的都可以通过人的努力而改善,即使努力了没有改善了不会不去努力,不会因为要不断努力而不"长处乐",守孝时当然会长处肃穆悲伤,这正是仁者所做的,但也不会因为应该悲伤时的悲伤而失去"长处乐"的仁者生活的向往。只有长处乐者才可能在应该表达某种感情时自然的流露。

十六、释"人"

孔子会说普通意义上的人,一般的说有"那人"(5.25)、"活人"(10.11)、"人们"(12.5、14.40)等,与今天的"人们"意义差别不大,指具体的人。个别讲又分了很多种人:"中人"(6.21),"善人"(13.11、13.29、20.1),"党人"(9.2),"乡人"(10.7、13.24),"惠人"(14.9),"佞人"(15.11),"远人"(16.1),"邦人"(16.14),"齐人"(18.4)。这些都是按照种种区别而分类的人们。这样的种种人们在价值上并不优先。

孔子自言"学而不厌,诲人不倦"(7.2)是自己应该做好的事,颜回也说孔子"循循善诱人"(9.11)，那么孔子真正在乎的"人"是他"诲"与"诱"的人，不是那些被"诲""诱"的人们，而是"诲""诱"人们要成为的人。

首先可以在孔子强调的"人—己"共构中看到这点：①

子曰："不患人之不己知，患不知人也。"(1.16)这是说不怕别人不知道自己的过错或德行，因为别人知此与我无益，应患的是我不能知道人的是非，不能从是去非。这里"人"与"己"都有可能有是非，关键在于"人"与"己"有一个互动，"人"之是非见于"己"，使"己"从是去非，而人人又皆为"己"，"己"又为他人之"人"。

相关的有："无友不如己者"(1.8)，"毋友不如己者，过则勿惮改。"(9.25)"不患莫己知，求为可知也"(4.14)，"可知"指知人之是非，反省自己。"不患人之不己知，患其不能。"(14.30)"不能"指"见贤"而不能"思齐"。"君子病无能焉，不病人之不己知也"(15.19)同上。

子曰："夫人者，己欲立而立人，己欲达而达人，能近取譬，可谓人之方也已。"(6.30)

这里关键是"立"与"达"，立与达是有道德指向的行为，指树立可以使人自立的道和通达德，在价值上是肯定的，而不是指一切事务。"己"与"人"也不是分开的两个实体，"私己"与"他者"。"己"能欲立欲达的前提是其可知"己"知"人"即知是非，知从是去非，是非是由人与己的共构中彰显出的，"欲"只是"愿意"的意思，是中性的。"近取譬"就是强调这一"立达"必不可落空，而应自"己"起，"己"是落实者，这"己"是理解和担当一切的智识平台、道德平台，这是人人皆同的，是人们可能为人的先决条件。这"己"是开放的未完成的不以一肉身为唯一目的的。因此行仁必须重"己"。如：曾子曰："士不可以不弘毅，任重而道远。人以为己任，不亦重乎？死而后已，不亦远乎？"(8.7)以一有死之"己"而担仁之重任，虽重、远但意义莫大！

"毋意，毋必，毋固，毋我。"(9.4)"我"多指第一人称，说话者本人或以私己为目的，这里的"我"即后者。而"己"只有"足己"——满足私欲时，是唯己的、完成的、封闭的，应当"毋"的，而"修己"是开放性地与人的共构。前者是指毋执"小我"，后者是指通达"大我"。如14.42子路问君子，子曰："修己以敬"，直接指明"修己"方为君子，而后面的"以安人""以安百姓"则指可普施上下君臣，

---

① "人—己共构"一节文字改自旧作《补议孔子的"人"与"己"》，编号用杨伯峻本。

可普施于人们。

"克己复礼为仁,一日克己复礼,天下归仁焉。为仁由己,而由人乎哉?"(12.1)中"克己复礼"之"己"为"毋我"之"我","为仁由己"的"己"为"修己"之己。这里的不由人指不落于空泛。

"己所不欲,勿施于人。"(12.2)这里没有用"立""达"等带有价值指向的词,"己"也是"修己"之己,而所不欲者非所立、达者,"施"即普遍化,这些不可立达者不可普施于人。与前面"欲立而立人""欲达而达人"相互补。"己"与"人"共构而可立可达者则能普遍化对待,反之不可普遍化对待。"己"对"人"的作用就在于能从"人"的事务中辨别是非而且可以分别普遍化和非普遍化的方式对待"人";而"人"之与"己"就在于显现是是非非又通过"己"所表现出的立达者的导向以使人之为人之道的彰显。

"言"对"人"的表达有关键意义。"可与言而不与言,失人;不可与言而与人言,失言。"(15.8)可以普遍化言说的、倡导的不去说与"人",那便有失于"己"对"人"的作用,而那些不可普遍化的言语如被普遍化倡导,那么倡导的言论便有误。又如"不知言,无以知人"(20.3),言不光是可以倡导的,而且又是人能体现其为人的,是非可以体现的中介。因而人应当慎言。而"君子不以言举人,不以人废言"(15.23)指人人都有可能说出可立达者,不可将言固与人之是非联系,可见言有独立的意义,"人"之言使人彰显出的"道""德",且可以以思想载体的方式传递,并激发"己"之立达。

那么这种共构又要具体得以如下方式实现出来:"为人"——"成仁人君子"。

"为人也孝第"(1.2),人是做出来的,人应当孝第,要去做"人事",首先要学会"事人"(11.12、18.2、19.22),即做人应当做的事。

"人而不仁"(3.3)是不行的,人应当"仁",而且"人能弘道,非道弘人"(15.29)这里的人即是自觉担当"仁"任、"道"任的"修己"之"己",在这个总要求下还有一些具体的,如"人而无信"是不行的(2.22),有必要时人要"杀身以成仁"(15.9),人要"爱人"(12.22),"人而无恒"(13.22)也不可以,人要"恭、宽、信、敏、惠"(17.3)才是仁人。

十七、释"知"

"知"分三种:"知晓""实知""真知"。"知晓"就是言辞上的理解,相当于听

懂了或知道了某事。如"知和而和"（1.15）

"实知"为"智"，"知之为知之，不知为不知，是知也。"（2.17）这是讲实在地知道了某事物的内容、运做、原由、正当性、功效等等。还有"温故而知新"（2.11），"父母之年不可不知"（4.21）

最重要的一个意思是"真知"，"人己之知"是一种真知，即"知人"上文已论及，这里说其他几种："知仁""知天命""知生""知礼"。

"人之过也，各于其党。观过，斯知仁矣。"（4.7）这里的"知仁"与上文"知人"相关，观人是非（这里的"是非"在现代汉语中有俗解，此处取大是大非之意），为的是知道"过"，知道了过错就知道他是什么样的人，是不是"仁人"，是不是人之当为的人。"不知其仁也"（5.8）也是此意。

"五十而知天命"（2.4）这里讲对"天命"的领会，"实知"不一定会依其所知而行，但"真知"一定是在"实知"的基础上力行所知。因此这里的"知天命"不是仅仅知道天命，而更重要的是依天命而行。

"未知生，焉知死？"（11.12）这是讲"知生"，对生的透彻了解，在"实知"的基础上力行生之所当行事。生的事还不了解还没有去力行当然就轮不到死的事，不论是从线性时间上讲还是从伦理秩序上讲或是从价值序列上都应当尊重先对生有"真知"再试图对"死"有"真知"，但实际上，这些"知"都要落到"己"头上，这样也就阻碍人们真正去力行"死"的事，因为"己"能真知力行生与真知力行死无事实差别。但孔子强调"知生"是在肯定生命意义的可实现性上提出的，他应当了解生着与死着的自然过程是同一的，但他看到的区别在于直接的肯定与否定，他道取完全的直接肯定的路。

"子入太庙，每事问。或曰：'鄹人之子知礼乎？入太庙，每事问。'子闻之，曰：'是礼也'。"（3.15）这条最明显，"真知"不光要"实知"还要加上力行。孔子不光知道入太庙之礼，而且他身体力行，用生命行止来担当礼，呈现礼，这是真知礼。相关的还有 3.22、2.23、7.31 等处。

首章的"知"主要是人己之知，当然背后还有"真知"作为价值支撑。

十八、释"愠"

"愠"多指面色上的不悦，如 5.19、15.2 等处。与前文的说（悦）、乐相反，"不愠"虽不是说（悦）、乐，但也不阻碍说（悦）、乐的实现。

有人讲这句解为教学中的情况，但按我们上文讲的，还是应当解为"人己之知"意义上的"不愠"。

十九、释"君子"

这个词虽然出现很多但有上文铺垫这里就可以肯定地说有两种意思，一种是专名，指有一定尊贵职位的人，还有更常用的意思，即"人当为之人""仁人"。这里不再举例。

二十、结论

从上面的解释可以看到子曰："学而时习之，不亦说乎？有朋自远方来，不亦乐乎？人不知而不愠，不亦君子乎？"可以做如下解说：

> 先师孔子会这样告诉我们，依道而言如下事实是应然的："好学是君子首先应做的事，学的一切都是些踏实具体的事务，即'下学'，但可以'上达'，即可以在朝向仁道，我们应在努力保全大道的"学"中走上通达大道的路，而这大道即仁道，为学要求挑选自然而应然的时候去完成一任务，就是去最好地让相近的'性'着落到'个人'身上，在'习'所区分出的众人中使自己成为最适合以身担道的人，如能这样岂不是很高兴的事？我们要相信，应然和应然引导下的实然化或其诉求会让向着仁努力的、有合理秩序的地、民域中的朋友能因'己'行仁而自行取消与'己'所处的远的共在状态，因'己'行仁而愿与'己'一同踏上践道之途，这不正是仁者生活会导向的'长处'之乐吗？在'人—己'共构中，'人'之是非见于'己'，使'己'从是去非，而人人又皆为'己'，'己'又为他人之'人'，重要的是'己'可否见人之是非而从是去非，所以人们是不了解'己'的过错、德行并不能阻碍'己'得到人己真知即是非真知，这又不能阻碍'己'放弃长处之乐而起私念且显于颜面，这样的人不正是人之当为之仁人君子吗？"

作者简介：梁中和，哲学博士，四川大学哲学系教授，四川大学西方古典哲学研究所所长；主要研究古希腊和文艺复兴哲学，出版专著、译著十余部；成都"望江学园"主持人。

长生未央

——从画像石管窥汉代人的生死观

李铃儿

生与死,这是一个问题。是一个亘古不变的大题目。

"死亡的必然性",这个看似简单的问题,在远古时期却是长期困扰着先民的一个大问题。我们的远祖,从有遗迹可考的一万多年前的山顶洞人开始,便有了死而不亡的观念和相应的葬礼,到了氏族公社制时期,逐渐形成了拜祭祖先魂神的祭祀制度。

《礼记　祭义》:"气也者,神之盛;魂也者,鬼之盛。"——神由气构成,鬼乃土之魄。或说神为阳,鬼属阴。鬼,据《尔雅》解释,是"归",即回老家的意思,意谓人死后灵魂的归宿。鬼神的住处,或说"魂气归于天",或说鬼住地下、冢墓中。人死为鬼神的观念,长期以来被华夏社会民众广泛接受,以及由此观念构建的民间祭祖习俗,至今尚普遍遗存在我国的各个地区。

汉画,一般指现存的汉代画像石、画像砖、墓室壁画、帛画、器物画等,画像石指刻在石头上的图像。汉代画像石的出土地大致分布在河南、山东、苏北、皖北、四川、陕北、鄂北、晋西北等地区。有名闻遐迩的武氏祠、南阳、藤县、北寨汉墓、临沂吴白庄汉墓等。它们由民间画匠和工匠用手工绘刻雕凿而成,画面常为一石一景,各具特色,少有雷同。汉代画像石、画像砖用途属于墓葬建筑构件,由于石质材料厚重等特殊原因得以留存至今,成为现代人得以窥探汉代人生活原貌的作品。同时,它们又具有共性即内在的一致性,均属于丧葬祭祀艺术,为慰藉死者与生者而作。

"国之大事,在祀与戎。"中国古代崇尚血缘家族关系为纽带,从商周的贵族垄断祭祀下移到汉代,开始盛行民间墓祭,每家每户都要在墓地祭祀逝去的亲人,画像石也正是在此期成为社会上流行的墓葬构件。它们支撑起祠堂、墓阙与墓室(如图1、图4),同时以丰富生动的形象表达着逝者及其子孙的种种愿望。它的主题是长生未央,以鲜活灵动的形象表现生死这个人类社会的重大问题;其功能是以图像中的种种物象代替实物,创造出彼岸世界丰裕富贵的"生活"环境,以供灵魂不灭的墓主人万世享用(图2、图3)。

临沂吴白庄汉画像石墓是一座琅琊国国君的墓葬。发掘于1972年,为半地下砖石结构建筑,地面起冢,封土高于地面近10米,总面积135平方米。该墓由墓道、墓门、门扉、前室、中室、后室等组成,东西长15米,南北宽9米,该墓出土画像石44块,画面59幅,分布在墓门、前室、中室、横额、支柱、立柱、过梁等处。雕刻技法,平面浅浮雕、平面阴线刻、高浮雕、透雕、圆雕等,并有着西方雕刻艺术的特征,是汉代文化与西方文化交流的见证。

吴白庄汉墓中的画像内容主要有反映现实生活的内容,如车骑出行、迎宾拜谒、庖厨、宴饮、乐舞百戏等;还有神仙异兽,如西王母与东王公、伏羲、女娲、神农、蚩尤等。此外还包括垂教后世的历史故事,如仓颉造字、董永躬耕侍父、七女为父报仇等。该墓出土的画像石内容丰富,题材广泛,文化特征鲜明,涵盖了汉代社会的各个方面。

茅村汉画像石墓建于东汉灵帝熹平四年(公元175年),墓主有待考证。坐西朝东,墓前有青石砌筑的近10米的墓道,由两扇石制的墓门封堵。墓内分为前、中、后三主室。南边有一个回廊及北部四个侧室,各室之间有门道相通,中、后室之间设直棂窗。墓室东西全长10.4米,南北宽6.9米,最高处约3米。前中两室的石壁刻有21块画像,内容有车马出行、珍禽异兽、人面兽身、歌舞杂技、楼台宴会等,全为浅浮雕,形态逼真,栩栩如生。是东汉画像石的成熟作品,代表了徐州汉画像石的最高成就,充分显示了东汉民间艺术家的高超技艺。也是我国目前墓室完整、葬制典型、颇具代表性的东汉像石墓,在国外享有盛名。

一、长生未央

在古人的观念中"长生与不朽"是有区别的。到底是现世永生不死,还是肉身死后灵魂去往另一个世界永生? 早在西周时期,人们只祈求今世的长寿与无病无灾,但到春秋时期人们对长生的含义有了新的理解,开始祈求所谓的

图1　山东临沂吴白庄汉画像石墓内部　临沂南汉画像石博物馆藏

　　临沂吴白庄汉画像石墓位于山东省临沂市城南8公里处的吴白庄村北,是整个汉
画像石发展鼎盛时期的翘楚之作,也是全国规模最大、规格最高的、形制最为复杂的
一座汉代画像石墓,墓中画像石被整体鉴定为国家一级文物。它可以称作是"慎终"
的一个典型作品,为研究汉代政治、经济、文化的发展提供了重要资料。

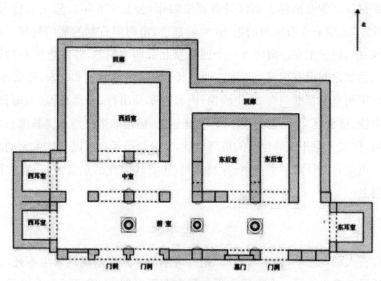

图2　吴白庄汉墓平面结构图

图3　吴白庄汉墓前室西过梁画像摹本　东面(上层)　西面(下层)

前室西过梁的东面,中间刻画东王公端坐于平台之上,周围为各种属从的羽人和神兽,最左侧有人物乘坐云车赶来。西面中间为西王母坐于平台之上,周围也是各种属从羽人和神兽,并有拉载羽人的龙车和虎车各一辆。

图4　江苏省徐州铜山县茅村汉画像石墓陈列馆藏(采自"徐州图片库")

茅村汉画像石墓位于江苏省徐州铜山茅村镇凤凰山东麓,江苏省省级文物保护单位第一、二批,1982年3月调整公布茅村汉画像石墓,1998年,茅村镇政府和铜山县文化局联合投资兴建了茅村汉画像石墓陈列馆。

"难老"和"毋死"。于是,这种躯体不朽观念开始产生。,但是这一观念是如何转变的呢?其源头的探究目前存在多种说法。例如,中国学者徐中舒坚持认为长生的观念是东周初期由北部的狄人带入中国的;闻一多认为"不死"意义上的不朽是由西部羌人传入中国的;日本学者津田左右吉认为从长寿到不死观念演变是一个自然发展的过程,见他的《神仙思想考察》。

古人抗拒死亡的方式有哪些?春秋战国进入一个百家争鸣时代,人们在对待死亡的问题上有了进一步探讨,并且体现出各自不同的主张。儒家所推崇的以身殉名、殉利、殉天下,以求立德立功而创造不朽,孔子甚至说:"子不语怪力乱神",对鬼神持敬而远之的态度。然而儒家对神仍然存信,他提出"祭如在,祭神如神在";并对逝者进行厚葬久丧。

"太上有立德,其次有立功,其次有立言,虽久不废,此之谓不朽。"(《左传·襄公二十四年》)

墨家对神明同样存信,其言:"尊天事鬼",同时又主张"薄葬短丧"。王充批评墨家曰:"若死而有知,则不应薄葬。"认为墨家薄葬的行为与敬神鬼的信仰不相符合,且相互矛盾。道家认为:"人死后复而归于大气,因而不必厚葬,如庄子认为:人之生,气之聚也;聚则为生,散则为死。"(《庄子·知北游》)

道家思想以理性审视生死的实质,庄子鼓盆而歌的故事,传颂千古,成为关于死亡达观超然的榜样,这与儒家的哀死大为不同。同时,庄子认为一个人如果忘掉肉体生命的存亡,便能大彻大悟,找到一种令精神超越生死之道,即从此超越时间获得了永恒的生命,这就是介于现世与彼岸的一种"仙人"状态。而这与佛家由见真实而入涅盘,不生不死,有相似之处。

据古代一些文献中所用与"仙"有关的词语,如"度世"和"遐居",明确告诉我们要成"仙"就必须离开人世。因此,新的不朽概念性质上基本是强调彼世的。我们也能管窥到对从长寿的热切欲望到"毋死"观念的逐渐过渡。并且君王们似乎更加热衷于此,以至战国末期此观念流传甚为广泛。

关于求仙的起源,在先秦和汉代初期文献里,关于仙的彼世性的描写最早见于《庄子》:"藐姑射之山,有神人居焉,肌若冰雪,绰约若处子。不食五谷,吸风饮露,乘云气,御飞龙,而游乎四海之外。"汉初《淮南子》,主要继承庄子之说,进一步论述了精神与形体的关系。随后的思想家对于智慧、精神能不能离开肉体之物质基础而独存,肉体死亡后精神能不能续存进行思考。明末清初的思想家顾炎武指出"仙"的概念最初出现的时间不会早于东周后期(如战国)

（《日知录》,关于这一点大多数学者都认同,"毋死,其乐若何!"可以佐证"毋死"概念在东周已有之。）

二、求仙之路的转变

先秦时期各国诸侯们寻求不死药以延年益寿蔚为风气。到了秦朝时期,秦始皇认为世间不朽与彼世不朽存在很大的矛盾。于是开始大规模进行求不死药的活动。汉武帝时,访仙求药的活动不减反增达到狂热的地步。武帝大力封赏燕、齐方士,于是他们争先恐后地涌向京城,信誓旦旦地宣称自己拥有不死秘方,能与仙交通。然而传说中神仙居住在何处? 于是有了两个神秘之处:一个在东极的海上仙山;另一个在西极的昆仑山巅,西方昆仑是传说中著名的西王母的住所。汉武帝早年求仙也只主要集中在东面的海上。公元前 2 世纪下半叶,随着张骞通西域,汉代人对地理知识的逐渐增长,西方开始日益受到皇帝和神仙道士的重视。东方海上找不到不死仙药,使皇帝对从西王母处获得仙药的期望大为增加。上有所好下必甚焉,这种对西王母的崇拜反映在汉代民间的墓葬画像石和画像砖中居多,墓主人的墓室显著位置刻有西王母的形象,希望能以此来引领逝者升入彼世的永生之所。

最早关于西王母的记载出现在战国年代成书的《山海经》。不过那时,西王母只是半人半兽的怪物。由于年代久远,关于西王母最初的图像并不可考,只有文字性描述西王母的相貌,据《山海经·西次三经》记载:"玉山。是西王母所居也。西王母其状如人。豹尾虎齿而善啸。蓬发戴胜。是司天之厉及五残。"(图 5)

《大荒西经》:"西海之南,流沙之滨,赤水之后,黑水之前,有大山,有曰昆仑之丘。有神人面虎身,有文有尾,皆白处之。其下有弱水之渊环之,其外有炎火之山,投物辄然,有人,戴胜虎齿,有豹尾,穴处,名曰西王母。此山万物尽有。"(图 6、图 7)

到汉代以后,西王母传说添加了更丰富的内容,西王母俨然从一个半人半兽的怪物逐渐变化为一位雍容华贵的神仙,并且,在画像石中出现组合式的形象,西王母身边伴有侍奉的羽人、蟾蜍、捣药玉兔、三足乌、九尾狐等瑞兽,甚至伴有交尾的伏羲女娲形象。(如图 8、图 9、图 10)

《山海经·海内　北经》:"西王母梯几而戴胜杖,其南有三青鸟,为西王母取食。"

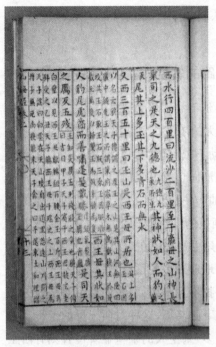

图 5　明万历二十一年格致丛书本《山海经图》胡文焕校，日本早稻田大学图书馆藏（卷二西山经第十三页）

图 6　西王母初期的"豹尾虎齿"的形象（图片采自清代《山海经图》）

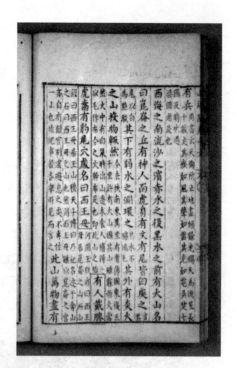

图7 明万历二十一年格致丛书本《山海经图》胡文焕校,日本早稻田大学图书馆藏(卷十六大荒西经第四页)

图8 山东滕州汉画像石西王母图像(拓本)

图9 微山两城小石祠西壁画像拓片(高67CM,长57CM)微山文管所藏

汉书《括地图》："昆仑之弱水，非乘龙不得至。有三足神乌，为西王母取食"。

西汉末年更是出现一股狂热的为西王母筹祠的大规模民间运动。这种自上而下引进西王母概念的求仙思想，民间社会愈演愈烈的意识形态上的谶纬迷信，可以反映出当时人们渴望借助有法力的神祇来帮助完成通往升仙不死的捷径。

据《汉书·五行志》记载：（西汉）哀帝建平（公元前3年）四年正月，"民惊走，持稾或棷一枚，传相付与，曰行诏筹。道中相过逢多至千数，或被发徒践，或夜折关，或逾墙入，或乘车骑奔驰，以置驿传行，经历郡国二十六，至京师。其夏，京师郡国民聚会里巷阡陌，设张博具，歌舞祠西王母。又传书曰：'母告百姓，佩此书者不死。不信我言，视门枢下，当有白发。'至秋止"。

据《天文志》记载：哀帝建平四年正月、二月、三月，民相惊动，喧哗奔走，传行诏筹祠西王母，又曰"从（纵）目人当来……"

图10　山东嘉祥洪山村出土的祠堂西壁西王母图像（顶层左）拓本

虽然无神论者王充等人对灵魂有知说、神仙说有激烈的抨击，但羽化升仙仍是各地汉画像石墓葬出现频率最多的题材，因为人们需要一个充满活力的死后世界，来陪伴死者，告慰生者。人们对死后世界的幻想，实质便是延续人间富贵。在中国古代社会，汉民族聚族而居，生死相依，村落是汉文化薪火相传的故土与家园，祠堂、墓地是家族的灵魂与凝聚力所在。汉民族的性格正是在这种特殊的乡土文化中孕育而成。

三、政府倡导与民间自发

衣食住行,生老病死,升官发财,延年益寿,街谈巷议的无非是日常生活习见的内容。对于古代中国人而言,相对于政治经济等官方统治理念来说,汉民族的文化中的丧葬文化在社会更具普适性与影响力。汉代是汉民族形成过程中的关键时期,汉民族的文化基因正是在这个时期孕育定型。由于此时疆域扩大,社会逐渐安定,与周边的经济文化交流日益深入,相互融合相互吸收,如图(11)所示,中原地区的本土文化与西域各地区甚至更远的中亚、西亚文明相互交流、与北方草原文明相互吸收融合,先秦时期保留下来的南方楚文化、和东方长期存在的东夷文化、燕齐之地的文化传统以及海岱文化都有丝丝缕缕的联系。

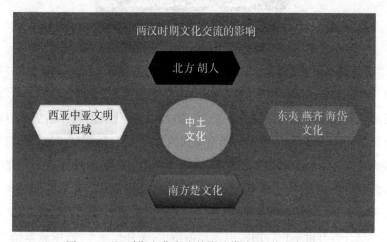

图 11　两汉时期文化交流的影响模式图(作者制图)

汉代以来,思想上也渐渐趋于新儒学占主导地位。这一时期各种思想涵盖有道家、法家、阴阳学之间的相互影响颇有特点,道家主张的天人合一演化为升仙思想、西王母崇拜(图 12 第一层),求取长生不死丹药。阴阳学家谶纬之术演变出天人感应,儒家的仁义礼智信忠孝谦、三纲五常。在画像石上体现出的以德教化的例子:讲忠君的周公辅政成王(图 12 第三层)、讲谦逊问礼的孔子拜见老子、讲孝道的闵子骞失棰、讲义的荆轲刺秦王、讲信的聂政刺侠累。这些思想都反映在汉代人的生活与丧葬祭祀活动当中,特别是墓葬文化中的汉画像石,它基本可以反映汉民族初始阶段的丧葬观念及其民族特性,代表着汉代人的生死观念。

图12　山东嘉祥县满硐乡宋山村小石祠西壁画像石(拓片)

"事死如事生"的观念,在中国古代渊源已久。据《礼记·中庸》曰:"敬其所尊,爱其所亲,事死如事生,事亡如事存,孝之至也。"然而"事死如事生"成为丧葬的主流思想倾向,则是在两汉时期形成的。汉代统治者开始倡导以孝治天下,随着大一统政权的巩固与孝道观念的普及,"事死如事生"的丧葬思想逐渐成为社会各阶层的共识。而"事死如事生"在物质层面的体现毕竟是有限的,即便是皇室贵胄也不能穷世间万物以殉葬,图像则能于尺幅之间展现人间乃至天地之象。武梁的子孙"竭家所有"挑选名石,聘良匠,修建祠堂,其目的是"垂示后嗣,万世不亡",期盼祖先福佑后世,子孙传承孝道,家族繁衍不绝。对诸如灵魂有无的虚幻问题,民间并不认真探寻,更多时候是约定俗成,依照习俗行丧葬之事。(图13)

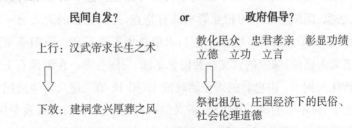

图13　政府与民间的相互作用(作者制图)

宣扬儒家"仁""义""礼""智""信""忠"
"孝""谦"的道德规范和伦理标准,主人公
皆为儒家道德精神典范和楷模。这些故事
出现在祠堂、墓室或棺椁上,意在体现墓主
人的道德理想。

从东汉山东嘉祥县武梁祠西壁汉画像
石第三层题字"(右)子骞后母弟,子骞父;
(左)闵子骞与后母居。爱有偏移,子骞衣
寒,御车失椎。"中记载的闵子骞衣寒而御
车失椎的故事。(图14、图15、图16)

图14 东汉山东嘉祥县武梁
祠西壁汉画像石拓片(第三层圈
中所示)

图15 东汉山东嘉祥县武梁祠西壁汉画像石第三层局部(照片)

刻画长幼三人及一马一车,有车盖:车上坐一长者,榜题"子骞父",车旁立一童
子,榜题"子骞后母弟",车后一青年跪地向长者禀事,榜题"子骞与后母居,爱有偏移。
子骞衣寒,御车失椎"。画面刻画子骞跪地向父亲觐见的那一瞬间,其父作左手扶车、
转身以右手抚摸子骞颈肩状,表现了其父醒悟后百感交集惭愧又疼爱交加的父子
之情。

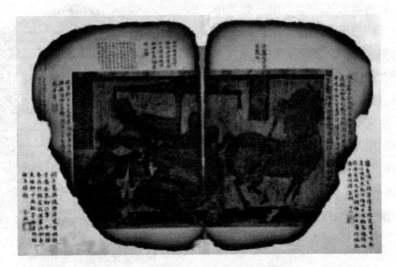

图 16　宋拓东汉武梁祠画像石　故宫博物院馆藏宋拓孤本,第一石的
上二列画像。有名人书跋及观款,钤"古盐州官马氏章"、"吴乃琛印"等印共
127方。拓本曾藏唐顺之、马曰璐、汪雪礓、黄易等人处。清道光二十九年
后被火烧,李汝谦得火后残本,将其重裱成册,并增题跋一册。此画像张彦
生《善本碑帖录》,容庚《汉武梁祠画像录》,马子云、施安昌《碑帖鉴定》等书
有记载。

　　闵子名损,字子骞,孔子弟子,名列七十二贤之首,他与颜渊齐名。闵子以
孝名天下,孔子赞他:"孝哉,闵子骞,人不间于其父母昆弟之间"。明朝的二十
四孝图排在第三,成为中华民族文化史上先贤人物。宋(元)无名氏作《子单衣
记》记载,闵子骞母亡,父续娶,继母生二子。继母偏爱己子,虐待子骞。子骞
缺衣少食,冬天只能以芦花为衣来御寒。其父不知,子骞也不敢告诉。一日父
亲让子骞驾车载其外出,行至中途,子骞因又冷又饿,无力驾车,致使车轮滑入
路旁沟内。受到了父亲的指责呵斥,子也不加以辩解,后来父亲终发现了子骞
受到继母虐待的情况,誓要休掉后妻,将她逐出家门。子骞反为继母求情,说:
"母在一子寒,母去三子单。"其父这才饶恕了后妻。从此以后,继母深受感动,
她从此对待子骞如同己子,全家和睦相处。后人把这一故事称为"单衣顺亲"
和"鞭打芦花"。
　　中国的传统文化崇尚家庭和谐相处。社会生活中难免有继父继母的现
象,继父母与继子女的关系最为棘手,汉代人在用儒家的文化思想来教育家
人,当别人对待你苛刻的时候,你是不依不饶进行报复呢,还是站在对方的角

度为她着想，宽以待人，真诚待人？而对方也应幡然悔悟，不可借机会得寸进尺。如果人人能做到推己及人，孝亲互爱，这样的家才是充满温馨的地方。它不仅体现国家对民众的宣教目的，同时，也是汉代人的家庭和谐相处的生活态度。

四、精气活动之所

神仙世界出自社会各阶层的丧葬需要与精神追求，它的传播过程自然而然，远比政治文化的传播要迅速，要彻底。最能反映汉代神仙思想之丰富内容与社会普及程度的艺术，非画像石莫属。魂魄观念在先秦已经存在，但比较虚幻模糊，画像石以人间房舍的微缩形式营建了亡者永恒的居宅，为终结的生命寻求到了充溢人间气息与仙界情调的居住环境。

汉代墓葬有崖洞墓、石墓、空心砖墓、土圹墓、小砖拱券墓、混合结构墓等多种类型。其中，修建"斩山作椁，穿石为藏"的大型豪华墓冢，是皇室贵族的特权象征，工程浩大需要耗费大量的人力物力，来体现富贵的极致，这在汉代墓葬中属于少数。而普通百姓的小砖墓很简陋，随葬仅是一般的陶器。小砖券室墓有单室，有多室，随丧家的经济能力而定夺布局。它在东汉时成为社会上盛行的葬式，并一直延续到古代社会晚期。我们来看看图片，这是一些墓室的外观。（图 17）

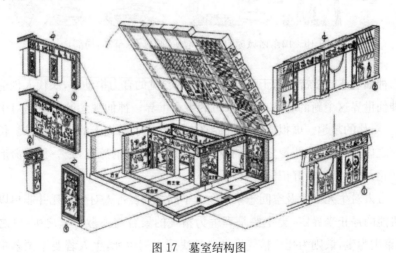

图 17　墓室结构图

关于死亡的主题，我们可以试想一下，当汉代人看到亲人亡者冰冷地躺在密闭于墓室这种"不复见天地日月"的情形,对永处幽冥有一种深深的恐惧感. 这种生离死别的悲伤景象对于生者是不能接受的,于是,人们对亡灵仍然保持生命的另一种方式,赋予极大的想象力。那里看不到死亡的恐怖气息,却是对死后世界的美好幻想,人们感受不到任何绝望,那是如此令人神往的欢乐天堂。

他们在祠堂、墓顶刻画日月星辰及青龙、白虎、朱雀、玄武四神等形象,是表示阳气神聚,亲人在日月普照的温暖环境中享受庖厨歌舞,车马巡游,丰衣足食,尽享富贵荣华,甚至比生前更加幸福愉悦。(图18)

图18 山东诸城凉台汉墓"庖厨"画像石(摹本,局部)

神仙观念,在统治者、士人、民众自觉不自觉的合力推动下,汉代人创造出了神仙世界这个新的时空,一个永恒的生命世界。神仙观念的实质是对生的依恋,对死的超越。虚拟的神仙世界真实地反映了汉代人的生命渴求。长生不死之虚妄,汉代的明智之士屡有批判,但仙界给人的感觉,是一种生命形态的转化,是对至亲美好记忆的永存。

古人对生死观念及空间想象与今人不同之处。古人对生与死并非单以生理机能的停止来界定,更主要是理解为精气的聚合与离散:"人之生,气之聚也;聚则为生,散则为死。"精气聚散既然决定人的生死,生人若要干预墓主死后归宿,力所能及便是设法聚合死者的精气,在墓葬图绘中预先经营一些阴阳合气的场景,期冀墓主由此能"出死入生"。由此,图像的编排便是为死者设计的一套最佳程序。

汉代重鬼好祭祀神秘的浪漫主义之气氛与楚文化给汉代打下了浓重的烙印，汉代西王母仙境图像构造了一个理想乐土：瑞兽玉女的舞蹈，引导升天的羽人神祇，浩浩荡荡的车马出行，六博宴饮、烹羊宰牛、杂技娱乐、亭台楼榭、凤鸟祥云几乎充满整个画面。（图19、图20、图21）

图19　东汉前期的孝堂山祠堂西壁画像

　　画像石自上而下分为六组，分别为神仙世界、车马出行、拜谒、胡汉战争、狩猎和宴享。在最下部的宴享图中，自左而右分别为六博、对饮和拜谒场面，与东壁的庖厨、乐舞百戏等图对应，表现了当时的世俗性娱乐活动。

图20　滕州祠堂画像

图 21 山东嘉祥武氏祠左室屋顶前坡东段

结论

汉代画像石建筑于地上祠堂、地下墓室的祭祀空间,因其生动形象的图像而震撼人心。人们将现实生活理想化,把对富贵安康、延年益寿、子孙繁衍、家族昌盛等愿望通过画像石中图像具象化在墓葬中。上有日月经天、星辰出没、祥云缭绕,下有乐舞庖厨、奴婢侍从,墓主人便在此羽化升仙永远安息。除少数反映墓主人本人阅历与抱负的图像外,绝大部分是普适性的格套式图像,适用于任何阶层的人,因为它们表达了趋吉避凶、追求永恒等愿望。其意义为用子孙代代祭祀不绝的事实本身,不断强化与巩固灵魂不灭的特殊生死观。

汉画像石并不是汉代艺术的巅峰之作,它常常表现出一种拙稚灵动之气,不像宫廷艺术那样端庄雅致、富丽堂皇,极尽雕镂之功,它们植根于民众生活的深壤厚土,带有明显的世俗化的色彩。趋吉避凶,求富趋利,是民间思潮的主题。汉画像石中对于庖厨宴饮、乐舞百戏、车马出行的刻画,以及神仙世界的西王母东王公、羽人瑞兽、灵芝与仙丹、丰衣足食的"太仓"等描绘不外是人间食、色、财的折射与形象表述,典型反映出世俗求富贵功名的观念。这种生活化、世俗化、人情化的部分,或曰私人化的内容,它们反映了民众的真实意愿与心理,是汉画像石中最具思想光彩的部分,成为汉代人对待生死的真实写照。

作者简介: 李铃儿,陕西人,中国传统文化爱好者。

嘉陵书评

修昔底德的苏醒：古史写作
与希腊民族认同转型[①]

庞国庆

　　关于希腊，西方社会上存在许多耳熟能详的评论，如"言（欧洲）必称希腊"，"光荣属于希腊"等。在这种理念下，希腊是欧洲文明的摇篮，是欧洲现代文明的源头，是自由、民主等现代观念的发源地。城邦、陶片放逐法等都成为这种理念的例证，奥运会、马拉松等体育竞技则延续着古希腊传统与文化在全球范围内的影响力。当代希腊人对此同样引以为豪。

　　然而，与之相对的是，在18世纪上半叶的希腊，帕台农神庙、伯里克利等古希腊著名的文化符号并不为大部分希腊人熟知，斯巴达和雅典的光辉历史对他们来说也非常陌生。相对而言，彼时的希腊人更认为自己是接受基督教信仰的罗马人。社会上流传的是基督教的历史，图书馆中历史作品的主题以拜占庭帝国为主。[②] 由此便出现了一个问题：希腊人在何时、以何种方式将古希腊文化塑造为本民族自豪的符号？

　　陈莹雪的《修昔底德的苏醒：古史写作与希腊民族认同转型》（下文简称为《修昔底德的苏醒》）[③]便是对这一问题的深入研究。全书共分为八章，以希

---

① 本文为天津市社科规划项目（TJSLQN17-001）的阶段性成果。

② 埃里克·霍布斯鲍姆著：《民族与民族主义》，李金梅译，上海：上海人民出版社，2019年，第73页。A. Politis, "From Christian Roman Emperors to the Glorious Greek Ancestors", in D. Ricks and P. Magdalino eds., *Byzantium and the Modern Greek Identity*, Aldershot: Ashgate, 1998, pp. 4-6.

③ 陈莹雪：《修昔底德的苏醒——古史写作与希腊民族认同转型》，北京：商务印书馆，2020年。

腊人如何书写本民族历史为研究视角,探讨希腊人如何构建对古希腊的认同。

作者首先做了一个提纲挈领式的、呈现作者写作思路的导论。在导论中,作者从当今希腊对古希腊的高度认同感切入,指出这种认同实际上正是本书所探讨的时段(1791—1830 年)内古典文化复兴运动的产物。作者分析了"现代主义""族群—象征主义"等当代西方民族与民族主义理论在现代希腊民族起源问题上的探讨,认为这种以理论为先导的研究会导致缺少对具体问题的论证,而只是给出轮廓性的描述,因此作者并没有明确的理论倾向,而是回归历史学的研究本质,力图呈现 1791—1830 年间希腊古史写作与民族认同之间互动的细节。作者将 15—18 世纪的现代希腊民族界定为"罗马人民族",认为18 世纪末进入希腊的"古典文化"新要素与"罗马人民族"认同之间并无交集,本书探讨的核心便是,古希腊文明如何被植入现代希腊民族之中,以及这一过程产生了怎样的影响? 又遭遇了哪些阻力?

第一章首先分析了欧洲浪漫主义对希腊主义的高度认可,赋予古希腊文明许多理想化的特征,如理智、自由、高贵。此类评价在德国、英国、法国等国家得到广泛传播,从而形成了"亲希腊主义",即将对古希腊的崇拜与热爱转移到对现代希腊的认可。西欧世界按照理想化的古希腊人形象,开始塑造现代希腊人,将他们视为古希腊人的直接后裔。但是奥斯曼帝国统治下的希腊人对古希腊几乎一无所知,而"希腊人"(Hellenes)这一称呼被他们视为不虔诚的异教徒,是遭到东正教教会极力谴责的对象。但是,受过西式教育的希腊知识分子,对西欧世界提出的亲希腊主义具有极大的兴趣,希望将其转化为希腊民族的自我认知。为了实现这一目标,希腊知识界创作、出版大量古希腊主题的作品,尤以考拉易斯(A. Korais)和杜卡斯(N. Doukas)为代表。

第二章延续了第一章末尾,探讨塑造现代希腊与古典认同之间关系的另一种形式,即希腊历史写作。如同全书的主旨一样,现代希腊的历史书写同样是西欧史学影响的结果。源于此,现代希腊首先出现了大量西欧史学作品的译著,它们开拓了希腊人的史学视野,启发希腊人在社会史、文化史等更多领域进行历史书写,并开始具有全球视野。现代希腊史学在西欧启蒙史学和浪漫主义思潮的影响下,既带有进步史学的色彩,初步呈现历史学科学化的状态,又吸收了西欧学者主张的欧洲中心论和古希腊罗马的文化优越论,引导现代希腊学者对现实社会进行反思,开始尝试书写希腊民族史。当然,在现代希腊史学发展的同时,传统教会史学仍然具有强大的生命力。

第三章分析了 19 世纪前 20 年，希腊出现的古希腊史的几种代表性作品。这些作品大致分为两类。一类是国外古希腊史的翻译作品，作者在对它们的学术背景做了介绍之后，更为关注希腊译者歌颂希腊古典文明的心态，关注这些译著带来的社会反响，指出译者所做出的评注内容和续写行为均具有鲜明的现代性，目的是塑造现代希腊与古希腊之间的紧密联系。另一类则是现代希腊人独立写作的古希腊史。这些作品具有两个鲜明的特征：其一，特别强调现代希腊人与古希腊人之间的族裔传承关系，将古希腊文化视为希腊本民族特有的文化，因此具有鲜明的爱国主义宣传目的；其二，这些作品通过探讨日常生活习俗中存在的与古希腊文化一脉相承的现象，如礼拜仪式、游戏形式、婚丧嫁娶等，来论证现代希腊与古希腊之间的共同点。

第四章分析了希腊教育体系内关于古希腊认知的变化。作者完整再现了 18 世纪末之前奥斯曼统治下希腊学校的教育体系、与古希腊相关的教学内容，但作者旨在指出，学校教育虽然涉及广泛的古典作品，但目的只是帮助学生学习希腊语，而非学习作品中的思想与文化。在西欧启蒙思想的影响下，这种僵化的教育模式受到质疑，希腊开始出现教学改革。作者详细罗列了五所学校的课程设置、课表等，证明教学改革中注重学生全面发展的"人文教育"理念。这次教学改革的核心内容之一是历史成为一门独立的课程，且具有普及民族传统的社会职能，每一个现代希腊人都应该学习、传承古希腊历史。这解答了知识分子在教育界如何塑造现代希腊人对古希腊的认同这个重要的问题。在现代希腊推行教学改革的同时，东正教历史在教育体系中仍然具有广泛影响。

第五章和第六章分析了对古希腊历史的书写如何塑造了希腊的民族认同。第五章分析了古希腊历史中的重大事件：希波战争。西欧学者将希腊人与波斯人视为民主与专制、自由与奴役的二元对立关系。希腊学者沿用这一主张，通过对史料的剪裁加工，塑造出波斯君主武断独裁的形象，而希腊反抗波斯的战争，则是生而自由的希腊人反抗专制、为民族自由而进行的战争。希腊学者在历史书写中，塑造的是古希腊人群体认同的自由和反抗专制的爱国主义，为此他们大力颂扬已经在西欧史学中获得声名的米泰雅德（Miltiades）、泰米斯托克利斯（Themistocles）、阿里斯提德斯（Aristides），通过改造史料、重构历史事件的方式，将这三位在希波战争中英勇杀敌的希腊主帅塑造成拯救希腊命运、捍卫希腊自由、弘扬爱国主义的民族英雄，迎合了这个时代的民族历史想象。西欧学者将土耳其人视为波斯人的后裔，因此在反抗奥斯曼帝国的政治宣传和武装革命中，希腊人将希波战争作为类比，以证明希腊人反抗土耳其人的合法性和追寻民族自由的伟大。

第六章分析了修昔底德的《伯罗奔尼撒战争史》在现代希腊民族认同中的重要性。作者首先指出，修昔底德的身份长期被视为修辞学家，奥斯曼统治时期希腊人对《伯罗奔尼撒战争史》的关注主要是将其视为训练修辞的范例，但是到了 18 世纪末，受到西欧学术界的影响，修昔底德在希腊的身份发生转变，希腊人将其视为历史学家，将《伯罗奔尼撒战争史》视为历史作品，并大力追捧。在与希罗多德《历史》的比较中，希腊学者受到西欧萌生的科学历史学的影响，更加认可修昔底德的写史水平，认为他是具有批判精神的理性历史学家。希腊学者从《伯罗奔尼撒战争史》中发掘时代精神，满足现代希腊寻求独立的诉求。他们认为这部作品最大的价值在于提供了两个历史教训：一是希腊社会的内讧导致古希腊文明衰落，此后希腊民族并未领悟到这一历史教训，因此外族得以利用希腊的内部矛盾，接二连三地征服、奴役希腊；二是希腊民族想要获得幸福，就必须先获得自由，爱国主义是希腊人改变当下命运、摆脱异族统治的关键。

第七章分析了这一时期希腊学界如何书写希腊民族历史。这种书写方式沿袭了西欧知识分子对希腊历史的界定，认为希腊自古典时代之后，先后遭遇马其顿人、罗马拜占庭人、奥斯曼土耳其人的奴役，呈现为衰亡三部曲。在这种历史书写中，马其顿人被视为"他者"，菲利普二世被视为希腊的公敌，亚历山大大帝则被认为加剧了对希腊的奴役。在这种历史书写中，希腊人自拜占庭时代以来已经形成的族群认同遭到颠覆。一方面，希腊人摒弃了"罗马人"这一民族自我称谓；另一方面，"希腊人"（Hellenes）这一在拜占庭时期被视为异教徒的称呼，成为与古希腊黄金时代建立直接联系的证据，重新用于指称希腊民族。但这种族群认同的变更是来自西欧世界的认知，导致希腊人自身在民族认同中出现混乱。

第八章探讨了东正教教士对现代希腊古典文化复兴的态度。传统观点将东正教教会置于希腊古典文化复兴的对立面，作者对此并不认可。她对古希腊作品订单中教会人士的数量和比例等进行了定量分析，指出在一定程度上，教会人士是希腊古典文化复兴运动的支持者。传统观点主要依据修士帕里奥斯（A. Parios）匿名发表的小册子《回应》，作者为了论证传统观点的不准确，再度审视这部史料,对帕里奥斯的思想和观点进行剖析,认为帕里奥斯对古典文化持有一种矛盾的心态,他并未完全否定古典文化,并且认可古希腊哲学对基督教教义阐发方面的贡献,他只是倡导要同时学习神圣智慧和世俗智慧,只不过核心是东正教的救赎论。在解读了帕里奥斯的作品后,作者分析了教会内部在面对古典文化之于东正教宗教认同的冲击时,所呈现的两种不同态度:一种是直接否定和禁止,另一种则试图实现希腊人与基督徒两种身份的融合。

至此,作者全面分析了 1791—1830 年间西方世界对希腊民族认同的植入。希腊民族在历史书写、教育体系、古典作品的解读、古希腊人物形象的确立等一系列涉及民族认同的事务中,受到西欧世界的直接影响。在这种西欧观念的植入中,希腊人建立起与古希腊之间的直接联系。现代希腊人成为古希腊人的后裔,将通过革命摆脱奥斯曼土耳其人的统治,重新获得民族自由。希腊在该时期的民族认同,完全是西欧塑造的产物,是希腊全盘接受西欧文化的结果。

《修昔底德的苏醒》对我们理解希腊的整体历史进程无疑具有重要意义。它弥补了我们对 18 世纪末至 19 世纪初希腊民族转型的认知缺口,更为重要的是,它提醒我们,现代希腊民族对古希腊的认同,并非希腊文化自然发展、水到渠成的结果,而是受到了西欧文明的影响。这一点在我们过往对希腊的认知中,是很少涉及的。

事实上,在中希两国相互的文化认知中,我们对希腊漫长历史文明的了解主要局限于上古和中古时期,对近现代希腊的认知仍处于开拓阶段。我国学界目前已有一些译著出版,[①]这将有助于我们理解希腊的近现代历史。而本书,据笔者所知,是国内关于希腊近现代历史的第一部专题性论著,是中国学者对希腊近现代历史进行开拓式探讨的作品。国内有关近现代希腊的论著之所以匮乏,很重要的一个原因是:熟稔近现代希腊语和希腊文化的历史学者相对较少,而这之中关注近现代希腊的学者则更加稀缺。陈莹雪的教育履历使她能够很好地满足研究近现代希腊史的要求。她在北京大学完成了本科和硕士阶段的学习,在此期间对希腊文化产生了浓厚的兴趣,并赴加拿大西门菲

---

① [希]约翰·科里奥普罗斯、萨诺斯·维莱米斯著:《希腊的现代进程——1821 年至今》,郭云艳译,上海:上海人民出版社,2008 年。[英]罗德里克·比顿:《希腊三百年》,姜智芹、王佳存译,北京:中信出版社,2021 年。[加]安德烈·耶罗利玛托斯著:《希腊内战:一场国际内战》,阚建容译,上海:格致出版社,2021 年。

莎大学希腊研究中心研习,提升自己的希腊语水平和研究能力。此后,陈莹雪前往希腊塞萨洛尼基大学攻读博士学位,以希腊语完成了博士论文《阿塔那修·帕里奥斯与启蒙运动:一种教育价值观的对立》,开启了她对希腊近现代历史的研究。学成归国后,陈莹雪在北京大学进行博士后研究,本书的主体内容便是她在博士后期间撰写的研究报告,同时也是她多年以来学习希腊语言、研讨近现代希腊历史文化的思考成果。我们可以看到,作者对希腊文史料的信手拈来,全书共使用约70种希腊文原始史料,正文中大段史料的直译增加了论证的力度。在希腊的留学生活以及对希腊人文知识的直接接触,则在行文中增加了作者对一些问题思考的深度。

　　除了语言和阅历之外,作者在研究方法中也展现出深厚的史学功底。这集中体现在两个方面。其一,比较史学的研究方法贯穿全书。全书的主旨在于说明,希腊民族在18世纪末期之前对古希腊文化几乎一无所知,18世纪末期西欧文化的传入,塑造了希腊民族对古希腊文化的认同。为了说明这种变化,比较的方法是非常重要的,这样读者可以清楚地了解以18世纪末为一个节点,希腊认同出现的变化。例如,在论述希波战争中的雅典三杰时,作者先是论述古典作品中对他们的记载,然后分析本书所关注的时段内希腊学者对他们的描述,通过对比可以发现希腊学者刻意改变了雅典三杰的形象,进而分析希腊学者这一做法的原因,阐述他们迎合民族认同塑造的需求。① 此种研究方法出现在大多数章节中,有力地论证了此书副标题中的"转型"。

　　其二,计量史学的引入强化了作者的观点和论证。作者多次进行数据统计,呈现出图表式分析,将统计学方法用于定性分析,可谓本书的一大特色。计量史学的引入为读者呈现出直观、且非常具有说服力的证据。在此仅举一例。在第一章中,作者给出了古希腊主题出版物在绝对数量和相对比例上的数据,读者可以明确看到这两项数据的大幅提升。由此作者可以证明该时期知识界对古典作品关注的提升。②

　　除此之外,本书还极具启发性。笔者最为关注的一个问题是,本书将希腊对本民族对古代文化的认同完全归纳为西化的结果,即外因说,那么,希腊民族内部的发展是否对这种认同带来强有力的影响呢?"象征—族群主义"

---

① 陈莹雪:《修昔底德的苏醒——古史写作与希腊民族认同转型》,第157—174页。
② 同上书,第19—21页。

(Ethno-symbolism)在对"现代主义"(Modernism)民族理论进行反思的时候，尤为强调民族形成过程中存在的文化记忆、群体情感等，强调进行长时段的社会文化分析。① 那么，在近现代希腊复兴古希腊文化认同时，希腊本土土壤中在长时段内孕育的古代认知是否也发挥了作用呢?

笔者的研究更加关注希腊文化的中古时期，即拜占庭帝国时期。在这一时期，基督教文化虽然是官方主流意识形态，但拜占庭帝国的统治者仍然对古希腊文化高度认可，并借助古希腊文化发展出了皇帝崇拜的理论。拜占庭皇帝还大力资助君士坦丁堡高等学府的建立和发展，开设哲学、医学、修辞等课程，促进古希腊文化的传承。教会和大众对古希腊文化也高度认可，帝国内出现了基督教文化和古希腊世俗文化并行发展的局面。在拜占庭晚期，"希腊人"也成为拜占庭人的自我群体称谓之一。②《修昔底德的苏醒》中也提到了这一点。③ 换句话说，在拜占庭时期，古希腊文化在各个阶层仍然有着广泛的生命力和认可度。如果希腊民族在拜占庭帝国晚期塑造古希腊文化认同，那么希腊境内显然存在坚实的基础。在这一立论基础上，解读18世纪末希腊民族古代认同是否存在内因的关键阶段，很可能需要考察奥斯曼统治时期古希腊文化的境况。笔者对此领域并不熟悉，但以下三点也许可以为这一问题提供进一步思考的线索。

其一，在奥斯曼帝国统治时期，希腊人对古希腊文化的认同很可能确实出现了大幅度的衰落。奥斯曼土耳其人在占领了君士坦丁堡之后，将原拜占庭民众转变为罗马米来特(Rum Milleti)，实行宗教宽容政策。征服者穆罕默德二世与牧首耶纳迪乌斯(Gennadios)达成协议，君士坦丁堡牧首全面接管奥斯曼帝国境内东正教教徒的内部秩序，负责征收东正教教徒的税收，牧首法庭负责审理东正教教徒之间的司法案件，既涉及婚姻、监护等传统教会法范畴，也包括世俗法约束下的民事纠纷。作为回报，东正教教会的诸多习俗得以保留，教堂也不再被改造成清真寺。整个奥斯曼统治时期基本延续了这一治理模

---

① [英]安东尼·史密斯著:《民族主义:理论,意识形态,历史》,叶江译,上海:上海人民出版社,2006年,第60—62页。

② 庞国庆:《古希腊文化与拜占庭帝国的塑造——以〈荷马史诗〉为例》,《世界历史》2019年第3期。

③ 陈莹雪:《修昔底德的苏醒——古史写作与希腊民族认同转型》,第226页。

式,君士坦丁堡牧首成为原拜占庭民众的实际统治者。① 在这一背景下,牧首受限于财力,忽视了世俗教育和世俗文化,导致希腊民众对古希腊文化的认同不断下降。

其二,奥斯曼统治时期,古希腊文化很可能仍然存在残余。实际上,《修昔底德的苏醒》中也已经提到了相关线索,如希腊人的学校仍然教授一些与古希腊相关的内容,18 世纪初修昔底德的作品回归到希腊本土教学的课堂中等。② 古希腊文化在奥斯曼帝国统治时期希腊本土的存在,还有一些其他例证。我们不妨看一下阿纳斯塔修斯·格尔迪乌斯(Anastasios Gordios,1654/5—1729)的生平。此人出生于希腊大陆中部阿格拉法(Agrafa)区域的一个小山村,家境贫穷。他很早就在当地的修道院学校上学,后于 1676 年前往雅典继续学习。再后来,他前往意大利的帕多瓦(Padua)接受高等教育,学习文学、神学和药学,继而前往罗马学习物理和数学。在国外学习了五年后,阿纳斯塔修斯·格尔迪乌斯返回阿格拉法的圣巴拉斯凯威(St. Paraskevi)修道院学校教书,培养了大批知名人士。在此期间,他将许多古典希腊文献翻译成当时人们熟悉的通俗希腊语,并创作了一系列作品,内容涉及语法、逻辑、修辞等。③ 阿纳斯塔修斯·格尔迪乌斯的生平至少可以说明两点:其一,普通民众仍然能够通过教育改变自身的命运;其二,古典文化仍然能够通过本土或者境外渠道在希腊大陆传播。笔者并没有阅读过阿纳斯塔修斯·格尔迪乌斯的作品,不过,认为奥斯曼时期存在的古希腊文化仅仅是形式上的,这一观点是否存在偏颇,可能仍然存在深入探讨的空间。

其三,在奥斯曼帝国统治时期,古希腊文化更活跃的生命力可能存在于奥斯曼土耳其人统治之外的希腊人聚居区,即拉丁人统治下的海岛,包括爱奥尼亚群岛、克里特岛、希俄斯岛等。这些岛屿在相当长的时间内并未被奥斯曼帝国占据,其统治者主要是意大利人。源于文化上的相似性,以及政治上的相对宽松,这些岛屿的古希腊文化很可能仍然存在相当的民间基础。例如,希腊哲

---

① S. Runciman, "Rum Milleti: The Orthodox Communities under the Ottoman Sultans", J. J. Yiannias ed. , *The Byzantine Tradition after the Fall of Constantinople*, Charlottesville and London: University Press of Virginia, 1993, pp. 2 - 8.

② 陈莹雪:《修昔底德的苏醒——古史写作与希腊民族认同转型》,第 107—115 页,191—193 页。当然作者意在指出,这些古希腊文化的存在,只有其形,没有对文化内涵的理解和传承。

③ S. Vryonis, "The Byzantine Legacy in the Formal Culture of the Balkans Peoples", J. J. Yiannias ed. , *The Byzantine Tradition after the Fall of Constantinople*, p. 37.

学在 17 世纪便经由意大利人统治下的希腊群体,重新回归到希腊本土。雅典人塞奥菲鲁斯·柯利达莱福斯(Theophilos Corydaleus)在帕多瓦大学接受教育后返回希腊本土,受君士坦丁堡牧首委托开始重办希腊族群的高等教育。他将哲学从神学中剥离出来,并将新亚里士多德主义哲学引入到希腊学识之中。① 考虑到这一点,就不难理解,为什么希腊民族追求独立时的革命根据地正是拉丁人统治下的岛屿。科孚岛在这个过程中扮演着尤为重要的角色。自 1386 年起,科孚岛一直被威尼斯共和国控制,直到 1797 年被法国占领。在科孚岛上,希腊语是通用语言,文化发展相对自由,希腊本土学者经常前往该岛避难。科孚岛是希腊重要革命组织"友谊社"的活动基地,是希腊独立运动领袖雅尼斯·卡博迪斯特利亚斯(Ioannis Kapodistrias)的诞生地。科孚岛上还诞生了现代希腊的第一所大学。② 这些事件全都出现在科孚岛显然并非偶然,这与科孚岛可能存在的希腊文化传承存在一定的关联。换句话说,拉丁人统治下的海岛在后拜占庭时期可能成为古希腊文化传承的重要据点,进而在 18 世纪末期希腊寻求古希腊认同时提供了一些多元的影响因素。

作者简介:庞国庆,历史学博士,南开大学历史学院副教授,主要研究方向为古典文明史。

---

① P. M. Kitromilides, *Enlightenment and Revolution: The Making of Modern Greece*, Cambridge, MA: Harvard University Press, 2013, pp. 26 - 27.

② C. Güthenke, *Placing Modern Greece, The Dynamics of Romantic Hellenism, 1770 - 1840*, New York: Oxford University Press, 2008, pp. 191ff.

罗杰·巴格诺尔教授的
《阅读纸草，书写历史》评介

齐小艳[①]

从 1999 年到 2004 年,劳特利奇出版社(Routledge)出版了一套研究古代世界理论和方法的丛书,罗杰·巴格诺尔教授(Roger Bagnall)撰写的《阅读纸草,书写历史》(*Reading Papyri, Writing Ancient History*)就是其中之一[②]。罗杰·巴格诺尔教授长期从事纸草学和古代历史研究,自 1968 年发表了《奥克西林库斯的三件纸草文本》(Three Papyri from Oxyrhynchus)一文以来,先后出版专著或合著 45 本、收录于著作的文章 43 篇、主编著作 13 本、发表论文 248 篇、书评 80 篇和部分其他类型的论文[③]。研究时空范围广,他所提倡的历史综合性研究也是学界一直以来沿用的重要研究方法。正是基于这样的研究背景与学术成就,戴顿大学教授弗雷德·詹金斯(Fred W. Jenkins)在对《阅读纸草,书写历史》一书进行评价时写道:"罗杰·巴格诺尔教授既是历史学

① 该论文是国家社科基金项目"文明交融视野下古代粟特钱币的整理与研究"阶段性成果之一(项目编号：21BSS050)。2015 年,译者申请了国家留学基金委的"国家建设高水平大学公派研究生留学项目",前往纽约大学世界古代史研究所(ISAW)进行为期一年的学习,外方导师就是时任所长的罗杰·巴格诺尔教授。罗杰·巴格诺尔教授在我申请访学、访学期间乃至现在,给予了很大的帮助和支持,译者也想借此表达对罗杰·巴格诺尔教授的感谢。
② 该书出版以后引起了学界的广泛关注,并被纳入上海三联人文经典书库中文出版。《阅读纸草,书写历史》,宋立宏、郑阳译,上海：上海三联书店,2007 年。
③ 关于罗杰·巴格诺尔教授的成果介绍,详见纽约大学世界古代史研究所(ISAW)官网：https://isaw.nyu.edu/people/faculty/emeritus-faculty/rbagnall,访问时间 2021 年 9 月 14 日。

家,也是纸草学专家,目前很少有人能像他一样胜任这样一部著作的撰写。"①

纸草是古代地中海世界周边居民频繁使用的一种重要书写材料,因此,纸草文本就研究古代地中海及其周边国家、民族和地区历史的重要材料。近年来,纸草文本与古代历史研究取得了新的进展。一方面,纸草文本的发现范围逐渐扩大,在中亚地区也发现了反映希腊化时期历史的少数纸草文本,另一方面,史学研究中大量使用了诸如计量史学、性别史、新制度经济史、博物馆考古以及计算机技术等理论和方法,新的研究成果不断涌现。加之,罗杰·巴格诺尔教授在该书出版后,又先后完成了《希腊化时期:翻译的史料》(*The Hellenistic Period: Historical Sources in Translation*)②、《来自古代埃及的女性书信,公元前 300 年—公元后 800 年》(*Women's Letters from Ancient Egypt*, 300 BC-AD 800)③、《希腊化和罗马时期的埃及:资料与方法》(*Hellenistic and Roman Egypt: Sources and Approaches*)④等著作,研究资料、理论方法和观点不断推进,因此,作者对 1995 年版本的修订不仅是研究环境变化的一种结果,也是近年来作者对该领域研究的不断思考与丰富。除了对原有 7 章内容的增补和完善外,新版《阅读纸草,书写历史》(2019 年)一书共 8 章,增加了以"数字革命"为题的章节内容。

在导论"历史与纸草"部分阐述了如何使用纸草文本的理论与方法进行历史研究的基础上,作者在第一章"纸草文化"中首先界定了广义上的纸草,即一类人造的书写材料,受气候和古人使用模式等影响以不同形式为后人所发现,广义上的纸草也是本书的关注点。现代考古技术的进步使得诸多新的纸草材料被发现,除埃及、北非和近东等地区外,希腊化时期中亚地区发现的纸草进一步拓展了纸草研究的空间范围。尽管纸草分布较为广泛,但是大部分还是来自尼罗河流域,很大程度上体现的依然是希腊化世界和罗马世界的历史,因此,纸草为历史研究提供了诸多可能性的同时,纸草文本也具有社会分层的特

① Bryn Mawr Classical Review 97.3.24, Review by Fred Jenkins, 详见网址: https://bmcr. brynmawr. edu/1997/1997.03.24/,访问时间 2021 月 8 月 10 日。

② Roger S. Bagnall and Peter Derow, *The Hellenistic Period: Historical Sources in Translation*, London: Blackwell, 2003.

③ R. S. Bagnall, R. Cribiore, *Women's Letters from Ancient Egypt*, 300 BC-AD 800, Ann Arbor, MI: University of Michigan Press, 2006.

④ R. S. Bagnall, *Hellenistic and Roman Egypt: Sources and Approaches*, Aldershot: Ashgate, 2006.

征,因此,在解读文本背后所反映的古代历史时需要注意一些问题的研究结论是否具有代表性和普遍性。

第二章"文本编写中的古今选择"强调了从埃及纸草研究中所获得的四大关键性要素,即语言和文本、文本类型和产生方式、存世的文本以及受损文本的使用,以及它们如何成为进一步开展相关研究(第三章到第五章)的必要基础。不同语言文本之间的复杂性与互动性是正确认识历史问题的关键,不同书写者的文本也体现了书写习惯的差异,即便同一书写者也可能出于不同目的使用不同书写风格。罗杰·巴格诺尔教授将文本大体分为 11 类,现有的存世文本在时空范围上分布的不平衡性影响了相关历史问题的研究,甚至导致了文本内容与考古发现难以互证的现象。由于对此类文本的复原增加了人为因素,进而影响了文本内容的再次解读,因此,受损文本"复原不仅是带有一些括号的原始证据的另一种形式,而且也是提出论证的一种形式"。

第三章"个别与一般"从五个角度介绍了文本的使用与研究,具体包括单个文本、档案与卷宗、博物馆考古与档案、综合零散文本以及将纸草文本与其他证据的结合。作者分别以一则仅有九行内容的纸草残片、P. Amst. I 72 一份名单、迪奥斯克洛斯档案以及赫伯特·尤特的研究等个案为例,阐述了单个文本的论证结果不具有普遍性,在分析过程中,既要结合语言学、古典学等不同学科,也要掌握文本背后所反映的不同国家政治经济等现象。1993 年,Katelijin Vandorpe 在重构 Pathyris 城发现的后期托勒密档案时提出了"博物馆考古"(Museum Archaeology),提倡将文本中隐藏的信息加入诸多显性资料中,从而形成一个更加全面的史料解读法,这为欧美图书馆和博物馆所藏的既没有考古背景又无起源信息的大量资料之间创建一种内在的、紧密的联系模式提供了可能,同时,对依托不同类型且颇为分散的文本所进行的综合研究提供了重要途径。

第四章"时间与地点"围绕文本分类展开。历史学家经常会使用年代分类法,但正如作者所言,"尽管按照时间和地点对文本资料进行分类分析是占据核心地位的研究方法,但是它只是便于寻找时空背景。历史学家需要找到合适的框架,以此分析并提出问题,这种综合性的方法同样重要"。空间范围和以时间为轴等都是这一方法的具体体现。例如,埃及研究不仅应置于古代地中海世界的社会文化背景之下,而且更应该作为希腊化罗马时期地中海世界的一部分,甚至是行省与帝国关系的背景下。与此同时,埃及研究也应立足于埃及千年历史的演变,关注历史的延续性和发展规律。如果地中海是研究埃及的水平轴,那么埃及千年历史就是垂直轴。然而,两轴之间也存有差异,立足于地中海世界的埃及研究有大量文献和碑铭,他们在与纸草文本的互证中会产生比较确定的结论,但这一届理论并不一定能完全用于时间上纸草记录空白的历史阶段,这也引发了学界如何考量因文本数量的较大差异而带来的相关历史问题研究。

第五章"量化"强调了计量分析在历史研究中的应用。在对纸草文本反映的诸如土地所有权模式、纺织品生产、酒生产、人口统计、宗教皈依、数学和网络等问题研究时,计量分析法尤为重要。在使用计量分析法反映土地所有权模式、纺织品生产和酒生产等问题的少量文本研究时,首先要透彻地分析现有文本,评估文本数量与文本发现相关的考古、社会背景之间的关系,重在提出一系列更加明确的问题,重新思考在古代社会经济等研究中形成的一些固有观点。值得注意的是,即便是反映人口问题的文本数量丰富,但同样也不能提供一幅全面的人口年龄层次概貌,因此,要关注和使用更为有效的多重证据法和比较研究。为了展示一幅"没有被古代作家过滤掉的视角",作者从 1982 年开始就尝试使用计量分析方法,日益发现的其他文本、考古资料可以证明多年的研究结果。作者也提出,在对不同数量的纸草文本使用计量分析时,应该形成一种具有实效性强的网络式、综合式研究,而不是简单地将量化问题归为数学问题。

第六章"提问"重在探讨了研究历史的方法问题。作者强调研究理论和方法在更大程度上发挥纸草在历史研究中的作用,只有将纸草文本、其他文献以及最新考古发现结合才能得出更为可信的结论,阐述了语文学、人类学、历史学和人口统计学等方法在跨文化比较研究中的相互作用,但也要不断跳出固有学科对历史问题的解读。作者通过分析爱德华·威尔提出的后殖民研究在此强调了单一研究方法的片面性,"古代历史学家不能简单地借用人类学的理论和方案……在我看来,爱德华·威尔提出的四种类型方案并不充分,它倾向于用外来者的角度构建对外来统治的反应。从本土居民的角度来看,接受和拒绝也许不是真正的选择,甚至某些类型的拒绝反而是接受的表现"。此外,纸草文本不仅是一种物质存在,也是研究性别和书写者情感以及表达方式的重要媒介,而且纸草与新制度经济学的结合已被应用于古典和希腊化时期的希腊世界研究,用以关注制度在经济体系运行中的地位和作用。

第七章"数字革命"强调史学研究的计算机信息化和史学数据的系统化，提倡人文社会科学与计算机科学相结合的跨学科研究。"数字化纸草"不仅提供了科学、完整、系统的纸草档案，而且高质量推进了纸草的保护、研究、展示与传播。19 世纪 80 年代，古典文献资料的数字化趋势开启了纸草档案的数字化过程。约翰·奥茨（John Oates）和威廉·威利斯（William Willis）创建的杜克纸草档案数据库（Duke Data Bank of Documentary Papyri，缩写 DDbDP）开创了纸草学数字化的先河，这使得"在不能确定但非常具有价值的研究上可以冒险花更多的宝贵时间成为一种可能"，而且数字资源与专名研究的结合（onomastic research）在一定程度上减少了研究主题的选择失误，且使得最终的研究成果更加可信。

第八章"连续与更新"分析了纸草在历史研究中的挑战与发展。语文学在编辑和考证文本资料以及在文化史和社会史研究中都占据了非常重要的位置。但我们必须清醒地认识到，研究中遇到的最大风险就是"坐视其他人文社会科学与纸草学之间在研究内容上的隔阂越来越大"，造成互相孤立和互相边缘化的结果。作者强调了纸草学既具有不断提供新证据的特征，又是一门永远处于修订状态的学科。

综观全书，罗杰·巴格诺尔教授围绕广义上的纸草文本以及如何解读纸草文本进行历史问题的研究，系统梳理了近年来在纸草解读、理论和方法等方面的成果，通过多则例证形象逼真地展示了在历史研究中如何使用纸草文本，如何整合众多分散、零碎的信息，进而构建一个全新的、多元的古代世界历史。

传统意义上的纸草学主要是整理、翻译和保留纸草文本。罗杰·巴格诺尔教授在 1995 版中提出："纸草学中的方法论探讨基本上还局限于对文本的编辑和考证"，在 2019 新版中进一步明确提出，传统意义上的纸草学研究有必要跳出"古物研究式的"方法，在坚持对原始档案和文本解读的基础上，打破不同学科之间的壁垒，将人类学、统计学、性别史、社会学、博物馆考古等研究理论应用到史学研究中，不断推动跨领域、跨学科的交叉研究。

之前发现的大多数纸草文本反映了公元前 4 世纪到公元 6 世纪希腊化和罗马时代古代埃及和东部地中海地区的历史，内容涉及政治、经济、法律、外交、文学、科学技术等方面。作者在新版中不断补充和完善最新研究成果和考古发现，所涉及区域聚焦于埃及，但也涵盖了近东和中亚地区，进一步丰富和拓展了纸草学研究的时空范围，也延伸了纸草学研究的问题，如酒生产、数学和网络、性别研究、情感研究和新制度经济学等问题和理论。纸草文本不仅为研究古希腊罗马传统影响奠定了重要基础,而且也是考察当地历史发展演变的重要依据。

作者还非常中肯地提出纸草与历史研究的三点建议,一是要想做出有价值的贡献,并不需要掌握所有学科和所有方法,而是可以选择一个特定领域,广泛涉略相关知识,逐渐形成可使他人受益的方法和专业技能;二是与其他学者的合作;三是不断吸引没有受过纸草学训练的历史学家,最终形成一个来自纸草学外部的研究模式,这为从事文本零散稀缺且对古代语言要求颇高的研究领域提供了重要指引。该书并不是一本简单的纸草学入门书,而是讲述如何将纸草材料应用于历史研究,阐述纸草学研究中使用的理论和方法,比利时鲁汶大学魏利·克莱瑞斯(Willy Clarysse)将其看作"时至今日,西方纸草学界比较有影响的两部纸草学概括性著作之一"。[①]

总之,从首次出版到再版,作者在每一章节的论述前都会介绍特定问题的研究传统,围绕权威的著作和例证,精准概括观点,在此基础上,逐步分析、阐述多种视角下纸草文本与古代历史的书写,为我们展示了一幅动态的、不断进步的纸草与历史研究过程。然而,需要注意的是,该书所探讨的一些问题依然争议颇多,有待于更多的文献和考古资料发现的佐证。

作者简介: 齐小艳,历史学博士,山西长治学院历史文化与旅游管理系副教授,主要从事粟特希腊化问题及中亚问题研究,发表论著、译著多篇。

[①] 郭子林:《古史文化与当代思想的碰撞——访鲁汶大学希腊罗马时期埃及史专家和纸草学家魏利教授》,《中国社会科学报》2010 年 4 月 8 日第 5 版。

关于戴克里先的整体考察

——评《戴克里先研究》

杨梦宇

　　戴克里先乱世崛起,结束三世纪危机,开启后期罗马帝国的历史,拉开了晚期世界古代史的帷幕,是罗马史转折点上的皇帝,也是罗马帝国后期有作为、有影响的皇帝。戴克里先推进各项改革,用兵四方,绥靖行省,安定边境,历经磨难的帝国避免了分裂,减缓了衰亡的速度。鉴于戴克里先在罗马帝国历史上的特殊地位,古代史家有不同程度的关注,但仅限于事迹记述,还称不上研究。近代以降,各种带有研究性质的著作相继问世,研究戴克里先的成果逐步增多。18世纪,吉本《罗马帝国衰亡史》堪称里程碑式的巨著。笔者所见19世纪属于专门讨论戴克里先的著作当为10卷本《罗马皇帝史》,堪称煌煌巨作,其中第9卷专章描述了戴克里先生平事迹。诺贝尔奖得主蒙森《罗马帝国史》无疑是19世纪戴克里先研究的代表性和权威性著作,达到了19世纪罗马史研究的最高水平。瑞士著名学者布克哈特系19世纪德语国家中,与兰克、蒙森齐名的历史学家,传世之作《君士坦丁大帝时代》也论及戴克里先。20世纪和21世纪,戴克里先研究进入"快车道",成果日渐丰富,且主要集中在具体研究、微观探索等层面。通史、断代史、专门史、专题性论文等研究成果,从不同视角研究戴克里先,个案探讨居多,宏观论证稀少,另有少数生平传记等。据笔者所见,各种研究多围绕戴克里先的施政措施展开。关于戴克里先的总体评价属于国外学术界议论较为集中的话题,其中著名史家 B. 伯里(B. Bury)《晚期罗马帝国史》关于戴克里先在极度危机中挽救了罗马世界的观点,影响较大,流传深远。

　　戴克里先系统性研究在国内史学界尚未见到,学术专著阙如。通史著作中的观点可以两个不同时代的通史类著作为代表:陈衡哲《西洋史》和杨共乐教授《罗马史纲》。其他各类学术文章,王三义在《世界历史》发表的《罗马税制的积弊与戴克里先税制改革》一文,有一定的代表性。徐国栋《罗马人的税赋——从起源到戴克里先登基》,涉及戴克里先的税制改革。这些论文属于有关戴克里先专项研究,与相对全面的综合性研究尚有距离。

　　戴克里先研究属于罗马史范畴,在国外已成传统,流传久远,基础雄厚。但相关研究主要集中在微观研究、个案分析,整体、综合性研究成果阙如,宏观研讨评判尚有空间,亦不见研究以唯物史观为指导。和国外学者相比,中国学者研究成果未免零星,(人员和成果)数量、覆盖面、研究范围、种类、资料运用等,略逊一筹,远未达到规模程度。张晓校教授所著《戴克里先研究》(以下简称《戴克里先》)为中国学者独立完成的、较为全面的对戴克里先的学术专著,弥补了学术界的某些缺憾。《戴克里先》在时间上以戴克里先称帝到自行退位为断限,空间则关注了戴克里先足迹所到之处,遍及帝国东西南北。空间跨度大,时间上体现出"长时段"。《戴克里先》按专题研究设计布局,主要结构不是流水账式的"大事记",亦非一般性生平简介、传记,而是将戴克里先置于帝国历史的大环境下,对戴克里先登基后的各项施政举措梳理为几个主要问题,分章论述,呈现对戴克里先研究的综合、整体性。

　　《戴克里先》全书分为 8 章(另加结语)。作者以三世纪危机开篇,以危机设为戴克里先崛起的背景,说明了三世纪危机与戴克里先登基的关系,以及乱世背景下戴克里先战胜劲敌,夺得王权的原因。作者在繁杂的三世纪危机中,择取了几个重要事实,提纲挈领地概括了这场危机对帝国的危害:"……政治秩序大乱,'礼乐崩坏',国力衰微,经济萧条,军队忙于内部纷争,一些将领公开反叛中央政权,疏于边防,为蛮族入侵创造了条件"(该书第 4 页)。作者意在通过对三世纪危机乱象的总结,反衬戴克里先当政后对乱象的治理。作者直白地使用"终结者"表述戴克里先与三世纪危机的关系,进而说明戴克里先登基为帝国寻找到了"出路",开始的是"重构与建构"。通过作者对戴克里先与帝国危机之间关系的论述,读者可以体味到戴克里先结束三世纪危机,稳定帝国,进行诸多改革的必要性和实际意义。《戴克里先》第二章的主要内容"多米那提"制和"四帝共治"。作者指出,"多米那提"制的实质是"皇帝不再是元首,而是整个帝国的主人"(第 19 页)。作者通过对罗马史上"共治皇帝"的梳理,说明皇帝"共治"由来已久,但"共治"皇帝增加至四个,却前无古人。作者重点分析四帝共治和"多米那体"制的种种负面效应,其中最突出的表现是官僚机构庞大臃肿,帝国由此平添繁重经济负担。在论述"多米那体"制和四帝共治时,作者专门讨论了戴克里先有意"疏远"千年古都罗马城,另建新都都城尼科米底亚。依作者所叙,另建新都有多重意义,既有战略意义,也体现了戴克里先推行"多米那体"制和四帝共治的需要。这一措施产生的连带效应是"共治"四帝之其余"三帝"全不在罗马城驻留,作者认为,该举措为日后帝国分裂埋下了祸根。作者将"多米那体"制和四帝共治总结为"新的朝廷与新的统治模式"(第52页)的认识值得肯定。

　　戴克里先当政20年,改革和用兵构成了其施政的核心内容。作者在第三第四章讨论的是戴克里先的经济改革和行省体制改革。作者认为,戴克里先的经济改革以币制改革、税制改革、最高限价、最高工资限定等为主要内容,并把经济改革和国家治理联系在一起,视为稳定罗马帝国社会的"三大任务"(第54页),意在说明经济改革的终极目的是为了治理国家。作者在阐释这些经济改革时,以较多的历史事实、表格、数字、实例论证了这些经济改革的利弊。作者通过列举三世纪危机期间,罗马帝国物价上涨了30倍(第54页)、帝国货币贬值呈"常态化"(第56页)趋势等,强调经济改革的必要性、迫切性,对于理解诸项经济改革提供了帮助。涉及最高限价、最高工资限定的消极后果,作者强调:"这种刚性的价格规定没有考虑到生产者、经营者的利益,结果使经营者的利益受损,积极性受到极大挫伤。"(第83页)作者还指出,最高限价主要体现的是统治者的意志,并不反映市场规律、价格规律,亦非价值规律、市场规律作用的结果,所以,很难取得戴克里先预期的成效。关于最高工资限定,该著作认为:"最高工资限定及其出台忽视了当时的社会条件,与广大劳动者的现实处境、愿望相去甚远"(第90页)。戴克里先的各项"限制"没有解放生产力,不得民心,所以,戴克里先的经济改革必定是"难言成功的经济改革"(第95页)。《戴克里先》第四章讨论的行省体制改革,也是得到较好贯彻的改革。作者认为,戴克里先的行省改革以"缩小""拆分"和"分解"为特征,行省的数量比之从前大幅度增加。与原有行省体制相比,新的行省体制最大不同是:"由原来的帝国中央政权——行省的二级管理模式,变成了中央政权——大的辖区——行省三级管理模式"(第102页)。"缩小"的行省有便于管理之益处,但统治层次增加的同时,各级官僚机构迅速膨胀,"政府雇员"大幅度增加。论述行省体制改革过程中,作者着意强调了在新的行省体制之下,行省总督作为"封疆大吏"、手握军政大权的时代作古,应视为戴克里先行省体制改革的重要成果。

戴克里先的各项改革不仅包括政治、经济,军事改革也是重要内容。《戴克里先》第五章讨论了戴克里先军事改革和边防体系重建,第六章则叙述戴克里先用兵四方及其成效,事实上从军事战争实践折射出各项军事改革的积极成效。《戴克里先》对三世纪危机前后(重点是三世纪危机后)罗马帝国的边防体系进行梳理、研究,侧重讨论在体系重建过程中戴克里先的贡献,以"修"和"建"为切入点,论证了巩固边防体系、城防体系的意义。作者围绕"军队改革"叙述戴克里先的军事改革,强调"'重组'、'重构'是戴克里先军事改革的核心内容……"(第113页),揭示出改革后的军队与元首制时代,在基本建制、指挥系统、兵员结构等方面差异。通过对军队的重组、重构,帝国军队人数增加,机动性大幅度提高(尤其是骑兵受到了前所未有的重视),"机动部队"和"戍边部队"各司其职(第119页),百孔千疮的边境防御体系得以修复和加固,恢复了边境的安宁。《戴克里先》第六章,作者安排的内容是戴克里先平定帝国的军事行动,"四帝"常常分头行动,内外战同时展开,且外战多于内战,最终获得成功。这些战争有的是平定另立山头的反叛势力(以高卢和不列颠、非洲、埃及等地为主),有的是同强大的帝国交锋(以波斯帝国为代表),有的是同蛮族交锋(如日耳曼人等),戴克里先及其他"三帝"率领罗马军队最终获得了胜利。其中对波斯战争及其胜利值得注意。戴克里先及其部将同波斯数度交战,最终打败波斯,一雪前耻,为帝国赢得了40年的东方边境安宁,结束了3世纪中期以来的被动局面。"罗马人通过战争扩大了领土,帝国新的东北疆界穿过了美索不达米亚……"(第192页)。戴克里先为旷日持久的罗马波斯间的冲突按下"暂停键"。长久以来,多瑙河、莱茵河一直是罗马人甚为看重的边境线,罗马人始终在这些地区驻扎重兵,对蛮族防范有加。戴克里先执掌帝国权柄后,按照四帝共治的分工,"西帝"马克西米安在7年时间里(286—293年),忙于同进犯的蛮族交战。即便有明确分工戴克里先也多次进入这一地区,多次打败蛮族,数次获得"'降服日耳曼之伟人'(*Germanicus Maximus*)称号"(第194页)。戴克里先不仅在对蛮族作战中屡获胜利,而且在这一地区建立了由一系列堡垒、营寨构成的、比从前更坚固的防御体系,缓解了边境危机,暂时维护了帝国统一。

《戴克里先》第七章的内容为"迫害基督教"。与常见的各种叙事模式不同,作者从宗教背景予以解说。作者指出,此时的基督教早已不是诞生初期那种以穷人信徒为主的宗教,基督教徒遍及帝国社会的各个阶层,罗马传统宗教的空间遭到挤占(第205页)。所以,作者的基本观点是,基督教势力的强大,引发了统治者的不安。作者认为,基督教宣扬的价值观和帝国统治者遵奉的价值观格格不入,也是戴克里先迫害基督教的主要原因(第210页)。依据史料,作者对戴克里先迫害基督教的经过、结果交代比较详细,对君士坦提乌斯"按兵不动"提出异议(第218页),认为只存在迫害程度的不同,公然违抗君命之事值得商榷。作者的这些观点有新意,也有一定的说服力。

《戴克里先》以"退隐田园"为结语。作者叙述了戴克里先退位的过程,对学术界给予戴克里先的各种评价进行了梳理,作者认为,所有各种评价都有不完善之处,戴克里先更像"终结者""改革者""创建者"和"开启者"(第227页),以比较新颖的创意对戴克里先进行较为总体的评价。

作为中国学者完成的、国内学术界第一部系统研究戴克里先的专门性著作,《戴克里先》对古代作家作品及其记载少有遗漏,参考百余年后世学者的著述,资料堪称丰富。从研究视角、篇章结构等方面而言,有一定的创造性,体现了整体考察。但该专著并非完美无缺,尚有需要充实之处。比如,原始材料使用方面,涉及出土文献及其运用与国外学界相比,距离是明显的。另如,边防边境的重构与建构是《戴克里先》所讨论重点内容之一,但作者没有提供相应的地图或示意图,进而形成前后对比,很大程度上降解了对所论述问题的理解。一些重要的建筑及其遗址若配有相应传真照片,无疑能够增加叙事的立体感。作者日后有机会再版时如修改增加会更完善。

作者简介: 杨梦宇,哈尔滨师范大学历史文化学院博士研究生,主要研究方向为古典文明史。

实地调研

罗得岛求学见闻

陈方圆

2018 年—2019 年间，受国家留学基金委资助，我有幸获得了留学希腊的机会。此次留学的目的地爱琴海大学地中海研究中心位于希腊东境的罗得岛。罗得岛是希腊的第四大岛，面积 1 398 平方公里，与土耳其隔海相望。作为连接爱琴海与地中海、欧洲与亚洲的咽喉之地，罗得岛自古便是兵家必争之地。我怀揣着对欧洲文明发源地的向往，对希腊神话的兴趣和对希腊艺术的好奇从北京出发，转机雅典，历时 14 小时来到这座小岛，开启了为期一年的留学生活。

中希文明的联动——太阳神与太阳神铜像

第一次走进罗得岛古城，让我印象深刻的是老城入口处的红色朱槿花，在与古城居民的交谈中得知这种红色朱槿花便是罗得岛古钱币反面图案的原型，且有一种说法称罗得岛的名字便是因它而来。

罗得（Rhodes）一词源自古希腊语中的Ρόδον（意为"红玫瑰"），传说中红玫瑰是许珀里翁（Hyperion）之子太阳神赫利俄斯（Helios，第一代太阳神）的圣花。罗得岛人一直将赫利俄斯视为该岛的保护神，并将他的圣花红玫瑰作为岛的象征之一。也因此，在罗得岛的古钱币中正面是太阳神赫利俄斯的头像，而反面则是圣花Ρόδον。

听到岛民说古希腊的红玫瑰Ρόδον指的是今天的红色朱槿花时，让我瞬间想起它在中文中的另一个名字——扶桑。更有意思的是，如果你去网络搜索朱槿花的词条，还会发现它的第三个名字"中国蔷薇"，虽然朱槿花是马来西

图1　罗得岛古钱币反面的朱槿花　　　图2　老城门口的朱槿花
图案(图片来自网络)

亚、巴拿马和斐济群岛共和国的国花,又是夏威夷的州花,但原产地却在中国。

中国记载神话传说和信仰崇拜的文献典籍中亦有许多关于太阳神和扶桑花的记载。《山海经·海外东经》载:"汤谷上有扶桑,十日所浴,居水中。九日居下枝,一日居上枝。"袁珂先生认为"汤谷"即"旸谷"。《淮南子·天文篇》载:"日出于旸谷。"因此可以理解为:太阳出来的汤谷中央有扶桑树,那是帝俊十子金乌鸟沐浴休息的地方。再据《山海经·大荒东经》"汤谷上有扶木,一曰方至,一曰方出,皆载于乌"的记载,中国神话中的金乌鸟(太阳)应该是轮流交替工作的,一只落到扶桑树枝休息,则另一只飞走。此外,《海内十洲记·带洲》云:"多生林木,叶如桑。又有椹,树长者二千丈,大二千余围。树两两同根偶生,更相依倚,是以名为扶桑也。"中国古典文献中的扶桑树是由两棵组成,相互依偎而生,故名扶桑。由上述资料来看,中国的扶桑树或是生长在水域之中,且与太阳神有关。

《山海经·大荒南经》云:"东南海之外,甘水之间,有羲和之国。有女子名曰羲和,方日浴于甘渊。羲和者,帝俊之妻,生十日。"郭璞援引《归藏·启筮》注:"空桑之苍苍,八极之既张,乃有夫羲和,是主日月,职出入,以为晦明。"又屈原在《离骚》中云:"吾令羲和弭节兮",东汉王逸注曰:"羲和,日御也"。徐坚《初学记》援引许慎注:"日乘车,驾以六龙,羲和御之"。由此可知,羲和乃为十日之母,每天驾车载日出于汤谷,一日至,一日出,交替工作,由此形成一日之晦明。

　　无独有偶,古希腊传说中与羲和形象类似,驾车出入于海天之间的神便是掌管罗得岛的太阳神赫利俄斯。希腊传说中的太阳神赫利俄斯高大英俊,身披紫袍,头戴散发光束的太阳金冠。他从绚丽的海面上探出头脸,驾着由四匹焰马所拉的日辇升上铜色的天空,送来金色的光芒,然后穿越天空,一路西游,并在黄昏降临时跳入大海,返回东方,由此形成一日之中的昼夜交替。苏雪林在《楚骚新诂》一书中更是直言"希腊最古日神曰羲里和(Helios),埃及崇祀日神之城曰'太阳城'(The City of Sun),其名曰 Heliopolis,有羲和之音,与希腊殆同出一源",认为羲和外来痕迹明显,与希腊的太阳神有关。

　　在中国的考古发现中,位于四川广汉市三星堆镇的三星堆遗址,更是出土多件青铜神树。在此前已出土的 8 件神树中,1 号神树残存 396 厘米,树干笔直,套有三层树枝,每层有三根枝条,全树共九根树枝,枝条的中部伸出短枝,短枝上有镂空花纹的小圆圈和花蕾,花蕾上各有一只昂首翘尾的鸟,这一造型与《山海经》中所描写的扶桑树和金乌鸟的形象极其相似,加之有学者认为三星堆文化当有一部分来自西亚,这个文明的创造者应该是闪族人的分支。这很难让人不联想三星堆文明与地中海东岸的文明或许有一定的联系。

　　上文提到,罗得岛人信奉的太阳神是赫利俄斯(Helios),许珀里翁(Hyperion)之子,属于提坦神族。公元前 305 年,塞浦路斯大举进犯罗得岛,罗得岛民奋起抵抗并最终取得胜利,为了庆祝战争的胜利,罗得岛民从公元前292 年开始将缴获敌人的青铜兵器熔化重铸,并于公元前 280 年铸成一尊高达 32 米的太阳神巨像,成为古代世界的七大奇迹之一。但这尊太阳神巨像未能保存很长时间,公元前 224 年一场地震将其摧毁。罗得岛人熔兵器铸神像一方面是为了向他们的保护神赫利俄斯献礼,希望得到庇佑,而后自然之力将神像摧毁则是神的旨意,因此不再重建;另一方面也是为了纪念战争的胜利,以销毁武器的方式祈求和平。

　　曾经大火的美剧《权力的游戏》第五季中布拉弗斯城的取景地虽然不是罗得岛,但布拉弗斯城入口的提坦巨人雕像的创作灵感却是来自这个古代世界七大奇迹之一的太阳神赫利俄斯巨像。

　　提到熔青铜兵器铸铜人,在中国的史书中也可以找到大致同一时代发生的类似事件。《史记·秦始皇本纪》载:"收天下兵,聚之咸阳,销以为钟鐻,金人十二,重各千石,置廷宫中。"《长安志》引《三辅旧事》云:"秦作铜人,立在阿

图3　*Book of Knowledge* 一书中对　　图4　如今太阳神铜像原址附近修筑的两尊铜鹿
　　　太阳神铜像的想象

图5　《权力的游戏第五季》布拉弗斯城　　图6　罗得岛纪念品上绘制的太阳神巨像
　　　入口剧照

房殿前……又云：坐高三丈，铭其后曰：皇帝二十六年，初兼天下，改诸侯为郡县，一法律，同度量。"秦始皇铸十二铜人的原因有说法称，秦始皇梦到天气大变，天空昏暗无光，且伴有鬼神作怪。正当他惊恐万分，手足无措之时，一位鹤发童颜的道士出现为他指点迷津：唯有铸制十二金人，方可稳坐天下。于是秦始皇醒来后便下令收缴各国兵器，熔铸十二铜人。另有说法称，秦始皇此举是为了防止武力夺权，正如贾谊在《过秦论》中所言："铸以为金人十二，以弱天下之民"，并宣扬其万世之功绩。

从太阳神赫利俄斯到日神羲和，从太阳神铜像到秦始皇铸十二铜人，有趣的或许不仅在于对西方罗得岛与东方华夏大地先民们之间是否曾有联系的探索，更在于两地先民在近乎相同的时间维度中，以相似的形式为后世展现了思想与行为的跨地域联动。

罗得岛与迪亚戈拉斯(Diagoras)家族

从准备订购前往爱琴海大学的机票开始，我便对雅典和罗得岛机场的名字产生了好奇，与希腊其他机场直接用机场所在地的名字命名不同，雅典和罗得岛机场的名字并没有单纯的以地名命名，看起来更像是人名，那么凡以人名命名，其中必有故事。正如雅典国际机场全名为埃勒弗瑟里奥斯·韦尼泽洛斯国际机场，其中埃勒弗瑟里奥斯·韦尼泽洛斯(Eleftherios Venizelos)是希腊伟大的革命家、政治家和外交家，曾七次出任希腊首相与总理，被尊称为现代希腊之父。以其名字命名雅典国际机场是因为二十世纪初，他曾为希腊空军和航空事业做出过重大贡献。那么罗得岛机场全名为迪亚戈拉斯国际机场(Diagoras International airport)，迪亚戈拉斯又是何许人也？

想要了解罗得岛的古典时期的历史文化，则绕不开迪亚戈拉斯所在的家族。多利安人(Dorian)统治罗得岛后，曾先后建立了三个城邦，即北部的亚利索斯(Ialysos)，东北部的卡米洛斯(Kamiros)和东南部的林多斯(Lindos)。迪亚戈拉斯的父亲达马戈图斯(Damagetus)便是北部城邦亚利索斯的统治者。公元前五世纪，罗得岛曾几度易主，先后臣服于不同城邦，出于政治、经济和安全等多方面的考虑，公元前 408 年，罗得岛的三个城邦走向联合，建立联邦国家，统一首府——罗得市，而第一任罗得市市长也是出自这个家族。

从罗得岛机场一路向市区行进，在进入市区的必经三叉路口处有一尊雕像建筑，便是赫赫有名的罗得岛的迪亚戈拉斯和他的儿子们。但是为迪亚戈拉斯家族铸造雕像,并非因为他们曾是罗得岛的统治阶级,而是因为他们家族素有奥运冠军家族的称号。2004 年,为庆祝第 28 届现代奥林匹克运动会在雅典举办,罗得市将为迪亚戈拉斯和他的儿子们铸造雕像,放置在进入市区的必经之路上。

在诗人品达的记载中,迪亚戈拉斯曾获得过四次地峡运动会(Isthmian Games)冠军,两次古奥林匹克运动会(Olympic Games)冠军,两次尼米亚运动会(Nemea Games)冠军和至少一次皮松运动会(Pythian Games)冠军,因此他称迪亚戈拉斯是赫拉克勒斯的后人。不仅如此迪亚戈拉斯的儿子和女儿也都是冠军,其中长子达马戈托斯(Damagetos)于公元前 452 年和公元前 448 年的两次古奥林匹克运动会中获得了潘克拉辛(pankration,希腊本土的一种融合了拳击和角力的综合格斗术)冠军。次子阿库斯劳斯(Akousilaos)则在公元前 448 年的古奥林匹克运动会获得了拳击(boxing)冠军。他的三子多里欧斯(Dorieus),即罗得市的第一位市长,也至少获得过三次古奥林匹克运动会的潘克拉辛冠军以及八次地峡运动会和七次尼米亚运动会的冠军。

根据波桑尼阿斯(Pausanias)的记载,迪亚戈拉斯的女儿卡莉帕特拉(Kallipateira)是唯一进入古奥林匹克运动会会场而得到赦免的女性。古奥林匹克运动会规定非希腊人和女性不得参加和观看比赛,违反这一规定者将被处以极刑。卡莉帕特拉为了带儿子佩希尔霍多斯(Peisirrhodos)进入会场参加比赛,将自己伪装成男人,当佩希尔霍多斯夺冠时,她一时激动便跨过围栏冲向赛场,此间卡莉帕特拉的衣服掉落,被当场识破女儿身,最后因为她家族的荣耀而被赦免。但此后古奥林匹克运动会便多了一条规定,即运动员需要裸体进入会场。

有关迪亚戈拉斯的死说法不一,比较具有戏剧色彩的说法是:公元前 448 年的古奥林匹亚运动会中,迪亚戈拉斯入场观看两个儿子的比赛,他们夺冠之后便下场将迪亚戈拉斯扛至肩头,接受全场观众的欢呼和胜利的荣耀。但还未等胜利的欢呼声散去,迪亚戈拉斯就死在了他儿子们的肩头。这一戏剧化的场景也是上文提到的迪亚戈拉斯和他的儿子们群体雕像的灵感原型。

希腊的传世文献和考古文物都对古希腊的拳击和搏击有所刻画,而这种武术竞技文化的普遍性则是植根于其特定的历史环境中的,或许这也是拳击在当代社会没落的原因吧。当今希腊人日常生活中虽然鲜有练习拳击的,却有很多少林功夫拳的爱好者,大概这就是所谓的"语言有差别,文化无国界"。

图 7 《迪亚戈拉斯和他的儿子们》雕像

图 8 河南大学武术学院院长应邀在爱琴海大学展示太极拳

据爱琴海大学的老师 Stephan 说："随着中希交流合作的不断加强，尤其是习近平总书记在 2014 年前往巴西出席金砖国家领导人会晤并对拉美四国进行国事访问途中技术经停罗得岛后，为岛上带来了一股中国热，很多罗得岛人对中国文化特别感兴趣。"而 Stephan 自己则是名副其实的中国功夫爱好者,一直跟着曾拜师少林寺的希腊师傅学习少林拳。

罗得岛与土耳其的距离

罗得岛虽然远离欧洲大陆,却挨着土耳其,是连接欧亚大陆的咽喉之地,这一重要的地理位置注定罗得岛在过去的战争中无法偏安于一隅。首先来说一说罗得岛到土耳其的距离,一直听岛民说最近距离只有几十公里,没有太直观的感觉,后来自己亲身经历过两件事,才真正对罗得岛到土耳其的距离有了直观感受。

第一次是沃达丰(vodafone)的手机卡突然有一天收到了一条漫游通讯扣费短信。于是去了岛上的营业厅咨询,营业员问我近期是否有过入境土耳其的经历,当我给出否定回答时,营业员解释说:可能土耳其通讯网络不稳定,一不小心覆盖到希腊境内,被我的手机接收了。通讯信号都能被不小心覆盖,可见距离有多近。

后来每天路跑经过海边,隐约看到对面的土耳其时,就想起那条漫游扣费信息,逐渐萌生了想去对面的想法,但是,罗得岛从 11 月一直到来年的 4 月都没有往来于附近小岛间的船只。5 月份开始罗得岛迎来旅游季,我也终于有机会打听在没有土耳其签证的情况下,有没有合法去对面的土耳其的办法。一位船主告诉我说:"罗得岛到对面土耳其较近港口的航线只在夏天的旅游季隔天通航。到较近的马尔马里斯港往返船票 20 欧元,固定时间发船,登陆港口需缴税,可以在附近溜达。没有签证不能走远,也住不了酒店,必须当天往返。"2019 年的 6 月我如愿以偿地登上了罗得港到马尔马里斯港的小船,全程走走停停也没有超过 1 个小时的行程,上岸品尝一下土耳其风味的烤肉卷,从土耳其的角度欣赏一下爱琴海,来回船票和港口税共计 35 欧,还是相当值得的。

在马尔马里斯港闲逛时还发生一件趣事,一位懂中文的土耳其人来跟我聊天,当我说自己住在罗得岛时,土耳其人突然来了一句:"你不觉得希腊就是强盗,但凡跟土耳其大陆不连着的岛都被希腊抢走了,好多吃的东西都是学我们的,还不承认。"关于希土两国的世代争端,作为吃瓜群众的我当时也只敢回以微笑。

图 9　马尔马里斯港返程时希腊小岛和落日

罗得岛与医院骑士团

随着十字军运动的衰落，圣城耶路撒冷沦陷，医院骑士团（曾在耶路撒冷以圣约翰医院为据点，又被称为"圣约翰骑士团"，是著名的欧洲三大骑士团之一）从耶路撒冷一路辗转西撤，于 1309 年停驻罗得岛，征服并统治罗得岛长达 2 个世纪。现存的罗得岛老城，即骑士城堡，是医院骑士团占领罗得岛后，在原有城堡的基础上，利用先进的构筑技术修建而成，其中以加筑防御工事为主，目的是抵御穆斯林的进攻。

由于医院骑士团的成员来自欧洲不同国家的不同家族（其中以法国家族居多），因此罗得岛骑士城堡的 12 扇城门铸有不同的大骑士家族盾徽，以此来表明骑士团成员的原始身份。而城中则以不同的语言设立不同的行政区划，当你看到骑士家族盾徽聚在同一屋檐下，则说明这里是相同语言的骑士们社交集会和议事的场所（他们称之为"inn"）。此类场所坐落在城内主干道的两旁，因此主干道被称为"骑士大道"。

在医院骑士团统治罗得岛的 213 年间，罗得岛原著居民的东正教信仰虽会与骑士团的天主教思想时有摩擦，甚至发生流血事件，但是骑士团并没有强

图 10　古城墙上的防御炮台

图 11　炮台内部近景

迫岛民改变信仰。并且充分发挥了他们身为医院骑士的本职工作,大大改善了岛上的医疗卫生状况,并开始单独收治麻风病人。此外,骑士团还充分发挥了罗得岛的区位优势发展岛上经济,同时还为欧洲与东方贸易者充当翻译与

图 12　刻有家族盾徽的城门　　　图 13　城内刻有不同家族盾徽的门楣

谈判手，以获取利润。不知是否受到这种中世纪遗风的影响，罗得岛人的外语普及率极高，在岛上生活的一年间，即使我走到远离北部市区的乡村里，遇见的村民都可以用不太连贯的英语跟我唠上几句。

15 世纪开始，医院骑士团开始不断加固城防，但这座坚固城池最终未能成功抵御奥斯曼土耳其的进攻。1522 年，兵力悬殊的骑士团在坚守 6 个月后终因寡不敌众，不得不与奥斯曼帝国议和，并被迫迁出罗得岛，退驻马耳他。在奥斯曼帝国的大肆扩张下，整个爱琴海乃至地中海已然变成了它的内陆湖，而生存于此间的曾经的商业中心和军事要塞罗得岛，在失去自治权后也一度走向衰落。

医院骑士团退离罗得岛时虽然带走了他们的文字档案文献与珍贵圣物，但却带不走这座中世纪的骑士古城。当我信步走在那条承载颇多的骑士大道上，看着斑驳陆离的墙面上依稀可见的骑士盾徽，仿佛能感受到罗得岛最后一位大教长利勒亚当指挥骑士团和罗得岛人死战到底的决绝与悲怆。

图14　骑士大道全景　　　　　　　　图15　古护城河里散落的炮弹

1988年，中世纪的罗得城被联合国教科文组织列为世界遗产，2007年开始，罗得岛在每年的5月都会举行中世纪玫瑰节，重现中世纪时期的罗得岛骑士团和居民的生活状态。由于该活动为非营利性的，活动中的各项事宜都是招募岛民自愿参加的，岛民们身着中世纪时期医院骑士团的衣服参加游行。因为医院骑士团是在圣城耶路撒冷以圣约翰医院为核心，以保护和救济朝圣者为目的天主教修道会，因此骑士团成员会有两套着装，即黑色白十字的修士服（多为日常穿着）和红色白十字的骑士服（多为战时穿着）。

墨索里尼与大教长宫

整个骑士城堡中最壮观的建筑当属大教长宫，而现存的大教长宫是由意大利人在骑士团原宫殿的基址上重建起来的。这是因为1911年意土"黎波里战争"中土耳其战败后，意大利便代管了罗得岛。后于1923年签署"洛桑条约"，土耳其正式将罗得岛割让给意大利。30年代之后，墨索里尼将损毁的大教长宫重修，作为自己以及时任意大利国王的维托里奥·埃马努埃莱三世的行宫。

图16—17　中世纪玫瑰节身着中世纪服饰的岛民和骑士

大教长宫内除了展示一些骑士团时期的钱币、服饰和日常物品，还有很多在本岛和科斯岛发现的2—6世纪的大小不一的马赛克，都是直接镶入地板，大面积镶入的会用围栏围住，小的就直接供人行走，不设护栏。所以在大教长宫里行走，可能一不小心就踩到文物了。但整个大教长宫中，我比较感兴趣的几件展品都与墨索里尼有关。

第一件展品是进入大教长宫内厅后，一眼便能看到的大理石群雕《拉奥孔》的复制品。这尊群像雕取材于希腊神话特洛伊之战中"木马计"传说，祭司拉奥孔识破了"木马计"，告诫同胞将希腊人留下的木马

图18　走廊上镶嵌的科斯岛公元2世纪的美杜莎马赛克

搬进城是危险的。雅典娜得知后便派两条巨蟒将祭司拉奥孔和他的两个儿子缠死。罗得岛的三位大雕塑家阿格桑德洛斯(Agesandros)、波利多罗斯(Polydoros)和阿塔诺多罗斯(Athanodoros)据此集体创作这尊雕像。但此雕像曾因战争而遗失,又于1506年在罗马的提图斯浴场遗址重见天日,此时雕像中拉奥孔的右臂、一个儿子的手和另一个儿子的右臂均已缺失,后辗转于法国,现存于梵蒂冈美术馆。1906年,雕塑中遗失的部分部件重新找回,而罗得岛大教长宫内的《拉奥孔》便是遗失部件修复后的复刻品。不知墨索里尼在重修大教长宫后将《拉奥孔》群雕复制品放置其中,是不是想要说明罗得岛与意大利是有"缘分"的,或是想变相地物归原主。

图19　大教长宫入口处的《拉奥孔》群雕

　　第二件展品是被冷落在大教长宫一楼展厅的角落里的一尊"母狼"铜像。说起罗马与狼的关系,个人理解就像中国与龙的关系,都是一种图腾的存在。据提图斯·李维记载,古拉丁王努米托尔的胞弟阿穆里乌斯篡夺王位并将其流放,为绝其嗣,努米托尔之子尽数被杀,其女西尔维娅则也送到神殿当祭司。但西尔维娅与战神马尔斯结合,生下孪生兄弟罗慕洛和雷莫。孪生婴儿被阿穆里乌斯抛入河中,却意外得到一只母狼的救助,并食其乳汁成活,后被一猎人养育成人。成人后的两兄弟杀死阿穆里乌斯,并迎回外祖父努米托尔,重登王位。后来,两兄弟之一罗穆路斯建立新城,并以其名命名新城为罗马城,而"母狼乳婴"图案也成为了罗马市市徽。

不知墨索里尼是否有意宣扬自己民族的狼性特质,以显示自己民族的特别之处,毕竟他当年的盟友希特勒也是一直在强调和宣扬自己的种族如何优秀。1938年,法西斯德国和意大利与伪满洲国建立了"外交关系",墨索里尼政府为了庆祝建交,将罗马市的象征《母狼乳婴》雕塑进行复刻,并作为礼物送给伪满洲国新京市。为此,伪满政府还专门举行了雕像揭幕仪式。日本投降以后,许多伪满政府时期的建筑被毁,这尊雕像也于1950年不明去向。1952年,东北师范大学教授朱寰先生在《母狼乳婴》雕塑原安放处附近的废墟之中发现了它,雇人小心挖出后,发现母狼身下的两个男孩雕塑已经不见踪影,便亲自将母狼护送到自由大路东北大学历史系办公楼(今师大附中)。

第一次看到东北师大的母狼铜像是徐松岩老师在微信群里发的图片,因为引起了许多老师同学的热议,自己又不太了解罗马史,印象比较深刻。而罗得岛大教长宫内的母狼雕像展示的位置很不起眼,当我路过时瞥了一眼便离开了,但脑子里总有似曾相识的感觉,于是原路折返,仔细一看这狼不就是徐老师展示过的东北师大的那尊罗马母狼吗?而且身下还都没有孩子。

关于这尊母狼雕像,没有放置说明牌,问及工作人员,只说是意大利运来的。自己网上也没有查阅到相关信息。但据徐松岩教授转述东北师大罗马狼的故事:墨索里尼当时铸造了六尊一样的母狼雕像,其中作为国礼赠与日本两尊,伪满洲国一尊。再观察大教长宫内母狼的外形特征,结合墨索里尼重修大教长宫的时间,个人主观臆断一下:这匹母狼许是当年墨索里尼铸造的六尊母狼之一。雕像铸造完成后,三尊被分别赠与日本和长春的伪满政府,余下的

图20 母狼雕像

三尊之一则被运到了墨索里尼的行宫——罗得岛大教长宫。

图 21　中国瓷器

此外,在大教长宫中有许多中国的花瓶瓷器,大的竟有两米多高。由于罗得岛自中世纪开始便是远近闻名的制陶工厂,所以看到第一组瓷器时还以为是岛上的制陶遗址发掘的,刚想感慨很有中国风,但仔细看瓶身的图像,当下便可以确定是来自中国的。于是便询问管理人员,管理员却回答说是日本过来的物件,看到我一脸错愕的表情后,管理员又加了一句:是日本送给意大利的礼物。

其实爱罗得岛的东海岸还有一处墨索里尼的度假别墅,但自建成之日起,墨索里尼从未在该度假别墅中居住过。与这座受冷落的别墅相比,墨索里尼似乎更加钟爱大教长宫,所以才会将许多标志性的物件都放置其中。

友好的罗得人

回想初次踏上罗得岛的情形,乘坐从罗得岛机场前往市中心的大巴,一路上目之所及不是高楼林立和人流攒动,而是海天一色无纤尘的景色,一种始料未及的静谧与祥和跃上心头,竟将一路上前往异国他乡的忐忑也扫除了大半。而之后点点滴滴的日常生活更是证明,之前所有的忐忑与不安都是多余。

由于希腊高校只为特别贫困的学生提供宿舍,暂时安顿下来后的我第一个亟待解决的问题便是长期住宿。困于不懂希腊语,又不好意思一直麻烦地中海研究中心的接待老师,我尝试自己浏览希腊当地的英文租房网站或者Airbnb 的短租民宿,结果找到的房子不是距离学校太远,就是太贵。正当我一筹莫展时,学校的一名保安大哥来到教室里询问正在埋头记电话号码的我是否需要语言帮助。了解了我的困境后,他便开始帮我翻阅希腊报纸上的招租广告,打电话看房议价,再到最后确定房子,忙活了一整天。最后我想请他吃饭作为回报,却被婉拒,说希望以后可以听我讲一些中国的传统文化,因为保安大哥本人是个中国迷。

最初的两个月里因为需要办理居住手续,要经常往返市中心,住处不通公交又打不到车,房东便骑着自己的小摩托免费送我。打车回程时,几乎每个的哥在得知我是爱琴海大学的学生后都会专门少收取 1 欧元(总价 5 欧),作为学生折扣。每周六,地中海研究中心的助教和其他学院的学生会邀请我加入她们的娱乐活动,说希望以此缓解我的思乡之情,每次还都乐此不疲地学习如何使用筷子。当我围着罗得岛卫城路晨跑时,遇见遛狗的大哥,他会建议我转换一下路线,因为罗得岛卫城一带人烟稀少,可能存在安全隐患,还专门解释说,提此建议并非否定罗得岛民,而是希腊政府的破产和长期的经济不景气不可避免地导致一些不法之徒滋生,希望我可以理解。当我去参观罗得岛考古博物馆时,馆长会很高兴地为我免费讲解,并将考古博物馆后院的橘子摘了送给我。

图 22　练习使用筷子的爱琴海大学助教 Mina

图 23　与考古博物馆馆长和解说员的合照

　　有人说,爱上一座城,是因为城里住着某个喜欢的人。与我而言,爱上罗得岛是因为这里的每一个历史故事和我遇见的每一个罗得人。

　　作者简介: 陈方圆,西南大学历史文化学院、希腊研究中心博士生,主要研究方向为古代中西比较。

希腊游学杂记

刘 豪

2020年10月10日,我有幸通过西南大学与希腊国立雅典大学的交换项目到现代西方文明的发源地——希腊雅典交流学习。出发之时,欧洲第二波疫情正来势汹汹。纵使万千担忧,但为了更进一步了解学习古希腊历史文化,我和我的师兄及两个师妹还是坚定地踏上了异国的土地。到雅典时,正值周日,雅典以她的闲适与清净迎接了我们。此前耳闻欧美国家周末清闲,但未曾想到大街上鲜有行人,连超市也大门紧闭!后来才知道,超市周日停休是常态,但空荡荡的街道却不是。雅典是个热情的城市,人们更愿意在周末约上亲友在咖啡厅闲聊,或是到周边海滩享受阳光,不过政府采取了出入境管控措

图1 雅典街景

施,并加强了国内的防控政策,人们也恐惧未知的病毒,这才出现原本万人空巷的雅典街头,行人寥寥的局面。当然这都是后话了。

一、学在雅典

学校受疫情影响关闭了教学楼,但我们专业人数少,符合线下授课的标准,便在现代希腊语教学中心上课。课程集中在周二与周三,需要从早上九点一直上到下午三点,两堂大课间几乎没有休息时间,这对习惯午休的中国学生并不友好。

我所在的专业是古希腊考古、历史和文学(Archaeology, History and Literature of Ancient Greece),隶属雅典大学哲学院,是依托哲学院下文学系和历史与考古系而建的全新专业。秋季学期开设了四门课程,分别是史学概要、考古概论、古希腊文学导读和古希腊语。这是雅典大学哲学院第一个英文授课的本科专业,所有学生都非希腊籍,为了让学生更好更快地适应在希腊的生活,学校特别为我们开设了现代希腊语课程。一句"Γεια σας! Καλημερα!"(大家早上好!)开启了我在雅典的学习之旅。因为我有一点古希腊语的基础,所以现代希腊语对我而言并不太陌生。不过我此前学习的古希腊语发音是以英国古典学者研究出的拟音为基础的,与现代希腊语的部分发音有所不同,而我们的古希腊语老师也采用了这套拟音进行教学,于是刚开始学习时,班里很多同学都比较困惑。现代希腊语老师对我们所采用的拟音颇有微词,她认为希腊语作为一门从古到今都在使用的语言,发音与语法的变化是语言发展中必然的过程,同样也是希腊历史文化积淀的过程,应该尊重这种变化,不必另作区分。我并不完全认同这一说法,正因为发音的变化是历史文化积淀的过程,所以明晰古希腊人的发音与语法不仅有利于理解现代希腊语的发展,同时也有助于更好地理解古代社会。我师兄却道:"其实就和现在中国人用普通话念古诗一样,用古代拟音念诗反倒成了稀罕事。"这倒让我豁然开朗。用普通话念诗并未减弱现代中国人对诗中景语情语的理解,或许对大部分希腊人而言,用现代希腊语阅读古代文献更能感受历史的脉搏吧。

线下授课的日子并不长,待中国学生适应没有午休的作息后,希腊政府却加强了疫情防控措施,停止了一切形式的线下授课。我怎么也没想到,直到学年结束,政府仍没有彻底解禁大学的线下授课,于是这一个月的校园生活竟成为我在学校仅有的记忆。

图 2 雅典大学中心校区

图 3 雅典大学现代希腊语教学中心

图 4　雅典大学哲学院大楼

图 5　雅典大学哲学院内景

图 6　雅典大学一隅

　　线上授课的氛围虽枯燥些,但脱离了教室,我们几人凑在一起共用一台电脑听课,倒能时不时交流讨论一下不明白的问题。我个人最喜欢文学课。老师上课领读古风至希腊化的经典文献选段,如《荷马史诗》《神谱》《历史》《俄狄浦斯王》和《会饮篇》等。与之前历史研究的角度不同,这次纯粹是从文学的角度审视文本,不再考虑历史背景、政治意图、时代意义等史学问题,而是单纯分析故事情节、人物形象、写作修辞。文学课每两三周要求写一篇短文,老师会给出几个与课堂内容相关的选题,除阅读原文(英译本)外,还需要进一步阅读老师列举的论文,既作为写作的参考,也为进一步启发学生思维。老师非常认真地对待短文写作,每篇短文都有相应的评语,她并不直接指出作业中的"错误"(语法错误除外),而是就学生的观点展开讨论,不断抛出新的问题让学生思考。例如我选答"佩罗涅佩的形象"时提出"诗人塑造了一个忠贞妻子的形象,期望其他女性效仿"的观点,老师在点评中并未评论该论点的"是非",而是提醒我关注佩罗涅佩对奥德修斯的态度是否影响了妻子形象塑造,并推荐我进一步阅读文献。在以《俄狄浦斯王》为范本讲授古希腊悲剧时,老师还组织了小组研读。我和来自阿联酋的娜依玛(Naima)和阿尔巴尼亚的伊莉莎贝塔(Elisabetta)两名女生组成小组分析忒拜王后约卡斯塔(Jocasta)的人物形象。

我们进行了一次视频讨论,围绕"约卡斯塔的自戕"展开讨论。我将约卡斯塔的自戕视作她对可怖命运的抗衡,因为《俄狄浦斯王》整部剧作中都隐含着与命运抗争的情绪。这一说法得到了伊莉莎贝塔的支持,她认为我的解读赋予了约卡斯塔更生动的心理活动,丰富了其单一的人物形象。但娜依玛并不赞同,她指出约卡斯塔在真相大白前先行退场,表明她没有直面真相的勇气,自然没有抗衡命运的决心,她是在羞愤中自我了结的。争议启发了彼此的思维,在这之后我们常通过短信交流看法。在最后的人物解读报告中,我们呈现了两种观点,这两种解释都得到了老师的认可。这是我第一次与外国同学进行小组讨论,她们面对课题积极热情的态度、面对争议理解包容的心态给我留下深刻的印象。

春季学期除古希腊语和现代希腊语外,另设古希腊艺术史概论、古希腊城邦史和爱琴文明考古三门课程。第二学期的课程要求明显比第一学期严格。考古学每周要求读一篇论文,并做读书笔记。我们是在网页平台上操作的,能看到所有人的笔记内容,老师会在上课前一天进入平台回复、点评同学们的笔记,这让简单的课前预习变成了一次小小的研读会,对我而言,第一次在网络上以这种方式与老师同学展开讨论也十分新奇。阅读材料通常是利物浦大学克里斯托夫·米(Christopher Mee)教授所著《希腊考古学:专题研究》(*Greek Archaeology: A Thematic Approach*)。该书分十个专题系统介绍了希腊地区从旧石器时代至希腊化时代的考古历史。老师要求我们在课前阅读下节课要讲的专题,只需读到青铜时代即可。该书仅作课前参考,提供背景知识,上课以老师的讲义为主。秋季学期的考古课程侧重方法与理论,而春季学期的考古课程才算是真正的讲授考古发掘和历史文化。通过分析遗址建筑的材料、墙根的厚度等,能推测出建筑物的高度;通过不同房间内遗存的文物类型,可以判断房间的具体功能。而将上述信息整合到一起,再结合建筑在整个遗址内的方位加以分析,古代人的生活面貌便呈现在眼前了。期中小测时,我选择了位于克里特岛西南部沿海的米尔托斯(Myrtos)遗址进行分析。该遗址属于早期米诺斯文明(The Early Minoan),由五到六个建筑群(Cluster)、约一百个房间组成。我选择了两个位置相近,都留有大量陶器的房间进行考察。两个房间建造于不同时期,但都存有较多陶器或残片,可能是灶房。我原本想对比该遗址的灶房在不同发展阶段的变化,然而通过进一步阅读与考察,我发现其中一个房间更可能是该遗址的陶器作坊。这让我非常意外,一方面惊叹在早期青铜时代就有初具规模的陶器工坊,另一方面是惊叹该工坊从前期到后期持续使用,发展完备。再进一步阅读分析后,我还发现这个遗址的几个建筑群事实上属于几个家庭,他们来自一个大家族,是最早选择在此定居之人的亲属。通过对比遗址前期和后期的地形图,能够清晰地看到遗址"生长"的过程,十分令人欣喜。最终我的报告得到了老师的认可,他还鼓励我继续分析该遗址的其他房间。日后我曾到访克里特岛,原想亲自参观这个小小的遗址,但因交通不便愿望未能达成,非常遗憾。

雅典大学的教学重在"专"与"细","专"体现在课程的设置上,"细"体现在教学的方式上。这种教学模式在培养学生专业能力的角度是很有作用的,但也有弊端。从课程设置来看,每学期仅有四门课程,且只与古希腊历史文化相关。我认为应当在第一学年增设古代通史的课程。古希腊文明深受近东地区的影响,有着兼收并蓄的特点,然而学生对埃及、西亚等地区的历史全然不知,对古代世界历史整体发展脉络一头雾水,这并不利于学生理解古希腊历史的发展。国内的世界史、古代世界史教学有较为完备的知识构架。学生在第一学年的通史课程上掌握基本的史实,对各地区的发展历程和文明互动有初步的了解,第二三学年再增设对应的专业课程,选择一个地区或历史时期进一步学习。唯有如此,学生才能从横向与纵向上把握古代世界的发展,进而理解古希腊历史的种种变化。

二、登上雅典卫城

刚到雅典的第二天,我们便立刻动身到雅典卫城(Acropolis)去。从吕卡贝托斯(Lycabettus)山脚走过,经过希腊国会所在的宪法广场,一眼望见象征着现代希腊国家成立的无名英雄纪念碑(Tomb of Unknown Soldier,或称无名英雄之墓)便在此处。纪念碑的主体部分是一个仰天倒地的士兵形象浮雕,象征着无数为希腊自由与独立献出生命的战士。浮雕两侧刻有四段话,左侧刻着"还有一个为那些在战争中阵亡而尸体下落不明的人设立的空柩"(Thuc. 2.34.3),右侧刻着"英雄们把整个大地作为他们的坟墓"(Thuc. 2.43.3),两段均出自修昔底德第二卷,后句更是伯里克利葬礼演说中的名言。这两句话与倒地战士的形象相互呼应,警示世人不可忘记先辈浴血奋战之艰苦。这两段名言也是我在雅典与古典时代的第一次触碰。

顺着主干道向西,走过雅典国家花园,哈德良拱门(Arch of Hadrian)与宙

图 7　希腊国会大厦

斯神庙(Temple of Olympian Zeus)就在眼前,此处便算是卫城南坡脚下了。哈德良拱门是公元 131 年罗马皇帝哈德良修建的凯旋门,是罗马时期雅典新、老城区的分界线,此门以西是雅典老城,以东是罗马人扩建的新城。于是我们特意从拱门下穿过,跨过新城与老城、现代与古代的交界线,向卫城走去。

图 8　哈德良拱门

图 9　宙斯神庙

　　虽是周末，但受疫情影响，除我们一行人外，几乎没有游人。我们顺着卫城南坡的步道一路缓行，北侧的山坡上，帕特农神庙（Parthenon Temple）庄严神圣地耸立着！我们一路仰望着神庙，心情雀跃，步伐也轻快起来，很快就走到一处石岩下，听见上面有交谈嬉笑之声，便攀爬上去。站在石岩上，向西看，能一直遥望到萨拉米海湾，海面波光粼粼、绚丽夺目，叫人眼花。而向东看，雅典卫城近在咫尺！突然，我师兄惊呼："这里竟是战神山（Areopagus）！战神山议事会那个战神山！"我激灵起来，心中十分诧异，因为此地根本算不上"山"，充其量是个小丘，我还在猜测是前方更高一处！我随即拿出手机打开地图一看——果然！此地竟是战神山！战神山议事会那个战神山！我想象中，战神山应当是一座凌厉的山峰，和如今这山顶石头都被坐得锃亮的小山包包可是云泥之别。事后仔细想想，战神山只是以战神阿瑞斯之名命名，是战神的威名赋予了我想象中战神山的气势磅礴。一睹真容后，再回想徐老师常在课上打趣地说希腊的山不过都是些小山丘，此言不假。

　　我们当时初到雅典，第二天还有课程，并不急于登上卫城，在战神山上待了一会便回家了。没想到希腊疫情急转直下，政府很快采取了封禁措施，考古遗址和博物馆均不准开放。此后我们无数次地从卫城脚下经过，空怅惘，这一等就足足半年。

4 月 15 日,希腊政府允许开放露天遗址的第一天,我们立刻冲向卫城。怀着颤抖的心,迈过检票闸口,雅典卫城这轮古典学者心中的皓月,只待我拨开最后一片云雾了。

我们从南坡一侧进入卫城,映入眼帘的是狄奥尼索斯剧场(Theatre of Dionysus,又称酒神剧场)。古希腊戏剧是在酒神崇拜的过程中逐渐形成的,于是酒神狄奥尼索斯也逐渐被人们理解为掌管戏剧的神灵。公元前 6 世纪,僭主庇西特拉图将原本在古阿戈拉市集(Agora)举行的酒神庆典活动场地迁移至卫城南侧山脚下,酒神剧场便由此诞生。作为古希腊戏剧的最高艺术殿堂,三大悲剧家的悲剧作品都曾在这所剧场上演。酒神剧场呈半圆状,台口部分保存较差,经过修复的观众席前排看着还算整齐,后排的座位尚在挖掘与修复之中。据悉该剧场鼎盛时期能容纳一万多人。观众席最前排有一圈大理石制的座椅,与后排阶梯式的座位明显不同。石椅有底座和靠背,和现在电影院里的座位十分相似,是妥妥的特等席!此外,每个石椅底座上还刻有字,推测是当时执政官员的名字。古希腊戏剧具有文化教育和政治宣传的功能,许多戏剧作品中都有明显的政治表达。学者们认为,当时的执政官员需要坐在最前排,接受戏剧家剧作中的政治质问甚至是嘲讽,这种现象到喜剧时期尤

图 10 酒神剧场

甚。酒神剧场的兴建与酒神文化的繁荣使得剧场所在地成为酒神狄奥尼索斯的圣域,但如今除了剧场还有部分遗存外,圣域内诸如神庙一类的建筑都只剩一点墙根或石柱了。

图 11　剧场石椅

从酒神剧场出发顺着小道向西一直往上走,是医神庙(Temple of Asclepius)和古城墙(pelargikon)。这城墙乍看不起眼,其实很有来头。据修昔底德记载,卫城下原是皮拉斯基人(Pelasgians)的土地。皮拉斯基人是希腊地区的原住民,希罗多德指出,希腊人是辗转迁徙过来的,而皮拉斯基人自古就居住在此。考古研究表明,雅典卫城曾是皮拉斯基人的居住地,他们在此建立设防要塞。而雅典人就是皮拉斯基人的一支,是希腊化的皮拉斯基人。眼前这段城墙就是皮拉斯基人在此生活最直观的证明。

穿过皮拉斯基人修建的城墙,很快便到了卫城山门(Propylaea)前。如今的雅典卫城是希波战争雅典胜利后在建筑家菲迪亚斯(Phidias)的主持下重建的,山门也修建于这一时期。其主体由大理石和石灰石构成,最外侧是南北走向对称的十二根多利亚柱,内侧是东西走向左右各三根爱奥尼亚柱。爱奥尼亚柱撑起的走道是进入卫城主要的入口。外侧的多利亚柱敦厚肃穆,内侧的爱奥尼亚柱优雅温柔,山门南翼的胜利女神庙(Temple of Athena Nike)小巧可人,缓和了山门磅礴的威严。站在眺望过无数的卫城山门前,从萨拉米湾吹来的海风无拘束地狂舞着,穿过甬道呼呼作响,为这一刻更增添了些神秘,好似卫城在呼唤,我一瞬间有些恍惚。终于,穿过这刚柔并济的山门,来到卫城之内,堂哉皇哉的帕特农神庙赫然眼前,刹那间吸引了我所有的目光。

图 12   卫城山门之前

　　"大！比想象中大！"虽然眼前一侧正在修缮中,但丝毫不影响神庙恢宏的气韵。神庙主体由彭特利孔山的大理石建造,东西各八根,南北各十七根柱子形成一个规整的矩形,所有的柱子均采用气质沉稳的多利亚柱式。和许多神庙类似,柱子并非完全垂直于地面修砌。据学者考证,若将南北两侧的柱子的顶部延长,最终会交汇到一起形成一个夹角。建筑师采用了加粗柱子腰部的方式使整个建筑看上去更加庄重,同时抵消柱子视觉上轻微的内倾。这种带有曲率的建筑方式在视觉上呈现出一种圆润的美感,而在功用上,能够有效的提高排水与抗震能力。在雕塑装饰上,帕特农神庙的艺术造诣也是首屈一指。神庙顶部东西面各有三角形的山花(pediment),东侧神庙入口的山花描绘的可能是雅典娜诞生的场景,西侧山花描绘的可能是雅典娜在与波塞冬争夺雅典归属的场景。山花上的神像并非浮雕,而是完整的人体石雕,雕塑家怀抱着敬神的态度完美地雕塑了神像的背部轮廓与曲线。除山花外,神庙顶部外侧有柱间饰(metope),内侧有楣饰(frieze),雕刻了非常精美的图像,这些浮雕出自雕刻家菲迪亚斯之手。外侧柱间饰分别描绘了希腊神话中几次重大的圣战,以此隐喻希波战争时雅典人作战的艰苦卓绝。内侧的楣饰则描绘了泛雅典娜节时空前盛大的庆典游行。无论从建筑结构上还是雕塑装饰上,帕特农神庙都是希腊神庙建筑的典范,可以想象,在古典时代,刚刚建造完成的帕特农神庙涂抹了各色矿石燃料,金碧辉煌气宇轩昂的矗立在雅典人面前。然而这样的场景也只能在想象中了,恢宏的帕特农神庙在希腊世界陨落后似乎也失去了女神的眷顾。首先是基督教徒登上了雅典卫城,他们敲掉了所有雕塑的鼻子作为对异教徒的惩戒,并把神庙改造成基督教堂。待到奥斯曼土耳其人入侵希腊后,伊斯兰教徒又在神庙内修建了清真寺。奥斯曼统治时期,英国的埃尔金伯爵(托马斯·布鲁斯)盗卸了神庙上近六成的浮雕作品和卫城上大量的文物送回英国,有不少文物在海上运输途中永远地消失了。

卫城之上,远眺青山,遥望海湾,两千多年来,无论如何地风雨飘摇,帕特农神庙都庄严地矗立于此。而此间叠加在她身躯上的各种伤疤,也成了见证

图 13　帕特农神庙东侧

图 14　帕特农神庙西侧

希腊与世界文明的交流发展最有力的证据。帕特农神庙的建造史是古代雅典帝国的兴盛史,帕特农神庙的毁坏史是近代希腊地区的抗争史,而帕特农神庙的修复史则是现代希腊国家的发展史。帕特农神庙作为卫城的心脏,象征着希腊世界与希腊文明,但愿她在这纷繁复杂的新世纪能焕发生机。

图 15　厄瑞克忒翁神庙

图 16　在战神山上遥望雅典卫城

三、参观博物馆

5月中旬,希腊政府为恢复经济发展,迎接即将到来的旅游高峰期,决定开放博物馆。得知这个好消息后,我们规划好时间,在博物馆开放的当天就动身前往卫城博物馆(Acropolis Museum)。卫城博物馆坐落在雅典卫城南坡下,主要收藏了发掘于卫城的四千余件文物。博物馆一层通向二层的过道两边展示了卫城南坡出土的各时期、各种类的陶器。这些陶器按不同的主题摆放陈设。有几何陶艺术展、家庭灶房展、婚礼仪式展等。其中婚礼仪式是最有意思。展品大多是古典时期的红绘陶器或残片,有盛酒水的双耳瓶(Amphora)、水壶(Jug)、水罐(Jar)和酒杯(Kantharos)也有小香水瓶(Lekythos)。器物上绘制的人物、场景都与婚礼有关,通常都有一个长着翅膀的小人在旁,这是大家都熟悉的爱神(Eros)。陶器是按图绘场景摆放的,从左到右展现了古雅典婚礼仪式的过程。同古代中国一样,古雅典的婚礼仪式十分繁琐。为了祈求赫拉女神的庇佑,婚礼通常在冬季的婚礼月(The Month of Gamelion)举行。婚礼包括婚前仪式(Proaulia)、婚礼(Gamos)、婚后仪式(Epaulia)三个部分,共持续三天,通常在晚上举行。婚前,新娘需要在父亲家中与自己的母亲及女性亲友做最后的准备。新娘向阿耳忒弥斯、雅典娜和阿弗洛狄特等女神献上头发、腰带等祭品,与女神建立链接,获取女神的保护。这是少女们的成人礼。婚礼当天,仪式在新娘父亲家举行。新娘从一大早就要沐浴更衣,然后和新郎一起在神庙里献祭,求神庇佑。宴席之后,便到了最重要的仪式——揭面纱(Anakalypteria)。新郎会载着新娘进行婚礼游行,向世人宣告马车上头戴面纱的女子便是他的妻子。将新娘迎接回家后,新郎的母亲将新娘带到家里的壁炉前,夫妇两人会被淋上大量坚果,祝他们多子多福。最后,新郎终于揭下盖在新娘头上的面纱,新娘完成了从女儿到妻子的身份转移,正式加入到新的家庭中。翌日,也就是婚礼仪式的最后一日,新娘的嫁妆会被抬进房内,整个婚礼仪式就此结束。我眼前的这批陶器,很有可能就是某位新娘的嫁妆,除了各式生活器物,甚至还有给小婴儿的玩具。博物馆用绘制着婚礼场景的新娘嫁妆向世人介绍古希腊婚礼仪式情况,让人产生一种时空交错之感。雅典的婚礼仪式与中国有许多相似之处,例如都在晚上举行(这也是中国称"昏礼"的原因)、都有揭面纱的仪式、都有祈求子孙的仪式等等,可以想象,古人对婚姻关系的理解和家庭生活的构想是大同小异的,而我们现代社会的婚礼仪式中也有许多古代因素,或者说人们选择性地保留继承了古代婚礼仪式中充满美好祝愿的仪式。我想,人对于美好生活的向往在各个时代大抵是一致的。

二楼展厅南侧是神庙献祭品,科莱(Korai)像展。科莱是古风时期的少女雕塑,通常是献给女神的祭祀品,也有部分是女性的墓碑。卫城博物馆展示的这一批科莱像大部分都是献给女神雅典娜的祭祀品。其中几尊科莱像身上还保存了矿石涂料的痕迹,能够想象这样一个少女形象:身着长袍(peplos)和束腰外衣(tunic),长袍和外衣均绣有精美的花纹,一头红棕的头发轻轻搭在肩上。她的头部、颈部、手部带着贵重的珠宝。左手低垂,右手举在胸前,捧着献祭品。她带着一抹神秘的古风式微笑,左脚微微迈向前方,似行似立,静谧祥和。在二楼展厅西侧,除了厄瑞克忒翁神庙(The Erechtheion)和胜利女神庙(Temple of Athena Nike)浮雕装饰展外,还有卫城博物馆的镇馆之宝——女像柱(The Caryatids)。Caryatids 是后世的称呼,其实在当时,这种柱式也被称作科莱(Korai)。她们和科莱像一样,身着长袍和外衣。头发精致地盘起,面部两侧各有一束头发搭在胸前,其余的头发披在身后,用带子束起。头顶的花环即为柱头。她们的一条腿微微抬起,重心放在另一条腿上,双手自然垂下,正面呈现漂亮的 S 形曲线,一眼望去,仿佛她们正摇曳着婀娜的身姿徐徐向你走来。博物馆三楼是帕特农神庙浮雕饰展,为了更好地展览这些石雕,博物馆等比例复原了帕特农神庙的位置大小,将浮雕嵌入对应的位置,以便游人参观。可惜帕特农神庙的许多浮雕饰早年被盗去英国,我们参观卫城博物馆的那几日,希腊政府正积极与大英博物馆协调归还卫城文物事宜,但结果似乎并不理想。如今柱间仍有许多空白之处,只能无奈展示照片或是拓片,甚至有空缺。我们在三楼参观时,透过玻璃外墙正好能望到卫城上的帕特农神庙,古老的灵魂本应该在此处焕发新的活力,但如今却只能听见她隐隐的悲鸣。

春季学期结束后,学校组织我们到雅典国家考古博物馆(National Archaeological Museum)参观。带队的是讲授爱琴文明考古课程的瓦乌拉纳克斯(Vavouranakis)教授。一进博物馆大门就能看到迈锡尼展区的头号宝物——阿伽门农黄金面具。若非亲眼所见,难以相信四千年前的文物保存如此完好。该面具由一整片纯金打造,非常纤薄,是为了让逝者依据面具的样子找回自己的身躯而打造的。面具上眼耳口鼻完整,就连胡子的轮廓也清晰可见,可见当时黄金锻铸技术登峰造极。虽然这块面具被称作"阿伽门农黄金面具",但经技术考证,该面具的制作时间远早于阿伽门农生活的时代,然而毫无疑问的是,面具上神色庄严的男子是当时迈锡尼的国王。在早期的研究中,学者们不认为当时的生产力水平能支撑这么富裕的生活。然而当施里曼对迈锡尼遗址进行挖掘时,所有人都震惊于迈锡尼出土的数量巨大的黄金及青铜制品。在墓穴中,男女尸体身边都有黄金制品,但仅能说明黄金是重要的陪葬品。而当黄金面具和黄金铠甲出土后,黄金在迈锡尼社会象征的权力与地位不言而喻。同时也证明迈锡尼发展出了高超的金属工艺。在黄金面具展柜后展出的青铜古剑同样是迈锡尼发达金属工艺的有利证明。展柜中陈设了迈锡尼文明不同发展阶段的青铜剑,乍看之下区别不大,但细细察看,其中大有文章。首先,剑身长度逐渐缩短;其次,剑身尾部与剑柄连接处由圆润变尖锐。剑身的两个变化反应了迈锡尼人作战方式的变化。早期青铜剑,剑身长,剑尾圆润,且剑脊突出,表明早期的青铜剑更适合"刺"——圆润的剑尾能防止伤到手部,突出的剑脊能增加伤害,剑的长度也说明适宜远距离使用。后期青铜剑剑身与剑尾的变化则表明这一时期青铜剑更适合"削"或"砍"。在教授的讲解之下,迈锡尼的霸权征伐跃然眼前。我想起我曾在中学实习时,带教老师总把"历史的鲜活在于细节"一言挂在嘴边,可不是么,仅仅透过剑身小小的变化,便可一窥迈锡尼古战场的血雨腥风。

图 17　希腊国家考古博物馆馆藏黄金面具

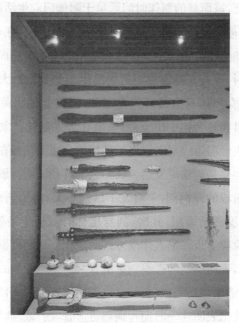

图 18　迈锡尼青铜剑展

　　看过迈锡尼文明后，我们转入一侧的基克拉迪文明展区。基克拉迪文明是爱琴海域岛屿上的早期文明，该文明最具代表性的文物是提琴像（violin-shaped figurine）和女形像（female figurine）。提琴像顾名思义是外形像小提琴一样的石雕像，但其实是一种人形像。提琴的"把手"部分是人的脖子，而"琴身"则是人交叉在胸前的双手和盘坐在一起的双腿——提琴像其实是一个叉手盘坐的人像！且此类雕像多为女性，因为在胸部有对称的突出部分，毫无疑问，这与早期生育崇拜有关。不过该展区最吸引我的并不是石像，而是一个陶罐。该陶罐呈锥形，形似漏斗，顶部有把手。陶罐身上有简单的装饰，用黑绘的方式围绕罐身画了许多圆，顶部还有树叶状的图案。这个陶罐底部不是封死的，而有小孔。瓦乌拉纳克斯教授认为这是一个在宴会中用于斟酒的器皿——将该陶罐置于酒缸中，提起时用手指堵住底部小孔，美酒便盛在罐中，若有宾客想饮酒，只需将手指移开，美酒自然落入杯中。这像极了我们用的饮水机，那一刻我仿佛听到了酒水滴入杯中发出的"咕咚咕咚"声。而这种形制的陶罐在迈锡尼地区也有发现，一个小小的陶罐或许讲述了两个文明之间的交流互鉴的故事。

图 19　迈锡尼水罐　　　　　　　　　　图 20　基克拉迪水罐

　　因为我们的课程只涉及青铜时代之前的考古,在参观完石器时代、迈锡尼和基克拉迪三个展区后,我们的课外教学活动便结束了。教授离开后,我们在国博继续看展。其实这并不是我第一次到国博,在博物馆允许开放不久,我便和师兄师妹在国博呆了大半天,可这里面的文物实在是琳琅满目,若是细细品味,那是一个星期也看不够的。国博常设雕塑展、青铜器展、陶器展,还有一个以神话为主题的展览。在逛雕塑展时,我和师兄聊起一个有趣的点——人像石雕的臀部曲线变化。代达罗斯式雕像(Daedalic sculpture)受东方艺术风格的影响,面部平整,身体曲线单一,尤其雕像下半身几乎和石碑融为一体。早期的库罗斯(Kouros)虽有身体的肌理,但依旧缺乏身体曲线。相较代达罗斯式雕像而言,突出了臀部,但线条僵硬,缺乏自然的美感。后期的库罗斯臀部的曲线明显柔和许多。到了古典时期,雕像艺术进入新的发展阶段,雕塑家对于人体结构的理解更加深入,身体的线条肌理刻画得栩栩如生。不论是裸露的身躯还是衣服的褶皱乃至是贴肤所形成的折痕都十分逼真,臀部的曲线自然也得到很好诠释。库罗斯多为静态,因而臀部肌肉看上去难免僵直些,而古典时期的雕塑作品常有动态的捕捉,当雕塑家呈现出肌肉的松弛与紧绷时,雕塑臀部才真正做到浑然一体。虽然我们俩的讨论有点不着调,但我想,或许我们的研究也可以尝试从这样的角度出发,在保证学术性的基础上增添趣味性,普及更多的非专业读者。

图 21　代达罗斯式雕像　　　　　　　图 22　库罗斯

　　如国博和卫城博物馆,大部分博物馆布展都是按照展品的材质类别或某种主题布展的。常见的类别展有陶器展、青铜展等,常见的主题展有社会生活、宗教文化、军事战争等。如果仅仅是将文物堆放在展柜中,游客很容易在林林总总的文物中迷失,这就需要布展者拟定一个主题,挑选相关文物进行展览。所挑选的文物应该与所拟定的主题相互呼应,游客能通过展览的主题更深入的理解单个文物的历史背景,在参观完所有文物后对这一布展主题有深刻的认识体会,从而增进游客对该段历史文化的理解,达成博物馆除展放文物外,文化教育的职能。在我参观的数个博物馆中,斯巴达博物馆和卡拉马塔博物馆独特的布展方式给我留下了比较深刻的印象。斯巴达博物馆不大,博物馆呈矩形,左右两侧两个常设展馆。右侧的展馆以"列奥尼达生平"为线索布展。其实这也是主题展的一种,但以人物生平为线索的确不多见。列奥尼达是斯巴达有名的国王,他于公元前 480 率斯巴达三百勇士在温泉关迎战波斯大军,为雅典及其他城邦备战准备了时间,扭转了希波战争的战局。展览从列奥尼达的出身谈起,因为涉及赫拉克勒斯的神话,展出的文物便与赫拉克勒斯的英雄事迹有关。之后又谈到斯巴达的军事教育与军事体制，于是陈设了绘有作战场景的陶瓶和献祭石碑。该展的五个分展各有一块引导语，均引用了历史文献作为凭证。游客在引导语的指示下，结合文献和文物了解了以列奥尼达为代表的斯巴达人的一生。同样位于伯罗奔尼撒半岛的卡拉马塔博物馆则采用了另一种布展方式。卡拉马塔是美塞尼亚州的首府，是伯罗奔尼撒半岛南端的一个港口城市。卡拉马塔博物馆收藏了该地区最重要、最具代表性的历史文物。博物馆以地区为主陈设文物。馆内四个展区的位置关系分别对应卡拉马塔、美塞尼亚、特丽菲利亚和皮利亚四个省市在美塞尼亚州内的地理方位，于是文物便放置在与其出土地相对应的展区内。我猜想，在每个展区内不同遗址的文物或许也是按照该遗址在其所在省市的地理位置陈设的。我是第一次见到这种布展形式，以地区为主的布展形式使参观者在浏览过程中移步易景，直观地感受到该大州多元璀璨的文明，别有一番滋味。

四、伯罗奔尼撒半岛之行

6月中旬，我们结束了一学年的课程，终于有机会去到更远的地方。经过简单地商讨之后，我们便动身前往伯罗奔尼撒半岛。但凡是学过历史的人对"伯罗奔尼撒"这个地名一定不陌生，而作为一个古代史专业的学生，更是常将"伯罗奔尼撒"挂在嘴边。终于要踏上一个日日念叨的地方时，心中与其说是激动，不如说有一种不真实之感，但这种不真实的感觉随着大巴驶向伯罗奔尼撒半岛中心而逐渐消散了。我们的第一站是举世闻名的奥林匹亚。恰逢举办2020东京奥运会，古今交错、历史与现实交织更为这趟旅程增添了些梦幻色彩。奥林匹亚在公元前10世纪就成为祭祀宙斯的宗教圣地。据传古希腊国王奥诺玛斯（Oenomaus）为了给自己的女儿挑选一个文武双全的驸马，提出与追求者们比赛战车。比赛中，追求者相继丧生于国王的长矛之下，唯有佩洛普斯（Pelops）还在场上，他是宙斯的孙子，也是公主的心上人。在爱情的鼓舞下，他勇敢地接受了国王的挑战，终于以智取胜。为了庆贺这一胜利，佩洛普斯与公主在奥林匹亚的宙斯庙前举行盛大的婚礼，会上安排了战车、角斗等项比赛，这便是古代奥运会最广为流传的一种起源神话。而事实上奥运会的举办有非常残酷的现实原因。古希腊城邦林立，征战不断。为了创造休养生息的环境，斯巴达王和伊利斯王签订了《神圣休战条约》，规定休战一个月举办体育赛事，在休战期间禁止一切战争。但是休战并不意味着和平，不过竞技会的举办也增进了希腊城邦的交流。据传公元前776年在此地举办了第一届奥林匹亚运动会,此后每四年召开一届,于是运动会便作为固定的活动保留下来。不过公元前776年这个纪念并非完全精确,这个时间是在古代作家的书中发现的,学者认为具有很强的人为性。不过在没有更精确的考古证据之前,这个观点还是广泛地流传了。

古奥林匹亚运动会是希腊人身份构建的重要一环,运动会的召开维系了古希腊民族认同感,同时也区别了古希腊人与周边其他非希腊民族。关于"竞技"的具体起源,并没有明确的记载。最早提到竞技等项目的是诗人荷马,在《伊利亚特》中曾举行过一场葬礼运动会。如果我们将荷马史诗看作是古风时代早期对迈锡尼时代历史文化遗留的"遐想",那么这种竞技活动或许在迈锡尼时代就已经出现。事实上,在克里特岛的米诺斯王宫遗址出土了斗牛场景的壁画,这是早期体育活动的呈现,但这种体育活动或与早期仪式有关,或是精英阶层的"娱乐活动",与"竞技精神"还不相干。不过我们大致推论,在希腊本土也出现了娱乐性质的体育活动,并在漫长的历史中向竞技体育发展。运动会召开前三个月,奥林匹亚圣域就会派出使者到诸城邦通报消息,并发布"神圣休战"的号令,所有城邦停止战争,确保道路通畅。运动会召开五天,有赛跑、赛(战)车等竞技比赛,冠军会获得缎带和橄榄桂冠。

奥林匹亚遗址整体呈长方形,西侧是宗教祭祀场所,著名的赫拉神庙就矗立在此,神庙四周还有各城邦修建的金库祭坛等建筑。正对着赫拉神庙的就是古奥林匹亚体育场运动员们的入场门廊,穿过门廊,古奥林匹亚体育场就在眼前。体育场四周有大片坡形看台,西侧设运动员和裁判员入场口。场内跑道长约215米,宽约32米。场内一端有一条石砌的起跑线,由许多个方块组成,每一个方块就是一个起跑位。方块上有两条凹痕,这便是真正的起跑线,参赛者需要将两只脚踩在对应的线上起跑。我们原本想在场内比试一下,但天气炎热,就放弃了这个设想,其实就是为疏于锻炼找的借口罢了,我们便从起跑线从西向东步行至跑道尽头。我并不是体育项目的狂热爱好者,所以当时走在这条举行过跑步、摔跤、标枪、掷铁饼的赛道上并没有特别的感受,反倒是在隔离期间观看奥运比赛时想起自己在奥运会发源地游览的经历产生更多感慨。看到运动员们在赛场上拼搏,被他们遇到失误沉着冷静完成比赛,赢得胜利不骄不躁的精神鼓舞,也为运动员竭尽全力挑战自我的精神而自豪。

图 23　奥林匹亚运动场

图 24　赫拉神庙遗迹

图 25　宙斯神庙遗迹

　　从奥林匹亚返回雅典时,我们顺道去了现代希腊第三大城市帕特雷。帕
特雷在伯罗奔尼撒半岛北部,是通向爱奥尼亚诸岛与意大利的重要港口。位
于帕特雷东北侧、横跨科林斯湾的里翁-安提里翁大桥还是链接希腊本土西部
与伯罗奔尼撒半岛的重要交通要道。因为大桥在科林斯湾最狭窄处,若是站
在桥墩之下,对长在重庆见过许多大桥的我来说,竟生出一种熟悉之感,好似
这不是科林斯湾,而是母亲河长江。当晚我们找到一家在海边的餐厅,用餐的
时候恰逢日落,只见夕阳越烧越红,把天、云、海都点着了。晚上我们走回民宿
时,途径帕特雷市中心最大的广场,因为当时希腊政府已完全放松管控,有许
多青年学生聚集在广场上,乌泱泱的一片,附近的酒吧更是人声鼎沸,就连石
阶上都坐了不少喝啤酒的人。此时我才真切感受到人们口中"夜生活丰富"的
希腊。

　　与帕特雷的热闹相比,斯巴达就显得冷清许多。现代斯巴达城市在伯罗
奔尼撒半岛中部内陆,因为没有游客,街上少见年轻人,缺乏生气。就连古斯
巴达遗址也不太起眼,与我想象中气吞山河的斯巴达完全不同。斯巴达卫城
只是一个小土包,甚至连小丘都算不上,充其量是个缓坡。卫城内遗址保存并
不完好,只剩罗马时期的剧院还有看头。曾经的卫城已变成大片的橄榄树种

植地,昔日辉煌的斯巴达难以通过遗迹在想象中重现了。反倒是科林斯 500 米的卫城在气势上压过了斯巴达。过了科林斯地峡继续向西南行驶,不消多久就能看到在群山前有一座小山,那便是科林斯卫城。为了躲避日头,我们起了大早去爬山,顺着盘山公路走了快一个小时才到卫城。科林斯卫城在拜占庭时期被改建为一座有着三层城墙的要塞。因为那时候《指环王》三部曲重映,我也重温了这部奇幻史诗,所以当我穿过科林斯要塞层层城门时,仿佛走进了荧幕中的中土大陆。科林斯要塞的防御工事建造在山顶的岩壁上,除三条城门外,还设有城塔、堡垒和加固的炮台。另一侧的城墙还设有许多侦察窗口和两个瞭望塔。站在卫城上,纵览科林斯湾与地峡,才明白为何科林斯自古便是兵家必争之地——此地位于伯罗奔尼撒北部,与希腊本土相连,是进入伯罗奔尼撒半岛唯一的陆路,而卫城建在一座相对孤立的山顶上,易守难攻。古科林斯在卫城山脚下。遗迹中最引人注目的要数阿波罗神庙。这座古风时期的神庙现存七根多利亚柱,这七根柱子都是整块石头打造(monolithic column),并有一个宽大的扩口式柱头,在视觉上更加沉稳。神庙和剧场在整个遗址的中心地带,是政治与宗教活动的场所。其实科林斯是个非常广泛的地区,"科林斯"这一文化概念范围内的地区有近 900 平方公里,卫城山脚下的古科林斯只是整个区域的政治中心。科林斯人通常认为他们是多利亚人的后裔,共同的神话和信仰增强了科林斯人的身份认同,并且他们还有共同的语言文字。科林斯的某些希腊字母在写法上与阿提卡等地区不同,如他们将 K (kappa)写作 Q(koppa),将 Σ(sigma)写作 M(sin),这种独特的书写与拼读方式也将他们与其他希腊人区别开来。在距离古科林斯不远处,地峡(isthmus)东南一侧是海神波塞冬的圣域,是科林斯城外最大的圣域。但与在苏尼昂保存相对不错的波塞冬神庙相比,该圣域已没有成形的建筑留下,且杂草丛生,只剩遗址边缘处罗马时代的澡堂还留有一块较为完整的马赛克地面。据考证,此地于公元前 11 世纪就有祭祀波塞冬的活动。公园前 8 世纪前后,随着波塞冬成为泛希腊的神,波塞冬的庆典节也发展为全希腊的节日,每两年在此地举行一次竞技会,同奥林匹亚竞技会、德尔菲竞技会和尼米亚竞技会并称古代希腊世界的四大竞技会。但建于公元前 550 年,位于神庙东南侧的运动场如今已无迹可寻,仅有半道残损的起跑线能证明它的存在。

从科林斯出发向南去往阿尔戈斯的半路上,便是迈锡尼。迈锡尼自石器时代就有人居住,公元前 15 世纪克里特岛上的米诺斯文明陨落后,迈锡尼逐

图 26　科林斯卫城堡垒

图 27　科林斯阿波罗神庙遗迹

图 28　地峡波塞冬圣域遗址

渐成为爱琴海地区的霸主,但这个璀璨的文明也在公元前 12 世纪湮灭了。诗人荷马两部长篇史诗记录的便是迈锡尼最后的辉煌。进入遗址,传说中的狮子门(Lion Gate)就在不远处的小山上。狮子门是在公元前 1250 年前后扩建围墙时建造的。大门长宽约 3 米,门上有三角形状的浮雕——两只母狮立在米诺斯石柱两旁,将她们的前脚搭在石柱的基座上。虽然母狮头部已经损毁,但仍可从这霸气外漏的姿势中想象浮雕的雄伟。事实上,当你站在这尊巨大的石门前时,的确能感觉到一股压迫感,而这种压迫感会激起人心中的敬畏之情。浮雕上的母狮或许是赫拉女神的化身,也有学者猜想这是埃及狮身人面像的变体,总之,这两尊母狮既显露了神灵的威仪亦彰显了迈锡尼的豪迈。与大门相连的石墙(Cyclopean)将卫城紧紧围住,这道巨石砌筑的防线约有 1300 多米长,最高处有 12 米。建造石墙的石块中最重者或许达百吨有余,即便是用牛搬运所有的石块也要接近十年,更不用说以人力搭建所耗时日,足以证明迈锡尼的强盛和霸道。穿过石门,便是代表着迈锡尼早期文明的坟墓圈 A(Grave Circle A)。该坟墓圈中发现了 6 个竖井墓,共有 19 人埋葬在此,他们都有奢华的黄金陪葬品,现藏于雅典国立考古博物馆的镇馆之宝——黄金面具便是在此处发现的。坟墓圈 A 南侧是宗教中心,东北侧是宫殿建筑。这些建筑仅有墙根留存。在卫城西侧便是著名的圆顶墓。圆顶墓是迈锡尼文明新的墓葬形式，一般是国王的墓穴。建造时先在地面之下挖出穹顶，再顺着土壁填入石头加固，最后在墓门外修出一条通向墓穴的甬道，因其外观酷似蜂巢，也被称作蜂巢墓。卫城外两个圆顶墓中，位于东侧的埃及斯图斯之墓(Tholos Tomb of Aegisthus)已经损坏了，墓顶因外力原因坍塌。位于西侧的克吕泰涅斯特拉之墓(Tholos Tomb of Clytemnestra)保存完好。虽然被称作克吕泰涅斯特拉之墓，但也有学者认为这是国王阿伽门农之墓。墓室大门同样由石块建造，留出了一个狭长的墓门。墓门上方同狮子门一样的建造方式类似，也有一块三角形的石雕装饰，但已不见。墓穴非常大，四周的石墙修建得非常整齐，这些石块都经过仔细的打磨。站在墓穴中仰望墓顶和四面的石墙，尽管我已经知道了它的建造方式，但建造过程的艰辛是难以想象的，这又是多少人日日夜夜不眠不休换来的呢？当我在感慨古墓的雄浑壮阔时，转念又想修建过程中是否也曾发生过类似"筑人筑土一万里，杞梁贞妇啼呜呜"的无奈呢？

图29　迈锡尼狮子门

我在伯罗奔尼撒半岛的最后一站是埃庇道鲁斯，这里是医神阿斯克勒庇俄斯的圣域，公元前两千年此地便发展出对医神的崇拜，西方人更是将此地追

图 30　迈锡尼坟墓 A

图 31　克吕泰涅斯特拉之墓

认为现代医学的起源地。不过现代人对埃庇道鲁斯与医学之间的渊源并不特别了解,真正让埃庇道鲁斯出名的是在医神圣域一角的大剧场。

埃皮道鲁斯剧场建于公元前4世纪,是全希腊保存得最好的剧场,由于音响效果极佳和所在地环境优美,直至现在还在使用。我前去参观时,碰巧遇见希腊夏季音乐戏剧节在埃庇道鲁斯剧场上演。剧场坐落在一座绿树环绕的山坡上,坐位依山开凿,次第升高,形似台阶。从剧场中心歌坛前的第一排到山顶的最后一排共有55排座位,据推算,剧场最多能容纳一万五千余名观众。因为当日有节目出演,剧场的坐席上都铺有一个方垫,我粗略估计了一下,也能坐下近一万人。这个古剧场的音响效果非常好,据说演员站在露天的舞台表演,坐在60米之外的后排观众也能清楚地听见他们的声音。虽然我在大剧场时受特殊原因影响没能做个简单的测试,但我在劳里昂的托里克斯剧场(The Thorikos Theatre)和朋友们检验过剧场的音效。该剧场位于劳里昂北部,据考证是现存最古老的剧场。与狄奥尼索斯剧场和埃庇道鲁斯剧场等建于古典时期的扇形剧场不同,该剧场座位是不规则的椭圆形,且中心(orchestra)呈矩形,而非半圆形。我当时站在台中心,我的师兄师妹们坐在剧场最后一排,我仅用了稍大与平时的说话音量随意地说了些话,他们表示能听清楚,而我站在台中竟能听到从坐席末端传来的回声,十分奇妙。虽然埃庇道鲁斯大剧场的建筑形式发生了变化,但我这个文科生浅薄的物理常识还是能判断,扇形的坐席应该比不规则的椭圆坐席更有利于声音的传播。然而就在我参观埃庇道鲁斯剧场之后不久,我仍在网络上看见有不少人质疑剧场的音效和大小。该网友质疑大剧场的音效言过其实,认为后排观众根本无法听清,他也不相信大剧场能容纳一万多名观众。事实上,早在2007年就有来自美国佐治亚理工学院的研究人员对剧场的音效进行了科学的实验分析。研究人员通过实验证实,剧场石灰岩材料和逐次升高的建筑形式都能有效地传播声音。而对埃庇道鲁斯剧场大小的质疑便更显荒谬,该剧场是一处露天遗址,常年有来自世界各地的游客参观,我相信有不少游客同我一样,亲自估算过剧场的容纳人数,难不成世界各地的游客都在编造同一个谎言么?不少网友高呼所谓批判质疑精神,忽视考古学家、历史学家甚至是科学家们给出的事实,沉浸在自己的假象世界中尽情拥抱历史虚无主义,还妄想向真实的历史发出挑战,实在可笑、可悲。

图 32　埃庇道鲁斯大剧场

图 33　埃庇道鲁斯大剧场（从上往下看）

图 34　劳里昂古剧场遗址

尾语

在飞机上昏睡了九个小时后,我在雅典九个月的学习生活就此落下帷幕。飞机落地前,半梦半醒地望着舷窗外的云雾缭绕,一时间竟说不清是梦还是真。人们都说雅典活力四射,精彩纷呈,尽管我也在临行前有幸见到了这多姿多彩的一面,但我对雅典或者说对整个希腊的印象始终是"闲适清净",正如十月的清晨她第一次拥抱时我那样。雅典的闲适不是江南水乡那般在船上晃悠悠的,而是太阳晒在身上暖洋洋的。

从佐格拉夫走到宪法广场的路我早了然于胸——向西出发,一条笔直的大道,先经过希尔顿酒店和国家美术馆,再往前是战争博物馆和拜占庭博物馆。右侧是吕卡贝托斯山,山脚下两旁是各国大使馆。不远处是国家公园的侧门,走到这儿便能看到希腊国会了。都说条条大路通罗马,在雅典,也是条条小路通 Syntagma(宪法广场),只是那些小路却没机会探寻了。

走之前最后一次和雅典的朋友们见面时,我说,在雅典待了这么些时间,我好像很了解她,假如我的亲戚朋友来了,我能轻车熟路地带着他们逛雅典城,但我好像又一点儿也不了解她。友人笑道,这是叫你流连忘返,来日方长呀!

图35　雅典街头夜景

　　作者简介：刘豪，西南大学历史文化学院、希腊研究中心研究生，主要研究方向为古希腊史。

稿　约

　　《古典学评论》是由西南大学希腊研究中心,古典文明研究所、中希文明互鉴研究中心主办的学术集刊,2014 年秋创办,由上海三联书店出版发行,每年春季出版一辑。本刊旨在探讨世界古典文明、文化及相关问题,以期促进古典学术发展,推动文明互鉴和国际学术交流,提升国内古典学研究水平。本刊重点研究西方古典学,兼及中国古典文明和世界诸文明比较研究;提倡严谨扎实的学风,注重创新、探讨、切磋和争鸣。设有多个栏目。欢迎国内外老中青学者不吝赐稿。

　　本刊接受学术论文、译文(尤其是原始资料的迻译)、研究综述、札记、书评、争鸣,等等。来稿一率用中文,论文、译文字数请限于 1.5 万字以内,优秀文稿不受此限;其他文章 8 千字以内,精粹的短篇稿件尤为欢迎。本刊热忱欢迎历史学、哲学、文学、宗教学、文化学、人类学、神话学、考古学、生态学等不同研究视角的文章;引文务必准确无误,译文请附上原文。编辑部在收到稿件后,将请有关专家审阅,一般在 2 个月内回复作者。由于编辑部人力有限,来稿一律不退。来稿免收审稿费和版面费,论文、译文一经刊用,即致薄酬。

　　论文请作者提供 200 字左右的内容摘要;3—6 个关键词;英文题名、英文摘要、英文关键词要与中文文献对应,置于文后。本刊注释采用页下注的格式,具体参照《历史研究》(西文古典作品卷章节请用低圆点间隔)。作者简介请另附页,注明作者真实姓名、出生年月、工作单位、职称,以及联系方式。来稿一律使用电子稿,请用 Word 文档"附件"发至:xfgdwm@163.com,邮件请注明"《古典学评论》投稿"。

西南大学希腊研究中心

西南大学古典文明研究所

2021 年 10 月

图书在版编目(CIP)数据

古典学评论.第八辑/徐松岩主编.—上海:上海三联书店,
2022.3
ISBN 978 - 7 - 5426 - 7692 - 4

Ⅰ.①古… Ⅱ.①徐… Ⅲ.①社会科学－文集 Ⅳ.①C53

中国版本图书馆 CIP 数据核字(2022)第 038362 号

古典学评论(第 8 辑)

主　　编 / 徐松岩

责任编辑 / 黄　韬
装帧设计 / 徐　徐
监　　制 / 姚　军
责任校对 / 王凌霄

出版发行 / 上海三联书店
　　　　　(200030)中国上海市漕溪北路 331 号 A 座 6 楼
邮　　箱 / sdxsanlian@sina.com
邮购电话 / 021 - 22895540
印　　刷 / 上海惠敦印务科技有限公司

版　　次 / 2022 年 3 月第 1 版
印　　次 / 2022 年 3 月第 1 次印刷
开　　本 / 710 mm × 1000 mm　1/16
字　　数 / 450 千字
印　　张 / 27.25
书　　号 / ISBN 978 - 7 - 5426 - 7692 - 4/C · 620
定　　价 / 98.00 元

敬启读者,如发现本书有印装质量问题,请与印刷厂联系 021 - 63779028